21世纪全国高职高专土建立体化系列规划教材

道桥工程材料

主　编　刘水林　王知乐
副主编　罗　威　张　培
参　编　梁冠军　周　新
　　　　张友芬　岳英龙
主　审　唐晓虎　王光炎

北京大学出版社
PEKING UNIVERSITY PRESS

内容简介

本书主要介绍道路与桥梁工程中各种材料的性能、生产流程、技术标准及应用方法，是学生学习道桥工程设计与施工专业课的基础。学生可通过本书掌握各种材料的性能、技术标准、试验方法及操作技能，具有初步合理选择、正确使用各种常用材料的能力，并为在工程实践中解决材料问题打下良好的基础。本书的具体内容包括绪论、砂石材料、石灰和水泥、水泥混凝土及砂浆、无机结合料稳定类混合料、沥青与沥青混合料、建筑钢材、高分子聚合物材料、道桥工程材料试验。

本书可作为高职高专院校道路与桥梁工程专业、市政工程专业和交通工程专业及相关专业的教材，也可作为从事路桥工程有关技术人员培训和自学参考用书。

图书在版编目(CIP)数据

道桥工程材料/刘水林，王知乐主编．—北京：北京大学出版社，2012.9
(21世纪全国高职高专土建立体化系列规划教材)
ISBN 978-7-301-21170-0

Ⅰ.①道… Ⅱ.①刘…②王… Ⅲ.①道路工程—工程材料—高等职业教育—教材 ②桥梁工程—建筑材料—高等职业教育—教材 Ⅳ.①U414 ②U444

中国版本图书馆CIP数据核字(2012)第208339号

书　　　名： 道桥工程材料
著作责任者： 刘水林　王知乐　主编
策 划 编 辑： 赖　青　杨星璐
责 任 编 辑： 李　辉
标 准 书 号： ISBN 978-7-301-21170-0/TU·0278
出　版　者： 北京大学出版社
地　　　址： 北京市海淀区成府路205号　100871
网　　　址： http://www.pup.cn　http://www.pup6.cn
电　　　话： 邮购部62752015　发行部62750672　编辑部62750667　出版部62754962
电 子 邮 箱： pup_6@163.com
印　刷　者： 北京鑫海金澳胶印有限公司
发　行　者： 北京大学出版社
经　销　者： 新华书店
787毫米×1092毫米　16开本　23.75印张　552千字
2012年9月第1版　2012年9月第1次印刷
定　　　价： 43.00元

北大版·高职高专土建系列规划教材
专家编审指导委员会

北大版·高职高专土建系列规划教材
专家编审指导委员会专业分委会

前言

21世纪是我国经济建设高速发展的时代，道路与桥梁工程建设将是经济建设快速发展的重要保障，道路工程材料的发展必定是日新月异。在这种形势下，国家对从事道路与桥梁工程建设人员的数量和素质要求也会越来越高，对进行道桥建设人才培养的高职教育也提出了更高、更新的要求。

本书是根据国家关于高职教育高素质技能型人才培养目标、工学结合的培养模式以及与之相适应的知识、技能和素质结构的要求进行编写的。本书通俗易懂，图文并茂，注重理论联系实践，采用了在材料方面最新颁布的国家标准和行业规范。本书根据现代高职教育的现状和学生的特点，本着实用、够用、能用的原则，编写内容和形式新颖，各章均设有教学目标、教学要求、章节导读、特别提示、典型案例分析、复习题等，方便学生自学。

本书可作为高职高专院校道路与桥梁工程专业、市政工程专业和交通工程专业及相关专业的教材，也可作为从事路桥工程有关技术人员培训和自学参考用书。

本书建议学时为60学时，各章参考授课学时和试验学时见下表。

各章学时建议分配表

序　号	内　容	授课学时	试验学时
0	绪论	2	
1	砂石材料	6	2
2	石灰与水泥	4	4
3	水泥混凝土及砂浆	10	6
4	无机结合料稳定类混合料	2	2
5	沥青与沥青混合料	12	4
6	建筑钢材	4	
7	高分子聚合物材料	2	
8	道桥工程材料试验		18
合计		42	36

本书由湖北城市建设职业技术学院刘水林、泰州职业技术学院王知乐任主编，湖北城市建设职业技术学院罗威、日照职业技术学院张培任副主编，滁州职业技术学院梁冠军、

湖北城市建设职业技术学院周新和张友芬、烟台职业学院岳英龙参编。具体分工是：前言、绪论、第 1 章由刘水林编写；第 2 章由梁冠军编写；第 3 章由张培编写；第 4 章由周新编写；第 5 章由王知乐编写；第 6 章由罗威编写；第 7 章由张友芬编写；第 8 章由岳英龙编写。全书由刘水林统稿。湖北省建筑工程质量监督检测中心唐晓虎高级工程师和枣庄科技职业学院王光炎进行了审读，并提出许多宝贵的意见。本书得到北京大学出版社的支持，在此表示感谢。

由于编写时间仓促，编者编写水平有限，书中错误和疏漏之处在所难免，敬请使用本书的师生和读者提出宝贵意见，以便改正完善。

编者

2012 年 4 月

目　录

绪论

教学目标

通过学习，学生应了解道桥工程材料的地位和发展趋势，掌握道桥工程材料应具备的性质和技术标准。

教学要求

知识要点	能力要求	相关知识
道桥工程材料发展趋势	了解道桥工程材料的发展趋势	道桥建筑材料的历史和发展趋势
道桥工程材料的内容	掌握道桥工程材料的相关内容	砂石材料、无机结合材料及其制品、有机结合材料及其混合材料、新型复合材料、建筑钢材等
道桥工程材料的基本性质	掌握道桥工程材料的基本性质	道桥工程材料的工艺性质、力学性质、化学性质、物理性质
道桥工程材料的检验方法和技术标准	掌握道桥工程材料的各种技术标准	国际标准、国家标准、行业标准、地方标准

章节导读

道桥工程材料是道路桥梁工程建筑的物质基础。材料质量的优、劣选用是否适当以及配制是否合理等，均直接影响结构物的质量。同时在道桥结构物的修筑费用中，材料的费用占30%～70%。道桥工程材料的发展直接影响整个道路与桥梁工程建设的发展。我国道桥工程建设的日益现代化，使得从事本行业专业人才迫切需要学习和研究道桥工程建设的新材料和新技术。合理选择和应用材料，对提高工程质量、降低成本具有十分重要的意义。

1. 我国道路与桥梁的历史和道桥工程材料发展的趋势

人类的历史就是道路与桥梁发展的历史。约在公元前2000年，我们的祖先就已修建可供牛车、马车行驶的道路；西周时期，道路建设已初具规模；唐代是我国古代道路建设的鼎盛时期；清代我国对道路已进行了明确的等级划分。新中国成立至20世纪80年代是中国现代道路发展的普及时期；20世纪90年代至今是中国道路发展的高速发展时期，道路材料由古代的土路面、石路面发展到近现代的砂石路面、水泥混凝土路面、沥青路面、高分子聚合物材料改性沥青混合料路面等，桥梁工程材料亦由古代的木桥、石桥发展到近现代的钢桥、混凝土桥、预应力混凝土桥、纤维增强塑料桥等。我国古代劳动人民用他们勤劳的双手和丰富的智慧对世界道路和桥梁工程的发展做出了卓越的贡献。

展望21世纪，随着高强度钢材、纤维增强复合材料、铝合金、纳米材料等轻质材料的大量启用，道路与桥梁建筑的主要材料将不断更新。因此，应大力加强新型材料的研究和应用，以满足社会经济发展的需求。今后道桥工程材料发展趋势有以下几方面。

(1) 在材料性能方面，要求强度高、质量轻、稳定性及耐久性好。

(2) 配制由单一材料向复合材料发展的新材料。

(3) 充分利用工业废渣代替自然资源。

(4) 发展复合材料。

2. 本课程研究的内容和任务

道桥工程材料是一门研究道路与桥梁建筑所用材料组成、性能、技术标准、检验方法及应用的课程。随着道路和建筑的发展，用于道路和桥梁建筑的材料不仅在品种上日益增多，而且人们对其质量也不断提出新的要求，本课程的研究内容如下。

1) 本课程的研究内容

(1) 砂石材料。砂石材料有的是由地壳上层的岩石经自然风化得到的(如天然砂砾)，有的是经人工开采或再经轧制而得到的(如各种不同尺寸的碎石和石屑)。砂石材料可以直接用于铺筑路面或砌筑各种桥梁结构物，也可以作为配制水泥混凝土或沥青混合料的矿质集料。砂石材料在道路与桥梁建筑中的用量占有很大的比例。

(2) 无机结合料及其制品。在道路与桥梁工程中常用的无机结合料主要是石灰和水泥。水泥是桥梁建筑中水泥混凝土和预应力混凝土结构的主要材料。石灰和水泥也广泛应用于路面基层和面层，是路面工程的重要组成材料。此外，水泥砂浆是各种桥梁圬工结构物砌筑的重要结合料。

(3) 有机结合料及其混合料。有机结合料主要是指沥青类材料，如石油沥青、煤沥青等。这些材料与不同粒径的集料组成沥青混合料，可以修筑成各种类型的沥青路面。沥青混合料是现代路面建筑中极为重要的一种材料。

(4) 建筑钢材。建筑钢材是桥梁钢结构及钢筋混凝土结构或预应力钢筋混凝土结构的重要组织材料。

(5) 新型复合材料。除上述常用材料外，随着现代科学技术的进步，人们又研发出了新型复合材料。

特别提示

在学习本课程时，应掌握上述道路与桥梁建筑常用材料的技术性能以及检验方法；各种材料的内部组成结构及其与技术性能的关系；产源(天然材料)或加工工艺(人造材料)对其性能的影响；各种材料的技术性能以及存在的问题和改善途径。

2) 本课程的任务

作为一名工程技术人员，必须掌握道路建筑材料的相关知识，才能保证施工工程的质量。本课程的学习任务是论述材料组成、结构、技术性质及其之间的关系，论述材料的检验方法，利用试验评定其技术性质。通过学习本课程，学生可以掌握材料的性能，选择和鉴定材料，并能够正确使用材料。

本课程是一门专业基础课程，它与物理、化学、材料力学以及工程地质等基础课有着密切的联系，也是桥梁工程、路基路面工程、公路工程检测技术等课程的基础。

3. 道桥工程材料应具备的性质

道路与桥梁工程是承受频繁交通动荷载反复作用的结构物，同时又是无遮盖且裸露于大自然的结构物，它不仅受到车辆复杂的力系作用，同时又受到各种自然因素的不利影响。

为了保证道路与桥梁建筑用建筑材料的综合力学强度和稳定性，要求建筑材料具备下列四个方面的性质。

1) 物理性质

常用的物理性质为物理常数(密度、孔隙率、空隙分数)和与水、温度有关的性质。这些物理常数是材料内部组成结构的反映，并与力学性质之间存在一定的相依性，可以用于推断力学性质。

2) 力学性质

力学性质是材料抵抗车辆荷载复杂力系综合作用的性能，主要是指各种强度，如抗压强度、抗拉强度、抗弯强度、抗剪强度等；或者某些特殊设计的经验指标，如磨耗度、冲击韧性等。

3) 化学性质

化学性质是材料抵抗各种周围环境对其化学作用的性能。道路与桥梁用建筑材料除了受到周围介质(如桥墩在工业污水中)或者其他侵蚀外，通常还受到大气因素(如气温的交替变化、日光中的紫外线、空气中的氧以及水等)的综合作用，引起材料的老化，特别是各种有机材料(如沥青材料等)更为显著。

4）工艺性质

工艺性质是材料适于按照一定工艺流程加工的性能。例如，水泥混凝土在成型以前要求有一定的流动性，以便制作成一定形状的构件。但是加工工艺不同，要求的流动性不同。

建筑材料这四个方面性能是互相联系、互相制约的，在研究材料性能时，往往要把各方面性能联系起来统一考虑。

4. 道路与桥梁用材料的检验方法和技术标准

1）道路与桥梁用建筑材料的检验方法

道路与桥梁用建筑材料的检验方法必须通过适当的测试手段来进行。它是科学评价材料性能的一种手段，为选用材料提供合理的依据。

本课程主要着重于实验室内原材料性能的检验，包括材料的物理性质试验、力学性质试验、化学性质试验以及工艺性质试验。

2）道路与桥梁用建筑材料的技术标准

应用于道路与桥梁的建筑材料及其制品必须具备一定的技术性质，以适应不同建筑结构与施工条件的要求。这些要求是由国家标准或有关技术规范规定的技术指标，在道桥设计与建筑过程中应按这些指标来评价建筑材料的质量。

为了保证建筑材料的质量，我国针对各种材料制定了专门的技术标准。目前我国建筑材料分为国家标准、行业标准、地方标准和企业标准四个等级。

对需要在全国范围内统一的技术要求，应当由国务院标准化行政部门制定国家标准。对没有国家标准而又需要在全国某行业范围内统一的技术要求，可以制定行业标准。行业标准由国务院有关行政主管部门制定，并报国务院标准化行政主管部门备案。

此外，对未包含在国家标准和行业标准内，又需在省、自治区、直辖市范围内统一要求的，可以制定地方标准。企业生产的产品没有国家标准和行业标准的，应当制定企业标准，作为组织生产的依据。

国家标准和行业标准表示方法如下。

(1) 国家标准的表示方法。国家标准由国家标准代号，编号，制定、修订年代号，标准名称等四个部分组成，现以国家标准 GB 201—2000《铝酸盐水泥》为例，其表示方法如图 0.1 所示。

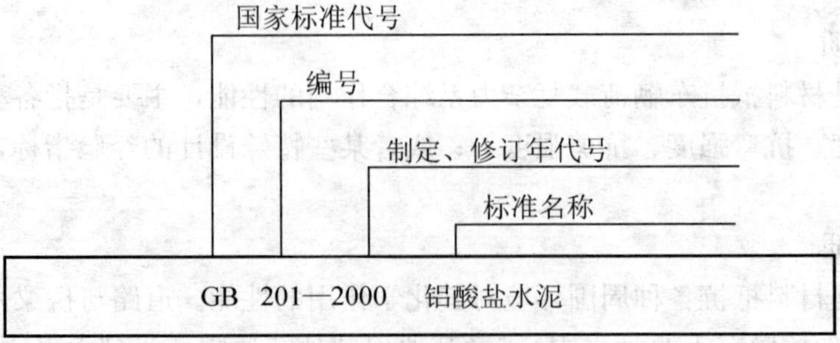

图 0.1 国家标准的表示方法

国家标准修订时标准代号和编号不变，只改变制定、修订年代号。

强制性国家标准代号为 GB，推荐性国家标准在 GB 后加 T。

例如：GB/T 50080—2002 普通混凝土拌合物性能试验方法标准。

(2) 行业标准表示方法。行业标准由行业标准代号、一级类目代号、二级类目代号、二级类目顺序号、制定或修订年代号、标准名称等部分组成，如图 0.2 所示。

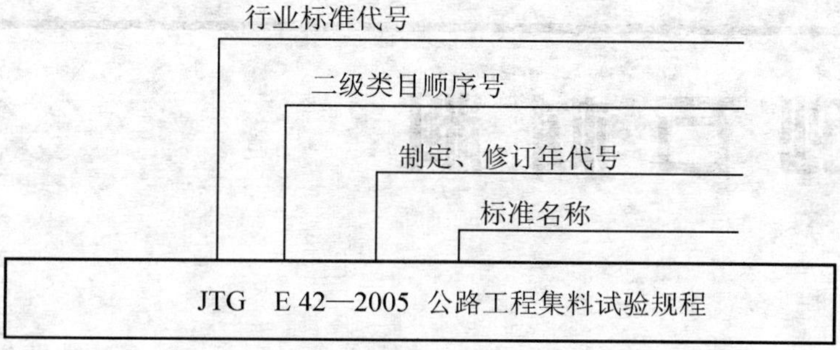

图 0.2　行业标准的表示方法

推荐性行业标准同样在行业标准后加 T。

我国国家标准及与道路材料有关的几个行业标准代号见表 0－1。

表 0－1　国家标准和行业标准代号

标 准 代 号	代号(汉语拼音)	示　例
国家标准	国标 GB(Guo Biao)	GB 50119—2003 混凝土外加剂应用技术规范
交通行业标准	交通 JT(Jiao Tong)	JTG E20—2011 公路工程沥青及沥青混合料试验规程
建材行业标准	建材 JC(Jian Cai)	JC/T 479—1992 建筑生石灰
石油化工行业标准	石化 SH(Shi Hua)	NB/SH/T 0522—2010 道路石油沥青

为研究国外有关道路建筑材料的科学技术，现将我国及国外几个主要的标准代号列于表 0－2。

表 0－2　国际标准和国外国家标准代号

标 准 名 称	缩写(全名)	标 准 名 称	缩写(全名)
国际标准	ISO(International Standard Organization)	英国标准	BS(British Standard)
美国国家标准	ANS(American National Standard)	德国工业标准	DIN(Deutsches Institut für Normung)
美国材料与试验学会标准	ASTM(American Society Testing and Materials)	法国标准	NF(Normes Francaises)

第1章

砂石材料

教学目标

通过本章的学习，学生必须了解评价砂石材料技术性质的主要指标，学会检验砂石材料技术性质的方法，学会应用级配理论设计矿质混合料组成的方法。

教学要求

知识要点	能力要求	相关知识
砂石材料的技术性质	掌握砂石材料的检验	岩石和砂的技术性质
矿质混合料的组成设计	会应用级配理论设计矿质混合料组成	组成设计方法、矿质混合料的级配理论

章节导读

砂石材料是道路与桥梁建筑中用量最大的一种建筑材料，如图 1.1、图 1.2 所示，它可以直接(或经加工后)用作道路与桥梁的圬工结构；也可以加工成各种尺寸的集料，作为水泥(或沥青)混凝土的骨料。用作道路与桥梁建筑的岩石或集料都应具备一定的技术性质，以适应不同工程建筑的技术要求，特别是作为水泥(或沥青)混凝土用的集料，应按级配理论组成，因此，还必须掌握其组成设计方法。

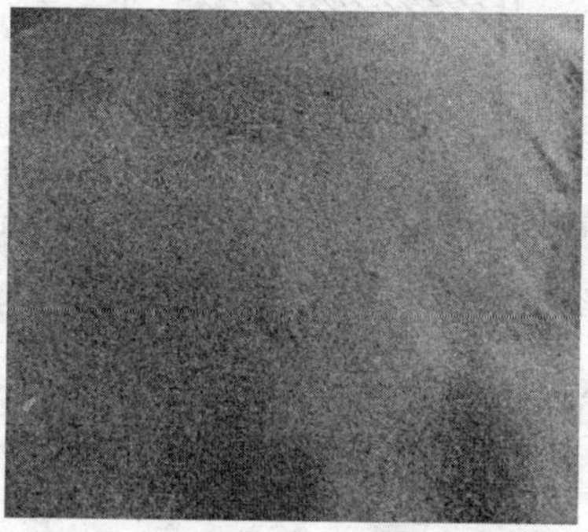

图 1.1 砂

图 1.2 碎石

1.1 砂石材料的技术性质

砂石材料包括天然岩石、人工轧制的集料以及工业冶金矿渣集料等，本节将对这些材料的技术性质予以论述。

1.1.1 岩石的技术性质

岩石的技术性质主要包括物理性质、力学性质和化学性质三个方面。

1. 物理性质

岩石的物理性质包括物理常数(如真实密度、毛体积密度和孔隙率等)、吸水性(如吸水率、饱和吸水率等)和抗冻性。

1) 物理常数

岩石的物理常数是岩石矿物组成结构状态的反映，它与岩石的技术性质有着密切的联系。岩石的内部组成结构主要由矿物实体和孔隙(包括与外界连通的开口孔隙和不与外界连通的闭口孔隙)组成，如图 1.3(a)所示。各部分的质量与体积的关系如图 1.3(b)所示。

为了反映岩石的组成结构及其与物理和力学性质间的关系，通常采用一些物理常数来表征它。在道桥工程用块状岩石中，最常用的物理常数主要是真实密度、毛体积密度和孔隙率。这些物理常数可以间接预测岩石的有关物理性质和力学性质。

(1) 真实密度。岩石的真实密度(简称密度)是岩石在规定条件(105±5℃烘干至恒重，

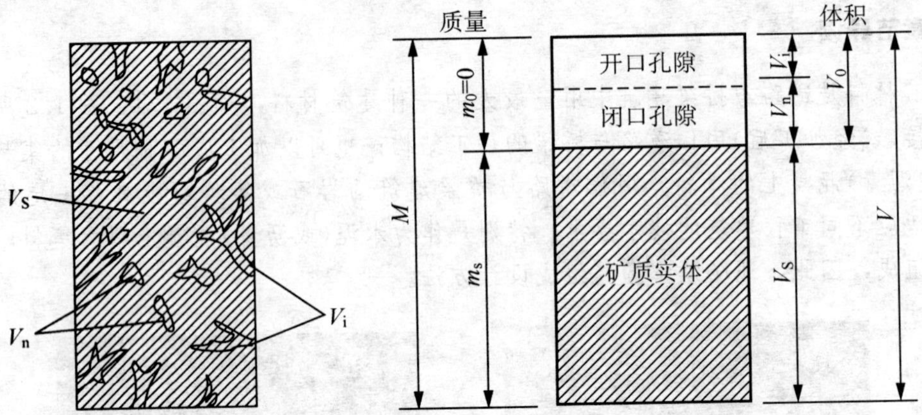

(a)岩石组成结构外观示意图　　(b)岩石结构的质量与体积关系示意图

图 1.3　岩石组成结构示意图

温度 20℃±2℃)下，烘干岩石矿质单位体积(不包括开口与闭口孔隙体积)的质量。真实密度用ρ_t表示，岩石真实密度可表示为

$$\rho_t=\frac{m_s}{v_s} \tag{1-1a}$$

式中　ρ_t——岩石的真实密度，g/cm³；

m_s——岩石矿质实体的质量，g；

v_s——岩石矿质实体的体积，cm³。

$$\rho_d=\frac{M}{V_s} \tag{1-1b}$$

式中　M——岩石的质量，g。

岩石真实密度的测定方法按我国现行《公路工程岩石试验规程》(JTG E 41—2005)规定采用密度瓶法。

(2) 毛体积密度。岩石的毛体积密度是在规定条件下，烘干岩石(包括孔隙在内)的单位体积的质量。根据岩石含水状态，毛体积密度可分为干密度、饱和密度和天然密度。毛体积干密度用ρ_d表示，体积与质量的关系可表示为

$$\rho_d=\frac{m_s}{V_s+V_n+V_i} \tag{1-2a}$$

式中　ρ_d——岩石的毛体积密度，g/cm³；

V_i，V_n——岩石开口孔隙和闭口孔隙的体积，cm³。

由于$M=m_s$，岩石的矿质实体体积和孔隙体积之和即是岩石的毛体积，故式(1-2a)可写为

$$\rho_d=\frac{M}{V} \tag{1-2b}$$

式中　M——岩石的质量，g；

V——岩石的毛体积，cm³。

岩石毛体积密度的测定方法按我国现行《公路工程岩石试验规程》(JTG E 41—2005)规定，采用量积法、水中称量法和蜡封法。

(3) 孔隙率。孔隙率是岩石的孔隙体积占岩石总体积(包括孔隙在内)的百分率，如图1.3所示，岩石孔隙率可表示为

$$n=\frac{V_0}{V}\times 100\% \tag{1-3}$$

式中 n——岩石的孔隙率，%；

V_0——岩石的孔隙(包括开口孔隙和闭口孔隙)体积，cm^3；

V——岩石的总体积，cm^3。

孔隙率也可以由真实密度和毛体积密度计算，由式(1-3)整理得

$$n=1-\frac{\rho_d}{\rho_t}\times 100\% \tag{1-4}$$

式中 n——岩石的孔隙率，%；

ρ_t——岩石的真实密度，g/cm^3；

ρ_d——岩石的毛体积密度，g/cm^3。

岩石的物理常数(真实密度、毛体积密度和孔隙率)不仅反映岩石的内部组成结构状态，而且能间接地反映岩石的力学性质(如相同矿物组成的岩石，孔隙率越低，其强度越高)。

2) 吸水性

吸水性是岩石在规定的条件下吸水的能力。岩石与水作用后，水很快湿润岩石的表层并填充岩石的孔隙，因此水对岩石破坏作用的大小主要取决于岩石造岩矿物性质及其组成结构状态(即孔隙分布情况和孔隙率大小)。为此我国现行《公路工程岩石试验规程》(JTG E 41—2005)规定采用吸水率和饱和吸水率两项指标表示岩石吸水性。

(1) 吸水率。吸水率是在规定条件下，岩石试件最大的吸水质量与烘干岩石试件质量之比，以百分率表示。我国现行《公路工程岩石试验规程》(JTG E 41—2005)规定采用自由吸水法测定，按式(1-5)计算

$$W_a=\frac{m_1-m}{m}\times 100\% \tag{1-5}$$

式中 W_a——岩石吸水率，%；

m——烘至恒量时的试件质量，g；

m_1——吸水至恒量时的试件质量，g。

(2) 饱和吸水率。岩石的饱和吸水率是指强制条件下，岩石试件最大的吸水质量占烘干岩石试件质量的之比，以百分率表示。我国现行《公路工程岩石试验规程》(JTG E 41—2005)规定采用煮沸法或真空抽气法测定岩石饱和吸水率，按式(1-6)计算

$$W_{sa}=\frac{m_2-m}{m}\times 100\% \tag{1-6}$$

式中 W_{sa}——岩石饱和吸水率，%；

m——意义同式1-5，g；

m_2——试件经强制饱和后的质量，g。

吸水率、饱和吸水率的大小主要取决于岩石本身矿物成分、组织构造、孔隙特征及其孔隙率的大小，岩石吸水率、饱和吸水率的大小直接影响岩石的耐水性及其抗冻性。

3）抗冻性

岩石抗冻性是指岩石在饱和水状态下，抵抗反复冻结和融化的性能。岩石抗冻性对于不同的工程环境气候有不同的要求，冻融次数规定：在严寒地区(最冷月的平均气温低于－15℃)为25次；在寒冷地区(最冷月的平均气温低于－15～－5℃)为15次。要求在寒冷地区的重要工程，岩石吸水率大于0.5%时，都需要对岩石进行抗冻性试验。

我国现行抗冻性的试验方法是直接冻融法。该方法是在饱和状态下，在－15℃时冻结4h，为冻融循环一次，如此反复冻融至规定次数为止。经历规定的冻融循环次数(15次、25次等)后，详细检查各试件有无剥落、裂缝、分层及掉角等现象，并记录检查情况，将冻融试验后的试件烘干至恒重，称其质量，然后测定其抗压强度，并计算岩石的冻融质量损失率和冻融系数。

质量损失率用式(1-7)计算

$$L=\frac{m_s-m_f}{m_s}\times 100\% \tag{1-7}$$

式中　L——冻融后的质量损失率,%；

m_s——试验前烘干试件的质量，g；

m_f——试验后烘干试件的质量，g。

此外，抗冻性也可以用经若干次冻融试验后的试件饱和抗压强度与未经过冻融试验试件饱和抗压强度的比值(称为冻融系数)表示。冻融系数按式(1-8)计算

$$K_f=\frac{R_f}{R_s} \tag{1-8}$$

式中　K_f——冻融系数；

R_f——经若干次冻融循环试验后的岩石试件饱和抗压强度，MPa；

R_s——未经冻融循环试验的岩石试件饱和抗压强度，MPa。

如无条件进行冻融试验，也可采用坚固性、简易性快速测定法，这种方法通过饱和硫酸钠溶液进行多次浸泡与烘干循环后来测定。

岩石的抗冻性主要取决于岩石中大开口孔隙的发育情况、亲水性和可溶性矿物的含量及矿物颗粒间的连接力。大开口孔隙越多，亲水性和可溶矿物含量越高，岩石的抗冻性越低；反之，抗冻性越高。

2. 力学性质

道桥工程所用岩石除上述物理性质影响外，还受到外力的作用，还应具备一定的力学性质。除了一般材料力学中的抗压强度、抗拉强度、抗剪强度、抗弯强度等纯粹力学性质外，还有一些为路用性能特殊设计力学指标，如抗磨光性、抗冲击、抗磨耗。在岩石的力学性质中，主要介绍抗压强度和磨耗度两项性质。

1）单轴抗压强度

按我国现行《公路工程岩石试验规程》(JTG E 41—2005)规定，岩石的单轴抗压强度

是将岩石制备成标准试件(建筑地基用岩石制备成 50mm±2mm、高径比为 2∶1 的圆柱体试件，桥梁工程用岩石制备成 70mm±2mm 圆柱体试件)，经吸水饱和后，单轴受压并在规定的加载条件下，达到极限破坏时单位承压面积的荷载，按式(1-9)计算

$$R=\frac{P}{A} \tag{1-9}$$

式中 R——岩石抗压强度，MPa；

P——试件破坏的荷载，N；

A——试件的截面积，m^2。

岩石的抗压强度是岩石力学性质中最重要的一项指标，它是岩石强度分级和岩性描述的主要依据。

影响岩石单轴抗压强度的因素主要有两个方面，一方面是岩石本身，如矿物组成、结构构造及含水状态等；另一方面是试验条件，试件形状、大小、高径比及加工精度，加载速率等。

2) 磨耗度

磨耗度是岩石抵抗摩擦、撞击的性能。《公路工程岩石试验规程》(JTG E 41—2005)规定岩石的磨耗试验方法及粗集料的磨耗试验方法与粗集料的磨耗方法相同，采用洛杉矶式磨耗试验。试验机由一个直径为 710mm±5mm，内侧长为 510±5mm 的圆鼓和古中搁板组成。试验用的试样是按一定规格组成的级配岩石。在试样加入磨耗鼓的同时，加入直径为 46.8mm 的 30～33r/min 的转速转动至要求次数停止，取出试样，用 1.7mm 方孔筛筛去试样中的细屑，用水洗净留在筛上的试样，烘至恒重并称其质量。岩石磨耗度按式(1-10)计算，精确至 0.1%。

$$Q=\frac{m_1-m_2}{m_1}\times 100\% \tag{1-10}$$

式中 Q——岩石磨耗度，%；

m_1——试验前烘干岩石试样的质量，g；

m_2——试验后洗净烘干岩石试样的质量，g。

岩石磨耗度是岩石力学性质的另一个重要指标，也是评定岩石等级的依据之一。

3. 化学性质

在道路与桥梁的建筑中，各种矿质集料是与结合料(水泥或沥青)组成混合料应用于结构物中的。随着近代物理-力学研究的发展，科学家普遍认为矿质集料在混合料中对于结合料结构起着复杂的物理-化学作用，矿质集料的化学性质很大程度地影响着混合料的物理-力学性质。矿质集料的化学性质变化对沥青混合料的物理-化学起着极为重要的作用。按 SiO_2 的含量多少可将岩石划分为酸性、碱性及中性。按克罗斯的分类法：岩石化学组成中 SiO_2 质量分数大于 65%的岩石称为酸性岩石，SiO_2 质量分数为 52%～65%的岩石称为中性岩石，SiO_2 质量分数小于 52%的岩石称为碱性岩石。为保证沥青混合料的强度，在选择岩石时应优先考虑采用碱性岩石，当缺乏碱性岩石而必须采用酸性岩石时，可掺加抗剥落剂以提高沥青与岩石的黏附性。

1.1.2 集料的技术性质

集料是指岩石混合料中起骨架或填充作用的粒料，包括岩石天然风化而成的砾石(卵石)和砂及岩石经人工轧制的各种尺寸的碎石等。

工程上一般将集料分为粗集料和细集料两种：在水泥混凝土中，粗集料是指粒径大于4.75mm的碎石、砾石和破碎砾石等，粒径小于4.75mm(方孔筛)的称为细集料；在沥青混合料中，粗集料是指粒径大于2.36mm的碎石、砾石、破碎砾石、帅选砾石和矿渣等，粒径小于2.36mm(方孔筛)的称为细集料。

1. 粗集料的技术性质

粗集料包括人工轧制的碎石和天然风化而成的卵石。本节仅对粗集料的一般技术性质进行阐述。

1) 物理性质

(1) 物理常数。在计算集料的物理常数时，不仅要考虑到集料颗粒中的孔隙(开口孔隙或闭口孔隙)，还要考虑颗粒间的空隙、集料的体积和质量的关系，如图1.4所示。

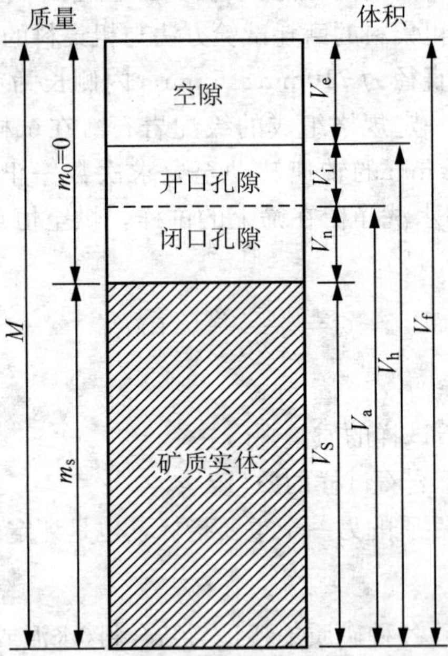

图1.4 粗集料的体积与质量关系图

① 表观密度。粗集料的表观密度是在规定条件(105℃±5℃烘干至恒重)下，单位表观体积(包括集料矿质实体和闭口孔隙的体积)的质量。粗集料表观密度、体积与质量的关系，可表示为

$$\rho_a=\frac{m_s}{V_s+V_n} \tag{1-11}$$

式中 ρ_a——集料的表观密度，g/cm^3；

m_s——矿质集料烘干质量，g；

V_s——矿质实体积，cm^3；

V_n——矿质实体体积中闭口孔隙体积，cm^3。

粗集料表观密度测定方法参见《公路工程岩石试验规程》(JTG E 41—2005)相关规定。

② 毛体积密度。粗集料的毛体积密度是在规定的条件下，单位毛体积(包括矿质实体、闭口孔隙和开口孔隙)的质量。

③ 堆积密度。粗集料的堆积密度是单位体积(包括矿质实体闭口孔隙和开口孔隙及颗粒间体积)的质量。可按式(1-12)确定

$$\rho=\frac{m}{v_f} \tag{1-12}$$

式中 ρ——粗集料的堆积密度，g/cm^3；

m——粗集料的质量，g；

v_f——堆积体积，cm^3。

粗集料的堆积密度由于颗粒排列的密集程度不同，又可分为自然堆积状态、振实状态和捣实状态下的堆积密度。

④ 空隙分数。粗集料空隙分数是集料试样在自然堆积(或振实紧密堆积)时的空隙体积占总体积的百分率。粗集料空隙分数可按式(1-13)计算

$$n=\left(1-\frac{\rho}{\rho_a}\right)\times 100\% \tag{1-13}$$

式中 n——粗集料的空隙分数，%；

ρ_a——粗集料的表观密度，g/cm^3；

ρ——粗集料的自然(或紧实)堆积密度，g/cm^3。

(2) 级配。粗集料中各组颗粒的分级和搭配称为级配，级配是通过筛分试验确定的。对水泥混凝土粗集料可采用干筛法筛分试验，对沥青混合料及基层用粗集料必须采用水洗法筛分试验，其标准筛孔孔径为2.36mm、4.75mm、9.5mm、13.2mm、16mm、19mm、26.5mm、31.5mm、37.5mm、53mm、63mm、70mm。测定出存留在各个筛上的集料质量，根据集料试样的质量与存留在各筛孔上的集料质量，就可求得一系列与集料级配有关的参数，包括分级筛余百分率、累计筛余百分率和通过百分率。粗集料的这些参数计算方法与细集料相同，详见“细集料的技术性质”，通过计算可判断级配是否符合要求。

粗集料的级配可分为连续级配和间断级配两种。连续级配石子粒级呈连续性，即颗粒由小到大，每种粒径的石子都占有适当比例。用其配制的混凝土和易性良好，不易发生分层、离析现象，是目前最常用的一种级配。采石场按供应方式，也将石子分为连续粒级和单粒级两种。单粒级石子由于粒径差别较小，可避免连续粒级中较大粒径石子在堆放及装卸过程中的颗粒离析现象。用单粒级石子可组合成所要求级配的连续粒级，也可与连续粒级石子混合使用，以改善其级配或配成较大粒度的连续粒级，工程中一般不宜采用单一的单粒级石子配制混凝土，因为它的空隙分数较大，耗用水泥多。

间断级配是指人为地剔除一级或几级中间粒径颗粒，使石子粒径不连续，造成颗粒级配间断，这种级配方法可获得更小的空隙分数，密实性更好，从而可节约水泥。但由于间

断级配中石子颗粒粒径相差较大，容易使混凝土拌和物分层离析，增加施工困难，故在工程中应用较少。

(3) 坚固性。对已轧制成的碎石或天然卵石采用规定级配的各粒级集料，按现行《公路工程集料试验规程》(JTG E 42—2005)选取规定数量，分别装在金属网篮浸入饱和硫酸钠溶液中进行干湿循环试验。经5次循环后，观察其表面破坏情况，并用质量损失百分率来计算其坚固性。

2) 力学性质

粗集料的力学性质主要有压碎值和磨耗度，其次是抗滑表层用集料的三项试验，即磨光值、集料磨耗值和冲击值。洛杉矶式磨耗试验已在岩石力学性质中讲过，现将集料压碎值、粗集料磨光值、集料冲击值和集料磨耗值分述如下。

(1) 集料压碎值。集料压碎值是集料在连续增加的荷载下，抵抗压碎的能力。它作为衡量岩石强度的一个指标，用以评价其在公路工程中的适用性。

按现行《公路工程集料试验规程》(JIT E 42—2005)规定，该方法是将粒径为9.5～13.2mm的集料试样3kg装入压碎值测定仪的钢质圆筒内，放在压力机上，在10min左右时间内加载至400kN，稳压5s然后卸载，测定通过2.36mm筛孔(方孔筛)的筛余质量，按式(1-14)计算压碎值Q_a'

$$Q_a'=\frac{m_1}{m_0}\times 100\% \tag{1-14}$$

式中 Q_a'——集料压碎值，%；

m_0——试验前试样质量，g；

m_1——试验后通过2.36mm筛孔的细料质量，g。

(2) 粗集料磨光值(PSV)。现代高速交通的行车条件对路面的抗滑性提出了更高的要求。作为路面用的集料，在车辆轮胎的作用下，不仅要求具有较高的抗磨耗性，而且要求具有高的抗磨光性。集料磨光值是利用加速磨光机磨光集料，用摆式摩擦因数测定仪测得的集料经磨光后的摩擦因数，以PSV来表示。

粗集料磨光值愈高，表示其抗滑性愈好。PSV≥42适用于高级公路、一级公路；PSV≥35适用于一般公路。

(3) 集料冲击值(AIV)。集料抵抗多次连续重复冲击荷载作用的性能称为抗冲韧性。按照现行试验规程规定，集料抗冲击能力用集料冲击值表示。集料冲击值的试验方法是选取粒径为9.5～13.2mm(方孔筛)的集料试样，用金属量筒分三次捣实的方法确定试验用集料数量。将集料装于冲击值试验仪的盛样器中，用捣实杆捣实25次，使其初步压实。然后用质量13.75kg±0.05kg的冲击锤，沿导杆自380mm±5mm处自由落下锤击集料，并连续锤击15次，每次锤击间隔时间不少于1s。将试验后的集料在2.36mm的筛上筛分并称量。冲击值按式(1-15)计算

$$\text{AIV}=\frac{m_2}{m}\times 100\% \tag{1-15}$$

式中 AIV——集料的冲击值，%；

m_2——冲击破碎后通过2.36mm筛孔的试样质量，g；

m——试样总质量，g。

冲击值越大，表明集料抗冲击性能越差。

AIV≤28%适用于高级公路、一级公路；AIV≤30%适用于一般公路。

(4) 集料磨耗值(道瑞试验)。集料磨耗值用于评定道路抗滑表层所用粗集料抵抗车轮撞击及磨耗的能力。按现行试验规程《公路工程集料试验规程》(JTG E 42—2005)规定，采用道瑞磨耗试验机来测定集料磨耗值。其方法是选取粒径为 9.5～13.2mm(方孔筛)的洗净集料试样，单层紧排于两个试模内(不少于 24 粒)，然后排砂并用环氧树脂砂浆填充密实。经 24h 养护后，拆模取出试件，刷清残砂，准确称出试样质量，然后将试件安装在试验机附带的托盘上。为保证试件受磨时的压力固定，应使试件、托盘和配重的总质量为 2 000g±10g。将试件安装于道瑞磨耗机上，使道瑞磨耗机的磨盘以 28～30r/min 的转速旋转，工作 500r 后，取出试件，刷净残砂，准确称出试件质量。集料磨耗值按式(1-16)计算

$$AAV=\frac{3(m_1-m_2)}{\rho_s} \tag{1-16}$$

式中 AAV——集料磨耗值，g；

m_1——磨耗前试件的质量，g；

m_2——磨耗后试件的质量，g；

ρ_s——集料表干密度，g/cm^3。

集料磨耗值越高，表明集料的耐磨性越差。

AAV≤14 适用于高级公路、一级公路；AAV≤16 适用于一般公路

2. 细集料的技术性质

细集料的技术性质主要包括物理性质、颗粒级配与粗度。

(1) 物理性质：细集料的物理常数主要有表观密度、堆积密度和空隙分数等，其含义与粗集料完全相同，具体数值可通过试验测定，计算方法与粗集料相同，详见粗集料技术性质。

(2) 颗粒级配与粗度：见第 3 章。

3. 集料取样方法及试样份数

1) 取样方法

(1) 通过带式运输机(如采石场的生产线、沥青拌和楼的冷料输送带)的材料，如无机结合料稳定集料、级配碎石混合料等，应从带式运输机上采集样品。取样时，可在带式运输机骤停的状态下取其中一截的全部材料，或在一定时间内，在带式运输机的端部连续采集样品，将间隔 3 次以上所取的试样组成一组试样，作为代表性试样。

(2) 在材料场同批材料堆上取样时，应先铲除堆脚等处无代表性的部分，再在料堆的顶部、中部和底部，各由均匀分布的几个不同部位，取大致相等的若干份组成一组试样，务必使所取试样能代表该批材料的情况和品质。

(3) 从火车、汽车、货船上取样时，应从不同部位和深度处，抽取大致相等的试件若干份，组成一组试样。试样抽取的具体份数应视能够组成本批来料代表样的需要而定。

(4) 从沥青拌和楼的热料仓取样时，应在放料口的全断面上取样。通常宜将一开始按正式生产的配比投料拌和的几锅(至少 5 锅以上)废弃，然后分别将每个热料仓放出至装载机上，倒在水泥地上，适当拌和，从 3 处以上的位置取样，拌和均匀，取要求数量的试样。

2）重新取样

若检验不合格，应重新取样，对不合格项进行加倍复验，若仍有一个试样不能满足标准要求，应按不合格处理。

3）样品数量

对于不同的试验项目，每组试样取样数量宜不少于所规定的最少取样量，见表1－1。需做几项试验时，如能保证试样经一项试验后不致影响另一项试验的结果，也可用同一组样品进行几项不同的试验。每一项试验项目所需砂的最少取样量见表1－2。

表1－1　各试验项目所需粗集料的最少取样量

试验项目 \ 最少取样量/kg \ 最大粒径/mm	4.75	9.5	13.2	16	19	26.5	31.5	37.5	53	63	75
筛分析	8	10	12.5	15	20	20	30	40	50	60	80
表观密度	6	8	8	8	8	8	12	16	20	24	24
含水率	2	2	2	2	2	2	3	3	4	4	6
吸水率	2	2	2	2	4	4	4	6	6	6	8
堆积密度	40	40	40	40	40	40	80	80	100	120	120
含泥量	8	8	8	8	24	24	40	40	60	80	80
泥块含量	8	8	8	8	24	24	40	40	60	80	80
针片状含量	0.6	1.2	2.5	4	8	8	20	40	—	—	—
硫化物、硫酸盐含量	1.0										

表1－2　每一试验项目所需砂的最少取样量

试 验 项 目	最少取样量/g	试 验 项 目	最少取样量/g
筛分析	4 400	泥块含量	1 000
表观密度	2 600	有机质含量	2 000
吸水率	4 000	云母含量	600
堆积密度	5 000	轻物质含量	3 200
含水率	1 000	坚固性	分成四个粒级，各需100g
含泥量	4 400	硫化物及硫酸盐含量	50

1.2　矿质混合料的组成设计

道路与桥梁建筑用的砂石材料，大多数是以矿质混合料的形式与各种结合料（如水泥或沥青等）混合使用。为此，对矿质混合料必须进行组成设计，其内容包括级配理论和级配范围的确定和基本组成的设计方法。

1.2.1 矿质混合料的级配理论

1. 级配类型

各种不同粒径的集料按照一定的比例搭配起来，以达到较高的密实度，可以采用下列两种级配组成。

1）连续级配

连续级配是某一种矿质混合料在标准筛孔配成的套筛中进行筛分，得到一种混合料，所得的级配曲线平顺圆滑，具有连续性(不间断)，相邻粒径的粒料之间有一定的比例关系(按质量计)。这种由大到小，各级粒径均有，并按比例互相搭配组成的矿质混合料称为连续级配矿质混合料。

2）间断级配

间断级配是在矿质混合料中剔除其一个(或几个)分级，形成一种不连续的混合料。这种混合料称为间断级配矿质混合料。

连续级配和间断级配曲线如图 1.5 所示。

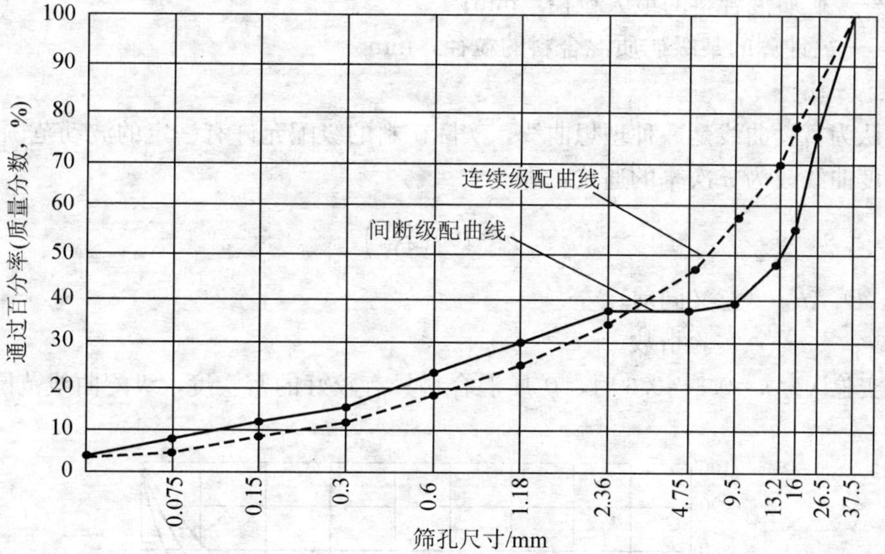

图 1.5 连续级配和间断级配曲线

2. 级配理论

1）富勒理论

富勒根据实验提出一种理想级配，认为“级配曲线越接近抛物线，其密度越大”。因此，当级配曲线为抛物线时是最大曲线密度，如图 1.6 所示，最大密度曲线方程可表示为

$$\rho^2 = kd \tag{1-17}$$

当粒径 d 等于最大粒径 D 时，矿质混合料得通过百分率等于 100%，将此关系带入式(1-17)，则对任意一级粒径 d 的通过百分率 p 可按式(1-18)求得

$$p = 100\sqrt{\frac{d}{D}} \tag{1-18}$$

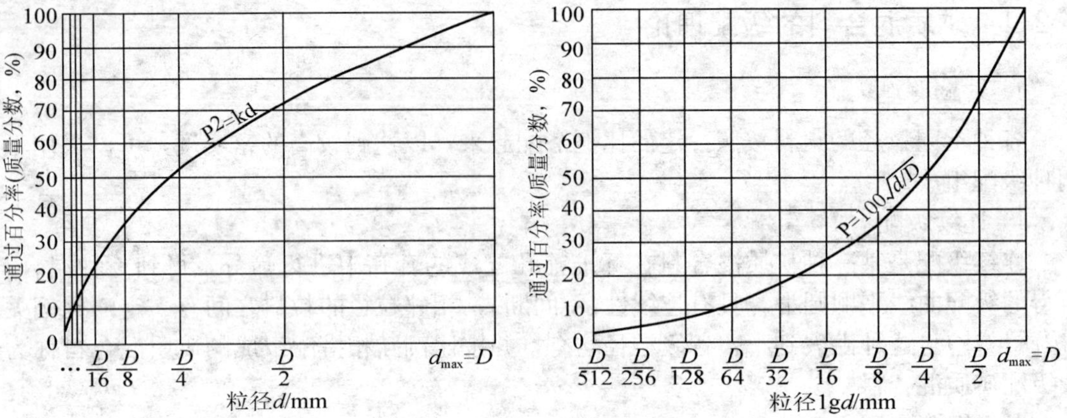

(a)常坐标　　(b)半对数坐标

图 1.6　富勒理想级配曲线

式中　p——欲计算的某粒径 d 的矿料通过百分率，%；

D——矿质混合料的最大粒径，mm；

d——欲计算的某级矿质混合料的粒径，mm。

2）泰波理论

泰波认为富勒曲线是一种理想曲线，实际矿料的级配允许有一定的波动范围，故将富勒最大密度曲线改为 n 次幂的通式，即

$$p=100\left(\frac{d^{n}}{D}\right) \tag{1-19}$$

式中　p，D，d——意义同前；

n——实验指数。

根据实验认为 n=0.3～0.6 时，矿质混合料具有较好的密实度，级配曲线范围如图 1.7 所示。

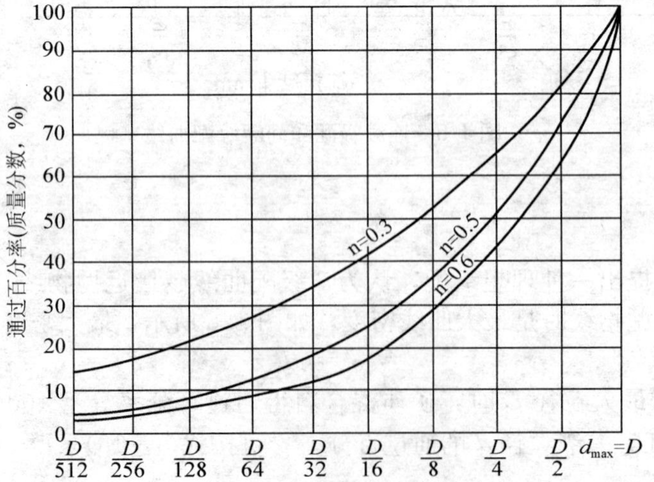

图 1.7　泰波级配曲线范围

1.2.2 矿质混合料的组成设计方法

天然或人工轧制的一种集料的级配往往很难完全符合某一种级配范围要求，因此必须采用两种或两种以上的集料配合起来才能符合级配范围的要求。矿质混合料设计的任务就是确定组成混合料各集料的比例。确定混合料配合比的方法很多，主要可分为数解法与图解法两大类。

1. 数解法

用数解法确定矿质混合料组成的方法很多，最常用的是试算法和正规方程法(或称线性规划法)。前者用于3～4种矿料组成；后者可用于多种矿料组成，后者所得结果准确，但计算较为复杂。下面以试算法为例进行介绍。

1）基本原理

试算法的基本原理，是在决定各组成集料在混合料中的比例时，先假定混合料中某种粒径的颗粒由某一种对该粒径占优势的集料组成，而其他各种集料不含这种粒径，如此根据各个主要粒径试算各种集料在混合料级配要求的各集料配合比例。

设有A、B、C三种集料，欲配制成级配为M的矿质混合料，如图1.8所示，求A、B、C集料在混合料中的比例，即混合料配合比。

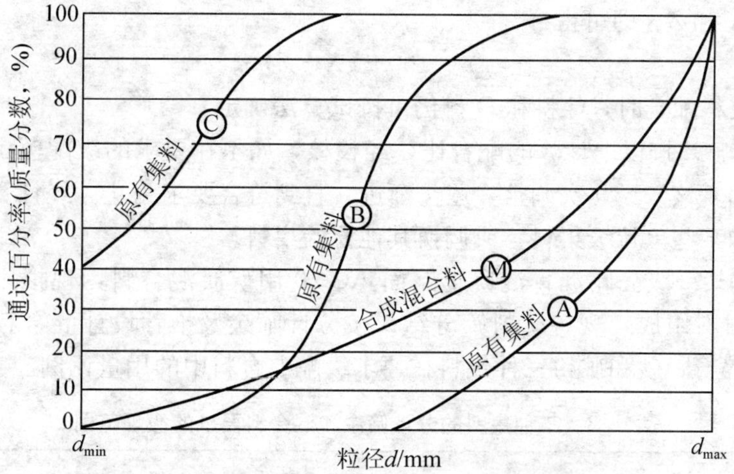

图1.8 原有集料与合成混合料的级配图

按题意作下列两点假设：

(1) 设A、B、C三种集料在混合料M中的用量比例为X、Y、Z，则

$$X+Y+Z=100 \tag{1-20}$$

(2) 又设混合料M中某一粒径要求的含量为$a_{M(i)}$，A、B、C三种集料在该粒径含量为$a_{A(i)}$、$a_{B(i)}$、$a_{C(i)}$，则

$$a_{A(i)}X+a_{B(i)}Y+a_{C(i)}Z=a_{M(i)} \tag{1-21}$$

2）计算步骤

在上述两点假设的前提下，按下列步骤求A、B、C三种集料在混合料中的用量。

(1) 计算A料在矿质混合料中的用量。在计算A料在混合料中的用量时，按A料在优势含量的某粒径计算，而忽略其他集料在此粒径的含量。

设按A料粒径为$i$mm进行计算，则B料和C料在该粒径的含量$a_{B(i)}$和$a_{C(i)}$均等于零，可得

$$a_{A(i)}X=a_{M(i)}$$

即A料在混合料中的用量为

$$X=\frac{a_{M(i)}}{a_{A(i)}}\times 100\% \tag{1-22}$$

(2) 计算C料在矿质混合料中的用量。同理，在计算C料在混合料中的用量时，按C料占优势的某一粒径计算，而忽略其他集料在此粒径的含量。

设按C料粒径为$j$mm进行计算，则A料和B料在该粒径的含量$a_{A(j)}$、$a_{B(j)}$均等于零。由式(1-21)可得C料在混合料中的用量为

$$a_{C(j)}Z=a_{M(j)}$$

即C料在混合料中的用量为

$$Z=\frac{a_{M(j)}}{a_{C(j)}}\times 100\% \tag{1-23}$$

(3) 计算B料在矿质混合料中的用量。由式(1-22)和式(1-23)求得A料和C料在混合料中的含量X和Z，即可得

$$Y=100-(X+Z) \tag{1-24}$$

如为四种集料配合时，C料和D料仍可按试算法确定。

(4) 校核调整。按以上计算的配合比，经校核，如不在要求的级配范围内，应调整配合比重新计算和复核，经几次调整，逐步渐进，直到符合要求为止。经计算不能满足级配要求时，可掺加某些单粒级集料，或调换其他原始集料。

【例1-1】某一级公路沥青混凝土路面AC-20用矿质混合料，现拟用碎石、石屑和矿粉三种矿质材料组成，现各矿料筛分结果按分计筛余及推荐设计混合料的级配范围见表1-3，试求碎石、砂和矿粉三种集料在要求级配混合料中的用量比例。

表1-3 三种集料的分计筛余和混合料要求的级配范围

原材料		筛孔尺寸/mm												
		26.5	19	16	13.2	9.5	4.75	2.36	1.18	0.6	0.3	0.15	0.075	<0.075
各种矿料分计筛余百分率(%)	碎石	0	2.4	9.5	13.8	16.4	23.8	15.2	8.6	5.3	3.1	1.1	0.5	0.3
	砂	—	—	—	—	0	10.1	23.7	13.3	15.1	16.9	17.3	2.9	0.7
	矿粉	—	—	—	—	—	—	—	0	3.0	5.0	5.5	3.2	83.3
标准级配范围通过百分率P_a(%)		100	90～100	78～44	62～80	50～72	26～56	16～44	12～33	8～24	5～17	4～13	3～7	—

解：①将表1-3中矿质混合料要求的标准级配范围通过百分率p_i换算为累计筛余百分率A_i级配范围累计筛余百分率中值要求的分计筛余百分率$a_{M(i)}$，计算结果见表1-4。

表 1-4 矿质混合料要求的级配范围

原材料	筛孔尺寸/mm												
	26.5	19	16	13.2	9.5	4.75	2.36	1.18	0.6	0.3	0.15	0.075	<0.075
标准级配范围累计筛余百分率 $a_{M(i)}$（质量分数,%）	0	0～10	8～22	20～38	28～50	44～74	56～84	67～88	76～92	83～95	87～96	93～97	100
级配范围（筛余百分率）中值（质量分数,%）	0	5.0	15.0	29.0	39.0	59.0	70.0	77.5	84.0	89.0	91.5	95.0	100
要求的分级筛余百分率 $a_{M(i)}$（质量分数,%）	0	5.0	10.0	14.0	10.0	20.0	11.0	7.5	6.5	5.0	2.5	3.5	5.0

② 由表 1-3 可知，碎石中 4.75mm 粒径的颗粒含量占优势，假设混合料中 4.75mm 粒径全部由碎石提供，其他集料均等于零，由式(1-23)可得碎石在矿质混合料中的用量（质量）比例为

$$X=\frac{a_{M(4.75)}}{a_{A(4.75)}}\times100\%=\frac{20.0}{23.8}\times100\%=84.0\%$$

③ 同理，由表 1-3 可知，矿粉中小于 0.075mm 粒径的颗粒含量占优势，忽略碎石和砂中此粒径的含量，由式(1-24)可得 C 矿料在矿质混合料中的用量（质量）比例为

$$Z=\frac{a_{M(<0.075)}}{a_{C(<0.075)}}\times100\%=\frac{5.0}{83.3}\times100\%=6.0\%$$

④ 计算砂在矿质混合料中的用量（质量）比例为

$$Y=1-(X+Z)=[100-(84.0+6.0)]\%=10.0\%$$

⑤ 校核三种集料是否符合级配范围要求。根据以上计算，得到矿质混合料的组成配合（质量）比为

碎石 $X=84.0\%$，砂 $Y=10.0\%$，矿粉 $Z=6.0\%$。

按表 1-5 进行校核。由校核结果可知，按上述组成配合比，矿质混合料累计筛余百分率均在标准级配范围内，即符合规范中 AC-20 的级配要求。

表 1-5 矿质混合料配合组成计算校核表

原材料质量分数		筛孔尺寸/mm												
		26.5	19	16	13.2	9.5	4.75	2.36	1.18	0.6	0.3	0.15	0.075	<0.075
各种矿料分计筛余百分率(%)	碎石	0	2.4	9.5	13.8	16.4	23.8	15.2	8.6	5.3	3.1	1.1	0.5	0.3
	砂	—	—	—	—	0	10.1	23.7	13.3	15.1	16.9	17.3	2.9	0.7
	矿粉	—	—	—	—	—	—	—	0	3.0	5.0	5.5	3.2	83.3

续表

原材料质量分数		筛孔尺寸/mm												
		26.5	19	16	13.2	9.5	4.75	2.36	1.18	0.6	0.3	0.15	0.075	<0.075
各矿料在混合料中的用量(%)	碎石占84.0%	0	2.0	8.0	11.6	13.8	20.0	12.8	7.2	4.4	2.6	0.9	0.4	0.3
	砂石占10.0%	—	—	—	—	0	1.0	2.4	1.3	1.5	1.7	1.7	0.3	0.1
	矿粉占6.0%	—	—	—	—	—	—	—	0	0.2	0.3	0.3	0.2	5.0
设计矿质混合料级配(%)	a_i	0	2.0	8.0	11.6	13.8	13.8	15.2	8.5	6.1	4.6	2.9	0.9	5.4
	A_i	0	2.0	10.0	21.6	35.4	35.4	71.6	20.1	86.2	90.8	93.7	94.6	100
标准级配范围百分率(%)		0	0～10	8～22	20～38	28～50	44～74	56～84	67～88	76～92	83～95	87～96	93～97	100
级配范围中值(%)		0	5.0	15.0	29.0	39.0	59.0	70.0	77.5	84.0	89.0	91.5	95.0	100

2. 图解法

我国现行规范推荐采用的图解法为修正平衡面积法。由三种以上集料来进行级配时，采用此方法进行设计十分方便。

图解法的计算步骤如下。

1）绘制级配曲线坐标图

在设计说明上按规定尺寸绘制一个方形图框。通常纵坐标为通过百分率，长度取10cm；横坐标为筛孔尺寸(或粒径)，长度取15cm。对角线OO'作为要求级配曲线中值。纵坐标按算数标尺标出通过量百分率(0～100%)。根据要求级配中值(表1-6)的各筛孔通过百分率标于纵坐标上，由纵坐标饮水线与对角线相交，再从交点作垂线与横坐标相交，其交点即为各相应筛孔尺寸，如图1.9所示。

表1-6　细粒式沥青混凝土AC-13矿料级配范围

筛孔尺寸/mm	16.0	13.2	9.5	4.75	2.36	1.18	0.6	0.3	0.15	0.075
级配范围/%	100	90～100	68～85	38～68	24～50	15～38	10～28	7～20	5～15	4～8
级配中值/%	100	95.0	76.5	53.0	37.0	26.5	19.0	13.5	10.0	6.0

2）确定各种集料用料

将各种集料的通过量绘于级配曲线坐标图上(图1.10)。实际集料的相邻级配曲线可能有下列三种情况，根据各集料之间的关系，按下述方法即可确定各种集料用量。

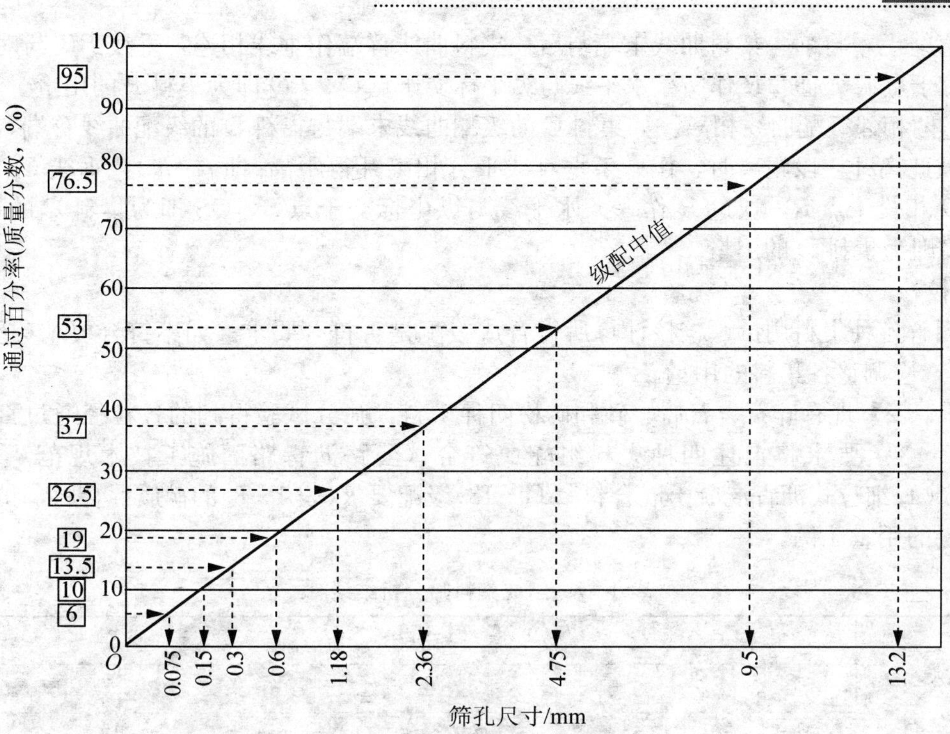

图 1.9 级配曲线坐标图

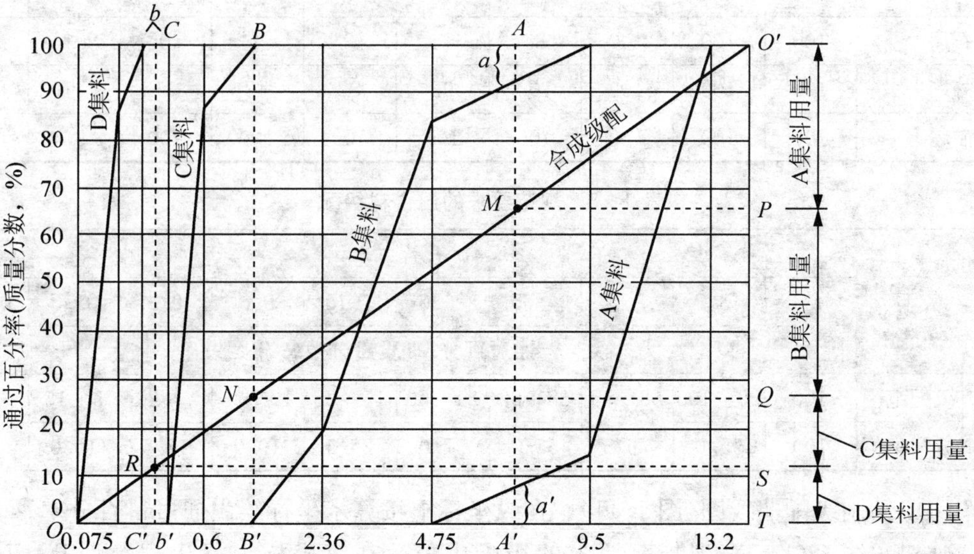

图 1.10 组成集料级配曲线和要求和成绩配曲线图

(1) 两相邻级配曲线重叠。如集料 A 级配曲线的下部与集料 B 级配曲线上部相接时，在两级配曲线之间引一条垂直于横坐标的直线 AA'(使 $a=a'$)，与对角线 OO' 交于点 M，通过 M 作一条水平线与纵坐标交于点 P。$O'P$ 即为集料 A 的用量。

(2) 两相邻级配曲线相交。如集料 B 的级配曲线末端与集料 C 的级配曲线首端正好在一条垂直线上，将前一集料曲线末端与后一集料曲线首端作垂线相连，垂线 BB' 与对角线 OO' 相交于点 R，通过 R 作一条水平线与纵坐标交于点 Q。PQ 即为集料 B 的用量。

(3) 两相邻级配曲线相离。如集料 C 的级配曲线末端与集料 D 的级配曲线首端，在水平方向彼此离开一段距离时，作一条垂直线平分相离开得距离(即 $b=b'$)，垂线 CC' 与对角线 OO' 相交于点 R，通过 R 作一条水平线与纵坐标交于点 S，QS 即为集料 C 的用量。剩余 ST 即为集料 D 的用量。

3) 校核

按图解各种集料用量，校核计算所得合成级配是否符合要求。如不符合要求(超出级配范围)，应调整各集料的用量。

【例 1-2】 现有碎石、石屑、砂和矿粉四种矿料，筛分试验得到的各粒径通过百分率列于表 1-7。要求将上述四种集料组配成符合《公路沥青路面施工技术规范》(JTG F 40—2004)细粒式沥青混凝土混合料(AG—13)级配要求(表 1-8)的矿质混合料，试确定各种集料的用量比例。

表 1-7 组成集料筛分析结果

材料名称	筛孔尺寸/mm									
	16.0	13.2	9.5	4.75	2.36	1.18	0.6	0.3	0.15	0.075
	通过百分率(质量分数,%)									
碎石	100	93	17	0	—	—	—	—	—	—
石屑	100	100	100	84	14	8	4	0	—	—
砂	100	100	100	100	92	82	42	21	11	4
矿粉	100	100	100	100	100	100	100	100	96	89

表 1-8 规范要求的混合料级配

材 料 名 称		筛孔尺寸/mm									
		16.0	13.2	9.5	4.75	2.36	1.18	0.6	0.3	0.15	0.075
		通过百分率(质量分数,%)									
AC-13	级配范围	100	90~100	68~85	38~68	24~50	15~38	10~28	7~20	5~15	4~8
	级配中值	100	95.0	76.5	53.0	37.0	26.5	19.0	13.5	10.0	6.0

解： ① 绘制级配曲线图(图 1.11)，在纵坐标上按算术坐标绘出通过量百分率。

② 连对角线 OO'，表现规范要求的级配中值。在纵坐标上标出规范(JTG F 40—2004)规定的细粒式混合料(AG—13)各筛孔的要求通过百分率，作水平线与对角线 OO' 相交，再从各交点作垂直线交于横坐标上，确定各筛孔在横坐标上的位置。

③ 将碎石、石屑、砂和矿粉的级配曲线绘于图 1.11 上。

④ 在碎石、和石屑的级配曲线相重叠部分作一条垂线 AA' 使垂线截取两级配曲线的纵坐标值相等($a=a'$)。自垂直线 AA' 与对角线交点 M 引一条水平线，与纵坐标交于 P 点，$O'P$ 的长度 $X=35.9\%$，即碎石用量。

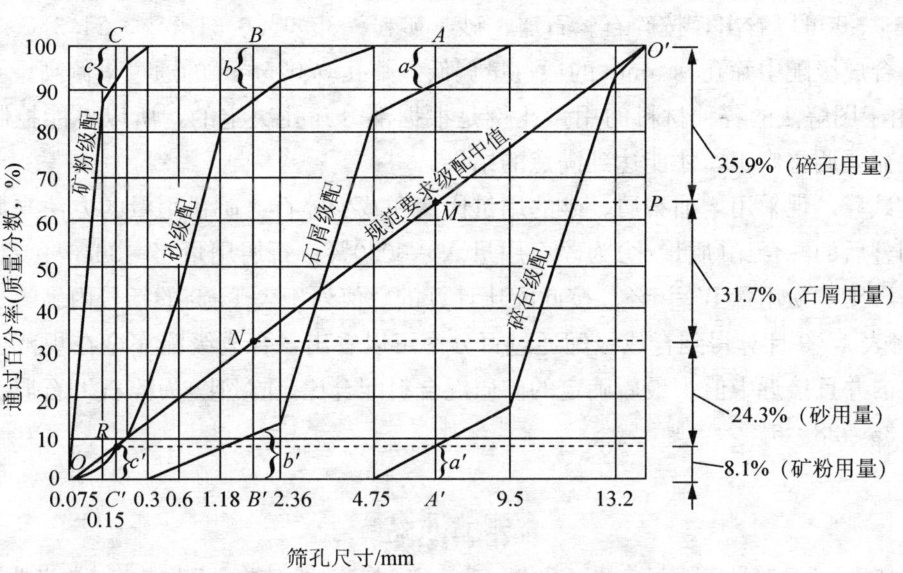

图 1.11 各组成材料和要求混合料级配图

同理，求出石屑用量(质量分数)$Y=31.7\%$，砂的用量(质量分数)$Z=24.3\%$，则矿粉用量(质量分数)$W=8.1\%$。

⑤ 根据图解求得的各集料用量率列表进行校核计算，见表 1-9。

表 1-9 质混合料配合组成计算校核表

原材料		筛孔尺寸/mm									
		16.0	13.2	9.5	4.75	2.36	1.18	0.6	0.3	0.15	0.075
		通过百分率(质量分数，%)									
各种矿料级配	碎石	100	93	17	0	—	—	—	—	—	—
	石屑	100	100	100	64	14	8	4	0	—	—
各种矿料级配	碎石	100	100	100	100	92	82	42	21	11	4
	石屑	100	100	100	100	100	100	100	100	96	89
各矿质集料在混合料中用(质量分数，%)	碎石 35.9 (30.0)	35.9 (30.0)	33.4 (27.9)	6.1 (5.1)	0 (0)	—	—	—	—	—	—
	石屑 31.7 (36.0)	31.7 (36.0)	31.7 (36.0)	31.7 (36.0)	20.3 (20.3)	4.10 (5.0)	2.5 (2.9)	1.3 (1.4)	0 (0)	—	—
	砂 24.3 (28.0)	24.3 (28.0)	24.3 (28.0)	24.3 (28.0)	24.3 (28.0)	22.4 (25.8)	19.9 (23.0)	10.2 (11.8)	5.1 (5.9)	2.7 (3.1)	1.0 (1.1)
	矿粉 8.1 (6.0)	8.1 (6.0)	8.1 (6.0)	8.1 (6.0)	8.1 (6.0)	8.1 (6.0)	8.1 (6.0)	8.1 (6.0)	8.1 (6.0)	7.8 (5.8)	7.2 (5.2)
设计矿质混合料级配		100 (100)	97.5 (97.9)	70.2 (75.1)	52.7 (57.0)	34.9 (36.8)	30.5 (31.9)	19.6 (19.2)	13.2 (11.9)	10.5 (8.9)	8.2 (6.3)
规范要求级配范围		100	90～100	68～85	38～68	24～50	15～38	10～28	7～20	5～15	4～8

从表1-9可以看出，按碎石：石屑：砂：矿粉=35.9%：31.7%：24.3%：8.1%计算结果，合成级配中筛孔9.5mm的通过量偏低，筛孔0.075mm的通过量偏高。

⑥ 由于图解法的各种材料的用量比例是根据部分筛孔决定的，所以不能控制所有筛孔。通常需要调整修正，才能达到满意的结果。

通过试算，现采用增加石屑、砂的用量比例和减少碎石、矿粉用量的方法来调整配合比。经调整后的配合比(质量比)为碎石用量 X=30.0%；石屑用量 Y=36.0%，砂用量 Z=28.0%，则矿粉用量 W=6%。按此配比计算的数值列于表1-9的括号内。

⑦ 将表1-9计算得到合成级配通过百分率可以看出，合成级配完全在规范要求的级配范围之内并且接近中值。最后确定的矿质混合料配合比(质量比)为碎石：石屑：砂：矿粉=30：36：28：6。

本章小结

砂石材料是石料制品与集料(骨料)的总称，是道路与桥梁工程结构及其附属构造物中用量最大的一类材料。石料制品可以直接用于砌筑构造物或道路铺面，或被轧制成集料直接用于道路基层或垫层，但更主要的是作为骨料应用于水泥混凝土或沥青混凝土。

石料的力学性质主要有单轴抗压强度和磨耗度，这两项是评定石料的依据。集料的力学性质除了压碎值和磨耗率外，由于现代高速交通的要求，对路面抗滑层用集料还要求磨光值、耐磨值和冲击值。

集料最主要的物理常数是密度和级配。

密度是单位体积的质量。由于计算密度时选用的体积不同，其可分为真实密度、表观密度、毛体积密度和堆积密度等。密度对计算沥青和水泥混凝土的组成结构是非常有用的参数。

级配集料是经过科学组配后，可以达到更大的密度和获得较大的内摩擦力的矿质混合料，目前常用最大密度曲线理论。我国现行矿质混合料组成设计的方法主要是采用试算法和图解法。

复习题

1. 岩石的主要物理性质有哪几项？简述它们的含义。
2. 试述影响岩石抗压强度的主要因素。
3. 集料的主要物理常数有哪几项？与岩石的物理常数有什么区别？
4. 岩石的饱和吸水率与吸水率有什么不同？
5. 什么是级配？表示级配的参数有哪些？
6. 什么是连续级配和间断级配？
7. 现有碎石、砂和矿粉三种集料，筛析试验结果见表1-10。

要求用试算法和图解法将上述三种集料组成配成符合《公路沥青路面施工技术规范》(JTG F 40—2004)细粒式沥青混合料(AC-13)级配要求(表1-11)的矿质混合料，试确定各种集料的用量比例。

表 1-10 碎石、砂和矿粉筛析试验结果

材料名称	筛孔尺寸/mm									
	16	13.2	9.5	4.75	2.36	1.18	0.6	0.3	0.15	0.075
	通过百分率(%)									
碎石	100	95	63	28	8	2	1	0	0	0
砂	100	100	100	100	100	90	60	35	10	1
矿粉	100	100	100	100	100	100	100	100	97	88

表 1-11 细粒式沥青混合料(AC-13)级配要求

混合料类型和级配		筛孔尺寸 mm									
		16	13.2	9.5	4.75	2.36	1.18	0.6	0.3	0.15	0.075
		通过百分率(%)									
细粒式沥青混凝土(AC-13)	级配范围	100	90～100	68～85	38～68	24～50	15～38	10～28	7～20	5～15	4～8
	级配中值	100	95	76.5	53	37	26.5	19	13.5	10	6

第2章

石灰和水泥

教学目标

通过本章的学习，了解石灰的消化、硬化过程及技术指标要求；重点掌握硅酸盐水泥熟料各矿物成分的特性、凝结硬化机理和技术性质及其在道路和桥梁工程中的应用；熟悉掺混合材料的水泥的性质；了解其他品种水泥的特性及应用。

教学要求

知识要点	能力要求	相关知识
石灰	掌握石灰的消化、硬化和应用	石灰的分类、加工、消化、硬化、技术性质、应用和储存
硅酸盐水泥	掌握硅酸盐水泥的检测和应用	硅酸盐水泥的矿物组成和特性、技术性质和应用
掺混合材料的水泥	熟悉掺混合材料的水泥的应用	掺混合材料的水泥的性质和应用
其他品种水泥	了解其他品种水泥的特性和应用	其他品种水泥的特性和应用

章节导读

1. 石灰

石灰又称白灰，是由以碳酸钙为主要成分的碳酸盐类岩石经过高温煅烧而得到的一种气硬性胶凝材料。其主要成分为氧化钙和氧化镁。

石灰根据化学成分的不同分为生石灰和熟石灰；根据加工方法的不同，可分为块状生石灰(图 2.1)、生石灰粉(图 2.2)、石灰浆(图 2.3)、消石灰粉、石灰乳。

图 2.1 块状生石灰

图 2.2 生石灰粉

图 2.3 石灰浆

在工业生产过程中，石灰的主要原料是以碳酸钙为主要成分的天然岩石，如石灰石(图 2.4)、白垩(图 2.5)、白云石(图 2.6)等。

图 2.4 石灰石

图 2.5 白垩

图 2.6 白云石

2. 水泥

水泥是一种水硬性胶凝材料，也是建筑工程中用量最大的建筑材料之一。水泥与水混合后，经过一系列物理化学作用，由可塑性浆体变得坚硬。

在道路和桥梁中通用的水泥有硅酸盐水泥、普通硅酸盐水泥(图 2.7)、矿渣硅酸盐水泥、火山灰质硅酸盐水泥、粉煤灰硅酸盐水泥和复合硅酸盐水泥等六大品种。此外，在某些特殊工程中，还会使用高铝水泥、膨胀水泥、快硬水泥等。工程建设中仍以硅酸盐水泥与普通硅酸盐水泥为主。大型水泥生产设备如图 2.8 所示。

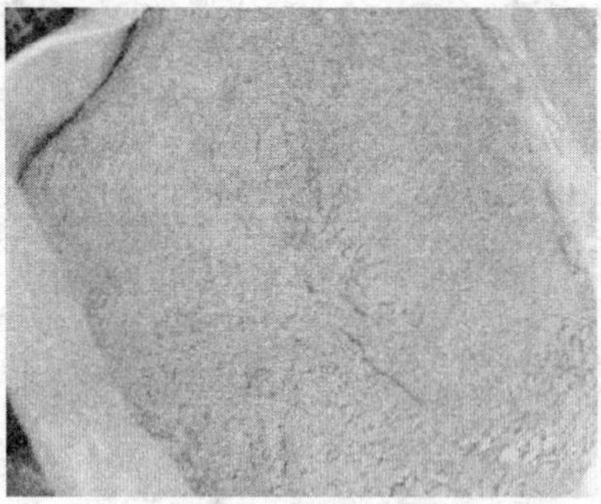

图 2.7　普通硅酸盐水泥

图 2.8　大型水泥生产设备

知识链接

水泥的发展历史

水泥是一种使用历史悠久，至今仍在广泛使用的土木工程材料。早在 1796 年，就出现了用含有一定比例黏土成分的石灰石煅烧而成的“罗马水泥”。

1824 年，英国建筑工人约瑟夫·阿斯普丁首先取得了生产硅酸盐水泥的专利权。因为水泥凝结后的外观颜色与英国波特兰所产的一种常用于建筑的石灰石颜色相似，所以将产名命名为波特兰水泥，在针对波特兰水泥的后续研究中，确认其主要成分是硅酸盐类物质，故波特兰水泥也被称为硅酸盐水泥。

自水泥问世以来，一直是土木工程材料的主体材料，目前世界上水泥的品种已达 200 余种，任何建设工程项目几乎都离不开水泥。

2.1　石　灰

▶▶引例

在道路路基处理时，为什么要把石灰与松散的黏土混合在一起铺筑在路基上呢(图 2.9)？石灰与黏土的混合料对路基起到怎样的加固效果呢？

图 2.9　石灰土路基处理

2.1.1 石灰的生产工艺

工业上将主要成分为碳酸钙和碳酸镁的岩石高温煅烧，逸出二氧化碳气体后得到白色或灰白色的块状材料即为生石灰。煅烧过程中，碳酸钙和碳酸镁的分解需要吸收热量，通常需加热至900℃以上，其化学反应式可表示如下

$$CaCO_3 \xrightarrow[178kJ/mol]{\geq 900℃} CaO + CO_2\uparrow$$

1kg碳酸钙分解时，失去0.44kg二氧化碳，得到0.56kg氧化钙，质量几乎失去一半，而煅烧前后的固体体积变化不大，所以生石灰是一种多孔结构的材料。

优质的石灰色泽洁白或带灰色，质量较轻，块状石灰堆积密度为800～1 000kg/m³。石灰的质量好坏与氧化钙(或氧化镁)的含量、煅烧温度及煅烧时间有直接关系。当温度过低或煅烧时间不够时，石灰中会含有未烧透的内核，这种石灰称为欠火石灰。欠火石灰的未消化残渣含量高，使生石灰的有效利用率降低，使用时缺乏黏结力。当温度正常、时间合理时，得到的石灰是多孔结构，内比表面积大，晶粒较小，这种石灰称为正火石灰。正火石灰与水接触时，化学反应能力较强。当煅烧温度提高、时间延长时，晶粒变粗，内比表面积缩小，内部多孔结构变得致密，这种石灰称为过火石灰。过火石灰与水反应的速度极为缓慢，在建筑结构物中仍能继续消化，以致引起成型的结构物体积膨胀，导致结构物表面产生鼓包、隆起、起皮、剥落或裂缝等病害现象，故危害极大。

2.1.2 石灰的消化和硬化

1. 石灰的消化

石灰的消化又称熟化，是指生石灰与水发生化学反应，放出大量的热，且体积膨胀，质纯且煅烧良好的石灰体积增加1～2.5倍，消解石灰的理论加水量仅为石灰质量的32%，但是由于石灰消化是一个放热反应，实际加水量需达石灰质量的70%以上。生成的氢氧化钙也称为消石灰或熟石灰。其化学反应如下

$$CaO + H_2O \longrightarrow Ca(OH)_2 + 64.9kJ/mol$$

另外，在石灰的消解期间应严格控制加水量和加水速度。对消解速度快、活性大的石灰，如加水过慢，水量不够，则已消化的石灰颗粒生成氢氧化钙，包围于未消化颗粒的周围，使内部石灰不易消化，这种现象称为“过烧”现象。相反，对于消解速度慢、活性差的石灰，如加水过快，则发热量少，水温过低，增加了未消化颗粒，这种现象称为“过冷”现象。石灰消化时，为了消除过火石灰的危害，可在消化后陈伏半个月左右再使用。石灰浆在陈伏期间，在其表面应有一层水分，使之与空气隔绝，以防止碳化。

2. 石灰的硬化

石灰的硬化过程包括干燥硬化和碳酸化两部分。

1）石灰浆的干燥硬化(结晶作用)

石灰浆在干燥过程中游离水逐渐蒸发，或被周围砌体吸收，形成氢氧化钙饱和溶液，氢氧化钙逐渐从饱和溶液中结晶析出，产生网状孔隙。这时滞留在孔隙中的自由水由于表

面张力的作用而产生毛细管压力，使石灰颗粒互相靠拢粘紧，强度也随之提高。其反应式如下

$$Ca(OH)_2 + nH_2O \xrightarrow{晶化} Ca(OH)_2 \cdot nH_2O$$

2）硬化石灰浆的碳化(碳化作用)

氢氧化钙与空气中的二氧化碳作用生成碳酸钙晶体，称为熟石灰的碳化作用。石灰浆体经碳化后获得的最终强度称为碳化强度。熟石灰的碳化作用在有水条件下才能进行，其反应式如下

$$Ca(OH)_2 + CO_2 + nH_2O \xrightarrow{硬化} Ca(OH)_2 \cdot (n+1)H_2O$$

该反应主要发生在与空气接触的表面，当浆体表面生成一层 $CaCO_3$ 薄膜后，碳化进程减慢，同时内部的水分不易蒸发，石灰的硬化速度随时间增长逐渐减慢。

石灰浆体的硬化包括上面两个同时进行的过程，即表层以碳化为主，内部则以干燥硬化为主。纯石灰浆硬化时发生收缩开裂，所以工程上常配制成石灰砂浆使用。

2.1.3 石灰的技术要求和技术标准

1. 技术要求

用于道路或桥梁工程的石灰应符合下列技术要求。

1）有效氧化钙和氧化镁含量

石灰中产生黏结性的有效成分是活性氧化钙和氧化镁。它们的含量是评价石灰质量的主要指标，其含量越多，活性越高，质量也越好。按我国现行试验规程《公路工程无机结合料稳定材料试验规程》(JTG E51—2009)规定，有效氧化钙含量用盐酸滴定法测定，氧化镁含量用络合滴定法测定。

2）生石灰产浆量和未消化残渣含量

产浆量是单位质量的生石灰经消化后产生的石灰浆体的体积。石灰产浆量越高，则表示其质量越好。未消化残渣含量是生石灰消化后，未能消化而存留在 5mm 圆孔筛上的残渣占试样的百分率。其含量越多，石灰质量越差，必须加以限制，测定方法按《建筑石灰试验方法　物理试验方法》(JC/T 478.1—1992)和《建筑石灰试验方法　化学分析方法》(JC/T 478.2—1992)执行。

3）二氧化碳含量

控制生石灰或生石灰粉中二氧化碳的含量是为了检测石灰石在煅烧时“欠火”造成产品中未分解完成的碳酸盐的含量。二氧化碳含量越高，即表示未分解完全的碳酸盐含量越高，则氧化钙和氧化镁的含量相对降低，导致石灰的胶接性能下降。

4）消石灰粉的游离水含量

游离水含量是指化学结合水以外的含水量。生石灰在消化过程中加入的水是理论需水量的 2～3 倍，除部分水被石灰消化过程中放出的热蒸发掉外，多加的水残留于氢氧化钙(除结合水外)中。残余水分蒸发后，留下孔隙会加剧消石灰粉的碳化作用，以致影响石灰的质量，因此，对消石灰粉的游离水含量需加以限制。

5）细度

细度对石灰的质量影响也是非常大的，现行标准《公路路面基层施工技术规范》(JTJ 034—2000)以0.71mm和0.125mm筛余百分率控制。0.125mm筛余量包括消化过程中未消化的“过火”石灰颗粒；含有大量钙盐的石灰颗粒；“欠火”石灰颗粒或未燃尽的煤渣等。过量的筛余物影响石灰的黏结性。

2. 技术标准

按照现行标准《建筑生石灰》(JC/T 479—1992)和《建筑生石灰粉》(JC/T 480—1992)中的规定，按石灰中氧化镁的含量不同，建筑石灰分为钙质石灰和镁质石灰两类，其分类界限见表2-1。

表2-1 钙质石灰和镁质石灰中氧化镁含量(%)界限

石灰种类	生石灰	生石灰粉	消石灰
钙质石灰	≤5	≤5	<4
镁质石灰	>5	>5	≥4

由于生石灰和消石灰粉的分类技术项目和指标不同，故分别提出不同要求。

石灰分为钙质石灰和镁质石灰，考虑有效氧化钙和氧化镁含量(%)、产浆量、未消化残渣以及二氧化碳含量等指标，石灰又可分为优等品、一等品与合格品3个等级，见表2-2、表2-3。

1）生石灰技术标准

表2-2 生石灰技术指标

项目	钙质生石灰			镁质生石灰		
	优等品	一等品	合格品	优等品	一等品	合格品
1. (CaO+MgO)含量(%)	≥90	≥85	≥80	≥85	≥80	≥75
2. 未消化残余含量(5mm)圆孔筛筛余量(%)	≤5	≤10	≤15	≤5	≤10	≤15
3. CO_2(%)	≤5	≤7	≤9	≤6	≤8	≤10
4. 产浆量(L/kg)	≥2.8	≥2.3	≥2.0	≥2.8	≥2.3	≥2.0

2）生石灰粉技术标准

表2-3 生石灰粉技术指标

项目		钙质生石灰			镁质生石灰		
		优等品	一等品	合格品	优等品	一等品	合格品
1. (CaO+MgO)含量(%)		≥85	≥80	≥75	≥80	≥75	≥70
2. CO_2(%)		≤7	≤9	≤11	≤8	≤10	≤12
3. 细度	0.9mm筛筛余量(%)	≤0.2	≤0.5	≤1.5	≤0.2	≤0.5	≤1.5
	0.125mm筛筛余量(%)	≤7.0	≤12.0	≤18.0	≤7.0	≤12.0	≤18.0

按照《公路路面基层施工技术规范》(JTJ 034—2000)，石灰技术指标应符合表2-4所示规定。实际应用中，应尽量缩短石灰的存放时间，石灰在野外堆放时间较长时，应覆盖防潮。

表2-4 生石灰的技术指标

类别 / 指标 / 项目		等级											
		钙质生石灰			镁质生石灰			钙质消石灰			镁质消石灰		
		Ⅰ	Ⅱ	Ⅲ	Ⅰ	Ⅱ	Ⅲ	Ⅰ	Ⅱ	Ⅲ	Ⅰ	Ⅱ	Ⅲ
有效钙加氧化镁含量(%)		≥85	≥80	≥70	≥80	≥75	≥65	≥65	≥60	≥55	≥60	≥55	≥50
未消化残渣含量(5mm圆孔筛的筛余,%)		≤7	≤11	≤17	≤10	≤14	≤20						
含水量(%)								≤4	≤4	≤4	≤4	≤4	≤4
细度	0.71mm方孔筛和筛余(%)							0	≤1	≤1	0	≤1	≤1
	0.125mm方孔筛和筛余(%)							≤13	≤20	—	≤13	≤20	—
钙镁石灰的分类界限，氧化镁含量(%)		≤5			>5			≤4			>4		

注：硅、铝、镁氧化物含量之和大于5%的生石灰，有效钙加氧化镁含量指标，Ⅰ等≥75%，Ⅱ等≥70%，Ⅲ等≥60%；未消化残渣含量指标与镁质生石灰指标相同。

2.1.4 石灰的应用和储存

1. 石灰的应用

(1) 用于路面工程中的石灰稳定土、石灰水泥稳定土等结构层。

(2) 利用生石灰的吸水膨胀作用用于软土地基的加固，如在软土地基上打入生石灰桩，生石灰吸水膨胀对桩周土起挤密作用，同时生石灰与黏土矿物颗粒产生胶凝反应使周围的土固结，从而起到提高地基承载力的目的。

(3) 可以制作石灰砂浆，主要用于地面以上部分的砌筑工程，并且可以用于抹面等装饰工程。

(4) 石灰与黏土、砂石、炉渣制成三合土，用于道路工程的垫层。

特别提示

引例的解答：生石灰与黏土颗粒结合产生胶凝反应，使石灰土混合料固结变硬，大大提升了路基的承载能力，所以道路施工时，经常用石灰对路基进行加固处理。

2. 石灰的储存

(1) 磨细的生石灰粉应储存于干燥仓库内，采取严格防水措施。

(2) 需较长时间储存生石灰时，最好将其消解成石灰浆，并使其表面隔绝空气，以防碳化。

特别提示

生石灰不能较长时间地放置在未经防水防潮处理的仓库内，这主要是由于生石灰长期暴露于大气中，会与空气中的水蒸气发生化学发热反应，导致生石灰吸水膨胀，有效氧化钙减少，进而质量不合格。

2.2 硅酸盐水泥

▶▶引例

我们经常看到修筑不久的城市道路或等级公路水泥混凝土路面开裂，如图 2.10 所示，这是什么原因呢？

图 2.10 硅酸盐水泥路面开裂

水泥是一种水硬性胶凝材料，既能在空气中硬化，也能在水中更好地硬化，保持并继续发展其强度。所以水泥材料即可用于地上工程，也可用于地下工程。

在道路和桥梁中通用的水泥有硅酸盐水泥、普通硅酸盐水泥、矿渣硅酸盐水泥、火山灰质硅酸盐水泥、粉煤灰硅酸盐水泥和复合硅酸盐水泥六大品种。此外，在某些特殊工程中，还使用高铝水泥、膨胀水泥、快硬水泥等。在工程建设中仍以硅酸盐水泥与普通硅酸盐水泥为主。

2.2.1 硅酸盐水泥的生产工艺

1. 硅酸盐水泥生产原料

生产硅酸盐水泥的原料主要分为石灰质原料和黏土质原料两类，前者主要提供氧化钙，后者主要提供二氧化硫、氧化铝和氧化铁，如果经测定，两种原料化学组成不能满足要求，还要加入少量校正原料进行调整，常用的校正原料为黄铁矿渣。生产硅酸盐水泥原料的化学组成见表2-5。

表2-5 生产硅酸盐水泥原料的化学组成

氧化物名称	化学式	常用缩写	大致含量/%	氧化物名称	化学式	常用缩写	大致含量/%
氧化钙	CaO	C	62～67	氧化铝	Al_2O_3	A	4～7
二氧化硅	SiO_2	S	19～24	氧化铁	Fe_2O_3	F	2～5

2. 硅酸盐水泥生产流程

1）硅酸盐水泥的生产原理

硅酸盐水泥的质量与生产工艺有很大关系，如原料的配制及磨细程度直接关系到熟料烧成及矿物组成，而熟料、石膏和混合材料的磨细又关系到水泥的活性、反应速度、强度增长等情况，在“两磨一烧”的生产过程中，煅烧是水泥生产最关键的环节。

(1) 100～200℃：生料被加热，自由水逐渐蒸发而干燥。

(2) 300～500℃：生料被预热。

(3) 500～800℃：黏土质原料脱水并分解为无定形的氧化铝和二氧化硅，部分石灰质原料中的碳酸钙开始少量分解成氧化钙和二氧化碳，有机物燃尽。

(4) 900～1 100℃：碳酸钙大量分解，铝酸三钙和铁铝酸四钙开始形成。铝酸三钙和铁铝酸四钙大量生成，硅酸二钙生产量最大。

(5) 1 300～1 450℃：铝酸三钙和铁铝酸四钙是熔融状态，出现液态，将所剩氧化钙和硅酸二钙溶解，硅酸二钙在液相中吸收氧化钙形成水泥的最主要矿物硅酸三钙。这一阶段是生产水泥的关键，温度不足直接影响硅酸三钙的生成，游离氧化钙过剩进而影响水泥的质量。

2）硅酸盐水泥的生产流程

硅酸盐水泥的生产概括起来为“两磨一烧”，主要包括以下三个阶段。

(1) 生料的配制和磨细。

(2) 将生料煅烧，使之部分熔融形成熟料。

(3) 将熟料与适量石膏共同磨细成为硅酸盐水泥。

硅酸盐水泥的生产工艺流程如图2.11所示。

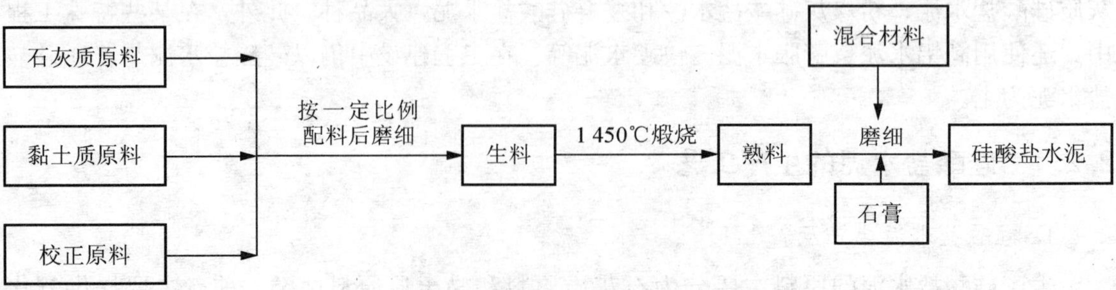

图2.11 硅酸盐水泥生产流程

2.2.2 硅酸盐水泥的化学成分和矿物组成

1. 化学成分

硅酸盐水泥的化学成分主要有由石灰质原料分解出来的氧化钙、由黏土质原料分解出来的氧化铝和二氧化硅以及黄铁矿渣提供的氧化铁。

2. 矿物组成

硅酸盐水泥熟料中主要的矿物名称和含量见表2-6。

表2-6 硅酸盐水泥熟料的主要矿物

矿物名称	化学式	简式	含量/%
硅酸三钙	$3CaO \cdot SiO_2$	C_3S	37～60
硅酸二钙	$2CaO \cdot SiO_2$	C_2S	15～37
铝酸三钙	$3CaO \cdot Al_2O_3$	C_3A	7～15
铁铝酸四钙	$4CaO \cdot Al_2O_3 \cdot Fe_2O_3$	C_4AF	10～18

3. 主要矿物组成的性质

1）硅酸三钙(C_3S)

硅酸三钙是硅酸盐水泥中最主要的矿物成分，其含量通常在50%左右，它对水泥的技术性质，特别是强度有着重要的影响。当水泥与水接触时，硅酸三钙迅速水化，产生大量热量，其水化产物早期强度高，且强度增进率较大，28d强度为一年强度的70%～80%。就28d或一年的强度来说，其在四种矿物中是最高的。

2）硅酸二钙(C_2S)

硅酸二钙也是硅酸盐水泥的主要矿物，含量在20%左右。它的水化速度及凝结硬化过程较为缓慢，水化热很低，它的水化产物对水泥的早期强度贡献较小，但对水泥后期强度起主要作用。硅酸二钙有着相当长期的活性，其水化产物强度可在一年后超过硅酸三钙的水化物。当水泥中硅酸二钙含量较多时，水泥抗化学侵蚀性较高、干缩性较小。

3）铝酸三钙(C_3A)

铝酸三钙在硅酸盐水泥中的含量通常在15%以下。在四种矿物中，铝酸三钙是遇水反应速度最快、水化热最高的矿物。因此，铝酸三钙是影响硅酸盐水泥早期强度及凝结速率的主要矿物。其水化产物强度在3d内就能充分发挥出来，早期强度较高，但后期强度不再增加。铝酸三钙含量高的水泥浆体干缩变形严重，抗硫酸盐侵蚀性能差。

4）铁铝酸四钙(C_4AF)

铁铝酸四钙在硅酸盐水泥中的含量通常为5%～15%。它的水化速度介于铝酸三钙和硅酸三钙之间，其早期强度虽不如铝酸三钙，但水化较为迅速，在28d后强度还能继续增长，对后期强度有利。铁铝酸四钙对水泥抗折强度和抗冲击强度起重要作用，其水化产物的耐化学侵蚀性好，干缩性小。

硅酸盐水泥熟料中主要矿物组成的技术特性比较见表2-7。

表 2-7 硅酸盐水泥熟料中四种矿物的技术特性比较

矿物组成		硅酸三钙(C_3S)	硅酸二钙(C_2S)	铝酸三钙(C_3A)	铁铝酸四钙(C_4AF)
水化反应速度		快	慢	快	中
水化热		高	低	高	中
水化物的强度	早期	高	低	中	低
	后期	高	高	低	中
干缩性		中	小	大	中
抗化学腐蚀性		中	中	差	好

2.2.3 硅酸盐水泥的水化和凝结硬化

1. 水化

水泥颗粒与水接触，水泥熟料矿物立即与水发生水化反应，产生水化产物，并释放一定的水化热量。其中，硅酸三钙水化很快，生产的水化硅酸钙几乎不溶于水，而立即以胶体颗粒析出，并逐渐形成凝胶，水化生成的氢氧化钙在溶液中很快达到饱和，呈六方晶体析出。相比之下，硅酸二钙的水化速度较慢，在饱和的氢氧化钙溶液中，硅酸二钙的水化速度显著降低。铝酸三钙与水发生剧烈的水化反应，生成水化铝酸钙六方晶体，能在氢氧化钙饱和溶液中与氢氧化钙进一步反应，生成六方晶体的水化铝酸四钙。

为了调节水泥的凝结硬化速度，在磨细的水泥熟料中掺入适量石膏，水化铝酸钙与石膏反应生成三硫型水化硫铝酸钙，又称钙矾石。

铁铝酸四钙水化与铝酸三钙相似，在有石膏存在时，生成三硫型水化铁铝酸钙和单硫型水化铁铝酸钙。

知识链接

钙矾石属于钙铝硫酸盐矿物，是一种无色到黄色的矿物晶体，通常为无色柱状晶体，部分脱水会变白。其化学分子为 $3CaO \cdot Al_2O_3 \cdot 3CaSO_4 \cdot 31H_2O$，其中结晶水的数量与所处环境有关。

钙矾石具有以下特性。

(1) 膨胀性，膨胀性是钙矾石最大的特性，水泥中 CaO、Al_2O_3 和 $CaSO_4$ 水化形成钙矾石，能使固相体积增大约 120%。

(2) 稳定性。混凝土中钙矾石的稳定性取决于以下方面：①水泥水化过程中离子成分及浓度；②温度。

从以上水化反应可以总结硅酸盐水泥主要水化产物见表 2-8。

2. 凝结硬化

水泥与水拌和均匀即成为水泥浆，水泥浆凝结硬化过程通常分为四个阶段：初始反应期、诱导期、加速期(凝结期)、后加速期(硬化期)，如图 2.12 所示。各阶段的主要化学过程、物理过程特点如下。

表 2-8 硅酸盐水泥水化产物的化学组成

水化产物名称	化学组成	常用缩写
水化硅酸钙	$xCa \cdot SiO_2 \cdot yH_2O$	C-S-H
氢氧化钙	$Ca(OH)_2$	CH
三硫型水化硫铝酸钙(钙矾石)	$3CaO \cdot Al_2O_3 \cdot 3CaSO_4 \cdot 31H_2O$	AF_t
单硫型水化硫铝酸钙(单硫盐)	$3CaO \cdot Al_2O_3 \cdot CaSO_4 \cdot 12H_2O$	AF_m
三硫型水化铁铝酸钙	$3CaO(Al_2O_3, Fe_2O_3) \cdot 3CaSO_4 \cdot 31H_2O$	$3CSH_{31}$
单硫型水化铁铝酸钙	$3CaO(Al_2O_3, Fe_2O_3) \cdot CaSO_4 \cdot 12H_2O$	CSH_{12}

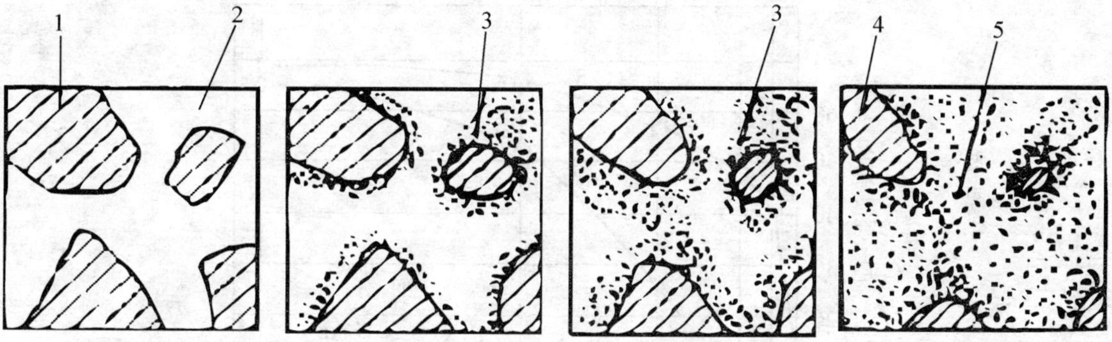

(a)分散在水中未水化的水泥颗粒　(b)在水泥颗粒表面形成水化物薄膜　(c)膜层增大并互相连　(d)水化物进一步发展填充毛细孔

图 2.12 水泥浆凝结硬化过程示意图

1—水泥颗粒；2—水分；3—凝胶；4—水泥颗粒的未水化内核；5—毛细孔

1）初始反应期

水泥与水接触后即迅速发生一系列的水化反应，铝酸钙反应非常迅速，放热量大，并且释放出钙离子和铝离子到溶液中，铁铝酸钙释放的铁离子很少进入溶液，而可能是以水化氧化物的形式包裹在铁铝酸钙的表面。溶液中的高铝浓度待续时间不长，在很短的时间内会在水泥颗粒上产生钙矾石沉淀。熟料中的游离石灰也会迅速溶解、放热并使溶液中氢氧化钙达到过饱和，一些活性较高的硅酸三钙颗粒也会向溶液中迅速释放氢氧化钙。由于水泥的比表面积较大，所以其在最初的极短时间内即可迅速生成水化产物，并出现一个放热峰，这一阶段称为初始期。

2）诱导期

短时间生成的水化产物在水泥颗粒表面形成覆盖层，阻碍了水与水泥颗粒的接触，使得水泥矿物颗粒的溶解速度变缓，表现为较低的水化放热，这一阶段被称为诱导期。

3）加速期

随着水化产物向充水空间的扩散并且产生稳定相的成核，水泥颗粒表面的保护层被消耗，水化反应重新加速进行，水化放热速率加快，生成的水化产物在空间开始形成相互交织的网状结构，这一阶段称为加速期。随着水化产物的不断增加，空间网状结构开始形成并且致密度逐渐提高、水化产物间的作用力由最初的范德华力向由水化产物粒子间交叉和晶核连生的化学键力和次化学键力转化，孔隙减少，浆体开始失去流动性并向刚性状态转变，即开始初凝和终凝。

4）后加速期

加速期以后，水泥矿物的水化由以前的化学控制转为由扩散控制，水化产物逐渐填充于各种孔隙中并且可能会包裹未水化水泥颗粒，放热速率降低。在有水供给时水化在较长的时间持续，因而水泥浆自身强度及在混凝土中对集料的黏结强度会持续增加，水泥石及混凝土的强度也随着水泥水化的进行而逐渐形成并增长。

水泥熟料在凝结硬化四个阶段的抗压强度和放热量如图 2.13 和图 2.14 所示。

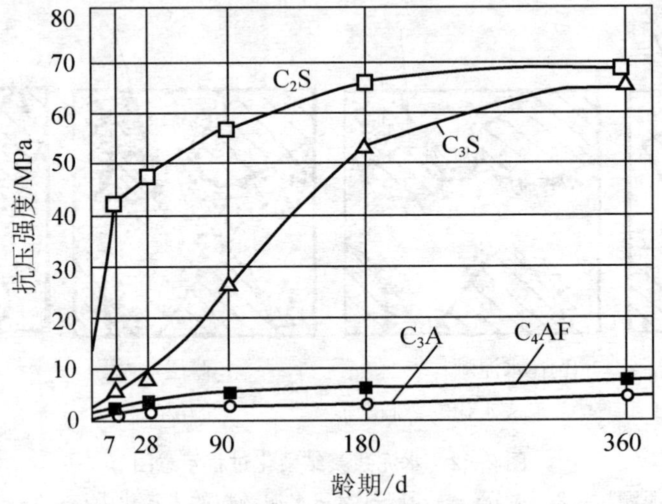

图 2.13 水泥熟料矿物在不同龄期的抗压强度

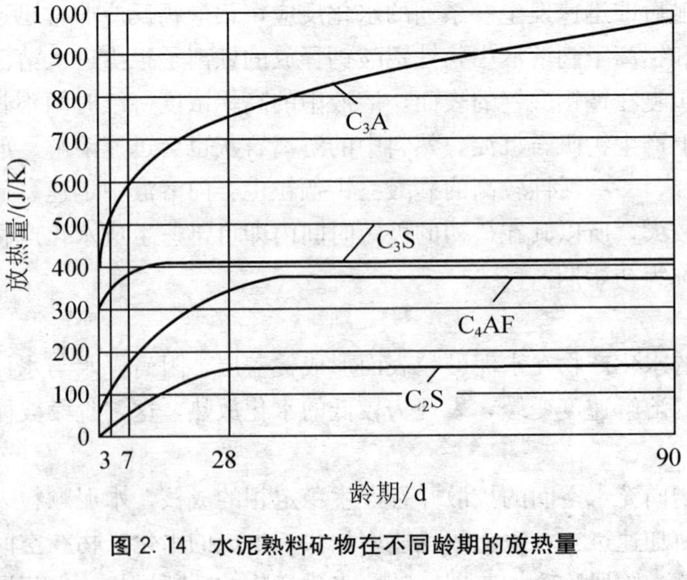

图 2.14 水泥熟料矿物在不同龄期的放热量

2.2.4 硅酸盐水泥的技术性质和技术标准

1. 技术性质

1）化学性质

硅酸盐水泥的化学性质主要是控制水泥中有害化学成分的含量，若有害成分超过最大允许限值，可能水泥的使用性能与质量会受到影响。

(1) 氧化镁含量。在水泥熟料中，常含有少量未与其他矿物结合的游离氧化镁，这种多余的氧化镁是高温时形成的方镁石，它水化为氢氧化镁的速度很慢，常在水泥硬化后才开始水化，产生体积膨胀，可导致水泥石结构产生裂缝甚至破坏。

(2) 三氧化硫含量。水泥中的三氧化硫主要是在生产时为调节凝结时间加入石膏而产生的。适量石膏虽能改善水泥性能，但超过一定限量后，水泥性能会变差，甚至引起硬化后水泥石体积膨胀，导致结构物破坏。因此水泥中三氧化硫的最大允许含量必须加以限制。

(3) 烧失量。水泥煅烧不佳或受潮后，均会导致烧失量增加。烧失量测定是以水泥试样在 950～1 000℃下灼烧 15～20min，冷却至室温称量。如此反复灼烧，直至恒量，计算灼烧前后质量损失百分率。

(4) 不溶物。水泥中的不溶物是用盐酸溶解滤去不溶残渣，经碳酸钠处理再用盐酸中和，高温下灼烧至恒量后称质量。灼烧后不溶物质量占试样总质量的比例为不溶物含量。

2）物理性质

(1) 细度。细度是指水泥磨细的程度或水泥分散度的指标。它对水泥的硬化速度、需水量、和易性、放热速率及强度都有影响。水泥颗粒越细，其总表面积越大，与水反应时接触的面积也越大，水化反应速度就越快。所以相同矿物组成的水泥，细度越大，凝结硬化速度越快，早期强度越高。

《〈通用硅酸盐水泥〉国家标准第 1 号修改单》(GB 175—2007/XG1—2009)规定：硅酸盐水泥和普通硅酸盐水泥以比表面积表示，不小于 $300m^2/kg$；渣硅酸盐水泥、火山灰质硅酸盐水泥、粉煤灰硅酸盐水泥和复合硅酸盐水泥以筛余表示，$80\mu m$ 方孔筛筛余不大于 10％或 $45\mu m$ 方孔筛筛余不大于 30％。

(2) 标准稠度用水量。在测定水泥的凝结时间和安定性时，为使其测定结果具有可比性，必须采用标准稠度的水泥净浆进行测定。《水泥标准稠度用水量、凝结时间、安定性检验方法》(GB/T 1346—2011)规定，测定水泥标准稠度用水量的方法有标准法和代用法。

(3) 凝结时间。凝结时间是指从加水泥时至水泥浆失去可塑性所需的时间。凝结时间分初凝时间和终凝时间。初凝时间是从加水泥至水泥浆开始失去可塑性所经历的时间；终凝时间是从加水泥至水泥浆完全失去可塑性所经历的时间。测定水泥标准稠度和凝结时间的仪器如图 2.15 所示。水泥浆体凝结时间与水泥浆体状态的关系示意如图 2.16所示。

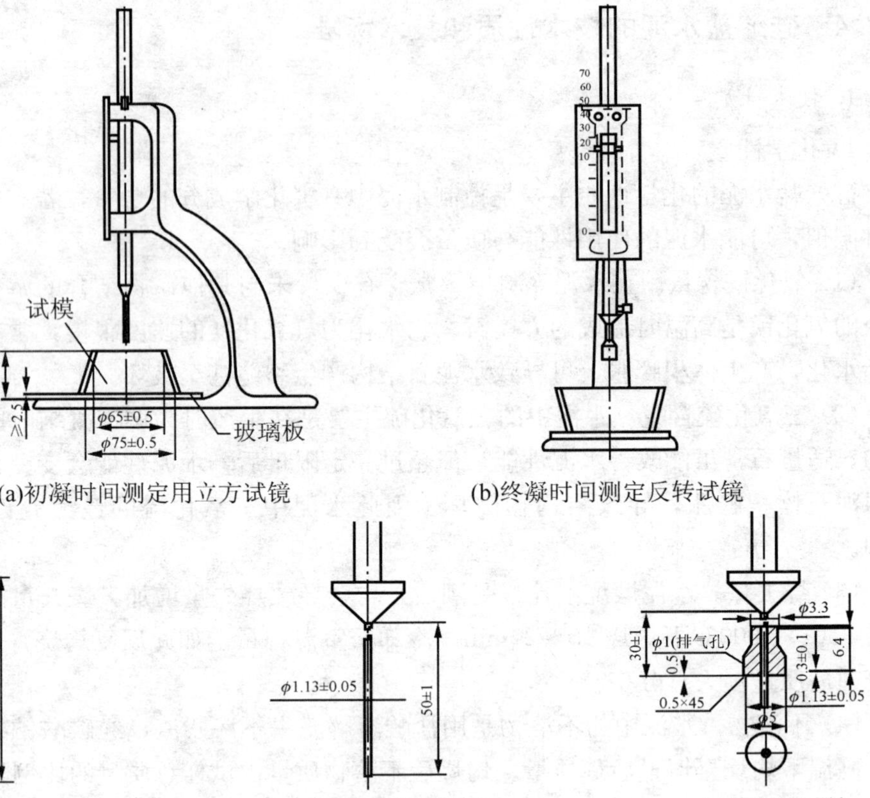

(a)初凝时间测定用立方试镜　(b)终凝时间测定反转试镜

(c)标准稠度试杆　(d)初凝用试针　(e)终凝用试针

图 2.15　测定水泥标准稠度和凝结时间的仪器

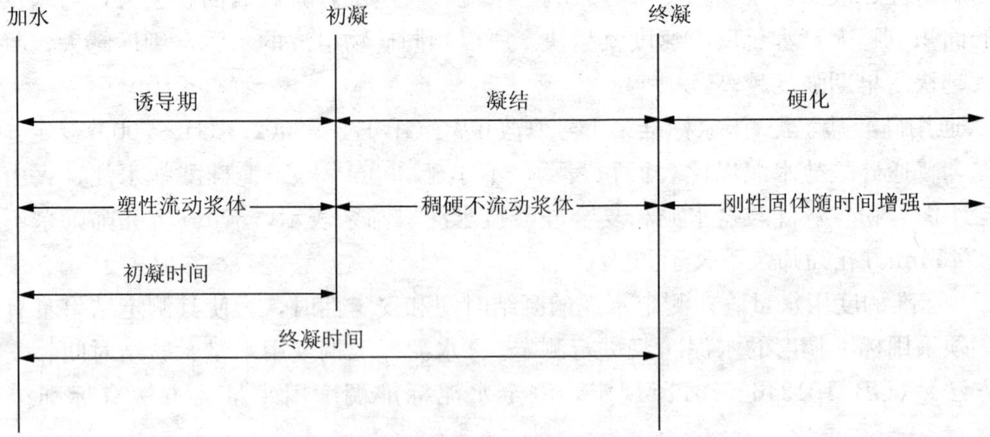

图 2.16　水泥凝结时间与水泥浆体状态的关系

(4) 强度。强度是水泥技术要求中最基本的指标，它直接反映了水泥的质量水平和使用价值，也是水泥混凝土和砂浆配合比设计的重要计算参数。水泥的强度越高，其胶结能力也越大。硅酸盐水泥的强度主要取决于熟料的矿物组成和水泥的细度，此外还与水灰比、试验方法、试验条件、养护龄期等因素有关。

特别提示

引例的解答：修筑不久的城市道路或等级公路水泥混凝土路面开裂主要原因是水泥混凝土早期强度不足，加上路基不均匀沉降，使路面出现裂缝。

① 水泥强度等级按规定龄期测定的抗压强度和抗折强度来划分，在规定各龄期的抗压强度和抗折强度均符合某一强度等级的最低强度值要求时，以28d抗压强度(MPa)作为强度等级。硅酸盐水泥强度等级分为42.5、42.5R、52.5、52.5R、62.5、62.5R六个强度等级。

② 水泥型号根据3d强度分为普通型和早强型(或称R型)两种。早强型水泥早期强度发展较快，3d强度可达到28d强度的50%，并较同等级的普通型水泥3d强度提高10%以上。

(5) 体积安定性。水泥的体积安定性是指水泥在凝结硬化过程中体积变化的均匀性。各种水泥在凝结硬化过程中，都可能产生不同程度的体积变化。如果这种体积变化是轻微的、均匀的，则对建筑物的质量没有影响，但是如果混凝土硬化后，由于水泥中某些有害成分的作用，在水泥石内部产生了剧烈的、不均匀的体积变化，则会在建筑物内部产生破坏应力，导致建筑物的强度降低。若破坏应力发展到超过建筑物的强度，则会引起建筑物开裂、崩塌等严重质量事故，这种现象称为水泥的体积安定性不良。

《水泥标准稠度用水量、凝结时间、安定性检验方法》(GB/T 1346—2011)规定，检验硅酸盐水泥体积安定性的标准法为雷氏法，以试饼法为代用法，有矛盾时以标准法为准。

① 雷氏法是将标准稠度的水泥净浆按规定方法装入雷氏夹的环形试模中，湿养24h后测定指针尖端距离，接着将其放入沸煮箱内，加热(30±5)min至水沸腾，然后恒沸3h±5min，待试件冷却后再测定指针尖端的距离，如图2.17所示，若沸煮前后指针尖端增加的距离不超过5.0mm，则认为水泥的体积安定性合格。

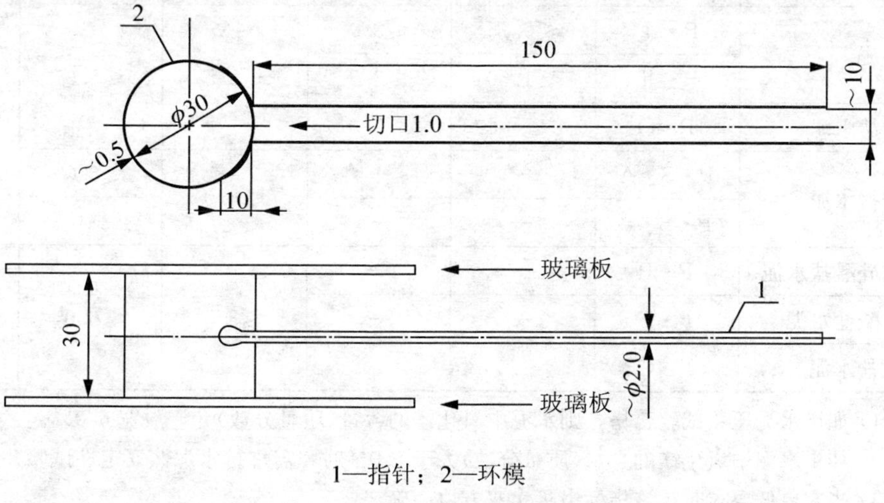

1—指针；2—环模

图2.17 雷氏夹膨胀测定仪

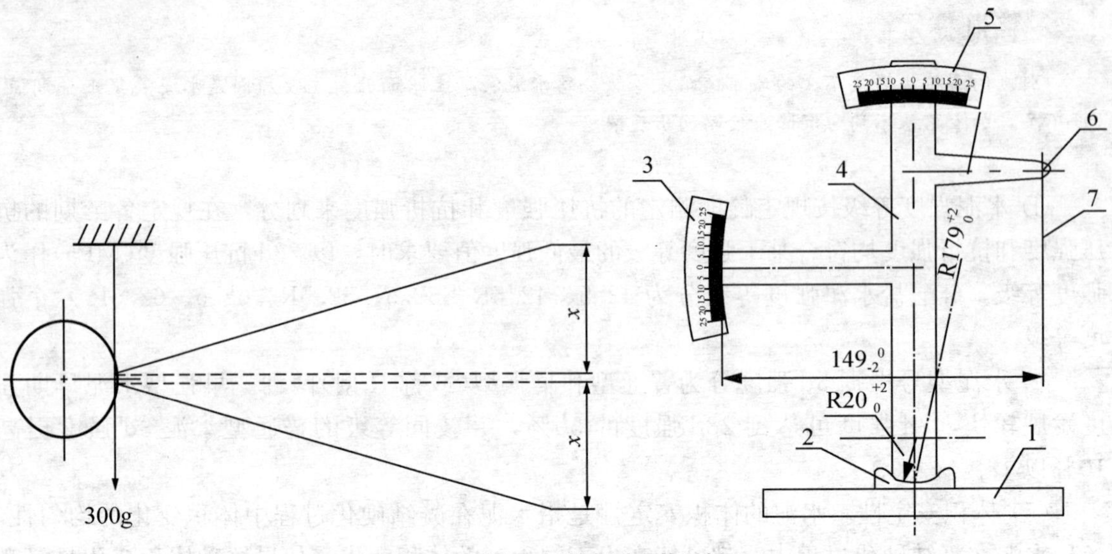

图 2.17 雷氏夹膨胀测定仪(续)

1—底座；2—模子座；3—测弹性标尺；4—立柱；5—测膨胀值标尺；6—悬臂；7—悬丝

② 试饼法是用标准稠度的水泥净浆，按规定方法制成直径 70～80mm、中心厚约 10mm 的试饼，在湿气养护箱中养护 24h，然后在沸煮箱中加热(30±5)min 至沸，然后恒沸 3h±5min，最后根据试饼有无弯曲、裂缝等外观变化，判断其安定性。

2. 技术标准

硅酸盐水泥的技术标准按《通用硅酸盐水泥》(GB 175—2007)中的有关规定执行，硅酸盐水泥的化学指标见表 2-9。

表 2-9 硅酸盐水泥化学指标

品 种	代 号	不溶物(质量分数)	烧失量(质量分数)	三氧化硫(质量分数)	氧化镁(质量分数)	氯离子(质量分数)
硅酸盐水泥	P·Ⅰ	≤0.75	≤3.0	≤3.5	≤5.0[a]	≤0.06[c]
	P·Ⅱ	≤1.50	≤3.5			
普通硅酸盐水泥	P·O	—	≤5.0			
矿渣硅酸盐水泥	P·S·A	—	—	≤4.0	≤6.0[b]	
	P·S·B	—	—		—	
火山灰质硅酸盐水泥	P·P	—	—	≤3.5	≤6.0[b]	
粉煤灰硅酸盐水泥	P·F	—	—			
复合硅酸盐水泥	P·C	—	—			

注：(1) 如果水泥压蒸试验合格，则水泥中氧化镁的含量(质量分数)允许放宽 6.0%。

(2) 如果水泥中氧化镁的含量(质量分数)大于 6.0%时，需进行水泥蒸安定性试验并合格。

(3) 当有更低要求时，该指标由买卖双方协商确定。

《通用硅酸盐水泥》(GB 175—2007)针对不同品种不同强度的通用硅酸盐水泥，其不同龄期的强度应符合表 2－10 所示规定。

表 2－10 通用硅酸盐水泥不同龄期的强度限值

品种	强度等级	抗压强度		抗折强度	
		3d	28d	3d	28d
硅酸盐水泥	42.5	≥17.0	≥42.5	≥3.5	≥6.5
	42.5R	≥2.0		≥4.0	
	52.5	≥23.0	≥52.5	≥4.0	≥7.0
	52.5R	≥27.0		≥5.0	
	62.5	≥28.0	≥62.5	≥5.0	≥8.0
	62.5R	≥32.0		≥5.5	
普通硅酸盐水泥	42.5	≥17.0	≥42.5	≥3.5	≥6.5
	42.5R	≥22.0		≥4.0	
	52.5	≥27.0	≥52.5	≥4.0	≥7.0
	52.5R	≥27.0		≥5.0	
矿渣硅酸盐水泥 火山灰质硅酸盐水泥 粉煤灰硅酸盐水泥 复合硅酸盐水泥	32.5	≥10.0	≥32.5	≥2.5	≥5.5
	32.5R	≥15.0		≥3.5	
	42.5	≥15.0	≥42.5	≥3.5	≥6.5
	42.5R	≥19.0		≥4.0	
	52.5	≥21.0	≥52.5	≥4.0	≥7.0
	42.5R	≥23.0		≥4.5	

2.2.5 硅酸盐水泥的适用范围

由于硅酸盐水泥凝结硬化快，早期强度高，混凝土 3d、7d 龄期的抗压强度比同标号普通水泥混凝土高 3%～7%。标号高可满足配制高标号混凝土的需要，耐磨性、抗冻性、抗渗性都比普通水泥好，施工中掺外加剂时效果更好。耐软水侵蚀和耐硫酸盐等盐类侵蚀性能差。因此，硅酸盐水泥的适用范围如下。

(1) 预应力混凝土构件，悬臂浇筑的预应力桥，公路路面混凝土工程。

(2) 要求早期强高度、拆模快的工程，严寒地区遭受反复冰冻的工程和水下工程。

(3) 有抗渗要求的工程。

(4) 各种地下工程和隧道的喷射衬砌。

硅酸盐水泥不适于受流动的淡水和有水压作用的工程，也不适于受海水和矿物水作用的工程和有耐热要求的工程。其水化热高，也不适于大体积的混凝土工程。

2.3 掺混合材料水泥

▶▶引例

为了改善硅酸盐水泥的某些特性，同时达到增加产量和降低成本的目的，人们往往在硅酸盐熟料中掺加一些混合材料，这些混合材料主要有哪些？

在水泥生产过程中加入的人工的或天然的矿物材料称为水泥混合材料。为了改善硅酸盐水泥的某些特性，同时达到增加产量和降低成本的目的，在硅酸盐水泥熟料中掺加适量的各种混合材料与石膏共同磨细制得的水硬性胶凝材料称为掺混合材料水泥。

2.3.1 混合材料的品种及性质

水泥中掺入的混合材料大体上分为两类，即活性混合材料和非活性混合材料。

1. 活性混合材料

活性混合材料是一种矿物材料，磨细后的活性混合材料加水不水化，但掺加石灰后发生二次水化反应，生成水硬性胶凝产物。常用的活性混合材料有粒化高炉矿渣、火山灰质混合材料和粉煤灰。

1）粒化高炉矿渣

粒化高炉矿渣是对炼铁高炉的熔融渣进行水淬急冷处理后得到的多孔、粒状的疏松颗粒。其主要化学成分是氧化钙、二氧化硫和氧化铝，它们的总含量在90%以上，另外还有少量氧化镁、氧化铁和和一些硫化物。粒化高炉矿渣磨成细粉后，其中的活性氧化硅和活性的氧化铝可以与氢氧化钙化合，生成具有胶凝性的水化产物。

2）火山灰质混合材料

火山灰质混合材料是指天然的或人工的以二氧化硅和氧化铝为主要成分的矿物质原料，如火山灰、凝灰岩、浮石、硅藻石、烧黏土、煤渣、煤矸石渣等。尽管这些火山灰质矿物材料的物理状态不同，但化学组成却很相似，均含有大量的二氧化硅和氧化铝，并含有少量的氧化钙、氧化镁和氧化铁。经磨细后，在氢氧化钙的碱性作用下，可在空气中硬化，而后在水中继续硬化增加强度。

3）粉煤灰

在火力发电厂，煤粉在炉膛中燃烧后大部分以灰的形式随烟气一起流动，通过静电收尘器收集的粉末为粉煤灰。从化学组成的角度，粉煤灰属于火山灰质混合材料。由于粉煤灰使用数量较大，且在颗粒形态和性能方面与其他火山灰质混合材料有所不同，因而单独列出。粉煤灰中含有较多的二氧化硅和氧化铝，与氢氧化钙的化合能力较强，具有较高的活性。

2. 非活性混合材料

非活性混合材料是指经磨细后加入水泥不具有或只具有微弱的化学活性，在水泥水化中基本不参加化学反应，仅能起提高产量、调节水泥强度等级、节约水泥熟料的作用，因此又称为填充性混合材料，如磨细的石灰石、石英砂、黏土等，以及不符合技术要求的粒化高炉矿渣、粉煤灰及火山灰质混合材料等。

2.3.2 普通硅酸盐水泥

凡由硅酸盐熟料、6%～15%混合材料、适量石膏磨细制成的水硬性胶凝材料称为普通硅酸盐水泥，简称普通水泥，代号P·O。

掺活性混合材料时，最大掺量不得超15%，其中允许用不超过水泥质量5%的窑灰或不超过水泥质量10%的非活性混合材料来代替。

掺非活性混合材料时最大掺量不得超过水泥质量的10%。

2.3.3 掺混合材料的硅酸盐水泥

1. 掺混合材料水泥品种

1）矿渣硅酸盐水泥

凡由硅酸盐水泥熟料、粒化高炉矿渣和适量石膏共同磨细制成的水硬性胶凝材料称为矿渣硅酸盐水泥，简称矿渣水泥，代号P·S。水泥中粒化高炉矿渣的掺量的质量百分比为20%～70%。允许用石灰石、窑灰、粉煤灰和火山灰质混合材料中的一种材料代替粒化高炉矿渣，代替数量不得超过水泥质量的8%，替代后水泥中粒化高炉矿渣含量不得少于20%。

2）火山灰质硅酸盐水泥

凡由硅酸盐水泥熟料和火山灰质混合材料、适量石青共同磨细制成的水硬性胶凝材料称为火山灰质硅酸盐水泥，简称火山灰水泥，代号P·P。水泥中火山灰质混合材料掺量的质量百分比为20%～50%。

3）粉煤灰硅酸盐水泥

凡由硅酸盐水泥熟料和粉煤灰、适量石膏共同磨细制成的水硬性胶凝材料称为粉煤灰硅酸盐水泥，简称粉煤灰水泥，代号P·F。水泥中粉煤灰掺量的质量百分比为20%～40%。

特别提示

引例的解答：为了改善硅酸盐水泥的某些特性，同时达到增加产量和降低成本的目的，人们往往在硅酸盐熟料中掺加一些混合材料，这些混合材料有矿渣、火山灰、粉煤灰等。

2. 掺混合材料水泥的技术指标

掺混合材料水泥的技术指标与硅酸盐水泥基本相同。

我国现行国家标准《〈通用硅酸盐水泥〉国家标准第1号修改单》(GB 175—2007/XG 1—2009)，对矿渣硅酸盐水泥、火山灰质硅酸盐水泥和粉煤灰硅酸盐水泥的技术性质要求见表2-11和表2-12。

表 2-11 矿渣硅酸盐水泥、火山灰质硅酸盐水泥及粉煤灰硅酸盐水泥的性质指标

水泥品种	SO_2 含量(%)	MgO 含量(%)	细度(80μm 方孔筛)筛余量(%)	凝结时间(min)		安定性(沸煮法)	碱含量(%)
				初凝	终凝		
矿渣硅酸盐水泥	≤4.0	≤5.0	≤10	≥45	≤600	必须合格	供需双方商定
火山灰质硅酸盐水泥	≤3.5						
粉煤灰硅酸水泥							

注：如果水泥经压蒸安定性合格，则水泥中 MgO 含量允许放宽到 6.0%。

表 2-12 矿渣硅酸盐水泥、火山灰质硅酸盐水泥及粉煤灰硅酸盐水泥的强度指标

强度等级	抗压强度/MPa		抗压强度/MPa	
	3d	28d	3d	28d
32.5	10.0	32.5	2.5	5.5
32.5R	15.0	32.5	3.5	5.5
42.5	15	42.5	3.5	6.5
42.5R	19.0	42.5	4.0	6.5
52.5	21.0	52.5	4.0	7.0
52.5R	23.0	52.5	4.5	7.0

3. 掺混合材料水泥的应用

硅酸盐水泥、普通硅酸盐水泥、矿渣硅酸盐水泥、火山灰质硅酸盐水泥、粉煤灰硅酸盐水泥和复合硅酸盐水泥统称六大品种水泥，是目前土建工程中应用最广的品种。在工程中，应根据工程所处的具体环境及施工特点，结合水泥的特征，选择合理的水泥品种，见表 2-13 和表 2-14。

表 2-13 常用硅酸盐水泥的特征

水泥品种	硅酸盐水泥	普通硅酸盐水泥	矿渣硅酸盐水泥	火山灰硅酸盐水泥	粉煤灰硅酸盐水泥
水泥特性	1. 早期、后期强度高； 2. 水化热大； 3. 耐腐蚀性差； 4. 抗冻性好； 5. 耐磨性好； 6. 耐热性差	1. 早期强度稍低，后期强度高； 2. 耐腐蚀性稍好； 3. 水化热较高； 4. 抗冻性好； 5. 耐磨性较好； 6. 耐热性稍好； 7. 抗渗性好	1. 早期强度低，后期强度高； 2. 对温度、湿度敏感； 3. 耐腐蚀性好； 4. 水化热小； 5. 抗冻性较差； 6. 耐热性好； 7. 泌水性大，抗渗性差	1. 早期强度低，后期强度高； 2. 对温度、湿度敏感； 3. 耐腐蚀性好； 4. 水化热小	1. 早期强度低，后期强度高； 2. 对温度、湿度敏感； 3. 耐腐蚀性好； 4. 水化热小； 5. 干缩小、抗裂性好； 6. 抗渗性好

表2-14 常用硅酸盐水泥工程应用

水泥品种		硅酸盐水泥	普通水泥	矿渣水泥	火山灰水泥	粉煤灰水泥
工程特点	大体积混凝土	不宜采用	可以采用	优先选用	优先选用	优先选用
	早强要求	优先选用	可以采用	不宜采用	不宜采用	不宜采用
	抗渗混凝土	优先选用	优先选用	不宜采用	可以采用	优先选用
环境特点	普通气候环境	可以选用	优先选用	可以采用	可以采用	可以采用
	干燥环境	优先选用	可以采用	不宜采用	不宜采用	不宜采用

注：在实际工程中选择水泥品种时，应根据工程具体环境条件和施工要求，综合考虑水泥的技术性能特点，必要时应通过试验验证选择确定。

知识链接

水泥使用八忌

1）忌受潮结硬

受潮结硬的水泥会降低甚至丧失原有强度，有关规范规定，出厂超过3个月的水泥应复查试验，按试验结果使用。

2）忌曝晒速干

混凝土或抹灰如操作后便遭曝晒，随着水分的迅速蒸发，其强度会有所降低，甚至完全丧失。

3）忌负温受冻

混凝土或砂浆拌成后，如果受冻，其水泥不能进行水化，兼之水分结冰膨胀，则混凝土或砂浆就会遭到由表及里逐渐加深的粉酥破坏。

4）忌高温酷热

凝固后的砂浆层或混凝土构件，如经常处于高温酷热条件下，会有强度损失，这是由于高温条件下，水泥石中的氢氧化钙会分解；另外，某些骨料在高温条件下也会分解或体积膨胀。

5）忌基层脏软

水泥能与坚硬、洁净的基层牢固地黏结或握裹在一起，但其黏结握裹强度与基层面部的光洁程度有关。在光滑的基层上施工，必须预先凿毛砸麻刷净，方能使水泥与基层牢固黏结。

6）忌骨料不纯

作为混凝土或水泥砂浆骨料的砂石，如果有尘土、黏土或其他有机杂质，都会影响水泥与砂、石之间的黏结握裹强度，因而最终会降低抗压强度。所以，如果杂质含量超过标准规定，必须经过清洗后方可使用。

7）忌水多灰稠

人们常常忽视用水量对混凝土强度的影响，施工中为便于浇捣，有时不认真执行配合比，而把混凝土拌得很稀。由于水化所需要的水分仅为水泥重量的20%左右，多余的水分蒸发后便会在混凝土中留下很多孔隙，这些孔隙会使混凝土强度降低。因此在保障浇筑密实的前提下，应最大限度地减少拌合用水。

8）忌受酸腐蚀

酸性物质与水泥中的氢氧化钙会发生中和反应，生成物体积松散、膨胀，遇水后极易水解粉化，致使混凝土或抹灰层逐渐被腐蚀解体，所以水泥忌受酸腐蚀。

2.4　其他品种水泥

▶▶引例

除了常用的硅酸盐水泥和掺混合材料的硅酸盐水泥外，工程上还有哪些水泥呢？

2.4.1　道路硅酸盐水泥

随着我国高等级道路的发展，水泥混凝土路面已成为主要路面类型之一。对专供公路、城市道路和机场道面的道路水泥，我国已制定了国家标准。根据《道路硅酸盐水泥》（GB 13693—2005），道路硅酸盐水泥相关规定如下。

1. 定义

道路硅酸盐水泥是指由道路硅酸盐水泥熟料加入适量石膏，再加入规范规定的混合材料，磨细制成的水硬性胶凝材料，简称道路水泥，代号P·R。道路硅酸盐水泥熟料是指以适当成分的生料烧至部分熔融，所得以硅酸钙为主要成分和较多量的铁铝酸钙的硅酸盐水泥熟料。

2. 强度等级

硅酸盐水泥分32.5级、42.5级和52.5级三个等级。

3. 技术要求

（1）氧化镁。道路水泥中氧化镁含量不大于5.0%。

（2）三氧化硫。道路水泥中三氧化硫含量不大于3.5%。

（3）烧失量。道路水泥中烧失量含量不大于3.0%。

（4）比表面积。比表面积为300～480m^2/kg。

（5）凝结时间。初凝应不小于1.5h，终凝不得迟于10h。

（6）安定性。用沸煮法检验必须合格。

（7）干缩率。28d干缩率应不大于0.10%。

（8）耐磨性。28d磨耗量应不大于3.00kg/m^2。

（9）强度。水泥的强度等级按规定龄期的抗压和抗折强度划分，各龄期的抗压强度和抗折强度应不低于表2-15所示数据。

（10）碱含量。碱含量由供需双方确定。若使用活性骨料，用户要求提供低碳水泥时，水泥中碱含量应不超过0.5%。碱含量按$w(Na_2O)+0.658w(K_2O)$计算值表示。

表2-15 水泥的等级与各龄期强度

单位：MPa

强度等级	抗折强度		抗压强度	
	3d	28d	3d	28d
32.5	3.5	6.5	16.0	32.5
42.5	4.0	7.0	21.0	42.5
52.5	5.0	7.5	26.0	52.5

2.4.2 快硬硅酸盐水泥

凡以硅酸盐水泥熟料和适量石膏磨细制成，以3d抗压强度表示强度等级的水硬性胶凝材料称为快硬硅酸盐水泥(简称快硬水泥)。

快硬硅酸盐水泥中的主要矿物成分为硅酸三钙、铝酸三钙。通常硅酸三钙含量为50%～60%，铝酸三钙含量为8%～14%，二者的总含量不应少于60%。为加快硬化速度，可适量增加石膏的掺量和提高水泥的磨细程度。

1. 技术要求

1）化学性质

(1) 氧化镁含量。熟料中氧化镁含量不得超过5.0%。如水泥经压蒸安定性试验合格，熟料中氧化镁的含量允许放宽到6.0%。

(2) 三氧化硫含量。水泥中三氧化硫含量不得超过4.0%。

2）物理力学性质

(1) 细度。采用筛析法，80μm方孔筛筛余量不得大于10%。

(2) 凝结时间。初凝时间不早于45min，终凝时间不得迟于10h。

(3) 安定性。沸煮法检验必须合格。

(4) 强度。以3d强度表示强度等级，各龄期强度不得低于规定数值，见表2-16。

表2-16 快硬硅酸盐水泥的强度指标

单位：MPa

强度等级	抗压强度			抗折强度		
	1d	3d	28d	1d	3d	28d
32.5	15.0	32.5	52.5	3.5	5.0	7.2
37.5	17.0	37.5	57.5	4.0	6.0	7.6
42.5	19.0	42.5	62.5	4.5	6.4	8.0

2. 特性与应用

快硬硅酸盐水泥凝结硬化快，早期强度高，其3d抗压强度可达到强度等级，后期强度仍有一定增长率，抗冻性及抗渗性强，水化放热量大，耐腐蚀性差，适用于紧急抢修工程、冬季施工的混凝土工程，不宜应用大体积混凝土工程和耐腐蚀要求高的工程。另外，快硬水泥干缩率较大，容易吸湿降低强度，储存期超过一个月时，需重新检验其技术性质。

知识链接

路面工程中水泥的质量管理要求

路面工程中水泥的质量管理要求如下。

(1) 必须是由国家批准的生产厂家生产，且生产厂家具有资质证明。

(2) 每批供应的水泥必须具有出厂合格证。合格证上的内容应齐全清楚，具有材料名称、品种、规格、型号、出厂日期、批量、主要化学成分和强度值，并加盖生产厂家公章。合格证分3d和28d强度报告。

(3) 凡是进口的水泥，必须有商检报告。

(4) 进入施工现场的每一批水泥，应在建设单位代表或监理工程师的见证下，按袋装水泥每一批量不超过200t(散装水泥每一批量不超过500t)进行见证取样，封样送检复试，主要是检测水泥的安定性、强度和凝结时间等是否满足规范规定。进口的水泥还要做化学成分分析检测，合格后方可使用。

(5) 进入施工现场每一批水泥，应标示品种、规格、数量、生产厂家和日期、检验状态和使用部位，并码放整齐。

2.4.3 膨胀水泥

膨胀水泥是硬化过程中不产生收缩，而具有一定膨胀性能的水泥。一般水泥在凝结硬化过程中都会产生一定收缩，使水泥混凝土出现裂纹，影响混凝土的强度及其他性能。而膨胀水泥则克服了这一弱点，在硬化过程中能够产生一定的膨胀，增加水泥石的密实度，消除由收缩带来的不利影响。

膨胀水泥主要是比一般水泥多了一种膨胀组分，在凝结硬化过程中，膨胀组分使水泥产生一定量的膨胀值。常用的膨胀组分是在水化后能形成膨胀性产物水化硫铝酸钙的材料。按膨胀值的大小，膨胀水泥可分为补偿收缩水泥和自应力水泥两大类。补偿收缩水泥膨胀率较小，大致可补偿水泥在凝结硬化过程中产生的收缩，因此又称为无收缩水泥，这种水泥可防止混凝土产生收缩裂缝；自应力水泥的膨胀值较大，在限制膨胀的条件下(如有配筋时)，由于水泥石的膨胀作用，混凝土产生压应力，从而达到预应力的目的。这种靠水泥自身水化产生膨胀来张拉钢筋达到的预应力称为自应力。混凝土中所产生的压应力数值即为自应力值。

在道路和桥梁工程中，膨胀水泥常用于水泥混凝土路面、机场道面或桥梁结构中修补混凝土；此外，在越江隧道或山区隧道用于配制防水混凝土以及接缝、堵漏等。

特别提示

引例的解答：除了硅酸盐水泥和掺混合材料的硅酸盐水泥外，还有道路水泥、快硬水泥、膨胀水泥及自应力水泥。

【例2-1】现有甲、乙两厂生产的硅酸盐水泥熟料，其矿物成分见表2-17，试比较这两个工厂所生产的硅酸盐水泥的性能有何差异?

表2-17 甲乙两厂硅酸盐水泥熟料矿物成分表

生产厂家	熟料矿物成分(%)			
	硅酸三钙(C_3S)	硅酸二钙(C_2S)	铝酸三钙(C_3A)	铁铝酸四钙(C_4AF)
甲厂	56	17	12	15
乙厂	42	35	7	16

解：由甲厂硅酸盐水泥熟料配制的硅酸盐水泥的强度发展速度、水化热、28d时的强度均高于由乙厂硅酸盐水泥熟料配制的硅酸盐水泥，但耐腐蚀性则低于由乙厂硅酸盐水泥熟料配制的硅酸盐水泥。

【例2-2】某大体积混凝土工程浇注两周后拆模，发现挡土墙上有多道贯穿型的纵向裂缝，该工程使用某水泥厂生产的42.5R型硅酸盐水泥，其熟料组成见表2-18，试分析原因。

表2-18 某水泥厂生产的42.5R型硅酸盐水泥熟料组成

硅酸三钙(C_3S)	硅酸二钙(C_2S)	铝酸三钙(C_3A)	铁铝酸四钙(C_4AF)
61%	14%	14%	11%

解：由于该工程使用的水泥硅酸三钙(C_3S)和铝酸三钙(C_3A)含量较高，导致该水泥的水化热高，所以在浇注混凝土时，大体积混凝土整体温度高；随着环境温度下降，混凝土内部出现冷缩，最后会出现混凝土的贯穿型纵向裂缝。

本章小结

本章学习了道路与桥梁工程中常用的两种胶凝材料：石灰和水泥。

石灰部分主要介绍了石灰的成分、熟化与硬化、石灰的技术标准和应用。石灰是一种气硬性胶结材料，是修筑现代半刚性路面基层的重要材料。它的强度主要来源于氢氧化钙的碳化形成碳酸钙和氢氧化钙的晶化。但氢氧化钙的溶解度较高，在潮湿的环境中，石灰会溶解溃散，强度会降低。因此，石灰不宜在长期潮湿的环境中使用。

水泥部分介绍了硅酸盐系列水泥的原料及生产工艺、硅酸盐水泥的主要矿物成分及其特性、硅酸盐水泥与普通水泥的主要技术性质、掺混合材料的硅酸盐水泥的性质、六大通用水泥的特性等。硅酸盐水泥是一种水硬性胶凝材料，其基本成分为硅酸盐熟料，是水泥混凝土路面和桥梁的主要胶凝材料，由硅酸三钙、硅酸二钙、铝酸三钙和铁铝酸四钙等四种矿物组分所组成。其中，硅酸三钙和硅酸二钙对水泥的强度起主要作用；硅酸三钙和铝酸三钙对水泥的水化热贡献较大；铁铝酸四钙有助于提高水泥的抗折强度，改善矿物组成比例将会显著影响水泥的技术性质，以满足不同的使用要求。

为了改善水泥的某些特性、增加水泥产量、降低成本，人们在硅酸盐熟料中掺加适量的各种混合材料与石膏共同磨细制成各种掺混合料的水泥，如矿渣水泥、火山灰水泥、粉煤灰水泥和复合水泥。

目前工程中通常使用的水泥有硅酸盐水泥、普通硅酸盐水泥、矿渣硅酸盆水泥、火山灰硅酸盐水泥、粉煤灰硅酸盐水泥和复合硅酸盐水泥六种。

在道路和桥梁工程中经常使用的其他水泥是高铝水泥、膨胀水泥和自应力水泥等。

在学习本章时，读者首先，要区分石灰与水泥这两种材料的共同点和不同点；其次，学习石灰的内容时应区分石灰熟化的特征以及石灰在实际应用过程中的特点；最后，在学习水泥的内容时侧重于通用水泥，而通用水泥属于硅酸盐系列水泥，所以本章学习的重点是硅酸盐水泥与普通水泥。

复习题

1. 试说明石灰的煅烧、消化和硬化的化学反应过程，并解释其强度形成的原理。

2. 简述测定石灰有效氧化钙和氧化镁的意义。

3. 什么是生石灰和消石灰？石灰质量评价的主要指标是什么？

4. 为什么石灰不适宜单独使用于长期受潮的结构中？

5. 生石灰在使用前为什么要先进行“陈伏”？

6. 石灰不宜在潮湿环境里存放，试解释由石灰配置的灰土或三合土可以用于基础垫层的原因。

7. 解释石灰浆塑性好、硬化慢、硬化后强度低但不耐水的原因。

8. 硅酸盐水泥熟料是由哪些矿物组成的？它们对水泥的技术性能(如强度、水化反应速度和水化热等)有何影响？

9. 试说明下列符号分别表示什么品种的水泥：P·O、P·S、P·P和P·F。

10. 什么是水泥混合材料？参加混合材料的硅酸盐水泥应具有什么技术特性？为什么？

11. 道路硅酸盐水泥在矿物组成上有什么特点？在技术性质方面有什么特殊要求？

12. 评价水泥性能的主要技术指标有哪几项？各自反映水泥的什么性质？

13. 硅酸盐水泥的强度等级是如何确定的？

14. 为什么同等强度等级的水泥要分为普通型和早强型(R型)两种型号？道路路面选用水泥时，应先选用哪种型号的水泥？为什么？

15. 水泥石腐蚀的主要原因是什么？应如何防止？

16. 沥青混合料的最佳用油量是采用什么方法确定的？

17. 硅酸盐水泥水化后的主要产物有哪些？

18. 硅酸盐水泥有哪些特性？主要用于什么工程？

19. 道路硅酸盐水泥在矿物组成上有哪些特点？在技术性质上有什么特殊要求？

20. 下列混凝土工程中应优先选用什么水泥？不宜选用什么水泥？

(1) 干燥环境中的混凝土；　(2) 厚大体积的混凝土；

(3) 水下混凝土；　(4) 路面水泥混凝土；

(5) 冬季施工的混凝土；　(6) 有抗渗要求的混凝土；

(7) 紧急抢修工程；　(8) 经常受硫酸盐腐蚀的混凝土。

21. 表2-19为硅酸盐水泥强度测试值，请确定该硅酸盐水泥的强度等级。

表 2-19　水泥强度测试结果

序　号	抗折强度/MPa		抗压强度/MPa	
	3d	28d	3d	28d
1	3.8	7.4	24.5，25.2	55.7，56.2
2	3.9	8.0	25.6，24.7	56.1，55.2
3	3.8	7.5	24.7，24.1	54.8，54.1

第3章

水泥混凝土及砂浆

教学目标

通过本章的学习，要求学生掌握普通水泥混凝土的组成及原材料的质量控制；通过普通水泥混凝土的主要技术性质的学习，掌握混凝土性能特点及工程应用；掌握普通水泥混凝土、道路混凝土的配合比组成设计方法和质量评定。了解建筑砂浆的组成材料、技术性质及配合比设计。

教学要求

知识要点	能力要求	相关知识
水泥混凝土的组成	掌握水泥混凝土原材料的质量控制	水泥混凝土的组成材料
水泥混凝土的技术性质	掌握水泥混凝土的特点及工程应用	水泥混凝土的和易性、强度、变形及耐久性
水泥混凝土的配合比设计	能够进行水泥混凝土的配合比设计	普通水泥混凝土、道路混凝土的配合比组成设计方法
其他功能混凝土	了解其他功能水泥混凝土的应用	其他品种水泥混凝土的特性和应用
建筑砂浆	掌握砂浆的性质和应用	建筑砂浆的组成材料、技术性质及配合比设计

▶▶引例

某工程的钢筋混凝土基础，混凝土设计强度等级为C30，混凝土配合比为1∶1.24∶3.04∶0.44，混凝土所用材料为当地水泥厂的32.5普通水泥，本地砂石，自来水及NF减水剂，现场混凝土施工为普通搅拌机搅拌、小车运输、振捣棒振捣，施工时温度为22℃。混凝土浇灌后，第二天发现混凝土没有完全硬化，部分结块，部分呈疏松状，混凝土强度显然没有达到设计要求，工程被暂停。

监理人员马上进行调查分析，经检测，砂中含泥量为6.4%，细度模数1.82。

什么是细度模数？什么是砂的含泥量？细度模数和砂的含泥量对混凝土的强度有什么影响？混凝土的强度等级如何划分？引例中的混凝土的配合比是怎么得出的？通过学习本章内容，对以上的几个疑问我们将一一给出答案。

水泥混凝土是道路与桥梁工程建设中应用最广泛、用量最大的建筑材料之一。随着现在高等级公路的发展，水泥混凝土与沥青混凝土一样，成为高等级路面的主要建筑材料。在现代公道桥梁中，钢筋混凝土桥是最主要的一种桥型，广泛应用于高等级公路工程中，作为未来的道路与桥梁工程师，必须掌握水泥混凝土的基本理论和试验技能。

水泥混凝土是以水泥和水组成的水泥浆体为黏结介质，将分散其间的不同粒径的粗、细集料胶结起来，在一定的条件下，硬化成为具有一定力学性能的一种人工石材。水泥混凝土按其组成、特性和功能等从不同角度进行分类。

水泥混凝土按表观密度可分为以下三类。

1）普通混凝土

普通混凝土是表观密度为1 950～2 500kg/m^{3}的混凝土，在2 400kg/m^{3}左右的混凝土是道路路面和桥梁结构中最常用的混凝土。本章主要讲述这类混凝土。

2）轻混凝土

轻混凝土是表观密度小于1 950kg/m^{3}的混凝土。现代大跨径钢筋混凝土桥梁为减轻结构自重，往往采用各种轻集料配制成轻混凝土，达到轻质高强，以增大桥梁的跨度。

3）重混凝土

重混凝土是表观密度大于2 600kg/m^{3}的混凝土，采用重晶石、铁矿石或钢屑等作骨料制成，对X射线、γ射线有较高的屏蔽能力，又称防辐射混凝土，广泛用于核工业屏蔽结构。

水泥混凝土按强度等级可分为以下四类。

(1) 低强度混凝土。抗压强度小于30MPa。

(2) 中强度混凝土。抗压强度为30～60MPa。

(3) 高强度混凝土。抗压强度大于或等于60MPa。

(4) 超高强混凝土。其抗压强度在100MPa以上。

此外，可根据工程的特殊要求，配制各类特种混凝土，如加气混凝土、泵送混凝土、防水混凝土、道路混凝土、水工混凝土、纤维加筋混凝土、补偿收缩混凝土等。

水泥混凝土具有许多优点：较高的抗压强度和较好的耐久性，可以浇筑成任意形状、不同强度、不同性能的建筑物，原料丰富、价格低廉。因此，已经成为道桥工程用量最大、用途最广泛的建筑材料。但水泥混凝土也存在以下缺点。

(1) 自重大、比强度小。导致建筑物的抗震性能差，工程成本提高。

(2) 抗拉强度小、易开裂。混凝土的抗拉强度只是其抗压强度的 1/10 左右，导致受拉区混凝土过早开裂。

(3) 体积不稳定。尤其是当水泥浆量过大时，这一缺陷表现得更加突出。随着温度、环境介质的变化，容易引发体积变化，产生裂纹等缺陷，直接影响着混凝土的耐久性。

(4) 导热系数大、保温隔热性能差。

(5) 硬化速度慢、生产周期长。

(6) 混凝土的质量受施工环节的影响比较大，难以得到精确控制。

但随着混凝土技术的不断发展，混凝土的不足正在不断被克服，如在混凝土中掺入少量短碳纤维和掺合料，明显提高混凝土的强度和耐久性；加入早强剂，缩短混凝土的硬化周期；采用预拌混凝土，可减少现场称料、搅拌不当对混凝土质量的影响，而且使施工现场的环境得到进一步改善。

3.1 水泥混凝土的组成材料

水泥混凝土是由水泥、水、粗集料(石子)和细集料(砂)作为基本材料(有时为了改善混凝土的某些性能加入适量的外加剂和外掺料)按适当比例配制，经搅拌均匀而成的浆体，成为混凝土拌和物，再经凝结硬化成为坚硬的人造石材成为硬化混凝土。硬化后的混凝土结构如图 3.1 所示。

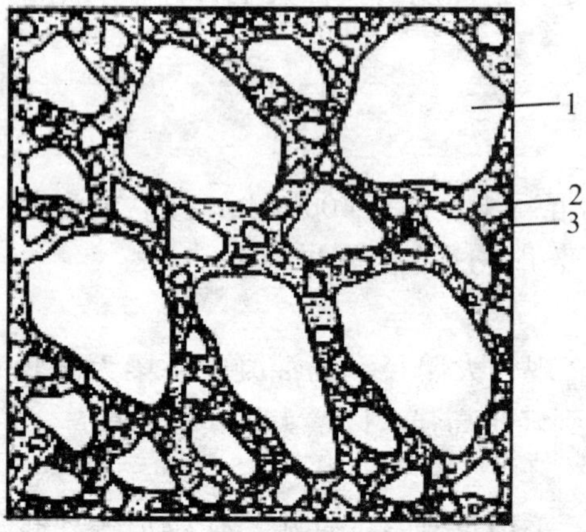

图 3.1 硬化后的混凝土结构

1—粗集料；2—细集料；3—水泥浆

在水泥混凝土中，水泥与水形成水泥浆包裹砂、石颗粒表面，并填满砂石间的空隙，作为砂石之间的润滑材料，使混凝土拌和物具有流动性，并通过水泥浆的硬化将集料胶结成整体。混凝土中的石子和砂起骨架作用，称为骨料或集料。石子为粗集料、砂为细集料。砂填充石子的空隙，砂石构成的坚硬骨架还可抑制由于水泥浆硬化和水泥石干燥而产生的收缩，减少水泥用量，提高混凝土的强度和耐久性。

水泥混凝土的技术性质在很大程度上是由原材料性质及其相对含量决定的，同时与施工工艺(搅拌、振捣、养护等)有关。因此，要得到优质的混凝土，首先要正确选用原材料。

3.1.1 水泥

水泥是混凝土组成材料中最重要的材料，也是影响混凝土强度、耐久性、经济性的最重要的因素，应予以高度重视。配制混凝土所用的水泥应符合国家现行标准有关规定。除此之外，在配制时应合理地选择水泥品种和强度等级。

1. 水泥品种的选择

水泥品种应根据工程特点、所处的环境及设计、施工的要求进行选择。配制混凝土一般选择硅酸盐水泥、普通硅酸盐水泥、矿渣硅酸盐水泥、火山灰硅酸盐水泥和粉煤灰硅酸盐水泥、复合硅酸盐水泥等通用水泥，必要时也可选择快硬硅酸盐水泥或其他水泥。水泥的性能必须符合现行国家有关标准的规定。

可根据混凝土工程特点和所处的环境条件、施工气候和条件等因素，参照表3-1选用水泥品种。

表3-1 混凝土工程中常用水泥品种选用参考表

项次	混凝土结构环境条件或特殊要求	优先使用	可以使用	不得使用
1	地面以上不接触水流的普通环境	硅酸盐水泥 普通水泥	矿渣水泥 火山灰水泥 粉煤灰水泥	
2	干燥环境	硅酸盐水泥 普通水泥	矿渣水泥	火山灰水泥 粉煤灰水泥
3	受水流冲刷或冰冻	硅酸盐水泥 普通水泥	矿渣水泥	火山灰水泥 粉煤灰水泥
4	处于河床最低冲刷线以下	矿渣水泥 火山灰水泥 粉煤灰水泥	硅酸盐水泥 普通水泥	
5	严寒地区露天或寒冷地区水位升降范围内	硅酸盐水泥 普通水泥	矿渣水泥 (抗压强度＞32.5MPa)	火山灰水泥 粉煤灰水泥
6	严寒地区水位升降范围内	硅酸盐水泥 普通水泥 (抗压强度＞42.5MPa)		矿渣水泥 火山灰水泥 粉煤灰水泥
7	厚大体积结构施工时要求水化热低	矿渣水泥 粉煤灰水泥	普通水泥 火山灰水泥	硅酸盐水泥 快硬水泥
8	快速脱模	硅酸盐水泥 快硬水泥	普通水泥	
9	低温环境施工要求早强	硅酸盐水泥 快硬水泥	普通水泥	
10	蒸汽养护	矿渣水泥 火山灰水泥 粉煤灰水泥	硅酸盐水泥 普通水泥	
11	抗渗	普通水泥 火山灰水泥 粉煤灰水泥	硅酸盐水泥	矿渣水泥

续表

项次	混凝土结构环境条件或特殊要求	优先使用	可以使用	不得使用
12	耐磨	硅酸盐水泥 普通水泥	矿渣水泥 (抗压强度＞42.5MPa) 快硬水泥	火山灰水泥 粉煤灰水泥
13	接触侵蚀性环境	根据侵蚀介质种类、浓度等具体条件，按有关规定或通过试验选用		

2. 水泥强度等级的选择

水泥强度等级应与要求配置的混凝土等级相一致。原则上，高强度等级的水泥配制高强度等级的混凝土，低强度等级的水泥配制低强度等级的混凝土。若用高强度等级的水泥配制低强度等级的混凝土，较少的水泥用量即可满足混凝土的强度要求，但水泥用量过少，会严重影响混凝土拌合物的和易性和耐久性；若用低等级水泥配制高等级混凝土，势必增大水泥用量，减少水灰比，结果影响混凝土拌合物的流动性，并显著增加混凝土的水化热和混凝土的干缩、徐变，混凝土的强度也得不到保证，而且也不经济。经验表明，一般以水泥强度等级(以 MPa 为单位)为混凝土强度等级的 1.1～1.6 倍为宜；配制强度等级较高的混凝土时，以水泥强度等级为混凝土强度等级的 0.7～1.2 倍为宜。但是，随着混凝土要求的强度等级不断提高，高强混凝土配制时一般并不受此比例的约束。

水泥混凝土路面用水泥强度等级的选择，应根据路面交通等级所要求的设计抗弯拉强度、抗压强度参照表 3-2 确定。水泥供应条件允许时，应优先选用早强型水泥，以缩短养护时间。

表 3-2　各交通等级路面水泥各龄期的抗压强度、抗折强度

交通等级	特重		重		中、轻	
龄期/d	3	28	3	28	3	28
抗压强度/MPa	≥25.5	≥57.5	≥22.0	≥52.5	≥16.0	≥42.5
抗折强度/MPa	≥4.5	≥7.5	≥4.0	≥7.0	≥3.5	≥6.5

3.1.2 集料

普通混凝土所用集料按粒径大小分为两种，粒径大于 4.75mm 的称为粗集料，粒径小于 4.75mm 的称为细集料。

普通混凝土中所用细集料，一般是由天然岩石长期风化等自然条件形成的天然砂。

普通混凝土中所用粗集料有碎石和卵石两种。

粗、细集料的总体积一般占混凝土体积的 60%～80%，所以集料质量的好坏直接影响到混凝土的各项性能。因此，在国家技术标准《建筑用砂》(GB/T 14684—2011)和国家标准《建筑用卵石、碎石》(GB/T 14685—2011)中，对细集料、粗集料提出了明确的技术质量要求。

1. 细集料

混凝土用砂按《普通混凝土用砂、石质量及检验方法标准》(JGJ 52—2006)可分为天然砂、人工砂、混合砂。其种类及特性见表3-3。

表3-3 混凝土用砂的种类及特性

分类	定义	组成	特点
天然砂	由自然风化、水流搬运和分选堆积形成的粒径小于4.75mm的岩石颗粒	河砂 海砂 湖砂	长期受水流的冲刷作用，颗粒表面比较光滑，且产源较广，与水泥黏结性差，用它拌制的混凝土流动性好，但强度低。海砂中含有贝壳碎片及可溶性盐类等有害杂质，不利于混凝土结构
		山砂	表面粗糙、棱角多，与水泥黏结性好，但含泥量和有机质含量多
人工砂	岩石经除土开采、机械破碎、筛分而成的粒径小于4.75mm的岩石颗粒	机制砂	颗粒富有棱角，比较洁净，但砂中片状颗粒及细粉含量较多，且成本较高
		混合砂	有机制砂、天然砂混合制成的砂。当仅靠天然砂不能满足用量需求时，可采用混合砂

《普通混凝土用砂、石质量及检验方法标准》(JGJ 52—2006)对混凝土用砂的质量要求主要有以下几个方面。

1) 颗粒级配及粗细程度

砂的颗粒级配和粗细程度应使所配制的混凝土达到设计强度等级，并能达到提高混凝土的密实度和节约水泥的目的。

(1) 颗粒级配。

颗粒级配是指粒径大小不同的砂粒互相搭配的情况。同样粒径的砂空隙分数最大，若大颗粒间空隙由中颗粒填充，而中颗粒间空隙又由小颗粒填充，这样逐级填充使砂形成较密实的体积，空隙分数达到最小(图3.2)。级配良好的砂，不仅可节省水泥用量而且混凝土结构密实，混凝土的和易性、强度、耐久性都得以加强，还可减少混凝土的干缩及徐变。

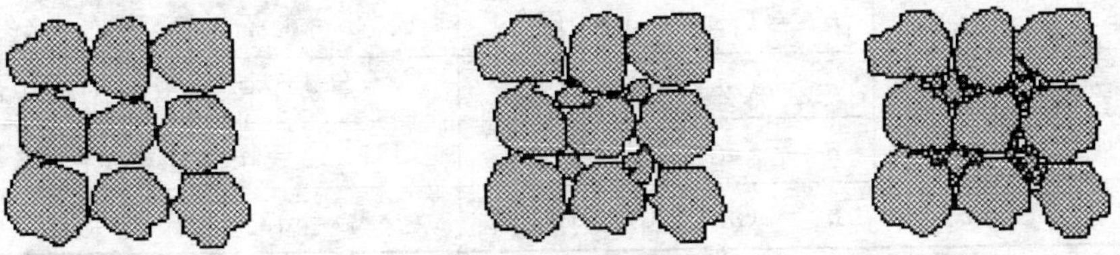

图3.2 砂颗粒级配示意图

(2) 粗细程度。

粗细程度是指不同粒径砂粒混合在一起的总体粗细程度。在相同质量的条件下，粗砂的总表面积小，包裹砂表面所需的水泥浆就少；反之细砂总表面积大，包裹砂表面所需的水泥浆量就多。因此，在和易性要求一定的条件下，采用粗砂配制混凝土，可减少拌和用水量，节约水泥用量。但砂过粗，易使混凝土拌和物产生分层、离析和泌水等现象。一般采用中砂拌制混凝土较好。

在拌制混凝土时，砂的粗细程度和颗粒级配应同时考虑。当砂含有较多的粗颗粒，并以适当的中颗粒及少量的细颗粒填充其空隙，则既具有较小的空隙分数又有较小的总表面积，不仅水泥用量少，而且还可以提高混凝土的密实性与强度。

(3) 砂的粗细程度与颗粒级配的评定。

根据《普通混凝土用砂、石质量及检验方法标准》(JGJ 52—2006)，筛分析是用一套孔径为 4.75mm、2.36mm、1.18mm、0.6mm，0.3mm，0.15mm 的标准筛，将 500g 干砂由粗到细依次过筛，称量各筛上的筛余量 m_i(g)，计算各筛上的分计筛余率 a_i(%)(各筛上的筛余量占砂样总重量的百分率)，再计算累计筛余率 A_i(%)(各筛与比该筛粗的所有筛的分计筛余百分率之和)。a_i 和 A_i 的计算关系见表 3-4。

细度模数 M_x 根据下式计算(精确至 0.01)

$$M_x = \frac{(A_2 + A_3 + A_4 + A_5 + A_6) - 5A_1}{100 - A_1} \tag{3-1}$$

式中 M_x ——细度模数；

$A_6 \sim A_1$ ——分别为 0.15mm、0.3mm、0.6mm、1.18mm、2.36mm、4.75mm 筛的累计筛余百分数值。

普通混凝土用砂的细度模数范围一般为 3.7～0.7。

其中 3.7～3.1 为粗砂；

3.0～2.3 为中砂；

2.2～1.6 为细砂；

1.5～0.7 为特细砂。

表 3-4 累计筛余与分计筛余的计算关系

筛孔尺寸/mm	筛余量/g	分计筛余(%)	累计筛余/%
4.75	m_1	$a_1 = (m_1/500) \times 100\%$	$A_1 = a_1$
2.36	m_2	$a_2 = (m_2/500) \times 100\%$	$A_2 = a_1 + a_2$
1.18	m_3	$a_3 = (m_3/500) \times 100\%$	$A_3 = a_1 + a_2 + a_3$
0.6	m_4	$a_4 = (m_4/500) \times 100\%$	$A_4 = a_1 + a_2 + a_3 + a_4$
0.3	m_5	$a_5 = (m_5/500) \times 100\%$	$A_5 = a_1 + a_2 + a_3 + a_4 + a_5$
0.15	m_6	$a_6 = (m_6/500) \times 100\%$	$A_6 = a_1 + a_2 + a_3 + a_4 + a_5 + a_6$

对细度模数为 3.7～1.6 的普通混凝土用砂，砂的颗粒级配根据 0.6mm 筛孔对应的累计筛余百分率 A_4，分成Ⅰ区、Ⅱ区和Ⅲ区三个级配区，见表 3-5。Ⅰ区砂属于粗砂范畴，拌制混凝土时其内摩阻力较大，保水性差，适宜配制水泥用量多的富混凝土或低流动混凝土；Ⅱ区砂可以配制不同等级混凝土，宜优先选用；Ⅲ区砂细砂颗粒多，配制的混凝土黏性较大，保水性能好，易插捣成型，但因其比表面积大，使用时宜降低砂率。

表 3-5 砂的颗粒级配

筛孔尺寸/mm	累计筛余/%		
	Ⅰ区	Ⅱ区	Ⅲ区
9.50	0	0	0
4.75	10～0	10～0	10～0
2.36	35～5	25～0	15～0
1.18	65～35	50～10	25～0
0.6	85～71	70～41	40～16
0.3	95～80	92～70	85～55
0.15	100～90	100～90	100～90

注：(1) 实际颗粒级配与表列累计筛余百分率相比，除 4.75mm 和 0.6mm 筛孔外，允许稍有超出分区界线，但其总量百分率不应大于 5%。

(2) Ⅰ区砂中 0.15mm 筛孔累计筛余百分率可放宽为 100%～85%，Ⅱ区砂中 0.15mm 筛孔累计筛余百分率可放宽为 100%～80%，Ⅲ区砂中 0.15mm 筛孔累计筛余百分率可放宽为 100%～75%。

特别提示

- 对要求耐磨的混凝土，小于 0.08mm 的颗粒不应超过 3%，其他混凝土则不应超过 5%。
- 采用石屑作为细集料时，此限值分别为 5%和 7%。

为了更直观地反映砂的颗粒级配，可以以累计筛余百分率为纵坐标，筛孔尺寸为横坐标，根据表 3-5 绘制Ⅰ、Ⅱ、Ⅲ级配区的筛分曲线，如图 3.3 所示。在筛分曲线上可以直观地分析砂的颗粒级配优劣。如果筛分曲线偏向右下方，表示砂较粗；筛分曲线偏向左上方，表示砂较细。

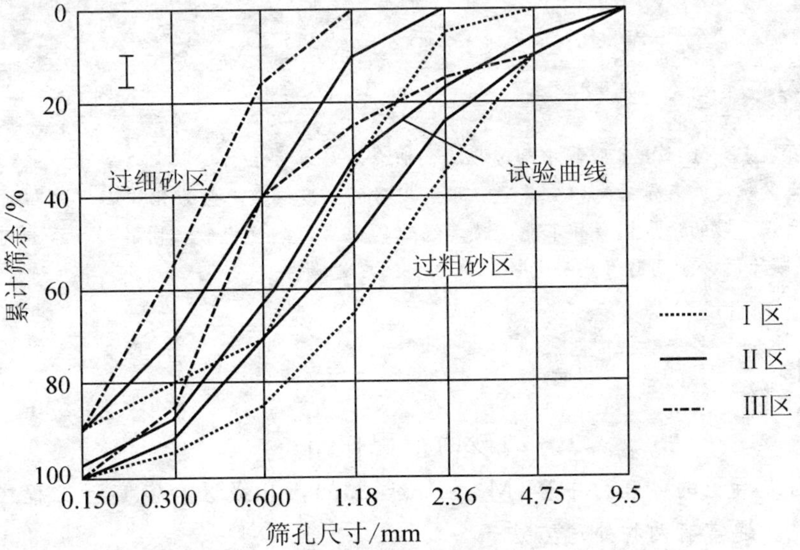

图 3.3 筛分曲线

如果砂的自然级配不符合要求，应采用人工级配的方法来改善。最简单的措施是将粗、细砂按适当比例进行掺配，或砂过筛后剔除过粗或过细的颗粒。

【例 3-1】评定砂的粗细程度和级配情况。

某工程用砂，经烘干、称量、筛分析，测得各号筛上的筛余量列于表 3-6(a)。试评定该砂的粗细程度 Mx 和级配情况。

表 3-6(a) 筛分析试验结果

筛孔尺寸(mm)	4.75	2.36	1.18	0.6	0.3	0.15	底盘	合计
筛余量(g)	28.5	57.6	73.1	156.6	118.5	55.5	9.7	499.5

解：① 分计筛余率和累计筛余率计算结果列于表 3-6(b)。

表 3-6(b) 分计筛余和累计筛余计算结果

分计筛余率(%)	a_1	a_2	a_3	a_4	a_5	a_6
	5.71	11.53	14.63	31.35	23.72	11.11
累计筛余率(%)	A_1	A_2	A_3	A_4	A_5	A_6
	5.71	17.24	31.87	63.22	86.94	98.05

② 计算细度模数

$$M_x = \frac{(A_2 + A_3 + A_4 + A_5 + A_6) - 5A_1}{10 - A_1}$$

$$= \frac{(17.24 + 31.87 + 63.22 + 86.94 + 98.05) - 5 \times 5.71}{100 - 5.71} = 2.85$$

③ 确定级配区、绘制级配曲线：该砂样在 0.630mm 筛上的累计筛余率 A4=63.22 落在Ⅱ级区，其他各筛上的累计筛余率也均落在Ⅱ级区规定的范围内，因此可以判定该砂为Ⅱ级区砂。级配曲线如图 3.3 所示。

④ 结果评定：该砂的细度模数 M_x=2.85，属中砂；Ⅱ级区砂，级配良好。可用于配制混凝土。

特别提示

前文介绍及例 3-1 给出了引例中细度模数的概念及计算方法。

- 细度模数越大，表示砂越粗。普通混凝土用砂的细度模数一般为 3.7～1.6，即粗砂。
- 应当注意：砂的细度模数并不能反映其级配的优劣，细度模数相同的砂，级配可以很不相同。所以，配制混凝土时必须同时考虑砂的颗粒级配和细度模数。

知识链接

砂的掺配使用

配制普通混凝土的砂宜为中砂(M_x=2.3～3.0)，Ⅱ级区。但实际工程中往往出现偏细或偏粗情况。通常有两种处理方法。

(1) 当只有一种砂源时，对偏细砂适当减少砂用量，即降低砂率；对偏粗砂则适当增加砂用量，即增加砂率。

(2) 当粗砂和细砂可同时提供时，宜将细砂和粗砂按一定比例掺配使用，这样既可调整 M_x，也可改善砂的级配，有利于节约水泥，提高混凝土性能。掺配比例可根据砂资源状况，粗细砂各自的细度模数及级配情况，通过试验和计算确定。

2）含泥量、石粉含量和泥块含量

含泥量为天然砂中粒径小于 0.075mm 的尘屑、淤泥和黏土的总质量百分数；泥块含量指砂中原粒径大于 1.18mm，经水浸洗、手捏后小于 0.6mm 的颗粒含量。

泥通常包裹在砂颗粒表面，妨碍了水泥浆与砂的黏结，使混凝土的强度降低，除此之外，泥的表面积较大，含量多会降低混凝土拌合物的流动性，或者在保持相同流动性的条件下，增加水和水泥用量，从而导致混凝土的强度、耐久性降低，干缩、徐变增大。

天然砂的含泥量和泥块含量应符合表 3-7 所示规定。

表 3-7　天然砂的含泥量和泥块含量

项　目	指　标		
	Ⅰ类	Ⅱ类	Ⅲ类
含泥量(按质量计,%)	≤1.0	≤3.0	≤5.0
泥块含量(按质量计,%)	≤0.5	≤1.0	≤2.0

注：砂按技术要求分为Ⅰ类、Ⅱ类、Ⅲ类。Ⅰ类用于强度等级>C60 的混凝土；Ⅱ类用于强度等级在 C30～C60 及抗冻、抗渗或其他要求的混凝土；Ⅲ类宜用于强度等级<C30 的混凝土和砂浆。

人工砂石粉含量和泥块含量应符合表 3-8 所示的规定。

表 3-8　人工砂的石粉含量和泥块含量规定

项　目				指　标		
				Ⅰ类	Ⅱ类	Ⅲ类
1	亚甲蓝试验	MB 值<1.4 或合格	石粉含量(按质量计,%)	<3.0	<5.0	<7.0
2			泥块含量(按质量计,%)	0	<1.0	<2.0
3		MB 值≥1.4 或不合格	石粉含量(按质量计,%)	<1.0	<3.0	<5.0
4			泥块含量(按质量计,%)	0	<1.0	<2.0

3）有害物质含量

集料中含有的妨碍水泥水化或降低集料与水泥石的黏附性，以及能与水泥水化物产生不良化学反应的各种物质，称为有害杂质。砂中常含有的有害杂质主要有云母、轻质物、有机质及硫化物和硫酸盐等，GB/T 14684—2011 对混凝土用砂的有害杂质含量限值规定见表 3-9。

表 3-9　混凝土用砂的有害物质含量限值

项　目	指　标		
	Ⅰ类	Ⅱ类	Ⅲ类
云母(按质量计,%)	<1.0	<2.0	<2.0
轻物质(按质量计,%)	<1.0	<1.0	<1.0
有机物(比色法)	合格	合格	合格
硫化物计硫酸盐(按 SO_3 质量计,%)	<0.5	<0.5	<0.5
氯化物(以氯离子质量计,%)	<0.01	<0.02	<0.06

对比较特殊或重要的工程混凝土用砂还应进行碱集料反应试验，主要是检验硅质骨料与混凝土中水泥及外加剂中的碱发生潜在碱-硅酸反应的危害性。

4）坚固性

砂的坚固性是指砂在自然风化和其他外界物理、化学因素作用下，抵抗破坏的能力。

天然砂的坚固性采用硫酸钠溶液法进行试验检测，砂样经 5 次循环后其质量损失应符合表 3-10 所示的规定；人工砂采用压碎指标法进行试验检测，压碎指标值应符合表 3-11 所示的规定。

表 3-10　坚固性指标

项　目	指　标		
	Ⅰ类	Ⅱ类	Ⅲ类
循环后质量损失(%)	≤8	≤8	≤10

表 3-11　人工砂压碎指标

项　目	指　标		
	Ⅰ类	Ⅱ类	Ⅲ类
单级最大压碎指标(%)	<20	<25	<30

5）表观密度、堆积密度、空隙分数

砂表观密度、堆积密度、空隙分数是砂的三项重要指标，应符合如下规定：表观密度大于 2 500kg/m^3；松散堆积密度大于 1 350kg/m^3；空隙分数小于 47%。

6）碱集料反应

碱集料反应是指混凝土原材料水泥、外加剂、混合材料和水中的碱(Na_2O 或 K_2O)与骨料中的活性成分反应，在混凝土浇筑成形后若干年逐渐反应，反应生成物吸水膨胀使混凝土产生应力，膨胀开裂，导致混凝土失去设计功能。

经碱集料反应试验后，由砂制备的试件无裂缝、酥裂、胶体外溢等现象，在规定的试验龄期膨胀率应小于 0.10%。

特别提示

根据以上介绍，引例中影响混凝土的强度可从砂的细度模数和含泥量两方面找原因。

(1) 当混凝土强度在C30以上时，砂的含泥量需小于等于3.0%，现场用砂的含泥量已达6.4%，超过了标准一倍以上。含泥量的增多，导致泥粒总面积大大增加，需要更多的水泥浆包裹它们。同时，泥粒本身强度低，降低了混凝土的强度。

(2) 另一个原因，是砂偏细，现场砂的细度模数是1.82，属细砂。细砂颗粒小，在重量相同的情况下，表面积大大增加，要包裹它们需要的水泥量应大大增多，否则部分砂表面没有水泥浆，这就大大降低了混凝土的强度。

2. 粗集料

普通混凝土中采用的粗集料主要是碎石和卵石。按卵石、碎石的技术要求分为Ⅰ类、Ⅱ类、Ⅲ类。Ⅰ类用于强度等级大于C60的混凝土；Ⅱ类宜用于强度等级大于C30～C60及抗冻、抗渗或其他要求的混凝土；Ⅲ类宜用于强度等级小于C30的混凝土。《普通混凝土用砂、石质量及检验方法标准》(JGJ 52—2006)对粗骨料的技术要求如下。

1) 最大粒径及颗粒级配

(1) 最大粒径。

粗集料中公称粒径的上限称为该粒级的最大粒径。

当集料粒径增大时，其总表面积减小，因此包裹它表面所需的水泥浆数量相应减少，可节约水泥，所以在条件许可的情况下，对中低强度的混凝土，粗骨料最大粒径应尽量用得大些，但一般不宜超过40mm；配制高强混凝土时最大粒径不宜大于20mm，因为减少用水量获得的强度提高，被大粒径骨料造成的黏结面减少和内部结构不均匀所抵消。

根据《混凝土结构工程施工及验收规范》(GB 50204—2002)的规定：混凝土粗骨料的最大粒径不得超过结构截面最小尺寸的1/4，同时不得大于钢筋间最小净距的3/4；对于混凝土实心板，骨料的最大粒径不宜超过板厚的1/3，且不得超过40mm。

(2) 颗粒级配。

粗集料的颗粒级配对混凝土性能的影响与细集料相同，且其影响程度更大。良好的粗集料，对提高混凝土强度、耐久性，节约水泥用量是极为有利的。混凝土用粗集料的级配范围，可参考JGJ 52—2006的规定，见表3-12。

粗集料的颗粒级配可采用连续粒级或连续粒级与单粒级配合使用。在特殊情况下，为了组合成具有要求级配的连续粒级，并通过试验证明混凝土无离析现象时，也可采用单粒级。

特别提示

• 粗骨料颗粒级配好坏的判定也是通过筛分法进行的。取一套孔径为2.36mm、4.75mm、9.50mm、16.0mm、19.0mm、26.5mm、31.5mm、37.5mm、53.0mm、63.0mm、75.0mm及90mm的标准方孔筛进行试验。按各筛上的累计筛余百分率划分级配。

- 连续粒级是指颗粒由小到大连续分级，每一级粗骨料都占有一定的比例，且相邻两级粒径相差较小(比值<2)，连续粒级的级配大小颗粒搭配合理，配制的混凝土拌和物和易性好，不易发生分层、离析现象，且水泥用量小，目前多采用连续粒级。
- 单粒级是从 1/2 最大粒径至最大粒径，粒径差别小。

表 3-12　粗骨料的颗粒级配

级配情况	公称粒级/mm	筛孔尺寸(方孔筛)/mm											
		2.36	4.75	9.50	16.0	19.0	26.5	31.5	37.5	53.0	63.0	75.0	90
		累计筛余百分率(按质量分数计，%)											
连续粒级	5～10	95～100	80～100	0～15	0								
	5～16	95～100	85～100	30～60	0～10	0							
	5～20	95～100	90～100	40～80	—	0～10	0						
	5～25	95～100	90～100	—	30～70	—	0～5	0					
	5～31.5	95～100	90～100	70～90	—	15～45	—	0～5	0				
	5～40		95～100	70～90	—	30～65	—	—	0～5	0			
单粒级	10～20		95～100	85～100		0～15	0						
	16～31.5		95～100		85～100			0～10	0				
	20～40			95～100		80～100			0～10	0			
	31.5～63				95～100			75～100	45～75		0～10	0	
	40～80					95～100			70～100		30～60	0～10	0

2）泥、泥块及有害物质的含量

粗集料中泥、泥块及有害物质对混凝土性质的影响与细骨料相同，但由于粗集料的粒径大，因而造成的缺陷或危害更大。粗集料中含泥量是指粒径小于 0.075mm 的颗粒含量；泥块含量指石中原粒径大于 4.75mm，经水浸洗、手捏后小于 2.36mm 的颗粒含量。粗集料中泥、泥块及有害物含量应符合表 3-13、表 3-14 中的规定。

碎石或卵石中的硫化物和硫酸盐含量及卵石中有机物等有害物质含量，应符合表 3-14 的规定。

表3-13　粗骨料的含泥量和泥块含量

项　目	指　标		
	Ⅰ类	Ⅱ类	Ⅲ类
含泥量(按质量计,%)	≤0.5	≤1.0	≤1.5
泥块含量(按质量计,%)	0	≤0.5	≤0.7

注：(1) Ⅰ类宜用于强度等级>C60的混凝土；Ⅱ类宜用于强度等级C30～C60及抗冻、抗渗或其他要求的混凝土；Ⅲ类宜用于强度等级<C30混凝土。

(2) 对于有抗冻、抗渗或其他特殊要求的混凝土，其所用碎石或卵石中含泥量不应大于1.0%。当碎石或卵石的含泥量是非黏土质的石粉时，其含泥量可分别提高到1.0%、1.5%、3.0%。

(3) 对于有抗冻、抗渗或其他特殊要求的强度等级小于C30的混凝土，其所用碎石或卵石中泥块含量不应大于0.5%。

表3-14　碎石或卵石中的有害物质含量

项　目	质量要求
硫化物及硫酸盐含量，(折算成SO_3，按质量计)%	≤1.0
卵石中有机物含量(用比色法试验)	颜色不深于标准色。当颜色深于标准色时，应配制混凝土进行强度对比试验，抗压强度比应不低于0.95MPa

3) 表面特征及形状

表面粗糙且棱角多的碎石与表面光滑和圆形的卵石相比较，碎石配制的混凝土，由于它对水泥石的黏附性好，故具有较高的强度，但是在相同单位用水量(即相同水泥浆用量)条件下，卵石配制的新拌混凝土具有较好的工作性。粗集料的颗粒形状以正立方体为佳，不宜含有过多的针、片状颗粒，否则将显著影响混凝土的抗折强度，同时影响新拌混凝土的工作性。卵石和碎石颗粒的长度大于该颗粒所属相应粒级的平均粒径2.4倍者为针状颗粒；厚度小于平均粒径0.4倍者为片状颗粒(平均粒径指粒级上下限粒级的平均值)。混凝土用粗集料的针、片状颗粒含量应符合表3-15所示要求。

表3-15　针片状颗粒含量

项目	指　标		
	Ⅰ类	Ⅱ类	Ⅲ类
针、片状颗粒(按质量计,%)	<20	<25	<30

4) 强度

为保证混凝土的强度必须保证粗骨料具有足够的强度。粗骨料的强度指标有两个：岩石抗压强度和压碎指标值。

(1) 岩石立方体抗压强度。

岩石立方体抗压强度是将母岩制成50mm×50mm×50mm的立方体试件或直径为

50mm 的圆柱体试件，在水中浸泡 48h 以后，取出擦干表面水分，测得其在饱和水状态下的抗压强度值。JGJ 52—2006 中规定岩石的抗压强度应比所配制的混凝土强度至少高 20%。当混凝土强度等级大于或等于 C60 时，应进行岩石抗压强度检验。

(2) 压碎指标值。

压碎指标值是将 3 000g 气干状态的 10.0～20.0mm 的颗粒装入压碎值测定仪内，放好压头置于压力机上，开动压力机，在 160～300s 内均匀地加荷到 200kN 并稳荷 5s。卸荷后，用孔径 2.36mm 的筛筛除被压碎的细粒，称出留在筛上的试样质量按式(3-2)计算压碎指标值。

$$Q_e = \frac{G_1 - G_2}{G_1} \times 100\% \tag{3-2}$$

式中 Q_e ——压碎指标值,%；

G_1 ——试样的质量，g；

G_2 ——压碎试验后筛余的试样质量，g。

压碎指标值是测定碎石或卵石抵抗压碎的能力，可间接地推测其强度的高低，压碎指标值应小于表 3-16 所示规定。

表 3-16 压碎指标值

项 目	指 标		
	Ⅰ类	Ⅱ类	Ⅲ类
碎石压碎指标(%)	<10	<20	<30
卵石压碎指标(%)	<12	<16	<16

岩石立方体强度比较直观，但试件加工困难，其抗压强度反映不出石子在混凝土中的真实强度，所以对经常性的生产质量控制常用压碎指标值。在选采石场或对粗骨料强度有严格要求，以及对其质量有争议时，宜采用岩石抗压强度做检验。

5）坚固性

坚固性是指集料在气候、环境变化或其他物理因素作用下抵抗碎裂的能力。为保证混凝土的耐久性，用作混凝土的粗集料应具有足够的坚固性，以抵抗冻融和自然因素的风化作用。对粗骨料坚固性的要求及检验方法与细骨料基本相同，采用硫酸钠溶液法进行试验，碎石和卵石经 5 次循环后，其质量损失应符合表 3-17 所示规定。

表 3-17 坚固性指标

混凝土所处的环境条件及性能要求	5 次循环后的质量损失/%
在严寒及寒冷地区室外使用，并经常处于潮湿或干湿交替状态下的混凝土；有腐蚀性介质作用或经常处于水位变化区得地下结构或有抗疲劳、耐磨、抗冲击等要求的混凝土	≤8
在其他条件下使用的混凝土	≤12

6）表观密度、堆积密度、空隙分数

表观密度、堆积密度、空隙分数应符合如下规定：表观密度大 2 500kg/m^3；松散堆积密度大于 1 350kg/m^3；空隙率分数小于 47％。

7）碱集料反应

当集料中含有活性氧化硅时，如果混凝土中的水泥中又含有较多的碱，就可能发生碱-集料反应。碱集料反应是水泥中碱性氧化物(Na_2O 或 K_2O)水解后的氢氧化钠和氢氧化钾与集料中的活性二氧化硅发生化学反应，在集料表面生成复杂的碱-硅酸凝胶，这种凝胶吸水体积膨胀，使集料与水泥石界面胀裂，黏结强度下降，引起混凝土结构破坏，另外，也可能发生其他类型的碱集料反应。如含有黏土的白云石或石灰石会与水泥中碱发生碳酸盐反应，因此，应采用含碱量小于 0.6％的水泥，不宜采用含有活性二氧化硅和碳酸盐的石料，同时，在粗集料中严禁混入煅烧过的白云石或石灰石块。

3.1.3 混凝土用水

用于拌制和养护混凝土的水，应不含有影响混凝土正常凝结和硬化的有害杂质、油质和糖类等。《混凝土用水标准》(JGJ 63—2006)对混凝土拌合用水的技术要求如下。

(1) 混凝土拌合用水水质要求应符合表 3－18 所示规定。对于设计使用年限为 100 年的结构混凝土，氯离子含量不得超过 500mg/L；对使用钢丝或经热处理钢筋的预应力混凝土，氯离子含量不得超过 350mg/L。

表 3－18 混凝土拌合用水水质要求

项　目	预应力混凝土	钢筋混凝土	素混凝土
PH 值	≥5.0	≥4.5	≥4.5
不溶物含量/(mg/L)	≤2 000	≤2 000	≤5 000
可溶物含量/(mg/L)	≤2 000	≤5 000	≤10 000
氯化物含量(以 CL^- 计)/(mg/L)	≤500	≤1 000	≤3 500
硫酸盐含量(以 SO_4^{2-} 计)/(mg/L)	≤600	≤2 000	≤2 700
碱含量/(mg/L)	≤1 500	≤1 500	≤1 500

注：碱含量按 $Na_2O+0.658K_2O$ 的计算值来表示。采用非碱活性骨料时，可不检验碱含量。

(2) 地表水、地下水、再生水的放射性应符合现行《生活饮用水卫生标准》(GB 5749—2006)的规定。

(3) 被检验水样应与饮用水样进行水泥凝结时间对比试验。对比试验的水泥初凝时间差及终凝时间差均不应大于 30min；同时，初凝和终凝时间应符合现行国家标准《〈通用硅酸盐水泥〉国家标准第 1 号修改单》(GB 175—2007/XG1—2009)的规定。

(4) 被检验水样应与饮用水样进行水泥胶砂强度对比试验，被检验水样配制的水泥胶砂 3d 和 28d 强度不应低于饮用水配制的水泥胶砂 3d 和 28 强度的 90％。

(5) 混凝土拌合用水不应有漂浮明显的油脂和泡沫，不应有明显的颜色和异味。

(6) 混凝土企业设备洗刷水不宜用于预应力混凝土、装饰混凝土、加气混凝土和暴露于腐蚀环境的混凝土；不得用于使用碱活性或潜在碱活性骨料的混凝土。

(7) 未经处理的海水严禁用于钢筋混凝土和预应力混凝土。

(8) 在无法获得水源的情况下，海水可用于素混凝土，但不宜用于装饰混凝土。

应用案例 3-1

【案例概况】

某糖厂建宿舍，以自来水拌制混凝土，浇注后用曾装食糖的麻袋覆盖于混凝土表面，再淋水养护。后发现该水泥混凝土两天仍未凝结，而水泥经检验无质量问题，请分析此异常现象的原因。

【案例解析】

由于养护水淋于曾装食糖的麻袋，养护水已成糖水，而含糖分的水对水泥的凝结有抑制作用，故使混凝土凝结异常。

应用案例 3-2

【案例概况】

分析石子最大粒径、针、片状颗粒含量超标的危害

【案例解析】

石子粒径过大，用在钢筋间距较小的结构中，会产生石子被钢筋卡住，浇灌不到位，混凝土产生蜂窝、孔洞的质量问题，导致日后混凝土强度降低；针片状颗粒含量超过一定界限时，使骨料空隙增加，不仅使混凝土拌和物和易性变差，而且会使混凝土的强度降低。

3.1.4 外加剂

混凝土外加剂是一种在混凝土搅拌之前或拌制过程中加入的、用以改善新拌混凝土和(或)硬化混凝土性能的材料。其掺量一般不超过水泥量的5%。

外加剂的应用促进了混凝土技术的飞速进步，技术经济效益十分显著，使得高强高性能混凝土的生产和应用成为现实，并解决了许多工程技术难题。如远距离运输和高耸建筑物的泵送问题；紧急抢修工程的早强速凝问题；大体积混凝土工程的水化热问题；纵长结构的收缩补偿问题；地下建筑物的防渗漏问题等。目前，外加剂已成为除水泥、水、砂、石子以外的第五组成材料。有关外加剂的内容，3.3节将详细介绍。

3.1.5 掺合料

混凝土掺合料是指在混凝土搅拌前或搅拌过程中，为改善混凝土性能、调节混凝土强度、节约水泥，与混凝土其他组分一起，直接加入的矿物材料或工业废料，掺量一般大于水泥质量的5%。

常用的矿物掺合料有粉煤灰、硅粉、沸石粉、粒化高炉矿渣粉、磨细自然煤矸石粉及其他工业废渣。粉煤灰是目前用量最大、使用范围最广的一种掺合料。

1. 粉煤灰

从煤粉炉烟道气体中收集的粉末称为粉煤灰。在混凝土中掺入一定粉煤灰后，除了粉煤灰本身的火山灰活性作用，生成硅酸钙凝胶，作为胶凝材料一部分起增强作用外，在混凝土的用水量不变的情况下，可以起到显著改善混凝土拌合物和易性的效应，增加流动性和黏聚性，还可降低水化热。若保持混凝土拌和物原有的和易性不变，则可减少用水量，起到减水的效果，从而提高混凝土的密实度和强度，增强耐久性。

2. 硅粉

硅粉也称硅灰。在冶炼铁合金或工业硅时，由烟道排出的硅蒸气经收尘装置收集而得的粉尘称为硅粉。它是由非常细的玻璃质颗粒组成，其中 SiO_2 含量高，其比表面积约为 2 000m^2/kg。掺入少量硅粉，可使混凝土致密、耐磨，增强其耐久性。由于硅灰比表面积大，因而其需水量很大，将其作为混凝土掺合料，必须配以减水剂，方可保证混凝土的和易性。

3. 沸石粉

沸石粉是天然的沸石岩磨细而成的一种火山灰质铝硅酸矿物掺合料。含有一定量的活性二氧化硅和三氧化铝，能与水泥生成的氢氧化钙反应，生成胶凝物质。沸石粉用作混凝土掺合料可改善混凝土和易性，提高混凝土强度、抗渗性和抗冻性，抑制碱骨料反应。主要用于配制高强混凝土、流态混凝土及泵送混凝土。

沸石粉具有很大的内表面积和开放性孔结构，还可用于配制湿混凝土等功能混凝土。

4. 粒化高炉矿渣粉

粒化高炉矿渣粉(简称矿渣粉)是指符合《用于水泥中的粒化高炉矿渣》(GB/T 203—2008)提供完整标准规定的粒化高炉矿渣经干燥、粉磨(或添加少量石膏一起粉磨)达到相当细度且符合相应活性指数的粉体。细度大于 350m^2/kg。矿渣粉磨时允许加入助磨剂，加入量不得大于矿渣粉质量的1%。

应用案例 3-3

【案例概况】

某工程使用等量的42.5普通硅酸盐水泥粉煤灰配制C25混凝土，工地现场搅拌，为赶进度搅拌时间较短。拆模后检测，发觉所浇筑的混凝土强度波动大，部分低于所要求的混凝土强度指标，请分析原因。

【案例解析】

该混凝土强度等级较低，而选用的水泥强度等级较高，故使用了较多的粉煤灰作掺合剂。由于搅拌时间较短，粉煤灰与水泥搅拌不够均匀，导致混凝土强度波动大，以致部分混凝土强度未达要求。

3.2 普通水泥混凝土的技术性质

▶▶引例

某混凝土搅拌站原混凝土配方均可生产出性能良好的泵送混凝土。后因供应的问题加入了一批针片状多的碎石。当班技术人员未引起重视，仍按原配方配制混凝土，后发觉混凝土坍落度明显下降，难以泵送，临时现场加水泵送。

什么是混凝土的坍落度？坍落度的数值对混凝土的配制有什么重要意义？从工程的角度看，出现坍落度下降的原因有哪些？如何改善？

普通水泥混凝土的主要技术性质包括：新拌混凝土的工作性；硬化后混凝土的力学性质、变形性能和耐久性。

3.2.1 新拌混凝土的工作性

水泥混凝土在尚未凝结硬化以前，称为水泥混凝土拌和物。新拌混凝土具有良好的工艺性质，称为工作性(或和易性)。

1. 工作性概念

新拌混凝土的工作性，也称和易性，是指新拌混凝土易于施工操作(搅拌、运输、浇筑、捣实等)，并能获得质量均匀、成型密实的性能。对于非匀质材料的混凝土来讲，和易性是一项综合的技术性质，与其施工工艺要求密切相关。通常有流动性、黏聚性和保水性三个方面的含义。

(1) 流动性是指新拌混凝土在自重或机械振捣的作用下，能产生流动，并均匀密实地填满模板的性能。流动性的大小，反映拌合物的稀稠，它直接影响着浇筑施工的难易和混凝土的质量。

(2) 黏聚性是指混凝土拌合物在施工过程中其组成材料之间有一定的黏聚力，不致产生分层离析的现象。混凝土拌合物是由密度、粒径不同的固体材料及水组成，各组成材料本身存在有分层的趋向，如果混凝土拌合物中各种材料比例不当，黏聚性差，则在施工中易发生分层(拌合物中各组分出现层状分离现象)、离析(混凝土拌合物内某些组分的分离，析出现象)、泌水(指水从水泥浆中泌出的现象)，尤其是对于大流动性的泵送混凝土来说更为重要。

(3) 保水性是指拌合物保持水分不易析出的能力。若保水性差则会发生泌水现象，泌水会在混凝土内部形成泌水通道，使混凝土密实性变差，降低混凝土的质量。

优质的新拌混凝土应具有的性质为：满足输送和浇捣要求的流动性；在外力作用下不产生脆断的可塑性；不产生分层、泌水的稳定性和易于浇捣致密的密实性。

2. 工作性的测定方法

目前国际上还没有一种能够全面表征新拌混凝土工作性的测定方法，按《公路工程水泥及混凝土试验规程》(JTG E30—2005)规定，混凝土拌合物的稠度试验方法有坍落度与坍落度扩展度法和维勃稠度法测定。坍落度与坍落扩展度法适用于集料最大公称粒径不大于 31.5mm，坍落度值不小于 10mm 混凝土拌合物稠度测定；维勃稠度法适用于集料最大公称粒径不大于 31.5mm，维勃稠度值在 5～30s 之间的干稠性水泥混凝土拌合物的稠度测定。

1）坍落度和坍落扩展度的测定。

该法是将新拌混凝土按规定方法装入标准无底的圆锥形坍落度筒内，装满刮平后，垂直提起坍落度筒，新拌混凝土因自重而向下坍落。坍落后的高度差称为坍落度(mm)，作为流动性指标。坍落度愈大表示流动性愈大。

标准坍落度筒为钢皮制成，上口直径 $d=100$mm，下底直径 $D=200$mm，高 $H=300$mm。标准的操作方法为，将新拌混凝土试样分三层装入标准坍落度筒内，每层装料为筒体积的 1/3。每层用弹头棒均应地插捣 25 次。

(1) 黏聚性的评定，是用捣棒在已坍落的混凝土锥体侧面轻轻敲打，此时如果锥体保持整体均匀，逐渐下沉，则表示黏聚性良好，若锥体突然倒塌，部分崩裂或出现离析现象，则表示黏聚性不好。如图 3.4 所示。当坍落度筒一提起即出现图 3.4(c)或图 3.4(d)所示形状，表示黏聚性不良；敲击后出现图 3.4(b)所示形状，则黏聚性好；敲击后出现图 3.4(c)所示形状，则黏聚性欠佳；敲击后出现图 3.4(d)所示形状，则黏聚性不良。

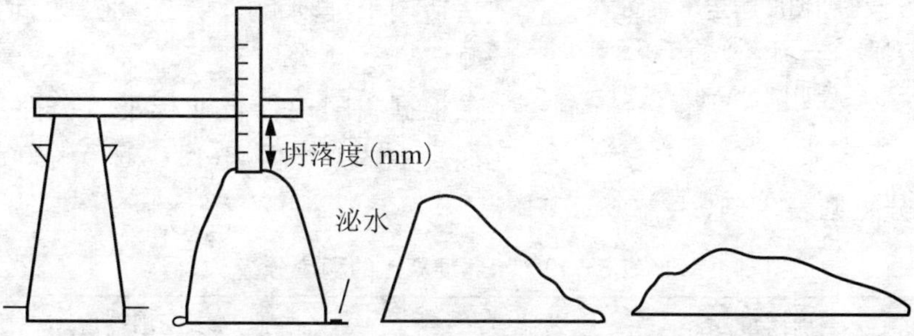

(a) 坍落度筒　(b) 坍落度测试　(c) 黏聚性欠佳　(d) 黏聚性不良

图 3.4　混凝土拌合物和易性的测定

(2) 保水性的评定，是以混凝土拌合物稀浆析出的程度来评定，坍落度筒提起后如有较多的稀浆从底部析出，锥体部分的混凝土也因失浆而骨料外露，则表明此拌合物保水性能不好；如坍落度筒提起后无稀浆或仅有少量稀浆自底部析出，则表示此混凝土拌合物保水性良好。

坍落度为 10～220mm，对混凝土拌合物的稠度具有良好的反应能力，但当坍落度大于 220mm 时，由于粗骨料的堆积的偶然性，坍落度不能准确地反映混凝土的稠度，这时测量混凝土扩展后最终的最大直径和最小直径。在最大直径和最小直径的差值小于 50mm 时，用平均直径作为流动性指标，即坍落扩展度图 3.5 所示为坍落度与坍落扩展度的试验示意图。

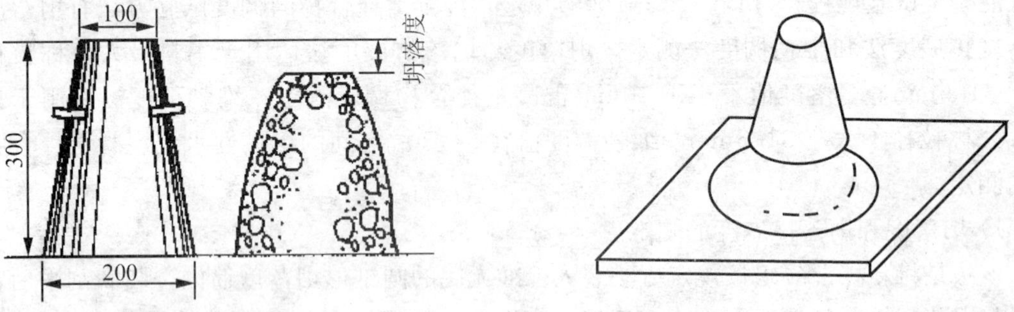

(a) 坍落度　　(b) 坍落扩展度

图 3.5　混凝土的坍落度和坍落扩展度试验

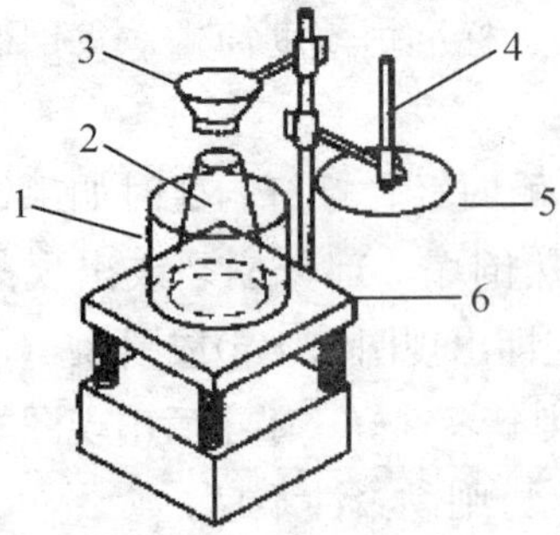

图 3.6　维勃稠度测定示意图

1—圆柱形容器；2—坍落度筒；3—漏斗；4—测杆；5—透明圆盘；6—振动台

2）维勃稠度的测定。

对于坍落度小于 10mm 的干硬性混凝土，采用维勃稠度法测定。维勃稠度仪如图 3.6 所示。

维勃稠度法是在坍落度筒中按规定方法装满拌合物，提起坍落度筒，在拌合物试体顶面放一个透明圆盘。开启振动台，同时用秒表计时，当透明圆盘的底面完全被水泥浆所布满时，停止计时，关闭振动台。此时所读秒数，称为维勃稠度。该法适用于维勃稠度在 5～30s 之间的新拌混凝土的测定。

根据我国现行行业标准《公路工程水泥及水泥混凝土试验规程》(JTG E30—2005)规定的路面混凝土稠度分级见表 3-19。

表 3-19　水泥混凝土的稠度分级

级　别	坍落度/mm	维勃稠度/s	级　别	坍落度/mm	维勃稠度/s
特干硬	—	≥31	低塑	50～90	105
很干稠	—	3 021	塑性	100～150	≤4
干稠	10～40	2 011	流态	>160	—

知识链接

混凝土中的蜂窝

请观察图 3.7 所示混凝土楼面，其中有空洞(俗称蜂窝)。该混凝土采用人工振捣，其混凝土坍落度为 30mm。请分析混凝土不密实的原因。

该混凝土未采用振动器振捣，仅人工振捣，而混凝土的坍落度偏低，流动性较差，故易产生蜂窝，应增大混凝土的坍落度，具体按《混凝土结构工程施工质量验收规范》(GB 50204—2002)规定进行。实际施工时，混凝土拌和物的坍落度要根据构件截面尺寸大小、钢筋疏密和捣实方法来确定。当构件截面尺筋较密，或采用人工捣实时，坍落度可选择大一些。反之，若构件截面尺寸较大，或钢筋较疏，或采用机械振捣，则坍落度可选择小一些。表3-20所示为《混凝土结构工程施工质量验收规范》(GB 50204—2002)关于选用坍落度的规定。

(a) 空洞位置

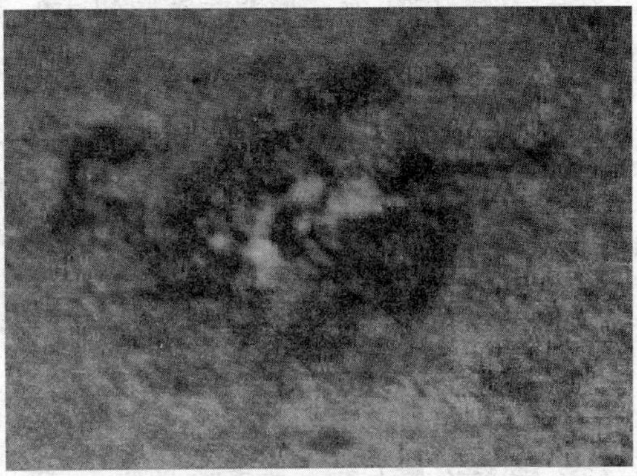

(b) 局部放大

图3.7 混凝土楼面上空洞

表3-20 混凝土浇筑时的坍落度

结构种类	坍落度/mm
基础或地面等的垫层、无配筋的大体积结构(挡土墙、基础等)或配筋稀疏的结构	10～30
板、梁和大型及中型截面的柱子等	30～50
配筋密列的结构(薄壁、斗仓、筒仓、细柱等)	50～70
配筋特密的结构	70～90

注：(1) 本表系采用机械振捣时的坍落度，当采用人工振捣时可适当增大。
(2) 轻骨料混凝土拌合物，坍落度宜较表中数值减少10～20mm。
(3) 当需要配置大坍落度混凝土时，应掺用外加剂。
(4) 曲面或斜面结构混凝土的坍落度应根据实际需要另行选定。
(5) 泵送混凝土的坍落度宜为80～180mm。

3. 影响混凝土拌合物工作性的主要因素

影响混凝土和易性的因素很多，主要有原材料的性质、原材料之间的相对含量(水泥浆量、水灰比、砂率)、环境因素及施工条件等。

1) 组成材料质量及其用量(内因)

水泥浆的数量和稠度对新拌混凝土的和易性有显著影响。

(1) 水泥浆的数量和集浆比。

在水灰比一定的条件下，水泥浆愈多，流动性愈大，但如果水泥浆过多，集料则相对减少，即集浆比小，将出现流浆现象拌合物的稳定性变差，不仅浪费水泥，而且会使拌合物的强度和耐久性降低。如果水泥浆量过少，则骨料间缺少黏结物质，黏聚性变差，易出现崩坍和溃散。拌合物中水泥浆的数量应以满足流动性为宜。

(2) 水泥浆的稠度。

水泥浆的稠度与水灰比有关。混凝土中水与水泥的质量比称为水灰比(W/C)。在水泥用量不变的情况下，水灰比越小，水泥浆就越稠，混凝土拌合物的流动性便越小。但水灰比过大，又会造成混凝土拌合物的黏聚性和保水性不良，易产生流浆、离析现象，并严重影响混凝土的强度和耐久性。所以，水灰比的大小应根据混凝土强度和耐久性的要求合理确定。

(3) 砂率。

砂率指混凝土中砂的质量占砂、石总质量的百分率，可用式(3－3)来表示。

$$\beta_s = \frac{m_s}{m_s + m_g} \times 100\% \tag{3-3}$$

式中 β_s——砂率，%；

m_s——砂的质量，kg；

m_g——石子的质量，kg。

砂率的变动会使骨料的空隙分数和骨料总表面积有显著的变化，因此对混凝土拌合物的和易性的影响非常显著。

① 对流动性的影响。在水泥用量和水灰比一定的条件下，由于砂与水泥浆组成的砂浆在粗骨料间起到润滑和滚珠作用，可以减小粗骨料间的摩擦力，所以在一定范围内，随砂率增大，混凝土流动性增大。另一方面，由于砂的比表面积比粗骨料大，随着砂率增加，粗细骨料的总表积增大，在水泥浆用量一定的条件下，骨料表面包裹的浆量减薄，润滑作用下降，使混凝土流动性降低。所以砂率超过一定范围，流动性随砂率增加而下降，图 3.8(a)所示。

② 对黏聚性和保水性的影响。砂率减小，混凝土的黏聚性和保水性均下降，易产生泌水、离析和流浆现象。砂率增大，黏聚性和保水性增加。但砂率过大，当水泥浆不足以包裹骨料表面时，则黏聚性反而下降。

③ 合理砂率的确定。在进行混凝土配合比设计时，为保证和易性，应选择最佳砂率或合理砂率。合理砂率是指在水泥量、水量一定的条件下，能使混凝土拌合物获得最大的流动性而且保持良好的黏聚性和保水性的砂率，或者是使混凝土拌合物获得所要求的和易性的前提下，水泥用量最小的砂率，如图 3.8(b)所示。

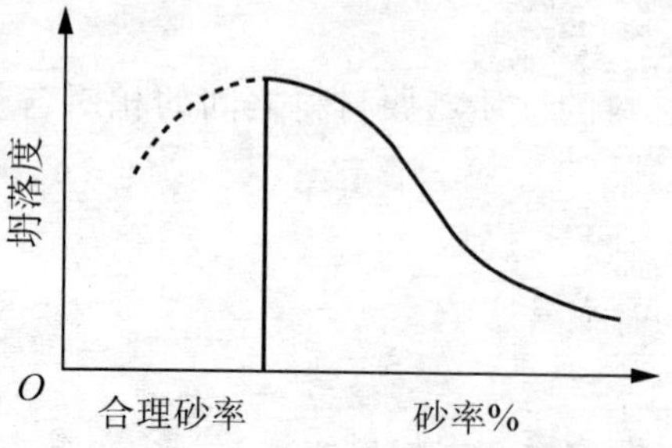

(a) 砂率与坍落度的关系

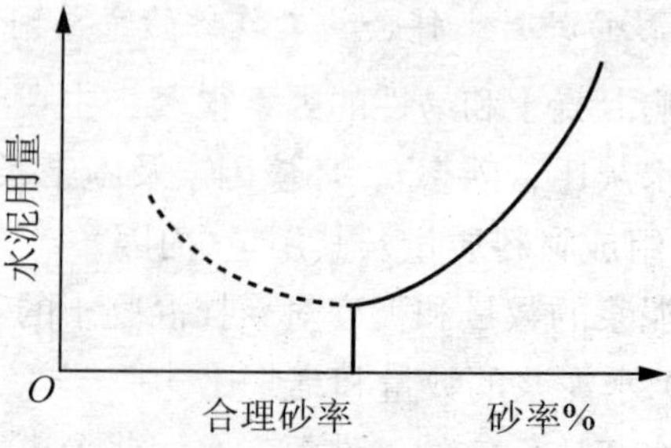

(b) 砂率与水泥用量的关系

图 3.8 砂率与混凝土流动性和水泥用量的关系

合理砂率的确定可根据上述两原则通过试验确定。在大型混凝土工程中经常采用。对普通混凝土工程可根据经验或参照表 3-21 选用。

表 3-21 混凝土砂率选用表

水灰比	卵石最大粒径/mm			碎石最大粒径/mm		
	10	20	40	16	20	40
0.40	26～32	25～31	24～30	30～35	29～34	27～32
0.50	30～35	29～34	28～33	33～38	32～37	30～35
0.60	33～38	32～37	31～36	36～41	35～40	33～38
0.70	36～41	35～40	34～39	39～44	38～43	36～41

注：(1) 表中数值系中砂的选用砂率。对细砂或粗砂，可相应地减少或增大砂率；

(2) 本砂率适用于坍落度为 10～60mm 的混凝土。坍落度如大于 60mm 或小于 10mm 时，应相应增大或减小砂率；按每增大 20mm，砂率增大 1%的幅度予以调整；

(3) 只用一个单粒级粗骨料配制混凝土时，砂率值应适当增大；

(4) 掺有各种外加剂或掺合料时，其合理砂率值应经试验或参照其他有关规定选用；

(5) 对薄壁构件砂率取偏大值。

(4) 组成材料性质的影响。

① 水泥品种及细度。不同的水泥品种，其标准稠度需水量不同，对混凝土的流动性有一定的影响。如火山灰水泥的需水量大于普通水泥的需水量，在用水量和水灰比相同的条件下，火山灰水泥的流动性相应就小。另外，不同的水泥品种，其特性上的差异也导致混凝土和易性的差异。例如，在相同的条件下，矿渣水泥的保水性较差，而火山灰水泥的保水性和黏聚性好，但流动性小。

水泥颗粒越细，其表面积越大，需水量越大，在相同的条件下，混凝土表现为流动性小，但黏聚性和保水性好。

② 集料的性质。集料的性质是指混凝土所用集料的品种、级配、粒形、粗细程度、杂质含量、表面状态等。级配良好的集料空隙分数小，在水泥浆量一定的情况下，包裹集料表面的水泥浆层较厚，其拌合物流动性较大，黏聚性和保水性较好；表面光滑的集料，其拌合物流动性较大。若杂质含量多，针片状颗粒含量多，则其流动性变差；细砂比表面积较大，用细砂拌制的混凝土拌合物的流动性较差，但黏聚性和保水性较好。

③ 外加剂和掺合料。在拌制混凝土时，加入某些外加剂，如引气剂、减水剂等，能使混凝土拌合物在不增加水量的条件下，增大流动性、改善黏聚性、降低泌水性，获得很好的和易性。

矿物掺合料加入混凝土拌合物中，可节约水泥用量，减少用水量，改善混凝土拌合物的和易性。

特别提示

本节引例中，引起混凝土坍落度下降的原因是由于供应的碎石针片状骨料增多，使骨料表面积增大，在其他材料及配方不变的条件下，流动性变差，其坍落度必然下降。

2）环境条件与搅拌时间（外因）

混凝土拌合物的流动性随着温度的升高而减小，温度升高 10℃，坍落度减小 20～40mm，夏季施工必须注意这一点。另外，搅拌时间长短，也会影响混凝土拌合物的工作性，若搅拌时间不足，拌合物的工作性就差，质量也不均匀。《公路桥涵施工技术规范》（JTG/T F50—2011）规定，根据搅拌机的类型和不同容量，规定最小搅拌时间为 1～3min。

特别提示

针对上述影响混凝土拌合物和易性的因素，在实际工作中，可采用以下措施来改善混凝土拌合物的和易性。

1）调节混凝土的组成材料

尽可能降低砂率，采用合理砂率，这样有利于提高混凝土的质量和节约水泥；选用质地优良、级配良好的粗、细骨料，尽量采用较粗的砂、石；当混凝土拌合物坍落度太小时，保持水灰比不变，适当增加水和水泥用量，或者加入外加剂；当拌合物坍落度太大，但黏聚性良好时，可保持砂率不变，适当增加砂、石。

2）改进混凝土拌合物的施工工艺

采用高效率的强制式搅拌机，可以提高混凝土的流动性，尤其是低水灰比混凝土拌合物的流动性。预拌混凝土在远距离运输时，为了减小坍落度损失，可以采用二次加水法，即在搅拌站只加入大部分水，剩余部分水在快到施工现场时再加入，然后迅速搅拌以获得较好的坍落度。

3）掺外加剂和外掺料

使用外加剂是改善混凝土拌合物性能的重要手段。

4）新拌混凝土的凝结时间

新拌混凝土的凝结是由于水泥的水化反应所致，但新拌混凝土的凝结时间与配制混凝土所用水泥的凝结时间并不一致。因为水泥浆凝结时间是以标准稠度的水泥净浆测定的，而一般配制混凝土所用的水灰比与测定水泥凝结时间规定的水灰比是不同的，并且混凝土的凝结还要受到其他各种因素的影响，如环境温度的变化、混凝土中所掺入的外加剂种类等，因此这两者的凝结时间有所不同。

4. 混凝土拌合物工作性的选择

混凝土拌合物工作性依据结构物的断面尺寸、钢筋配置的疏密以及捣实的机械类型和施工方法来选择。

1）公路桥涵用混凝土拌合物的工作性

应根据公路桥涵技术规范有关规定选择，表 3-22 可供工程施工选用参考。

表 3-22　公路桥涵用混凝土拌合物的坍落度

项　次	结 构 种 类	坍落度/mm
1	桥涵基础、墩台、挡土墙及大型制块等便于灌注捣实的结构	0～20
2	项次 1 中桥涵墩台等工程中较不便施工处	10～30
3	普通配筋的钢筋混凝土结构，如钢筋混凝土板、梁、柱等	30～50

续表

项　次	结 构 种 类	坍落度/mm
4	钢筋较密、断面较小的钢筋混凝土结构(梁、柱、墙等)	50～70
5	钢筋配置特密、断面高而狭小，极不便灌注捣实的特殊结构部位	70～90

注：(1) 使用高频振捣器时，其混凝土坍落度可适当减小。
(2) 本表系指采用机械振捣器的坍落度，采用人工振捣器时可适当放大。
(3) 曲面或斜面结构的混凝土，其坍落度应根据实际需要另行选定。
(4) 需要配置大坍落度混凝土时，应掺加外加剂。
(5) 轻集料混凝土的坍落度，应比表中数值减少 10～20mm。

2) 道路混凝土拌合物的工作性选择

水泥混凝土路面所用道路混凝土拌合物的工作性，《公路水泥混凝土路面施工技术规范》(JTG F30—2003)规定，最佳工作坍落度对于滑模摊铺机施工的碎石混凝土为 25～50mm，卵石混凝土为 20～40mm。

特别提示

本节引例中，当坍落度下降难以泵送，简单地现场加水虽可解决泵送问题，但对混凝土的强度及耐久性都有不利影响，且还会引起泌水等问题。

3.2.2 硬化混凝土的强度

强度是混凝土硬化后的主要力学性质，《公路工程水泥级水泥混凝土试验规程》(JTG E30—2005)规定，混凝土的强度有立方体抗压强度、轴心抗压强度、圆柱体抗压强度、劈裂抗拉强度、抗弯拉强度等。

1. 混凝土的抗压强度标准值与强度等级

钢筋混凝土和预应力钢筋混凝土桥梁结构设计时，混凝土材料的强度是用强度等级作为设计依据的。在结构设计时，混凝土各种力学强度的标准值，均可由强度等级换算出，所以强度等级是混凝土各种力学强度值的基础。

1) 立方体抗压强度 f_{cu}

根据国家标准《普通混凝土力学性能试验方法标准》(GB/T 50081—2002)规定，将混凝土拌合物制作成边长为 150mm 的立方体试件，成型后立即用不透水的薄膜覆盖表面，在温度为 20℃±5℃的环境中静置一昼夜至两昼夜，然后在标准条件(温度 20℃±2℃，相对湿度 95%以上或在温度为 20℃±2℃的不流动的 $Ca(OH)_2$ 饱和溶液中)下，养护到 28d 龄期，经标准方法测试，测得的抗压强度值为混凝土抗压强度，以 f_{cu} 表示，可按式(3-4)计算。

$$f_{cu}=\frac{F}{A} \tag{3-4}$$

式中　f_{cu}——立方体抗压强度，MPa；

F——试件破坏荷载，N；

A——试件承压面积，mm²。

以三个试件为一组，取三个试件强度的算术平均值作为每组试件的强度代表值。

若按非标准尺寸试件测得的立方体抗压强度，应乘以换算系数，见表 3－23。折算为标准试件的立方体抗压强度。

表 3－23　试件尺寸换算系数

试件尺寸(mm)	100×100×100	150×150×150	200×200×200
换算系数	0.95	1.00	1.05

2）立方体抗压强度标准值（$f_{cu,k}$）

按照标准方法制作和养护的边长为 150mm 的立方体试件，在 28d 龄期，用标准试验方法测定的抗压强度总体分布中的一个值(单位以 N/mm² 即 MPa 计)，强度低于该值的百分率不超过 5%(即具有 95%保证率的抗压强度)，将该值作为立方体抗压强度标准值，以 $f_{cu,k}$ 表示。

3）强度等级

混凝土强度等级是根据立方体抗压强度标准值来确定的。强度等级用符号“C”和“立方体抗压强度标准值”两项内容来表示，如 C20 即表示混凝土立方体抗压强度标准值为 20MPa。

《混凝土结构设计规范》(GB 50010—2002)规定，普通混凝土按立方体抗压强度标准值划分为 C15、C20、C25、C30、C35、C40、C45、C50、C55、C60、C65、C70、C75、C80 14 个等级。

2. 轴心抗压强度

在实际工程中，钢筋混凝土结构形式极少是立方体，大部分是棱柱体形式或圆柱体形式，为了使测得的混凝土强度接近于混凝土结构使用的实际情况，在钢筋混凝土结构计算中，计算轴心受压构件时，都是以混凝土的轴心抗压强度为设计取值，轴心抗压强度以 f_{cp} 表示。

我国现行标准《公路工程水泥及水泥混凝土试验规程》(JTG E30—2005)规定，采用 150mm×150mm×300mm 的棱柱体作为标准试件，测其轴心抗压强度。混凝土的轴心抗压强度 f_{cp} 可按式(3－5)计算

$$f_{cp}=\frac{F}{A} \tag{3-5}$$

式中　f_{cp}——混凝土的轴心抗压强度，MPa；

F——试件破坏荷载，N；

A——试件承压面积，mm²。

也可选择棱柱体(高宽比 $h/b=2$)或圆柱体(高径比 $h/d=2$)的非标准试件，测定其轴心抗压强度，其制作与养护同立方体试件。关于轴心抗压强度与立方体抗压强度间的关系，通过许多次棱柱体和立方体试件的强度试验表明：在立方体抗压强度 $f_{cu}=(10\sim50)$MPa 的范围内，$f_{cp}\approx(0.7\sim0.8)f_{cu}$。

3. 混凝土的劈裂抗拉强度(f_{ts})

混凝土是一种典型的脆性材料，抗拉强度较低，只有抗压强度的1/20～1/10，且随着混凝土强度等级的提高，比值有所降低，即抗拉强度的增加不及抗压强度增加的快。因此在钢筋混凝土结构中一般不依靠混凝土抵抗拉力，而是由其中的钢筋承受拉力。但抗拉强度对混凝土抵抗裂缝的产生有着重要的意义，作为确定抗裂程度的重要指标。

GB/T 50081—2002规定，采用边长为150mm立方体作为标准试件，在立方体试件中心平面内用圆弧为垫条施加两个方向相反、均匀分布的压应力，当压力增大至一定程度时试件就沿此平面劈裂破坏，这样测得的强度称为劈裂抗拉强度，如图3.9所示，用f_{ts}表示。劈裂抗拉强度可按式(3-6)计算

$$f_{ts}=\frac{2F}{\pi A}=0.637\frac{F}{A} \qquad (3-6)$$

式中 f_{ts}——混凝土劈裂抗拉强度，MPa；

F——破坏荷载，N；

A——试件劈裂面面积，mm^2。

劈裂抗拉强度f_{ts}与标准立方体抗压强度之间的关系可用式(3-7)表达

$$f_{ts}=0.35f_{cu}^{\frac{3}{4}} \qquad (3-7)$$

4. 混凝土的抗弯拉强度(f_f)

道路路面或机场跑道用水泥混凝土，以抗弯拉强度为主要强度指标，抗压强度作为参考指标。《公路工程水泥及水泥混凝土试验规程》(JTG E30—2005)规定，道路路面用水泥混凝土的抗弯拉强度是以标准方法制备成150mm×150mm×550mm的梁形试件，在标准条件下，经养护28d后，按三分点加荷方式测定其抗弯拉强度f_f，如图3.10所示，计算公式见式(3-8)。

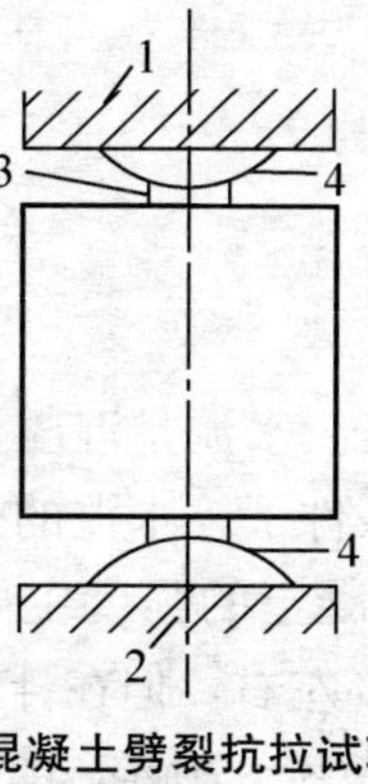

图3.9 混凝土劈裂抗拉试验示意图

1—上压板；2—下压板；3—垫层；4—垫条

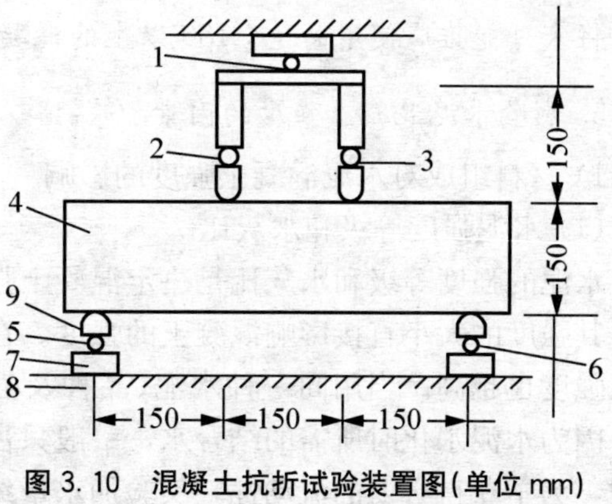

图3.10 混凝土抗折试验装置图(单位mm)

1、2、6—一个钢球；3、5—二个钢球；
4—试件；7—活动支架；8—机台；9—活动船形垫块

$$f_{cf}=\frac{FL}{bH^2} \tag{3-8}$$

式中 f_f——混凝土弯曲抗拉强度，MPa；

F——破坏荷载，N；

L——支座间距，mm；

b——试件截面宽度，mm；

H——试件截面高度，mm。

跨中单点加荷得到的抗弯拉强度，按断裂力学推导应乘以系数0.85。

根据JTG D40—2002规定，不同交通分级的水泥混凝土抗弯拉强度标准值见表3-24。

表3-24 混凝土抗弯拉强度标准值

交 通 等 级	特重	重	中等	轻
水泥混凝土抗弯拉强度标准值/MPa	5.0	5.0	4.5	4.0

知识链接

不同的建筑工程，不同的部位常采用不同强度等级的混凝土，在我国混凝土工程目前水平情况下，一般选用范围如下。

(1) C10～C15——用于垫层、基础、地坪及受力不大的结构；

(2) C20～C25——用于梁、板、柱、楼梯、屋架等普通钢筋混凝土结构；

(3) C25～C30——用于大跨度结构、要求耐久性高的结构、预制构件等；

(4) C30～C35——用于高速公路、一级公路的水泥混凝土路面；

(5) C35～C40——一般桥梁中下部钢筋混凝土墩柱、桩基等构件；

(6) C40～C45——用于预应力钢筋混凝土构件、吊车梁及特种结构等，用于25～30层；

(7) C50～C60——用于30层至60层以上高层建筑；

(8) C60～C80——用于高层建筑，采用高性能混凝土；

(9) C80～C120——采用超高强混凝土于高层建筑。

将来可能推广使用高达C130以上的混凝土。

5. 影响水泥混凝土强度的因素

1) 材料组成对水泥混凝土强度的影响

(1) 水泥强度等级和水灰比。

水泥的强度等级和水灰比是决定混凝土强度的最主要因素。水泥是混凝土中的胶结组分，其强度的大小直接影响混凝土的强度。在配合比相同的条件下，水泥的强度越高，混凝土强度也越高。当用同一种水泥(品种及强度相同)时，混凝土的强度主要决定于水灰比。因为水泥水化时所需的结合水，一般只占水泥质量的23%左右，但在拌制混凝土拌合物时，为了获得必要的流动性，实验加水量约为水泥质量的40%～70%，即采用较大的水灰比。当混凝土硬化后，多余的水分或残留在混凝土中形成水泡，或蒸发后形成气孔，使得混凝土内部形成各种不同尺寸的孔隙，这些孔隙削弱了混凝土抵抗外力的能力。因此，满足和易性要求的混凝土，在水泥强度等级相同的情况下，水灰比越小，水泥石的强度越高，与骨料黏结力也越大，混凝土的强度就越高。如果加水太少(水灰比太小)，拌合物过于干硬，在一定的捣实成型条件下，无法保证浇灌质量，混凝土中将出现较多的蜂窝、孔洞，强度也将下降。

试验证明，混凝土强度随水灰比的增大而降低，呈曲线关系；随灰水比的增大而增加，呈直线关系，如图 3.11 所示。

根据各国大量工程实践及我国大量的实践资料统计结果，认为水灰比、水泥实际强度与混凝土 28d 立方体抗压强度的关系公式为

$$f_{cu,28}=\alpha_a f_{ce}\left(\frac{C}{W}-\alpha_b\right) \tag{3-9}$$

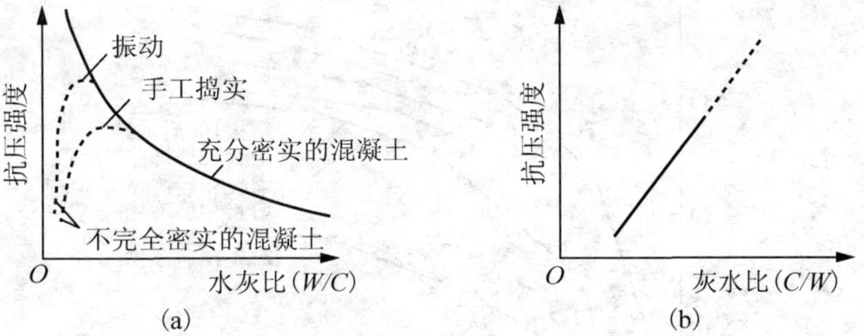

图 3.11 强度与水灰比、灰水比的关系

式中 $f_{cu,28}$——混凝土 28d 龄期抗压强度，MPa；

f_{ce}——水泥的实际强度，MPa；

C——$1m^3$ 混凝土中水泥用量，kg；

W——$1m^3$ 混凝土中水的用量，kg；

α_a、α_b——粗集料回归系数。应根据工程所使用的水泥、骨料，通过实验建立的水灰比与强度关系式确定；当不具备上述统计资料时，其回归系数可按表 3-25 选用。

表 3-25 经验系数 α_a、α_b 选用表

系数	石子品种	
	碎石	卵石
α_a	0.46	0.48
α_b	0.07	0.33

水泥厂为保证水泥的出厂等级，其实际强度往往高于水泥的强度等级值($f_{ce,g}$)。在无法取得水泥的实测强度时可按 $f_{ce}=\gamma_c\times f_{ce,g}$ 求得，γ_c 为水泥强度等级值的富余系数，可按实际统计资料确定(一般取 1.13)。

式(3-9)称混凝土强度公式，又称保罗米公式。一般只适用于流动性混凝土和低流动性混凝土且强度等级在 C60 以下的混凝土。对于干硬性混凝土则不适用。利用保罗米公

式，可根据所用的水泥强度等级和水灰比来估计 28d 混凝土的强度；也可根据水泥强度等级和要求的混凝土强度等级来确定所采用的水灰比。

(2) 集料特性与水泥浆用量。

集料的强度不同，使混凝土破坏机理有所差别，如集料强度大于水泥石强度，则混凝土强度由界面强度及水泥石强度所支配，在此情况下，集料强度对混凝土强度几乎没有影响；如集料强度小于水泥石强度，则混凝土强度与集料强度有关，会使混凝土强度下降。

集料的最大粒径增大，可降低用水量及水灰比，提高混凝土的强度。但对于高强混凝土，较小粒径的粗骨料可明显改善粗骨料与水泥石界面的强度，反而可提高混凝土的强度，如图 3.12 所示。

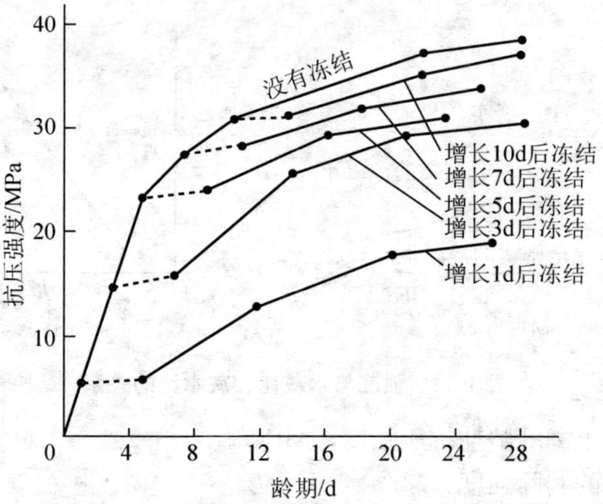

图 3.12　骨料最大粒径对混凝土强度的影响

粗集料的形状与表面性质对强度有着直接的影响。集料颗粒形状接近立方体形为好，若使用扁平或细长颗粒，会使混凝土的孔隙率增加，给施工带来不利影响，导致混凝土强度降低。

水泥浆用量由强度、耐久性、工作性、成本等几个方面因素确定，选择时需兼顾。

特别提示

本节引例中，除了监理人员检测出砂的含泥量和粗细程度导致混凝土强度不达标，还有一个因素是水泥用量。在砂偏细、含泥量增大的前提下，按常规混凝土配合比设计，水泥用量偏少。出现了现场砂成团，松散的现象，导致混凝土强度下降很多。

2) 养护条件

混凝土的养护条件是指混凝土成型后的养护温度和湿度。混凝土的发展过程即水泥的水化和凝结硬化过程，而水泥的水化和凝结硬化只有在一定的温度和湿度条件下才能进行。

养护温度对水泥的水化速度影响显著，养护温度高，水泥的初期水化速度快，混凝土早期强度高。但是，早期的快速水化会导致水化产物分布不均匀，在水泥石中形成密实度低的薄弱区，影响混凝土的后期强度。养护温度降低时，水泥的水化速度减慢，水化产物有充分时间扩散，从而在水泥石中分布均匀，有利于后期强度的发展，如图 3.13 所示。

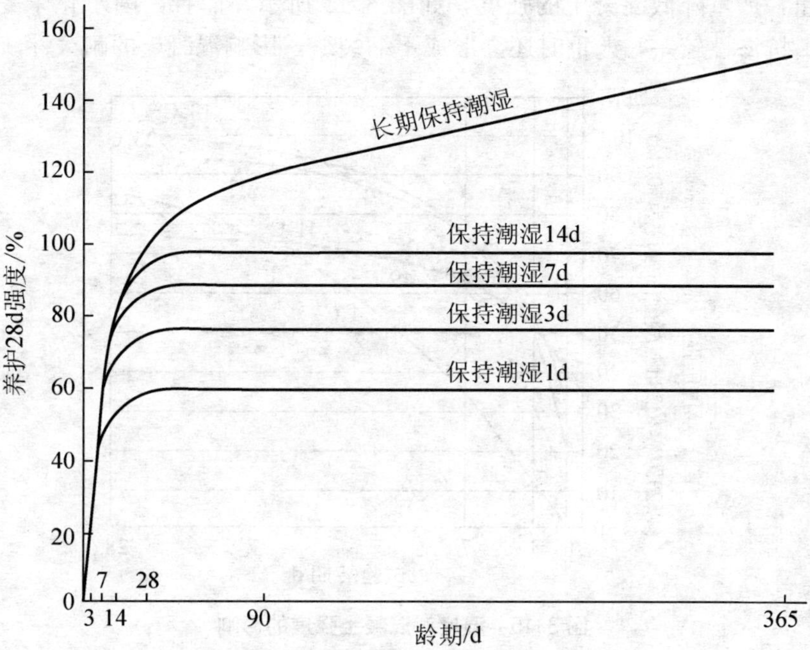

图 3.13 养护温度对混凝土强度的影响

如果温度降到冰点以下，混凝土中的水分大部分会结冰，使水泥的水化反应中止，混凝土的强度停止发展。而且孔隙内水分结冰引起的膨胀(水结冰体积可膨胀约 9%)产生相当大的膨胀力，作用在孔隙、毛细管内壁，使混凝土的内部结构破坏，引起混凝土强度降低。混凝土早期强度较低，则容易冻坏，如图 3.14 所示。所以，应当防止混凝土早期受冻。

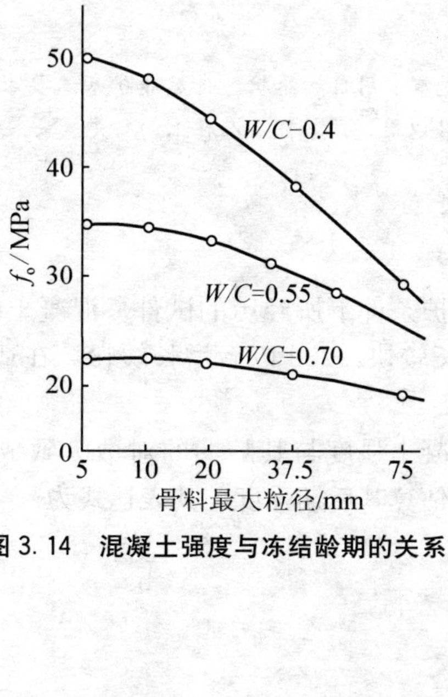

图 3.14 混凝土强度与冻结龄期的关系

湿度对水泥的水化能否正常进行有显著影响，湿度适当时，水泥水化进行顺利，混凝土的强度能充分发展。如果湿度不够，混凝土会失水干燥，影响水泥水化的正常进行。甚至使水化停止，严重降低混凝土的强度，如图 3.15 所示。而且，因水化未完成，混凝土的结构疏松，抗渗性较差，严重时还会形成干缩裂缝，影响混凝土的耐久性。

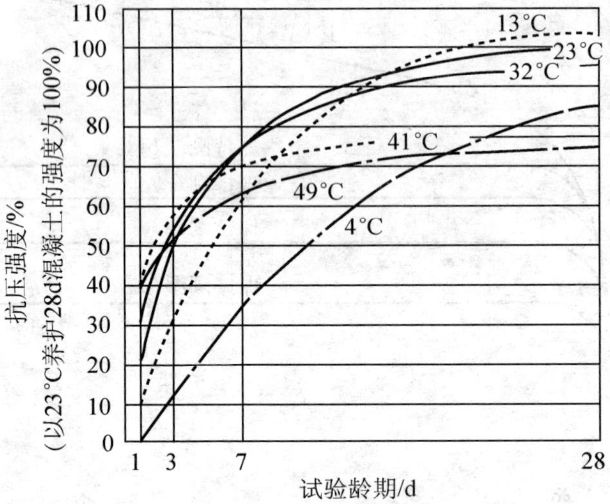

图 3.15　湿度对混凝土强度的影响

由上述可知，为提高混凝土早期强度，在工程中还可采用蒸汽养护和蒸压养护。

蒸汽养护是将混凝土放在低于 100℃常压蒸汽中进行养护。掺混合材料的矿渣水泥、火山灰水泥及粉煤灰水泥在蒸汽养护条件下，不但可以提高早期强度，其 28d 强度也会略有提高。

蒸压养护是将混凝土放在 175℃的温度及 8 个大气压的蒸压釜内进行养护，在高温高压下，加速了活性混合材料的化学反应，使混凝土的强度得以提高。

特别提示

现浇混凝土在正常条件下通常采用自然养护。自然养护基本要求：在浇筑完成后，12h 以内应进行养护；混凝土强度未达到 C12 以前，严禁任何人在上面行走、安装模板支架，更不得作冲击性或在上面作任何劈打的操作。

3）龄期

龄期指混凝土在正常养护条件下所经历的试件。混凝土的强度随着龄期增加而增大。最初的 7～14d 内，强度增长较快，28d 以后增长缓慢。在适宜的温、湿度条件下其增长过程可达数十年。

在标准养护条件下，混凝土强度与其龄期的对数大致成正比，工程中常利用这一关系，根据混凝土早期强度，估算其后期强度，其表达式为

$$f_{cu,n}=f_{cu,a}\frac{\lg n}{\lg a} \tag{3-10}$$

式中 $f_{cu,n}$—— nd 龄期时的混凝土抗压强度，MPa；

$f_{cu,a}$——ad 龄期时的混凝土抗压强度，MPa。

此公式仅适用于普通硅酸盐水泥拌制的混凝土，且龄期≥3d 时才适用。由于对混凝土强度的影响因素很多，强度发展不可能完全一样，故此公式只作为一般参考。

4) 掺外加剂和掺合料

掺减水剂，特别是高效减水剂，可大幅度降低用水量和水灰比，使混凝土的强度显著提高，掺高效减水剂是配制高强度混凝土的主要措施，掺早强剂可显著提高混凝土的早期强度。

在混凝土中掺入高活性的掺合料(如优质粉煤灰、硅灰、磨细矿渣粉等)，可以与水泥的水化产物进一步发生反应，产生大量的凝胶物质，使混凝土更趋于密实，强度也进一步得到提高。

此外，试件尺寸、加荷速度和试件表面平整度对混凝土试件强度也有一定的影响。

6. 提高混凝土强度的技术措施

1) 采用高强度水泥和特种水泥

为了提高混凝土强度可采用高强度等级水泥，对于抢修工程、桥梁拼装接头、严寒的冬季施工以及其他要求早强的结构物，则可采用特种水泥配制的混凝土。

2) 采用低水灰比和集浆比

采用低的水灰比，可以减少混凝土中的游离水，从而减少混凝土中的孔隙，提高混凝土的密实度和强度。降低浆集比，减薄水泥浆层得厚度，充分发挥集料的集架作用，对提高混凝土的强度也有一定帮助。

3) 掺加外加剂

在混凝土中掺加外加剂，可改善混凝土的技术性质。掺加早强剂，可提高混凝土的早期强度；掺加减水剂，在不改变流动性的条件下，可减小水灰比，从而提高混凝土的强度。

4) 采用湿热处理方法

如蒸汽养护和蒸压养护。

5) 采用机械搅拌和振捣

混凝土拌合物在强力搅拌和振捣作用下，水泥浆的凝结结构暂时受到破坏，从而降低了水泥浆的黏度及集料间的摩擦阻力，使拌合物能更好地充满模型并均匀密实，混凝土强度得到提高。

应用案例 3-4

【案例概况】

某工程从夏季开始施工，混凝土试件强度一直稳定合格。而进入秋冬季施工以来，混凝土强度却出现偏低现象。甚至有的试件不合格，采用非破损检测工程部位混凝土，强度却合格。

【案例解析】

搅拌站和施工单位技术人员共同分析原因，找出症结。发现工地试验员做完混凝土试件后，对试件并没有进行标准养护而是将试件散落在工地上。夏季施工气温偏高，混凝土试件在自然养护条件下气温高，强度也高，秋冬季气温偏低，混凝土试件强度也随之偏低。

3.2.3 混凝土的变形性能

混凝土的变形包括非荷载作用下的变形和荷载作用下的变形。非荷载作用下的变形分为混凝土的化学收缩、干缩湿胀及温度变形；荷载作用下的变形分为短期荷载作用下的变形、长期荷载作用下的变形-徐变。

1. 非荷载作用下的变形

1）化学收缩

混凝土在硬化过程中，水泥水化产物的体积小于水化前反应物体积，从而使混凝土产生收缩，即为化学收缩。化学收缩是不可恢复的，其收缩量随混凝土硬化龄期的延长而增加。一般在混凝土成型后 40d 内增长较快，以后逐渐趋于稳定。化学收缩值很小，一般对混凝土结构没有破坏作用，但在混凝土内部可能产生微细裂缝，这种收缩是不能恢复的。

2）干缩湿胀

混凝土的干缩湿胀是指由于外界湿度变化，致使其中水分变化而引起的体积变化。

混凝土在有水侵入的环境中，由于凝胶体中胶体粒子表面的水膜增厚，使胶体粒子间距离增大，混凝土表现出湿胀现象。混凝土在干燥过程中，毛细孔中的自由水分首先蒸发，使混凝土产生收缩，当毛细孔中的自由水分蒸发完后，凝胶吸附水开始蒸发，引起收缩。干缩后的混凝土再遇到水，部分收缩变形是可恢复的，但 30%～50%是不可恢复的，如图 3.16 所示。

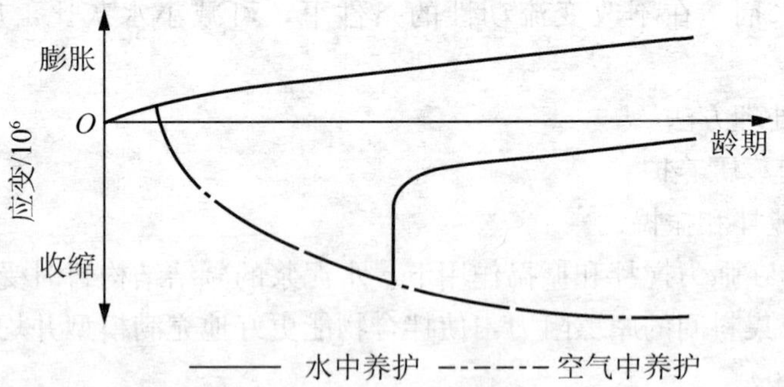

图 3.16 混凝土的干湿变形

混凝土的湿胀变形很小，一般无破坏作用，但混凝土过大的干缩变形会对混凝土产生较大的危害，使混凝土的表面产生较大的拉应力而引起开裂，严重影响混凝土的耐久性。

混凝土的干燥收缩是水泥石中的毛细孔和凝胶孔失水收缩所致。因此，混凝土的干缩与水泥品种、水灰比、集料的用量和弹性模量及养护条件有关。一般而言，采用矿渣水泥的收缩比普通水泥大；水灰比大的混凝土，收缩量较大；水泥用量少、集料用量多的混凝土，收缩量较小；集料的弹性模量越高，混凝土的收缩越小；水中或潮湿养护可大大减少混凝土的收缩。

蒸汽养护可进一步减少收缩，压蒸养护混凝土的收缩更小。现分述如下。

(1) 水泥用量、细度及品种。水泥用量越多，干燥收缩越大。水泥颗粒越细，需水量越多，则其干燥收缩越大。

(2) 水灰比。水灰比越大，硬化后水泥的孔隙越多，其干缩越大，混凝土单位用水量越大，干缩率越大。

(3) 集料种类。弹性模量大的骨料，干缩率小，吸水率大；含泥量大的集料干缩率大。另外集料级配良好，空隙分数小，水泥浆量少，则干缩变形小。

(4) 养护条件。潮湿养护试件长可推迟混凝土干缩的产生与发展，但对混凝土干缩率并无影响，采用湿热养护可降低混凝土的干缩率。

3) 温度变形

混凝土具有热胀冷缩的性质。温度变化引起的热胀冷缩对大体积及大面积混凝土工程极为不利，因此对大体积混凝土工程，应设法降低混凝土的发热量，应每隔一段长度设置伸缩缝，在结构物内配置温度钢筋。

2. 荷载作用下的变形

1) 短期荷载作用下的变形

混凝土是一种非匀质的复合材料，属于弹塑性体。混凝土在短期单轴受压状态下的应力-应变关系可分为四个阶段，如图 3.17 所示。

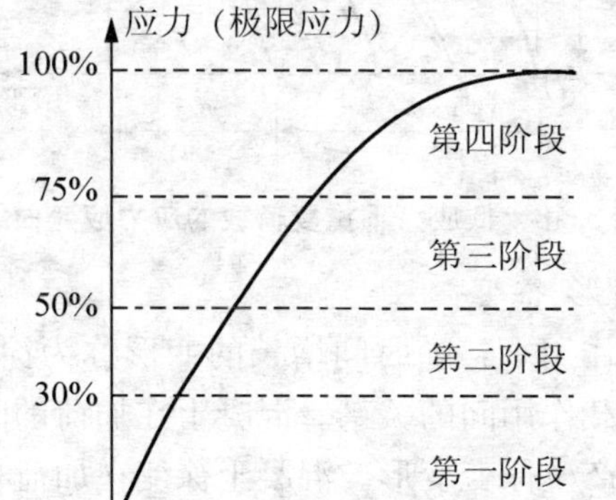

图 3.17 混凝土受压应力应变关系

(1) 第一阶段荷载小于“比例极限”约为极限荷载的30%，混凝土因泌水、收缩产生的原生界面裂缝基本保持稳定，没有扩展趋势。因此，混凝土的应力-应变关系呈直线形式，是弹性变形阶段。

(2) 第二阶段荷载为极限荷载的30%～50%，这时，混凝土中界面过渡区内的微裂缝在长度、宽度和数量上均随荷载的提高而增加。应变的增大比应力的增长快，两者不再成直线关系。混凝土的应力-应变关系呈偏向应变轴的曲线形式，有明显的塑性变形产生，混凝土的变形进入弹塑性阶段。但是，在这一阶段，过渡区内的微裂缝仍处于稳定状态，水泥石中的开裂可以忽略。

(3) 第三阶段荷载为极限荷载的50%～75%，在这一阶段，界面过渡区内的裂缝变得不稳定，水泥石中也形成裂缝并逐渐增生，产生不稳定扩展。应力-应变曲线趋向水平。当荷载达到极限荷载的75%左右时，混凝土内的裂缝体系变得不稳定。界面裂缝与基体裂缝开始连通，这时的应力水平称为临界应力。

(4) 第四阶段荷载大于极限荷载的75%，随着荷载的增加，界面裂缝与基体裂缝不稳定扩展，并迅速形成连续的裂缝体系，混凝土产生很大的应变。应力-应变曲线明显弯曲，更趋水平，直到达到极限荷载。在重复荷载作用下的应力-应变曲线，因荷载的大小不同而有不同的形式。当荷载不大于极限荷载的30%～50%时，每次卸荷都残留一部分塑性变形，但随着重复次数的增加，塑性变形的增量逐渐减小，最后曲线稳定于$A'C'$曲线。它与初始切线大致平行，如图3.18所示。若所加荷载在极限荷载的50%～75%以上重复时，随着重复次数的增加，塑性应变逐渐增加，最后导致混凝土疲劳破坏。

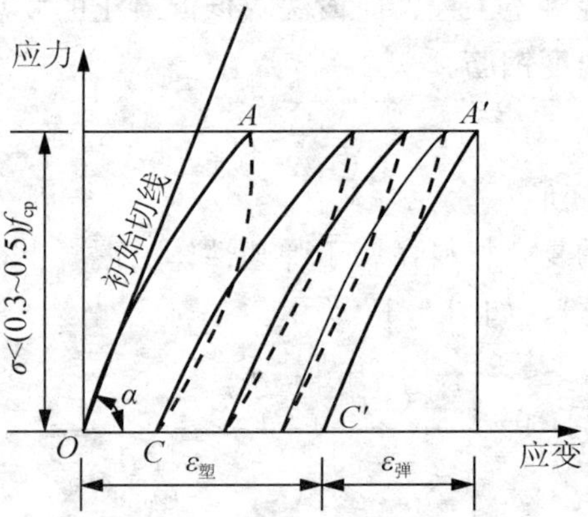

图3.18 低应力下重复荷载的应力应变曲线

2) 长期荷载作用下的变形-徐变

混凝土在长期不变荷载作用下，随时间增长的变形称为徐变。图3.19所示为混凝土在长期荷载作用下变形与荷载作用间的关系。混凝土在加荷的瞬间，产生瞬时变形，随着荷载持续时间的延长，逐渐产生徐变变形。混凝土徐变在加荷早期增长较快，然后逐渐减慢，一般要2～3年才趋于稳定。当混凝土卸荷后，一部分变形瞬间恢复，其值小于在加荷瞬间产生的瞬时变形，在卸荷后的一段时间内变形还会继续恢复，称为徐变恢复，最后残存的不能恢复的变形称为残余变形。

产生徐变的原因，一般认为是由于水泥石中凝胶体在长期荷载作用下的黏性流动，并向毛细孔内迁移的结果。早期加荷时，水泥尚未充分熟化，所含凝胶体较多且水泥石中毛细孔较多，凝胶体易流动，所以徐变发展较快，而在后期由于凝胶体的移动及水化的进行，毛细孔逐渐减少，且水化物结晶程度不断提高，因此黏性流动变难，徐变的发展减缓。

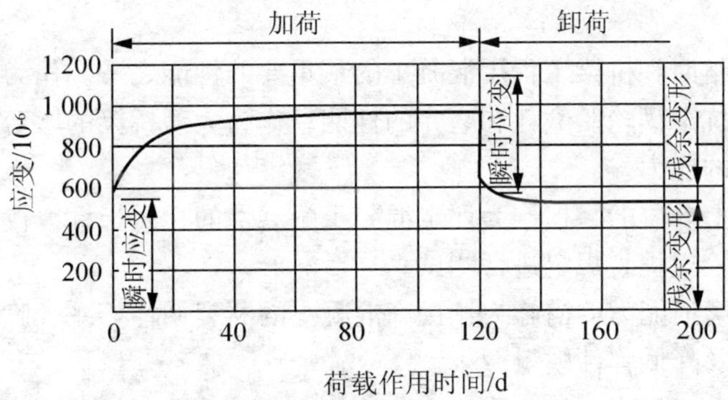

图 3.19　混凝土的徐变曲线

影响混凝土徐变的因素主要有以下几点。

(1) 水泥用量与水灰比。

水泥用量越多，水灰比越大，混凝土徐变越大。

(2) 集料的弹性模量与集料的规格与质量。

集料的弹性模量越大，混凝土的徐变越小；集料级配越好，杂质含量越少，则混凝土的徐变越小。

(3) 养护龄期。

混凝土加荷作用时间越早，徐变越大。

(4) 养护湿度。

养护湿度越高，混凝土的徐变越小。

徐变对钢筋混凝土及大体积混凝土有利，它可消除或减少钢筋混凝土内的应力集中，使应力重新分布，从而使局部应力集中得到缓解，并能消除或减少大体积混凝土由于温度变形所产生的破坏应力；但对预应力钢筋混凝土不利，它使钢筋的预应力值受到损失。

3.2.4　混凝土的耐久性

混凝土在使用条件下抵抗周围环境各种因素长期作用的能力称为耐久性。道路与桥梁用混凝土除了要满足工作性和强度要求外，还应具有优良的耐久性。混凝土的耐久性通常包含抗冻性、耐磨性、碱-集料反应抗碳化及抗侵蚀性等性能。

1. 抗冻性

混凝土的抗冻性是指混凝土在水饱和状态下，经受多次冻融循环而不破坏，同时也不严重降低强度的性能。

混凝土在冻融作用下，由于混凝土内部孔隙中的水结冰造成的体积膨胀，产生膨胀应力。当膨胀应力超过混凝土的抗拉强度时，混凝土就会产生微裂缝。反复的冻融循环会使这些微裂缝不断扩展直至结构破坏。

对于道路与桥梁工程用混凝土的抗冻性要求，我国现行《公路工程水泥及水泥混凝土试验规程》(JTG E30—2005)规定，采用快冻法试验。抗冻标号分为 D25、D50、D100、D150、D200、D250 和 D300 等。例如 D50 表示混凝土能承受最大冻融循环次数为 50 次。

2. 耐磨性

耐磨性是道路路面和桥梁工程用混凝土的最重要的性能之一。作为高级路面的水泥混凝土，必须具有抵抗车辆轮胎磨耗和磨光的性能。作为大型桥梁的墩台用混凝土，也需要具有抵抗湍流空蚀的能力。

以试件磨损面上单位的磨损作为评定混凝土耐磨性的相对指标。按现行《公路工程水泥及水泥混凝土试验规程》规定进行测试。

提高混凝土抗磨损能力的措施为：提高混凝土的断裂韧性，减少脆裂的发生；减少原生缺陷；提高硬度及降低弹性模量。

3. 碱-集料反应

混凝土的碱-集料反应，是指混凝土中含有活性二氧化硅的集料与所用水泥中的碱(Na_2O和K_2O)在有水的条件下发生反应，形成碱-硅酸凝胶，此凝胶具有吸水膨胀特性，会使包裹骨料的水泥石胀裂，这种现象称为碱-集料反应。

碱-集料反应必须具备以下条件，才会进行。

(1) 水泥中含有较高的碱量，水泥中的总碱量(按$Na_2O+0.658K_2O$计)$>0.6\%$时。

(2) 骨料中含有活性SiO_2并超过一定数量，它们常存在与流纹岩、安山岩、凝灰岩等天然岩石中。

(3) 存在水分，在干燥状态下不会造成碱-集料反应的危害。

为防止碱-集料反应所产生的危害，使用的水泥含碱量应小于0.6%或采用抑制碱-集料反应的掺合料。当使用含钾离子、钠离子的混凝土外加剂时，必须进行专门试验，符合要求才能使用。

4. 抗碳化

混凝土的碳化是指空气中的CO_2在适宜湿度的条件下与水泥水化产物$Ca(OH)_2$发生反应，生成碳酸钙和水，使混凝土碱度降低的过程，碳化也称中性化。碳化对钢筋的保护作用降低，使钢筋易锈蚀。

硬化后的混凝土内部呈碱性环境，混凝土构件中的钢筋在这种碱性环境中，表面形成一层钝化薄膜，钝化膜能保护钢筋免于生锈。但是当碳化深度穿透混凝土保护层达到钢筋表面时，钢筋表面的钝化膜被破坏，而开始生锈，生锈后的体积比原体积大得多，产生膨胀使混凝土保护层开裂，开裂的混凝土又加速了碳化的进行和钢筋的锈蚀，最后导致混凝土产生顺筋开裂而破坏。

碳化对混凝土也有有利的影响，碳化放出的水分有助于水泥的水化作用，而且碳酸钙可填充水泥石孔隙，提高混凝土的密实度。

碳化作用是一个由表及里逐步扩散深入的过程。碳化的速度受许多因素的影响，主要有以下几点。

(1) 水泥的品种及掺合料的数量。硅酸盐水泥水化生成的氢氧化钙含量较掺混合材料硅酸盐水泥的数量多，因此碳化速度较掺混合材料的硅酸盐水泥慢；对于掺混合材料的水泥，混合材料数量越多，碳化速度越快。

(2) 水灰比。在一定条件下，水灰比越小的混凝土越密实，碳化速度越慢。

(3) 环境因素。环境因素主要指空气中CO_2的浓度及空气的相对湿度，CO_2浓度增高，碳化速度加快，在相对湿度达到50%～70%的情况下，碳化速度最快，在相对湿度达到100%，或相对湿度在25%以下时碳化将停止进行。

5. 抗侵蚀性

环境介质对混凝土的化学侵蚀主要是对水泥石的侵蚀，通常有软水侵蚀、硫酸盐侵蚀、镁盐侵蚀、碳酸侵蚀、一般酸侵蚀与强碱侵蚀等，其侵蚀机理详见水泥章节。混凝土除受化学侵蚀作用外，还会受反复干湿作用、盐渍作用、冲磨作用等物理侵蚀。混凝土中的氯离子对钢筋具有锈蚀作用，会使混凝土遭受破坏。

混凝土的抗侵蚀性与所用水泥的品种、混凝土的密实程度和孔隙特征有关。密实和具有封闭孔隙的混凝土，环境水不易侵入，其抗侵蚀性较强。所以，提高混凝土抗侵蚀性的措施，主要是合理选择水泥品种、降低水灰比、提高混凝土的密实度和改善孔结构。

6. 提高混凝土耐久性的措施

从上述对混凝土耐久性的分析来看，耐久性的各个性能都与混凝土的组成材料、混凝土的孔隙率、孔隙构造密切相关，因此提高混凝土耐久性的措施主要有以下内容。

(1) 根据混凝土工程所处的环境条件和工程特点选择合理的水泥品种。

(2) 严格控制水灰比，保证足够的水泥用量，见表3-26。

表3-26 混凝土的最大水灰比和最小水泥用量

环境条件		结构物类别	最大水灰比			最小水泥用量/kg		
			素混凝土	钢筋混凝土	预应力混凝土	素混凝土	钢筋混凝土	预应力混凝土
干燥环境		正常的居住或办公用房部件	不作规定	0.65	0.60	200	260	300
潮湿环境	无冻害	1. 高湿度的室内部件 2. 室外部件 3. 在非侵蚀性土和(或)水中的部件	0.70	0.60	0.60	225	280	300
潮湿环境	有冻害	1. 经受冻害的室外部件 2. 在非侵蚀性土和(或)水中且经受冻害的部件 3. 高湿度且经受冻害的室内部件	0.55	0.55	0.55	250	280	300
有冻害和除冰剂的潮湿环境		经受冻害和除冰剂作用的室内和室外部件	0.50	0.50	0.50	300	300	300

(3) 选用杂质少、级配良好的粗、细骨料，并尽量采用合理砂率。

(4) 掺引气剂、减水剂等外加剂，可减少水灰比，改善混凝土内部的孔隙构造，提高混凝土耐久性。

(5) 掺入高效活性矿物掺料。

(6) 在混凝土施工中，应搅拌均匀、振捣密实、加强养护，增加混凝土密实度，提高混凝土质量。

应用案例 3-5

【案例概况】

机场道面是供飞机起飞、着陆、停放和组织并保障飞行活动的场所，是机场的重要设施。目前我国军用机场和民用机场道面绝大部分是水泥混凝土道面。水泥混凝土道面以其强度高、耐久性好、维护费用低而受青睐。然而，20 世纪 70 年代中期新建的机场道面使用 3～5 年开始陆续出现了水泥混凝土材料本身的破坏现象，这种破坏不同于荷载作用引起道面结构破坏，而是在道面设计使用年限内，在正常荷载和环境条件下，道面混凝土过早地失去了其良好的品质和优良性能。试分析产生这种破坏的原因。

【案例解析】

这种破坏称为道面水泥混凝土的耐久性破坏。水泥混凝土道面发生耐久性破坏的主要原因有三种：干缩、温度应力和冻融；化学腐蚀(主要是硫酸盐侵蚀和盐析)；碱-集料反应。其中主要的和危害最大的是碱-集料反应。

水泥混凝土中的碱集料反应有碱-硅酸反应和碱-碳酸盐反应两种形式。碱-硅酸反应是混凝土粗集料中含有非晶质的活性二氧化硅(SiO_2)，水泥中存在的碱性氧化物(Na_2O、K_2O)或可以由其他途径得到碱(碱含量大于 0.6%)，在潮湿的环境中水泥浆中的碱性氧化物水解后生成的氢氧化钠、氢氧化钾与集料中的活性二氧化硅反应，在集料表面生成碱-硅酸凝胶体，这种胶体物质遇水膨胀后引起混凝土破坏；碱-碳酸盐反应是水泥中的碱与粗集料中的白云石之间在水的作用下反应，体积也会膨胀，使混凝土开裂，与碱-硅酸反应不同的是，碱-碳酸盐反应继续产生碱，继续反复与白云石反应。

碱集料反应的机场道面有以下特征：碱-碳酸盐反应表现为混凝土集料的周围和缝隙间有硅酸凝胶存在或渗出；碱-碳酸盐反应表现为有白色的碳酸钙和碳酸钠析出。道面的外观表现为道面表面出现树枝状、网状裂缝(龟裂)，在集料处膨胀、开裂。尽管这些裂缝并不会使道面完全破坏，却降低了机场道面的其他使用功能、降低道面的服务水平，加速道面破坏，缩短道面的使用寿命。

知识链接

耐久性对工程量浩大的混凝土工程来说意义非常重要，若耐久性不足，将会产生极严重的后果，甚至对未来社会造成极为沉重的负担。据美国一项调查显示，美国的混凝土基础设施工程总价值约为 6 万亿美元，每年所需维修费用或重建费约为 3 千亿美元。美国 50 万座公道桥梁中 20 万座已有损坏，平均每年有 150～200 座桥梁部分或完全坍塌，寿命不足20年；美国共建有混凝土水坝3 000座，平均寿命30年，其中32%的水坝年久失修；而对二战前后修建的混凝土工程，在使用30～50年后进行加固维修所投入的费用，约占建设总投资的40%～50%。在我国，20世纪50年代所建设的混凝土工程已使用40余年。如果平均寿命按30～50年计，那么在今后的10～30年间，为了维修这些新中国成立以来所建的基础设施，耗资必将是极其巨大的。而我国目前的基础设施建设工程规模宏大，每年高达2万亿人民币以上。照此来看，约30～50年后，这些工程也将进入维修期，所需的维修费用和重建费用将更为巨大。因此，混凝土更要从提高耐久性入手，以降低巨额的维修和重建费用。

3.3 混凝土外加剂

3.3.1 外加剂的分类

根据《混凝土外加剂定义、分类、命名与术语》(GB/T 8075—2005)，混凝土外加剂按其主要功能分为四类。

(1) 第一类：能显著改善混凝土拌合物流变性能的外加剂。主要有各种减水剂、引气剂和泵送剂等。

(2) 第二类：能调节混凝土凝结时间、硬化性能的外加剂。主要有缓凝剂、早强剂和速凝剂等。

(3) 第三类：能改善混凝土耐久性的外加剂。主要有引气剂、防水剂、阻锈剂和矿物外加剂等。

(4) 第四类：能改善混凝土其他性能的外加剂。主要有膨胀剂、防冻剂、防潮剂、减缩剂、着色剂等。

混凝土外加剂的品种很多。常用的外加剂有减水剂、早强剂、引气剂、缓凝剂和泵送剂等。

3.3.2 常用的外加剂品种

1. 减水剂

减水剂也称塑化剂，它可以增大新拌水泥浆或混凝土拌合物的流动性，或者配制出用水量减小(水灰比降低)而流动性不变的混凝土，因此获得提高强度或节约水泥的效果。

1) 减水剂的作用机理

减水剂是一种表面活性剂，其分子由亲水基团和憎水基团(亲油基因)两个部分组成(如图3.20)。减水剂溶于水后，其分子中的亲水基团指向溶液，憎水基团指向空气、固体或非极性液体并作定向排列，形成定向吸附膜，降低水的表面张力和二相间的界面张力。水泥加水后，由于水泥颗粒间的分子凝聚力等因素，形成絮凝结构(图3.21(a))。当水泥浆体中加入减水剂后，其憎水基团定向吸附于水泥颗粒表面，亲水基团指向水溶液。即在水泥颗粒表面形成单分子或多分子吸附膜，并使之带有相同的电荷。在静电斥力作用下，使絮凝结构解体(图 3.21(b))。被束缚在絮凝结构中的游离水释放出来。由于减水剂分子产生的吸附、分散及溶剂化水膜的增厚润滑作用(图 3.21(c))，使水泥混凝土的流动性显著增加。

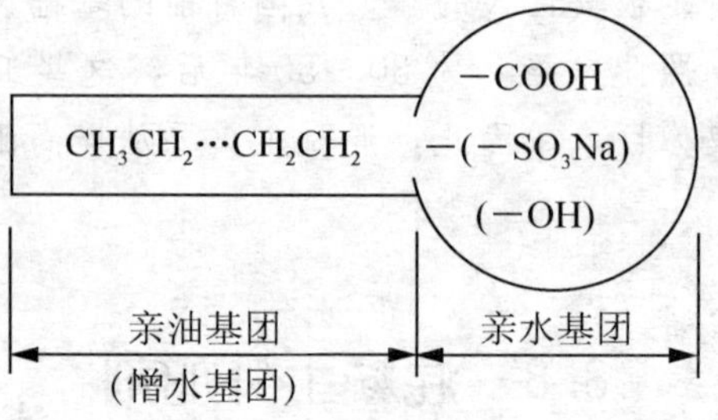

图 3.20 表面活性剂分子结构示意图

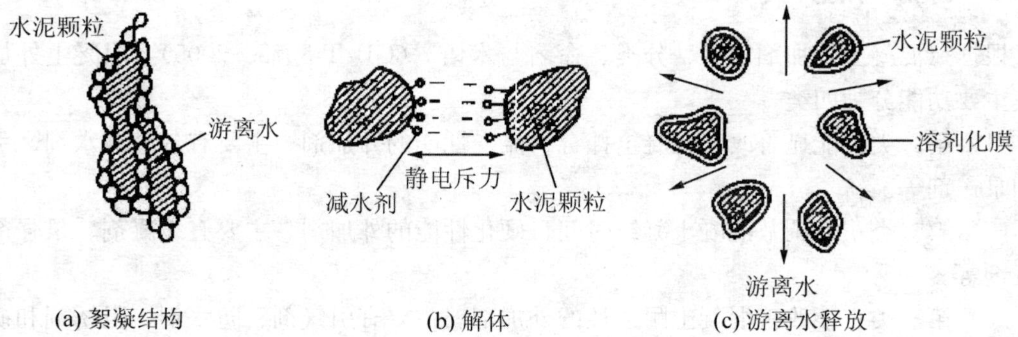

图 3.21 减水剂作用机理示意图

2）减水剂的主要经济技术效果

(1) 提高流动性。

在用水量及水泥用量不变的条件下，混凝土拌合物的坍落度可增大 100～200mm，流动性明显提高，而且不影响混凝土的强度。泵送混凝土或其他大流动性混凝土均需掺入高效减水剂。

(2) 提高混凝土强度。

在保持混凝土拌合物流动性不变的情况下，可减少用水量 10%～20%，若水泥用量也不变，则可降低水灰比，提高混凝土的强度，特别是可大大提高混凝土的早期强度。掺入高效减水剂是制备早强、高强、高性能混凝土的技术措施之一。

(3) 节约水泥。

在保持流动性及强度不变的情况下，可以在减少拌和用水量的同时，相应减少水泥用量，节约水泥用量 5%～20%，降低混凝土成本。

(4) 改善混凝土的耐久性。

由于减水剂的掺入，减少了拌合物的泌水、离析现象，还显著改善了混凝土的孔结构，使混凝土的密实度提高，透水性降低，从而可提高混凝土抗渗、抗冻、抗腐蚀等能力。

3）减水剂的常用品种与效果

减水剂是使用最广泛、效果最显著的一种外加剂，按起作用效果可分为普通减水剂和高效减水剂两类；按凝结时间可分为标准型、缓凝型、早强型三种；按是否引气可分为引气性和非引气型两种；按其主要化学成分可分为木质素磺酸盐系、多环芳香族磺酸盐系、水溶性树脂类、聚羧酸类、糖蜜系以及腐植酸盐等，见表3-27。

表3-27 常用减水剂

种　类	木质素系	萘系	树脂系	糖蜜系
类　别	普通减水剂	高效减水剂	早强减水剂	缓凝减水剂
主要品种	木质素磺酸钙（木钙粉、M型减水剂）、木钠、木镁等	NNO、NF、建1、FDN、UNF、JN、HN、MF等	SM	长城牌、天山牌
适宜掺量（占水泥重%）	0.2～0.3	0.2～1.2	0.5～2	0.1～3
减水量/%	10～11	12～25	20～30	6～10
早强效果	—	显著	显著（7d可达28d强度）	—
缓凝效果/h	1～3	—	—	>3
引气效果/%	1～2	部分品种<2	—	
适用范围	一般混凝土工程及大模板、滑模、泵送、大体积及夏季施工的混凝土工程	适用于所有混凝土工程、更适于配制高强混凝土及流态混凝土、泵送混凝土、冬季施工混凝土	因价格昂贵，宜用于特殊要求的混凝土工程，如高强混凝土、早强混凝土、流态混凝土等	一般混凝土，大体积混凝土浇注及夏季混凝土施工（如滑模），多用于水工混凝土工程。一般工程应用时，可与早强剂配合使用

特别提示

- 减水剂以溶液掺加时，溶液中的水量应从拌合水中扣除。
- 液体减水剂宜与拌合水同时加入搅拌机内，粉剂减水剂宜与胶凝材料同时加入搅拌机内，需二次添加外加剂时，应通过试验确定，混凝土搅拌均匀方可出料。
- 掺普通减水剂、高效减水剂的混凝土采用自然养护时，应加强初期养护；采用蒸养时，混凝土应具有必要的结构强度才能升温，蒸养制度应通过试验确定。

2. 早强剂

早强剂是指加速混凝土早期强度发展的外加剂。其质量应符合《混凝土外加剂》（GB 8076—2008）的规定。

从混凝土开始拌和到凝结硬化形成一定的强度需要一段较长的时间，为了缩短施工周期，如加速模板及台座的周转、缩短混凝土的养护时间、快速达到混凝土冬季施工的临界强度等，常需要掺入早强剂。目前，常用的早强剂有氯盐类、硫酸盐类、有机胺类和复合早强剂。

1）早强剂的分类及早强机理

(1) 氯盐类早强剂，主要有氯化钙、氯化钠、氯化钾、氯化铁、氯化铝等。其中氯化钙是国内外应用最为广泛的一种早强剂。

氯盐类早强剂均有良好的早强作用。氯化钙与铝酸三钙作用生成不溶性的复盐，这些复盐的形成增加了水泥浆的固相比例，增长了强度，同时氢氧化钙的消耗也会促进 C_2S、C_3S 的水化，从而提高混凝土的早期强度。

氯化钙的适宜掺量为1%～2%。由于 Cl^- 对钢筋有腐蚀作用，故钢筋混凝土中掺量应控制在1%以内。$CaCl_2$ 早强剂能使混凝土3天强度提高50%～100%，7天强度提高20%～40%，但后期强度不一定提高，甚至可能低于基准混凝土。此外，氯盐类早强剂对混凝土耐久性有一定影响。此外，为消除 $CaCl_2$ 对钢筋的锈蚀作用，通常要求与阻锈剂亚硝酸钠复合使用。

(2) 硫酸盐类早强剂，包括硫酸钠(Na_2SO_4)、硫代硫酸钠($Na_2S_2O_3$)、硫酸钙($CaSO_4$)、硫酸钾(K_2SO_4)、硫酸铝($Al_2(SO_4)_3$)，其中应用最广。

在混凝土中掺入 Na_2SO_4 后，Na_2SO_4 与水泥水化产物 $Ca(OH)_2$ 迅速发生化学反应

$$Ca(OH)_2+Na_2SO_4+2H_2O \rightarrow CaSO_4 \cdot 2H_2O+2NaOH$$

生成高分散性的硫酸钙，分布均匀，极易与 C_3A 作用，能迅速生成水化硫铝酸钙，体积增大，有效地提高了混凝土早期结构密实程度，同时也加快了水泥的水化速度，强度得到提高。

硫酸钠掺量应有一个最佳控制量，一般为1%～3%，掺量低于1%早强作用不明显，掺量太大则后期强度损失也大，另外还会引起硫酸盐腐蚀。一般在1.5%左右。

(3) 有机胺类(三乙醇胺，三异丙醇胺)中最常用的是三乙醇胺。三乙醇胺早强作用机理与前两种不同，它不参与水化反应，不改变水泥的水化产物。它是一种表面活性剂，能降低水溶液的表面张力，使水泥颗粒更易于润湿，且可增加水泥的分散程度，因而加快了水泥的水化速度，对水泥的水化起到催化作用，水化产物增多，使水泥石的早期强度提高。

三乙醇胺的掺量为水泥质量的0.02%～0.05%，可使3d强度提高20%～40%，对后期强度影响较小，抗冻、抗渗等性能有所提高，对钢筋无锈蚀作用。三乙醇胺对水泥有一定的缓凝作用，应严格控制掺量，掺量过多会造成混凝土严重缓凝和混凝土强度下降。单独掺加三乙醇胺会增加混凝土的收缩，特别是早期收缩，使用时应予注意。

(4) 复合早强剂可以是无机材料与有机材料的复合，也可以是有机材料与有机材料的复合。以上三类早强剂在使用时，通常复合使用效果更加。复合早强剂往往比单组分早强剂具有更优良的早强效果，掺量也可以比单组分早强剂有所降低。众多复合型早强剂中以三乙醇胺与无机盐类复合早强剂效果最好，应用最广。

特别提示

混凝土工程中可采用由早强剂与减水剂复合而成的早强减水剂。

2）早强剂的适用范围

早强剂及早强减水剂适用于蒸养混凝土及常温、低温和最低温度不低于－5℃环境中施工的有早强要求的混凝土工程。炎热环境条件下不宜使用早强剂、早强减水剂。

下列结构中严禁采用含有氯盐配制的早强剂及早强减水剂。

(1) 预应力混凝土结构。

(2) 相对湿度大于80％环境中使用的结构、处于水位变化部位的结构、露天结构及经常受水淋、受水流冲刷的结构。

(3) 大体积混凝土。

(4) 直接接触酸、碱或其他侵蚀性介质的结构。

(5) 经常处于温度为60℃以上的结构，需经蒸养的钢筋混凝土预制构件。

(6) 有装饰要求的混凝土，特别是要求色彩一致或是表面有金属装饰的混凝土。

(7) 薄壁混凝土结构，中级和重级工作制吊车的梁、屋架、落锤及锻锤混凝土基础等结构。

(8) 使用冷拉钢筋或冷拔低碳钢丝的结构。

(9) 骨料具有碱活性的混凝土结构。

知识链接

常用早强剂掺量限值见表3－28。

表3－28 常用早强剂掺量限值

混凝土种类	使用环境	早强剂名称	掺量限值(水泥重量%)
预应力混凝土	干燥环境	三乙醇胺	0.05
		硫酸钠	1.0
钢筋混凝土	干燥环境	氯离子［Cl^-］	0.6
		硫酸钠	2.0
钢筋混凝土	干燥环境	与缓凝减水剂复合的硫酸钠	3.0
		三乙醇胺	0.05
	潮湿环境	硫酸钠	1.5
		三乙醇胺	0.05
有饰面要求的混凝土		硫酸钠	0.8
素混凝土		氯离子［Cl^-］	1.8

注：预应力混凝土及潮湿环境中使用的钢筋混凝土中不得掺氯盐早强剂。

3. 引气剂

引气剂是指在混凝土搅拌过程中能引入大量均匀分布、稳定而封闭的微小气泡，且能保留在硬化混凝土中以减少混凝土拌合物泌水、离析，改善和易性，并能显著提高硬化混凝土抗冻性、耐久性的外加剂。其质量应符合《混凝土外加剂》(GB 8076—2008)的规定。

1) 引气剂的作用机理

引气剂是表面活性物质，其界面活性作用与减水剂基本相同，区别在于减水剂界面活性作用主要发生在液-固界面上，而引气剂的界面活性主要发生在气—液界面上。当搅拌混凝土拌合物时，会混入一些气体，引气剂分子定向排列在气泡上，形成坚固不易破裂的液膜，故可在混凝土中形成稳固、封闭球形气泡，气泡大小均匀，在拌合物中均匀分散，可使混凝土的很多性能改善。

2) 引气剂的作用效果

(1) 改善混凝土拌合物的和易性。

气泡具有滚珠作用，能够减小拌合物的摩擦阻力从而提高流动性；同时气泡的存在组织固体颗粒的沉降和水分的上升，从而减少了拌合物的分层、离析和泌水，使混凝土的和易性得到明显改善。

(2) 显著提高混凝土的抗冻性和抗渗性。

大量均匀分布的封闭气泡一方面阻塞了混凝土中毛细管渗水的通路，另一方面具有缓解水分结冰产生的膨胀压力的作用，从而提高了混凝土的抗渗性和抗冻性。

(3) 降低弹性模量及强度。

由于气泡的弹性变形，使混凝土弹性模量降低。另外，气泡的存在使混凝土强度降低，含气量每增加1%，强度要损失3%～5%，但是由于和易性的改善，可以通过保持流动性不变减少用水量，使强度不降低或部分得到补偿。

3) 引气剂的品种

引气剂主要有松香树脂类、烷基苯磺碱盐类、脂肪醇磺酸盐类等等。最常用的为松香热聚树脂和松香皂两种。掺量一般为水泥质量的0.005%～0.01%，含气量控制在3%～6%为宜。严防超量掺用，否则将严重降低混土强度。当采用高频振捣时，引气剂掺量可适当提高。

4) 引气剂的适用范围

引气剂适用于配制抗冻混凝土、抗渗混凝土、抗硫酸盐混凝土、泌水严重的混凝土、贫混凝土、轻骨料混凝土、人工骨料配制的普通混凝土、高性能混凝土以及有饰面要求的混凝土。不适宜配制蒸汽养护的混凝土及预应力混凝土。

4. 缓凝剂

缓凝剂是能延长混凝土凝结时间，而不影响混凝土后期强度的外加剂。

1) 缓凝剂的品种及作用效果

缓凝剂的种类很多。主要有羟基羧酸及其盐类、含糖碳水化合物类、无机盐类和木质素磺酸盐类等。常用的有木质素磺酸盐类缓凝剂、糖蜜缓凝剂和羟基羧酸及其盐类缓凝剂。

(1) 木质素磺酸盐类缓凝剂。

常用的是木钙，掺量一般为水泥质量的0.2%～0.3%，混凝土凝结时间可延长2～3h。

(2) 糖蜜缓凝剂。

糖蜜缓凝剂主要成分为糖钙、蔗糖钙等。掺量一般为水泥质量的0.1%～0.3%，混凝土的凝结时间可延长2～4h。

(3) 羟基羧酸及其盐类缓凝剂。

常用的是酒石酸、柠檬酸等。此类缓凝剂的掺量一般为水泥质量的0.03%～0.10%，混凝土凝结时间可延长4～10h。但是，这类缓凝剂会增加混凝土的泌水性，使用时应予注意。

缓凝剂能使混凝土拌合物在较长时间内保持塑性状态，以利于浇筑成型，提高施工质量，而且还可延缓水化放热时间，降低水化热，对大体积混凝土或分层浇筑的混凝土十分有利。

2) 缓凝剂的适用范围

缓凝剂及缓凝减水剂可用于大体积混凝土、炎热气候条件下施工的混凝土以及需长时间停放或长距离运输的混凝土。缓凝剂及缓凝减水剂不宜用于日最低气温5℃以下施工的混凝土，也不宜单独用于有早强要求的混凝土及蒸养混凝土。柠檬酸、酒石酸钾钠等缓凝剂，不宜单独使用于水泥用量较低、水灰比较大的贫混凝土。在用硬石膏或工业废料石膏作调凝剂的水泥中掺用糖类缓凝剂时，应先作水泥适应性试验，合格后方可使用。

特别提示

掺缓凝剂、缓凝减水剂及缓凝高效减水剂的混凝土浇筑、振捣后，应及时抹压并始终保持混凝土表面潮湿，终凝以后应浇水养护，当气温较低时，应加强保温保湿养护。

5. 膨胀剂

膨胀剂是指使混凝土(砂浆)在水化过程中产生一定的体积膨胀，并在有约束条件下产生适宜自应力的外加剂。

目前应用较多的有以下几种。

(1) 硫铝酸钙类：如明矾石膨胀剂、CSA膨胀剂等。

(2) 氯化钙类：如石灰膨胀剂。

(3) 氯化钙-硫铝酸钙类：如复合膨胀剂。

(4) 氧化镁类膨胀剂：如氧化镁膨胀剂。

(5) 金属类：如铁屑膨胀剂等。

膨胀剂的使用目的和使用范围，参见表3-29。

表 3-29 膨胀剂的使用目的和适用范围

膨胀剂种类	膨胀混凝土(砂浆)	
	种　　类	适用范围
硫铝酸钙类、氯化钙类、氯化钙-硫铝酸钙类、氧化镁类	补偿收缩混凝土	地下、水中、海水中、隧道等构筑物，大体积混凝土(除大坝外)，配筋路面和板、屋面与厕浴间防水、构件补强、渗漏修补、预应力混凝土、回填槽等
	灌浆用膨胀砂浆	机械设备的底座灌浆、地脚螺栓的固定、梁柱接头、构件补强、加固等
	填充用膨胀混凝土	结构后浇带、隧道堵头、钢管与隧道之间的填充等
	自应力混凝土	仅用于常温下使用的自应力钢筋混凝土压力管

6. 防冻剂

防冻剂是指能使混凝土在负温下硬化，并在规定养护条件下达到预期性能的外加剂。其质量应符合《混凝土防冻剂》(JC 475—2004)的规定。

防冻剂能显著降低混凝土的冰点，使混凝土液相不冻结或仅部分冻结，以保证水泥的水化作用，并在一定的时间内获得预期强度。

为提高防冻剂的防冻效果，目前，工程上使用的防冻剂都是复合外加剂，由防冻组分、早强组分、引气组分、减水组分复合而成。

常用防冻剂有：氯盐类，如氯化钙、氯化钠、或以氯盐为主的与其他早强剂、引气剂、减水剂复合的外加剂；氯盐阻锈类，氯盐与阻锈剂(亚硝酸钠)为主复合的外加剂；无氯盐类，以亚硝酸盐、硝酸盐、碳酸盐、乙酸钠或尿素为主复合的外加剂。

防冻剂可用于负温条件下施工的混凝土。

特别提示

掺防冻剂混凝土的养护，应符合下列规定。

(1) 在负温条件下养护时，不得浇水，混凝土浇筑后，应立即用塑料薄膜及保温材料覆盖，严寒地区应加强保温措施。

(2) 初期养护温度不得低于规定温度。

(3) 当混凝土温度降到规定温度时，混凝土强度必须达到受冻临界强度；当最低气温不低于－10℃时，混凝土抗压强度不得小于 3.5MPa；当最低温度不低于－15℃，混凝土抗压强度不得小于 4.0MPa；当最低温度不低于－20℃时，混凝土抗压强度不得小于 5.0MPa。

(4) 拆模后混凝土的表面温度与环境温度之差大于 20℃时，应采用保温材料覆盖养护。

知识链接

有的施工单位在冬季混凝土施工过程中添加了尿素等氨类物质的防冻剂。这些氨类物质在使用过程中逐渐以氨气的形式释放出来。当室内氨气浓度达到一定量后，会对人体产生不良反应。因此，国家标准《混凝土外加剂中释放氨的限量》(GB 18588—2001)对氨的污染进行了控制。

含有六价铬盐、亚硝酸盐等的有毒防冻剂严禁用于饮水工程及与食品接触的部位。对桥梁及抗冻性有特殊要求的混凝土工程，选择抗冻剂品种及掺量时应通过试验确定。

防冻剂中防冻组分掺量应符合表3-30所示规定。

表3-30 防冻组掺量

防冻剂	防冻组分掺量
氯盐类	氯盐掺量不得大于拌和水重量的7%
氯盐阻锈类	总量不得大于拌和水重量的15% 当氯盐掺量为水泥重量的0.5%～1.5%时，亚硝酸钠与氯盐之比应大于1 当氯盐掺量为水泥重量的1.5%～3.0%时，亚硝酸钠与氯盐之比应大于1.3
无氯盐类	总量不得大于拌和水重量的20%，其中亚硝酸酸钠、亚硝酸钙、硝酸钠、硝酸钙均不得大于水泥重量的8%，尿素不得小于水泥重量的4%，碳酸钾不得大于水泥重量的10%

7. 速凝剂

速凝剂是指能使混凝土迅速凝结硬化的外加剂。其质量应符合《喷射混凝土用速凝剂》(JC 477—2005)的规定。

速凝剂与水泥加水拌和后立即反应，使水泥中的石膏丧失缓凝作用，从而促使C_3A迅速水化，产生快速凝结。

速凝剂适宜掺量为2.5%～4.0%，能使混凝土在5min内初凝，10min内终凝，1h产生强度，但有时后期强度会降低。

速凝剂主要用于喷射混凝土、紧急抢修工程、军事工程、防洪堵水工程等。如矿井、隧道、引水涵洞、地下工程岩壁衬砌、边坡和基坑支护、堵漏等。

特别提示

喷射混凝土施工时，应采用新鲜的硅酸盐水泥、普通硅酸盐水泥、矿渣硅酸盐水泥，不得使用过期或受潮结块的水泥。

8. 泵送剂

泵送剂是指能改善混凝土拌合物泵送性能的外加剂，在混凝土工程中，可采用由减水剂、缓凝剂、引气剂等复合而成的泵送剂。

泵送剂适用于工业与民用建筑及其他构筑物的泵送施工的混凝土；特别适用于大体积混凝土、高层建筑和超高层建筑；适用于滑模施工等；也适用于水下灌注桩混凝土。

3.3.3 外加剂的选择与使用

工程中选用外加剂时，除应满足前面所述有关国家标准或行业标准外，还应符合《混凝土外加剂中释放氨的限量》(GB 18588—2001)的规定，混凝土外加剂中释放的氨量必须小于或等于0.10%(质量分数)。该标准适用于各类具有室内使用功能的混凝土外加剂，而不适用于桥梁、公路及其他室外工程用混凝土外加剂。

混凝土中应用外加剂时，须满足《混凝土外加剂应用技术规范》(GB 50119—2003)的规定。另外，还应注意以下几点。

1. 外加剂品种的选择

外加剂品种、品牌很多，效果各异，尤其是对不同水泥效果不同。选择外加剂时，应根据工程需要、现场的材料条件、产品说明书通过试验确定，参见表3-31。

表3-31 各种混凝土工程对外加剂的选择

序　号	工程项目	选用目的	外加剂类型
1	自然条件下的混凝土工程和构件	改善工作性、提高早期强度、节约水泥	各种减水剂，常用木质素类
2	太阳直射下施工	缓凝	缓凝减水剂，常用糖蜜类
3	大体积混凝土	减少水化热	缓凝剂、缓凝减水剂
4	冬期施工	早强、防寒、抗冻	早强减水剂、早强剂、抗冻剂
5	流态混凝土	提高流动度	非引气型减水剂，常用FDN、UNF
6	泵送混凝土	减少坍落损失	泵送剂、引气剂、缓凝减水剂，常用FDNP、UNF-5
7	高强混凝土	C50以上混凝土	高效减水剂、非引气减水剂、密实剂
8	灌浆、补强、填缝	防止混凝土收缩	膨胀剂
9	蒸养混凝土	缩短蒸养时间	非引气高效减水剂、早强减水剂
10	预制构件	缩短生产周期，提高模具周转率	高效减水剂、早强减水剂
11	滑模工程	夏季宜缓凝	普通减水剂木质素类或糖蜜类
		冬季宜早强	普通减水剂或早强减水剂
12	钢筋密集的构造物	提高和易性，利于浇筑	普通减水剂、高效减水剂
13	大模板工程	提高和易性，1d强度能拆模	高效减水剂或早强减水剂
14	耐冻融混凝土	提高耐久性	引气高效减水剂
15	灌注桩基础	改善和易性	普通减水剂、高效减水剂
16	商品混凝土	节约水泥，保证运输后的和易性	普通减水剂、缓凝型减水剂

2. 外加剂掺量的确定

混凝土外加剂均有适宜掺量。掺量过小，往往达不到预期效果；掺量过大，则会影响混凝土质量，甚至造成质量事故。因此，必须按供货单位推荐掺量、使用要求、施工条件、混凝土原材料等因素通过试验确定。

3. 外加剂的掺加方法

外加剂的掺量很小，必须保证其均有分散，一般不能直接加入混凝土搅拌机内。对于可溶于水的外加剂，应先配成一定浓度的溶液，使用时连同拌和水一起加入搅拌机内。对于不溶于水的外加剂，应与适量水泥或砂混合均有后，再加入搅拌机内。

外加剂的掺入时间对其效果发挥也有很大影响，如减水剂有同掺法、后掺法、分掺法三种方法。同掺法是减水剂在混凝土搅拌时一起掺入；后掺法是搅拌好混凝土后间隔一定时间，然后再掺入；分掺法是一部分减水剂在混凝土搅拌时掺入，另一部分间隔一段时间后再掺入。实践证明，后掺法最能充分发挥减水剂的功能。

知识链接

影响水泥和外加剂适应性的主要因素

水泥与外加剂的适应性是一个十分复杂的问题，至少受到下列因素的影响。

(1) 水泥：矿物组成、细度、游离氧化钙含量、石膏加入量及形态、水泥熟料碱含量、碱的硫酸饱和度、混合材种类级掺量、水泥助磨剂等。

(2) 外加剂的种类和掺量，如：萘系减水剂的分子结构，包括磺化度、平均分子量分子量分布、聚合性能、平衡离子的种类等。

(3) 混凝土配合比，尤其是水胶比、矿物外加剂的品种和掺量。

(4) 混凝土搅拌时的加料程序、搅拌时的温度、搅拌机的类型等。

遇到水泥和外加剂不适应的问题，必须通过试验，对不适应因素逐个排除，找出其原因。

应用案例 3-6

【案例概况】

北京某旅馆的一层钢筋混凝土工程在冬季施工，为使混凝土防冻，在浇筑混凝土时掺入水泥用量3%的氯盐。建成使用两年后，在A柱柱顶附近掉下一块约40mm直径的混凝土碎块。停业检查事故原因，发现除设计有失误外，另一个重要原因是在浇筑混凝土时掺加的氯盐防冻剂，它不仅对混凝土有影响，而且腐蚀钢筋。观察底层柱破坏处钢筋，纵向钢筋及箍筋均已生锈，原直径$\phi 6$锈为$\phi 5.2$左右。细及稀的箍筋难以承受柱端截面上纵向筋侧向压屈所产生的横拉力，使箍筋在最薄弱处断裂，断裂后的混凝土保护层易剥落，混凝土碎块下掉。

【案例解析】

施工时加氯盐防冻，应同时对钢筋采取相应的阻锈措施。该工程因混凝土碎块下掉，引起了使用者的高度重视，停业卸去活荷载，并对已有柱外包钢筋混凝土的加固措施，使房屋倒塌事故得以避免。

3.4 普通混凝土质量控制及配合比设计

3.4.1 混凝土质量波动的原因

在混凝土施工过程中，原材料、施工养护、试验条件、气候因素的变化，均可能造成混凝土质量的波动，影响到混凝土的和易性、强度及耐久性。由于强度是混凝土的主要技术指标，其他性能可从强度得到间接反映，故以强度为例分析波动的因素。

1. 原材料的质量波动

原材料的质量波动主要有：砂细度模数和级配的波动；粗骨料最大粒径和级配的波动；骨料含泥量的波动；骨料含水量的波动；水泥强度(不同批或不同厂家的实际强度可能不同)的波动；外加剂质量的波动(如液体材料的含固量、减水剂的减水率等)等。所有这些质量波动，均将影响混凝土的强度。在现场施工或预拌工厂生产混凝土时，必须对原材料的质量加以严格控制，及时检测并加以调整，尽可能减少原材料质量波动对混凝土质量的影响。

2. 施工养护引起的混凝土质量波动

混凝土的质量波动与施工养护有着十分紧密的关系。如混凝土搅拌时间长短；计量时未根据砂石含水量变动及时调整配合比；运输时间过长引起分层、离析；振捣时间过长或不足；浇水养护时间或者未能根据气温和湿度变化及时调整保温保湿措施等。

3. 试验条件变化引起的混凝土质量波动

试验条件的变化主要指取样代表性，成型质量(特别是不同人员操作时)，试件的养护条件变化，试验机自身误差以及试验人员操作的熟练程度等。

3.4.2 普通水泥混凝土的质量控制

混凝土的质量一般以抗压强度来评定，为此必须有足够数量的混凝土试验值来反映混凝土总体的质量。

特别提示

为使抽取的混凝土试样更有代表性，GB/T 50107—2010 规定：混凝土试样应在浇灌地点随机地抽取。当经试验证明搅拌机卸料口和浇筑地点混凝土的强度无显著差异时，混凝土试验也可在卸料口随机地抽取。

GB/T 50107—2010 中还规定，混凝土强度应分批进行检验评定。一个验收批的混凝土应由强度等级相同、龄期相同以及生产工艺条件和配合比基本相同的混凝土组成。对于施工现场集中搅拌的混凝土，其强度检验评定按统计方法进行。对零星生产的预制构件中的混凝土或现场搅拌的批量不大的混凝土，不能获得统计方法所必需的试件组数时，可按非统计方法检验评定混凝土。

3.4.3 水泥混凝土强度的评定方法

1. 统计方法评定

1) 已知标准差方法

当混凝土生产条件在较长时间内能保持一致，且同一品种混凝土的强度变异性能保持稳定时，应由连续的三组试件组成一个验收组，其强度应同时满足下列要求。

$$m_{fcu} \geqslant f_{cu,k} + 0.7\sigma_0 \tag{3-11}$$

$$f_{cu,min} \geqslant f_{cu,k} - 0.7\sigma_0 \tag{3-12}$$

当混凝土强度等级不高于C20时，其强度最小值应满足式(3-13)要求。

$$f_{cu,min} \geqslant 0.85 f_{cu,k} \tag{3-13}$$

当混凝土强度等级高于C20时，其强度的最小值应满足式(3-14)要求。

$$f_{cu,min} \geqslant 0.9 f_{cu,k} \tag{3-14}$$

式中 m_{fcu}——同一验收批混凝土立方体抗压强度平均值，MPa；

$f_{cu,k}$——混凝土立方体抗压强度标准值，MPa；

σ_0——验收批混凝土立方体抗压强度标准差，MPa；

$f_{cu,min}$——同一验收批混凝土立方体抗压强度最小值，MPa。

验收批混凝土立方体抗压强度标准差应根据前一个检验期内同一品种混凝土试件的强度数据，按式(3-15)确定。

$$\sigma_0 = \frac{0.59}{m}\sum_{i=1}^{m}\Delta f_{cu,i} \tag{3-15}$$

式中 $\Delta f_{cu,i}$——第 i 批试件立方体抗压强度中最大值与最小值之差；

m——用以确定验收批混凝土立方体抗压强度的标准差的数据总批数。

【例3-2】 某混凝土预制厂生产的构件，混凝土强度等级为C30，统计前期16批的8组强度批极差值见表3-32。试按标准差已知法，评定现生产各批混凝土强度(表3-33)是否合格。

表3-32 前期各批强度极差值

$\Delta f_{cu,i}$ /MPa							
3.5	6.2	8.0	4.5	5.5	7.6	3.8	4.6
5.2	6.2	5.0	3.8	9.6	6.0	4.8	5.0
$m=16$，$\sum\Delta f_{cu,i}=89.3$							

解：

(1) 由表3-27资料，按式(3-15)计算验收批混凝土强度标准差

$$\sigma_0 = \frac{0.59}{m}\sum_{i=1}^{m}\Delta f_{cu,i} = 3.3(\text{MPa})$$

(2) 计算验收批强度平均值 m_{fcu} 和最小值 $f_{cu,min}$ 的验收界限

$$[m_{fcu}] = f_{cu,k} + 0.7\sigma_0 \approx 30 + 0.7\times 3.3 \approx 32.3(\text{MPa})$$

$$[f_{cu,min}] = \max\begin{cases} f_{cu,k} - 0.7\sigma_0 = 27.7(\text{MPa}) \\ 0.90 f_{cu,k} = 27.0(\text{MPa}) \end{cases}$$

(3) 现生产各批强度进行评定，评定结果见表 3-33。

表 3-33 现生产各批强度和评定

批号	$f_{cu,i}$			m_{fcu}	评定结果	批号	$f_{cu,i}$			m_{fcu}	评定结果
	1	2	3				1	2	3		
1	38.6	38.4	34.2	37.4	+	4	38.2	36.0	25.0*	33.1	−
2	35.2	30.8	28.8	31.6*	−	⋮	⋮	⋮	⋮	⋮	⋮
3	39.4	38.2	38.0	38.5	+	15	30.2	33.2	36.4	33.2	+

注：* 表示不合格数据。

2) 未知标准差方法

当混凝土生产条件不能满足前述规定，或在前一个检验期内的同一品种混凝土没有足够的数据用以确定验收批混凝土强度的标准差时，应由不少于 10 组试件组成一个验收批，其强度应同时满足式(3-16)和式(3-17)的要求。

$$m_{fcu} - \lambda_1 s_{fcu} \geqslant 0.9 f_{cu,k} \tag{3-16}$$

$$f_{cu,min} \geqslant \lambda_2 f_{cu,k} \tag{3-17}$$

式中 λ_1、λ_2——合格判定系数，按表 3-34 取用。

表 3-34 混凝土强度的合格判定系数

试件组数	10～14	15～24	≥24
λ_1	1.70	1.65	1.60
λ_2	0.90	0.85	

混凝土立方体抗压强度的标准差可按式(3-18)计算。

$$s_{fcu} = \sqrt{\frac{\sum_{i=1}^{n} f_{cu,i}^2 - nm_{fcu}^2}{n-1}} \tag{3-18}$$

式中 s_{fcu}——同一验收批混凝土立方体抗压强度的标准差(MPa)，当 s_{fcu} 的计算值小于 $0.06 f_{cu,k}$ 时，取 $s_{fcu} = 0.06 f_{cu,k}$；

$f_{cu,i}$——第 i 组混凝土立方体抗压强度值，MPa；

n——一个验收混凝土试件的组数。

【例 3-3】 现场几种搅拌混凝土，强度等级 C30，其同批强度见表 3-35，试评定该批混凝土是否合格。

表 3-35 混凝土批强度

$f_{cu,i}$ /MPa									
36.5	38.4	33.6	40.2	33.8	37.2	38.2	39.4	40.2	38.4
38.6	32.4	35.8	35.6	40.8	30.6	32.4	38.6	30.4	38.8
$n=20$，$m_{fcu}=36.5$									

解：

(1) 按式(3-18)计算该批混凝土强度标准差

$$s_{fcu}=\sqrt{\frac{26\ 839.33-20\times 1\ 332.25}{20-1}}\approx 3.2\ (\mathrm{MPa})>0.06f_{cu,k}$$

(2) 按式(3-13)和式(3-14)计算验收界限

$$[m_{fcu}]=\lambda_1\cdot s_{fcu}+0.9f_{cu,k}=1.65\times 3.2+0.9\times 30=32.3\ (\mathrm{MPa})$$

$$[f_{cu,\min}]=\lambda_2\cdot f_{cu,k}=0.85\times 30=25.5\ (\mathrm{MPa})$$

(3) 评定该批混凝土强度

因 $m_{fcu}=36.3\ \mathrm{MPa}>[m_{fcu}]=32.3\ \mathrm{MPa}$

且 $f_{cu,\min}=30.4\ \mathrm{MPa}>[f_{cu,\min}]=25.5\ \mathrm{MPa}$

所以，该批混凝土应评为合格。

2. 非统计方法评定

试件少于10组时，按非统计方法评定混凝土强度时，其所保留强度应同时满足下列要求。

$$m_{fcu}\geqslant 1.15f_{cu,k} \tag{3-19}$$

$$f_{cu,\min}\geqslant 0.95f_{cu,k} \tag{3-20}$$

特别提示

• 标准差已知或未知，指的是试件的生产质量是否连续稳定，在连续稳定条件下即可看做是已知，否则便是未知。

• 长期生产混凝土的商品混凝土搅拌站，因其混凝土的品质稳定，在评定出厂混凝土质量时，通常采用标准差已知方法。再如大型的预制厂评定出厂的预制板等。

• 对施工企业工程现场自拌混凝土，由于专业性和原材料的不稳定供货，会引起混凝土强度的较大波动，在评定混凝土强度时一般采用标准差未知的方法。

3. 混凝土强度的合格性判断

当检验结果能满足上述规定时，则该批混凝土强度判定为合格；当不满足上述规定时，则该批混凝土强度判定为不合格。

由不合格批混凝土制成的结构或构件，应进行鉴定。对不合格的结构或构件必须及时处理。

当对混凝土试件强度的代表性有怀疑时，可采用从结构或构件中钻取试件的方法或采用非破损检验方法，按有关标准的规定对结构或构件中混凝土的强度进行推定。

应用案例 3－7

【案例概况】

藤县金鸡镇综合楼为7层框架综合楼。1993年8月开工，1994年5月下旬完成主体结构。6月28日上午，现场施工人员发现底层柱出现裂缝(上午10时提出加固方案。用杉圆木支顶该柱交叉的主次梁。下午柱钢筋已外露，向柱边弯曲。此后再以槽钢为基础支顶到2层梁底。柱四周角钢封焊加固。至晚上9时，混凝土柱被压破坏。)除设计方面存在严重问题外，现场可见所用钢筋的钢种混乱，在同一梁柱断面中有竹节钢、螺纹钢、圆钢三种混合使用，取样的钢筋试件大部分不合格。混凝土用质地较差的红色碎石作集料，砂细且含泥多，砂多，碎石与水泥砂浆无黏结痕迹，混凝土与钢筋无黏结力。

【案例解析】

从现象可见，其施工质量差。钢筋混乱使用，且大部分不合格；而混凝土的级配不当，混凝土强度太低。用钻蕊法现场混凝土芯样抗压强度平均只有10.2MPa，最低仅6.1MPa，可见，其强度不仅远低于C20混凝土强度的要求，而且波动大、质量差。

3.4.4 水泥混凝土配合比设计

混凝土配合比是指混凝土中水泥、粗细骨料和水等各项组成材料用量之间的比例关系。确定配合比的工作，称为配合比设计。

配合比的表示方法有两种：一种是以1m^{3}混凝土中各项材料的质量表示，如水泥300kg，水190kg，砂700kg，石子1 200kg；另一种方法是以各项材料间的质量比来表示(以水泥质量为1)，将上述质量换算成质量比为：水泥∶砂∶石子＝1∶2.3∶4.0，水灰比为0.63。

1. 混凝土配合比设计的基本资料

(1) 混凝土设计强度等级。

(2) 工程特征(工程所处环境、结构断面、钢筋最小净距等)。

(3) 耐久性要求(如抗冻性、抗侵蚀、耐磨、碱-集料等)。

(4) 水泥强度等级和品种。

(5) 砂、石种类，石子最大粒径、密度等。

(6) 施工方法。

2. 混凝土配合比设计的基本要求

(1) 满足施工要求的和易性。

(2) 满足设计的强度等级，并具有95%的保证率。

(3) 满足工程所处环境对混凝土的耐久性要求。

(4) 经济合理，最大限度节约水泥，降低混凝土成本。

3. 混凝土配合比设计的三个重要参数

砂率为了达到混凝土配合设计的四项基本要求，关键是要控制好水灰比(W/C)、单位用水量和砂率这三个基本参数。

这三个基本参数的确定原则如下。

1）水灰比

水灰比根据设计要求的混凝土强度和耐久性确定。

确定原则为：在满足混凝土设计强度和耐久性的基础上，选用较大水灰比，以节约水泥，降低混凝土成本。

2）单位用水量

单位用水量主要根据坍落度要求和粗骨料品种、最大粒径确定。

确定原则为：在满足施工和易性的基础上，尽量选用较小的单位用水量，以节约水泥。因为当W/C一定时，用水量越大，所需水泥用量也越大。

3）砂率

合理砂率的确定原则为：砂的用量应以填满石子的空隙略有富余为宜。砂率对混凝土和易性、强度和耐久性影响很大，也直接影响水泥用量，故应尽可能选用最优砂率，并根据砂细度模数、坍落度要求等加以调整，有条件时宜通过试验确定。

混凝土配合比三个参数之间的关系如图 3.22 所示。

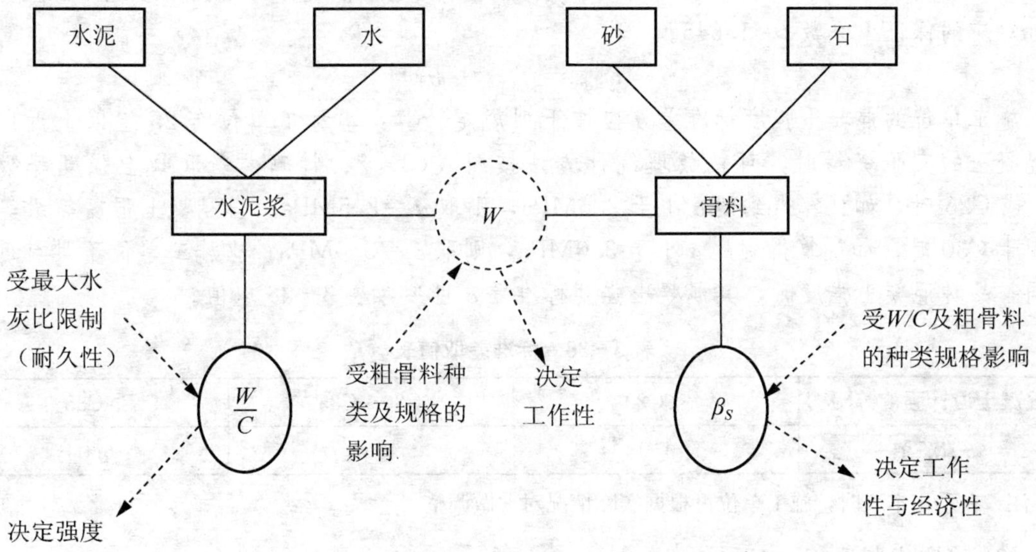

图 3.22　混凝土配合比三个参数之间的关系图

4. 水泥混凝土配合比设计的方法和步骤(以抗压强度为指标的计算方法)

混凝土的配合比首先根据选定的原材料及配合比设计的基本要求，通过经验公式、经验数据进行初步设计，得出初步配合比；在初步配合比的基础上，经过试拌、检验、调整到和易性满足要求时，得出基准配合比；在试验室进行混凝土强度检验、复核(如有其他性能要求，则做相应的检验项目，如抗冻性、抗渗性等)，得出设计配合比(又称试验室配合比)；

最后根据现场原材料情况(如砂、石含水情况等)修正设计配合比，得出施工配合比。

1) 初步配合比的确定

(1) 确定配制强度($f_{cu,o}$)。

为了使所配制的混凝土具有必要的强度保证率，(即 $P=95\%$)，要求混凝土配制强度必须大于其标准值。混凝土的配制强度按式(3-21)确定

$$f_{cu,o}=f_{cu,k}+1.645\sigma \tag{3-21}$$

式中 $f_{cu,o}$——混凝土的配制强度，MPa；

$f_{cu,k}$——设计要求的混凝土强度等级所对应的立方体抗压强度标准值，MPa；

1.645——达到95%强度保证率时的系数；

σ——混凝土强度标准差，MPa。

知识链接

混凝土的配制强度

如果混凝土的平均强度与设计强度等级相等，强度保证率系数 $t=0$，此时保证率为50%，亦即只有50%的混凝土强度大于等于设计强度等级，工程质量难以保证。因此，必须适当提高混凝土的配制强度，以提高保证率。这里指的配制强度实际上等于混凝土的平均强度。根据我国国家标准 JGJ 55—2011 的规定，混凝土强度保证率必须达到95%以上，此时对应的保证率系数 $t=1.645$。

$$f_{cu,o}=f_{cu,k}+t\sigma$$

施工单位的混凝土强度标准差 σ 应按下列规定计算：当施工单位有25组以上近期该种混凝土的实验资料时，可按数理统计方法按照式(3-22)计算；当混凝土强度等级为C20或C25时，如计算得到的 σ 小于2.5MPa，则取 $\sigma=2.5$MPa；当混凝土强度等级等于或大于C30时，如计算得到的 σ 小于3.0MPa，则取 $\sigma=3.0$MPa；当施工单位不具有近期的同一品种混凝土强度时，其混凝土强度标准差 σ 可参考表3-36取值。

表3-36 标准差取值表

混凝土设计强度等级	<C20	C20～C35	>C35
σ /MPa	4.0	5.0	6.0

注：在采用本表时，施工单位可根据实际情况对 σ 做调整。

(2) 确定水灰比 (W/C)。

混凝土强度等级小于C60时，根据已测定的水泥强度 f_{ce} 、粗骨料种类及所确定的混凝土配制强度 $f_{cu,o}$ ，混凝土水灰比按式(3-22)计算。

$$\frac{W}{C}=\frac{\alpha_a f_{ce}}{f_{cu,o}+\alpha_a\alpha_b\times f_{ce}} \tag{3-22}$$

根据混凝土的使用条件，水灰比值应满足混凝土耐久性对最大水灰比的要求，见表3-36，若计算出的水灰比值大于规定的最大水灰比值，则取规定的最大水灰比值。

(3) 确定单位用水量(m_{w0})。

① 干硬性和塑性混凝土用水量的确定。

水灰比在0.40～0.80，根据粗骨料的品种、粒径及施工要求的混凝土拌合物稠度，其用水量可按表3-37和表3-38选取。

表3-37 干硬性混凝土的用水量

单位：kg/m^3

拌合物稠度		卵石最大粒径/mm			碎石最大粒径/mm		
项目	指标	10	20	40	16	20	40
维勃稠度/s	16～20	175	160	145	180	170	155
	11～15	180	165	150	185	175	160
	5～10	185	170	155	190	180	165

表3-38 塑性混凝土的用水量

拌合物稠度		卵石最大粒径/mm				碎石最大粒径/mm			
项目	指标	10	20	31.5	40	16	20	31.5	40
坍落度/mm	10～30	190	170	160	150	200	185	175	165
	35～50	200	180	170	160	210	195	185	175
	55～70	210	190	180	170	220	205	195	185
	75～90	215	195	185	175	230	215	205	195

注：(1) 本表用水量系采用中砂时的平均取值。采用细砂时，每立方米混凝土用水量可增加5～10kg；采用粗砂则可减少5～10kg。

(2) 掺用各种外加剂或掺合料时，用水量应相应调整。

② 流动性和大流动性混凝土用水量的确定。

以表3-38中坍落度90mm的用水量为基础，按坍落度每增大20mm用水量增加5kg，计算出未掺外加剂时的混凝土的用水量。

掺外加剂时的混凝土用水量可按式(3-23)计算

$$m_{wa}=m_{w0}(1-\beta) \tag{3-23}$$

式中 m_{wa} —— 掺外加剂混凝土每立方米混凝土的用水量，kg；

m_{w0} —— 未掺外加剂混凝土每立方米混凝土的用水量，kg；

β —— 外加剂的减水率，β 值按试验确定。

(4) 计算混凝土的单位水泥用量(m_{c0})。

根据已确定的单位混凝土用水量和已确定的水灰比 (W/C)，按式(3-24)计算

$$m_{c0}=\frac{m_{w0}}{\left(\frac{W}{C}\right)}=m_{w0}\times\frac{C}{W} \tag{3-24}$$

计算出的水泥用量应符合表 3-26 所示的最小水泥用量的要求，若计算出的水泥用量小于规定值，则取表中所规定值。

(5) 确定合理砂率(β_s)。

合理砂率主要应根据混凝土拌合物的坍落度、黏聚性及保水性等特征通过试验来确定，或者根据本单位对所用材料的使用经验找出合理砂率。如无统计资料，可按骨料种类、规格及混凝土的水灰比值按表 3-21 选取。

(6) 确定 $1m^3$ 混凝土的砂、石用量(m_{s0}、m_{g0})。

砂、石用量的确定可采用体积法或质量法求得。

① 体积法(绝对体积法)。

假定 $1m^3$ 混凝土拌合物体积等于各组成材料绝对体积及拌合物中所含空气的体积之和，可列出下列方程组，计算 m_{s0}、m_{g0}。

$$\begin{cases}\dfrac{m_{c0}}{\rho_c}+\dfrac{m_{s0}}{\rho_s}+\dfrac{m_{g0}}{\rho_g}+\dfrac{m_{w0}}{\rho_w}+0.01\alpha=1\\[2ex]\beta_s=\dfrac{m_{s0}}{m_{s0}+m_{g0}}\times100\%\end{cases}\tag{3-25}$$

式中 ρ_c——水泥密度，kg/m^3；

ρ_g——石的表观密度，kg/m^3；

ρ_s——砂的表观密度，kg/m^3；

ρ_w——水的密度，kg/m^3，可取 $1\,000kg/m^3$；

α——混凝土的含气量百分数，在不使用引气型外加剂时，α 可取为 1。

② 质量法(假定表观密度法)。

根据经验，如果原材料比较稳定时，则所配制的混凝土拌合物的表观密度将接近一个固定值，因此，可先假定 $1m^3$ 混凝土拌合物的质量 m_{cp}，由以下方程组解出 m_{s0}、m_{g0}。

$$\begin{cases}m_{c0}+m_{w0}+m_{s0}+m_{g0}=m_{cp}\\[2ex]\beta_s=\dfrac{m_{s0}}{m_{s0}+m_{g0}}\times100\%\end{cases}\tag{3-26}$$

m_{cp} 可根据累计的试验资料确定，在无资料时，其值可取 2 350～2 450kg，通过上述步骤便可将水、水泥、砂和石子的用量全部求出，得到初步配合比。

2) 基准配合比的确定

初步配合比多是借助经验公式或经验资料差得的，因而不一定能满足实际工程的和易性要求。应进行试配与调整，直到混凝土拌合物的和易性满足要求为止，此时得出的配合比即混凝土的基准配合比，可用来检验混凝土强度。

混凝土试配时，每盘混凝土的最小搅拌量有如下规定：骨料最大粒径小于或等于 31.5mm 时为 15L；最大粒径为 40mm 时为 25L；当采用机械搅拌时，搅拌量不应小于搅拌机额定搅拌量的 1/4。

按初步配合比称取试配材料的用量，将拌合物搅拌均匀后，测定其坍落度，并检查其黏聚性和保水性。如果坍落度不满足要求，或其黏聚性和保水性不良时，应在保持水灰比不变的条件下，相应调整用水量或砂率。当坍落度低于设计要求时，可保持水灰比不变，增加适量水泥浆。如果坍落度过大时，可在保持砂率不变的条件下增加骨料。如出现含砂不足、黏聚性和保水性不良时，可适当增大砂率，反之应减少砂率，每次调整后再试拌，直到符合和易性要求为止。

和易性合格后，测出该拌合物的实际表观密度($\rho_{c,t}$)，并计算出各组成材料的拌合用量：$m_{c0拌}$ 、$m_{w0拌}$ 、$m_{s0拌}$ 、$m_{g0拌}$ ，则拌合物总量为 $Q_{总}=m_{c0拌}+m_{w0拌}+m_{s0拌}+m_{g0拌}$ ，由此可计算出 1m³ 混凝土各组成材料用量，即基准配合比，见式(3-27)。

$$\begin{cases} m_{c1}=\dfrac{m_{c0拌}}{Q_{总}}\times\rho_{ct} \\ m_{w1}=\dfrac{m_{w0拌}}{Q_{总}}\times\rho_{ct} \\ m_{s1}=\dfrac{m_{s0拌}}{Q_{总}}\times\rho_{ct} \\ m_{g1}=\dfrac{m_{g0拌}}{Q_{总}}\times\rho_{ct} \end{cases} \tag{3-27}$$

3) 设计配合比的确定

经过上述的试拌和调整所得出的基准配合比仅仅满足混凝土和易性要求，其强度是否符合要求，还需进一步进行强度检验。

检验混凝土强度时，应采用不少于三组的配合比。其中一组为基准配合比，另外两组配合比中的水灰比值较基准配合比分别增加和减少 0.05，而用水量、砂用量、石用量与基准配合比相同(必要时，可适当调整砂率，砂率可分别增减 1%)。

三组配合比分别成型、养护，测定其 28d 龄期的抗压强度值 f_1 、f_2 、f_3 ，由三组配合比的灰水比和抗压强度值，绘制抗压强度与灰水比的关系图。从图中，找出与配制强度 $f_{cu,o}$ 相对应的灰水比 C/W ，称为试验室灰水比，该灰水比即是满足强度要求的灰水比，并按下列原则确定每立方米混凝土的材料用量。

(1) 用水量(m_{w2})应在基准配合比用水量的基础上，根据制作强度试件时测得的坍落度或维勃稠度进行调整确定。

(2) 水泥用量(m_{c2})应以用水量 m_w 乘以选定的灰水比计算确定。

(3) 粗、细骨料用量(m_{s2} 、m_{g2})应在基准配合比的粗、细骨料用量基础上，按选定的水灰比进行调整，或者通过体积法计算。

(4) 由强度复核之后的配合比，还应根据实测的混凝土拌合物的表观密度($\rho_{c,t}$)和计算表观密度($\rho_{c,c}$)进行校正。校正系数为

$$\delta=\frac{\rho_{c,t}}{\rho_{c,c}}=\frac{\rho_{c,t}}{m_c+m_s+m_g+m_w} \tag{3-28}$$

(5) 当混凝土表观密度实测值 $\rho_{c,t}$ 与计算值 $\rho_{c,c}$ 之差的绝对值不超过计算值的 2%时，由以上方法确定的配合比即为确定的设计配合比；当两者之差超过计算值的 2%时，应将配合比中的各项材料用量乘以校正系数，即为混凝土的设计配合比。

4) 施工配合比的确定

混凝土的设计配合比是以干燥状态骨料为准，而工地存放的砂、石材料都含有一定的

水分，故现场材料的实际用量应按砂、石含水情况进行修正，修正后的配合比为施工配合比。

假设工地砂、石含水率分别为$a\%$和$b\%$，则施工配合比为

$$\begin{cases} m_c = m_{c2} \\ m_s = m_{s2}(1+a\%) \\ m_g = m_{g2}(1+b\%) \\ m_w = m_{w2} - m_{s2} \cdot a\% - m_{g2} \cdot b\% \end{cases} \tag{3-29}$$

施工现场的含水率是经常变化的，所以在施工中应随时对骨料的含水率进行测试，及时调整配合比，防止由于骨料含水率的变化而导致混凝土水灰比发生波动，对混凝土强度和耐久性造成不良影响。

【例 3-4】 某钢筋混凝土桥台，混凝土设计强度等级为C30。要求由机械拌合、振捣，施工要求混凝土坍落度为35～50mm，使用环境为无冻害的室外使用。施工单位无该种混凝土的历史统计资料，该混凝土采用统计法评定。所用的原材料情况如下。

水泥：42.5级普通水泥，实测28d抗压强度为46.0MPa，密度ρ_c=3 100kg/m^3。

砂：级配合格，μ_f=2.7的中砂，表观密度ρ_s=2 650kg/m^3。

石子：5～20mm的碎石，表观密度ρ_g=2 720kg/m^3。

试求：1. 该混凝土的设计配合比。

2. 施工现场砂的含水率为3%，碎石的含水率为1%时的施工配合比。

解：1. 混凝土初步配合比的确定

1）配制强度（$f_{cu,o}$）的确定

$$f_{cu,o} = f_{cu,k} + 1.645\sigma$$

查表3-31，当混凝土强度等级为C30时，取σ=5.0MPa，得

$$f_{cu,o} = f_{cu,k} + 1.645\sigma = 30 + 1.645 \times 5.0 \approx 38.2(\text{MPa})$$

2）计算水灰比(W/C)

对于碎石：α_a=0.46，α_b=0.07，且已知f_{ce}=46.0MPa，则

$$\frac{W}{C} = \frac{\alpha_a f_{ce}}{f_{cu,o} + \alpha_a \alpha_b \times f_{ce}} = \frac{0.46 \times 46.0}{38.2 + 0.46 \times 0.07 \times 46.0} \approx 0.53$$

由表3-26查得最大水灰比为0.60，可取水灰比为0.53。

3）确定单位用水量（m_{w0}）

根据混凝土坍落度为35～50mm，砂为中砂，石为5～20mm的碎石，查表3-32，可选取单位用水量m_{w0}=195kg。

4）计算水泥用量（m_{c0}）

$$m_{c0} = \frac{m_{w0}}{\left(\frac{W}{C}\right)} = \frac{195}{0.53} = 368(\text{kg})$$

由表3-26查得最小水泥用量为280kg，可取水泥用量为368kg。

5）选取确定砂率（β_s）

查表3-34，W/C=0.53和碎石最大粒径为20mm时，可取β_s=36%。

6）计算粗、细骨料用量（m_{g0}，m_{s0}）

（1）质量法。

假定1m³新拌混凝土的质量为2 400kg。则有

$$\begin{cases} 368+m_{g0}+m_{s0}+195=2\,400\text{kg} \\ \dfrac{m_{s0}}{m_{s0}+m_{g0}}\times 100\%=36\% \end{cases}$$

解联立方程组得：$m_{s0}=661\text{kg}$，$m_{g0}=1\,176\text{kg}$。

因此，该混凝土的初步配合比如下。

1m³混凝土的各材料用量：水泥368kg，水195kg，砂661kg，碎石1 176kg。

各材料之间的比例：$m_{c0}:m_{w0}:m_{s0}:m_{g0}=1:0.53:1.80:3.20$

（2）体积法。

取新拌混凝土的含气量$\alpha=1$有

$$\begin{cases} \dfrac{368}{3\,100}+\dfrac{m_{g0}}{2\,720}+\dfrac{m_{s0}}{2\,650}+\dfrac{195}{1\,000}+0.01\times 1=1\text{m}^3 \\ \dfrac{m_{s0}}{m_{g0}+m_{s0}}\times 100\%=36(\%) \end{cases}$$

解联立方程组得：$m_{s0}=658\text{kg}$，$m_{g0}=1\,170\text{kg}$。

因此，该混凝土的初步配合比为：

1m³混凝土的各材料用量：水泥368kg，水195kg，砂658kg，碎石1 170kg。

各材料之间的比例：$m_{c0}:m_{w0}:m_{s0}:m_{g0}=1:0.53:1.79:3.18$

2. 配合比的试配、调整与确定（以体积法计算配合比为例）

1）配合比的试配

按计算配合比试拌15L混凝土，各材料用量如下

（1）水泥为$0.015\text{m}^3\times 368\text{kg/m}^3=5.52\text{kg}$。

（2）水为$0.015\text{m}^3\times 195\text{kg/m}^3=2.93\text{kg}$。

（3）砂为$0.015\text{m}^3\times 658\text{kg/m}^3=9.87\text{kg}$。

（4）碎石为$0.015\text{m}^3\times 1\,170\text{kg/m}^3=17.55\text{kg}$。

拌和均匀后，测得坍落度为25mm，低于施工要求的坍落度（35～50mm），增加水泥浆量5%，测得坍落度为40mm，新拌混凝土的粘聚性和保水性良好。经调整后各项材料用量为水泥5.80kg，水3.08kg，砂9.37kg，碎石17.55kg，其总量为36.30kg。因此，基准配合比为$m_{c0}:m_{w0}:m_{s0}:m_{g0}=5.80:3.08:9.87:17.55=1:0.53:1.70:3.03$。

以基准配合比为基础，采用水灰比为0.48，0.53和0.58三个不同的配合比，制作强度试验试件。其中，水灰比为0.48和0.58的配合比也应经和易性调整，保证满足施工要求的和易性，同时，测得其表观密度分别为2 380kg/m³，2 383kg/m³和2 372kg/m³。

2）设计配合比的调整与确定

三种不同水灰比混凝土的配合比、实测坍落度、表观密度和28d强度见表3-39。

表 3-39 不同水灰比混凝土的各项数值

编号	混凝土配合比						混凝土实测性能	
	水灰比	水泥/kg	水/kg	砂/kg	石/kg	坍落度/mm	表观密度/(kg/m³)	28d 抗压强度/MPa
1	0.48	425	204	611	1 135	45	2 380	47.8
2	0.53	385	204	643	1 146	40	2 383	40.2
3	0.58	350	203	654	1 157	40	2 372	34.0

由表 3-35 的结果并经计算可得 $f_{cu,o}$ 对应的 W/C 为 0.54。因此，取水灰比为 0.54，用水量为 204kg，砂率保持不变。调整后的配合比为：水泥 378kg；水 204kg；砂 646kg；石子 1 150kg。由以上定出的配合比，还需根据混凝土的实测表观密度 $\rho_{c,t}$ 和计算表观密度 $\rho_{c,c}$ 进行校正。按调整后的配合比实测的表观密度为 2 395kg/m³，计算表观密度为 2 378kg/m³，校正系数为

$$\delta = \frac{\rho_{c,t}}{\rho_{c,c}} = \frac{2\ 395}{2\ 378} \approx 1.007$$

由于 $\rho_{c,t} - \rho_{c,c} = 2\ 395 - 2\ 378 = 17$，该差值小于 $\rho_{c,t}$ 的 2%，所以，调整后的配合比可确定为实验室设计配合比，即

1m³混凝土的各材料用量：水泥 378kg，水 204kg，砂 646kg，碎石 1 150kg。

或各材料之间的比例：$m_{c0} : m_{w0} : m_{s0} : m_{g0} = 1 : 0.54 : 1.71 : 3.01$

3）现场施工配合比

将设计配合比换算为现场施工配合比时，用水量应扣除砂、石所含水量，砂、石用量则应增加砂、石所含水量。因此，施工配合比为

$m_c = m_{c2} = 378\text{kg}$

$m_s = m_{s2}(1 + a\%) = 646 \times (1 + 0.03) = 665(\text{kg})$

$m_g = m_{g2}(1 + b\%) = 1\ 150 \times (1 + 0.01) = 1\ 162(\text{kg})$

$m_w = m_{w2} - m_{s2} \cdot a\% - m_{g2} \cdot b\% = 204 - 646 \times 0.03 - 1\ 150 \times 0.01 = 173(\text{kg})$

因此，施工现场砂的含水率为 3%，碎石的含水率为 1%时，施工配合比如上。

5. 掺外加剂的普通水泥混凝土配合比设计

1）确定试配强度和水灰比

与前述普通水泥混凝土配合比设计方法相同。

2）计算掺外加剂混凝土的单位用水量

根据集料品种和规格、外加剂的类型与掺量以及施工和易性的要求，按下式确定 1m³混凝土的用水量。

$$m_{w,ad} = m_w(1 - \beta_{ad}) \tag{3-30}$$

式中 m_w——1m³基准混凝土(未掺外加剂混凝土)中的用水量，kg/m³；

$m_{w,ad}$——1m³外加剂混凝土的用水量，kg/m³；

β_{ad}——外加剂的减水率，无减水作用的外加剂 $\beta_{ad} = 0$。

3）计算外加剂混凝土的单位水泥用量

$$m_{c,ad}=\frac{C}{W}\cdot m_{w,ad} \tag{3-31}$$

4）计算单位粗、细集料用量

根据表3-34选定砂率，然后用质量法或体积法确定粗、细集料用量。

5）试拌调整

根据计算所得各种材料用量进行混凝土试拌，如不满足要求则应对材料用量进行调整，重新计算和试拌，达到设计要求为止。

【例3-5】 按例3-4资料，掺加高效减水剂UNF—5，掺加量为0.5%，减水率$\beta_{ad}=10\%$。设计该混凝土配合比。

解：

(1) 确定试配强度和水灰比。

由前述计算得：试配强度$f_{cu,0}=38.2\,MPa$，水灰比$W/C=0.55$。

(2) 计算掺外加剂混凝土的单位用水量。

$$m_{w,ad}=195\times(1-0.1)=0.176(kg)$$

(3) 计算掺加剂混凝土的单位水泥用量。

$$m_{c,ad}=176/0.55=320(kg)$$

(4) 计算单位粗、细集料用量。

砂率同前，$\beta_s=36\%$

按质量法计算得$m_{s,ad}=686kg$，$m_{g,ad}=1\ 220kg$

(5) 外加剂用量。

$$m_{w,ad}=320\times0.5\%=1.60(kg)$$

(6) 掺加剂混凝土配合比。

$$m_{c,ad}:m_{s,ad}:m_{g,ad}=320:686:1\ 220=1:2.14:3.81$$

(7) 试拌调整。

6. 粉煤灰混凝土配合比设计

混凝土中掺粉煤灰混凝土的配合比设计方法，按国家标准GBJ 146—1990规定，可以采用等量取代法、超量取代法和外加剂法。目前多采用超量取代法。

1）配合比设计原则

掺粉煤灰混凝土的配合比设计，是以基准混凝土(即未掺粉煤灰的混凝土)配合比为基础，按等稠度、等强度等级的原则，用超量取代法进行调整。

所谓等稠度和等强度等级，是指配制成的粉煤灰混凝土具有与基准混凝土拌合物相同的稠度，硬化后指定龄期的强度等级相等。

超量取代法是粉煤灰总掺入量中，一部分取代等体积的水泥，超量部分粉煤灰取代等体积的砂。

2）设计步骤

(1) 计算基准混凝土配合比。

根据普通混凝土配合比设计方法，计算得基准配合比。

(2) 选定粉煤灰取代水泥的掺量百分率和粉煤灰超量系数。

粉煤灰取代水泥的掺量百分率 f，不得超过表 3－40 规定的允许最大限值。

表 3－40　粉煤灰取代水泥最大限量

混凝土种类	粉煤灰取代水泥最大限量(%)			
	硅酸盐水泥	普通硅酸盐水泥	矿渣硅酸盐水泥	火山灰硅酸盐水泥
预应力钢筋混凝土	25	15	10	
钢筋混凝土、高强度混凝土、耐冻混凝土、蒸养混凝土	30	25	20	15
中、低强度混凝土，泵送混凝土，大体积混凝土，地下、水下混凝土	50	40	30	20
碾压混凝土	65	55	45	35

粉煤灰超量系数 δ_f 根据粉煤灰的等级按表 3－41 选用。

表 3－41　粉煤灰超量系数

粉煤灰等级	超量系数 δ_f
Ⅰ	1.1～1.4
Ⅱ	1.3～1.7
Ⅲ	1.5～2.0

(3) 计算粉煤灰取代水泥量、超量部分和总掺量。

粉煤灰取代水泥量为

$$m_{f1} = m_{c0} f \tag{3-32}$$

粉煤灰超量部分质量为

$$m_{f2} = m_{f1}(\delta_1 - 1) \tag{3-33}$$

粉煤灰总掺量为

$$m_f = m_{f1} + m_{f2} \tag{3-34}$$

(4) 计算粉煤灰混凝土的单位水泥用量。

$$m_{cf} = m_{c0} - m_{f1} \tag{3-35}$$

(5) 计算粉煤灰混凝土的单位水泥用量。

$$m_{sf} = m_{s0} - \frac{m_{f2}}{\rho_f} \cdot \rho_s \tag{3-36}$$

(6) 确定粉煤灰混凝土的各种材料用量。

由前计算得 m_{cf}、m_{sf}，取 $m_{gf} = m_{g0}$、$m_{wf} = m_{w0}$。粉煤灰混凝土各材料用量为 m_{cf}、m_{wf}、m_{sf} 和 m_{gf}。

(7) 试拌、调整、提出实验室配合比，调整方法同前。

【例 3－6】 粉煤灰混凝土配合比设计

设计要求：按例 3－4 资料，掺加 Ⅰ 级粉煤灰，粉煤灰密度为 2 200kg/m^3，设计该混凝土配合比。

解：

(1) 计算基准混凝土配合比。

由例 3-3 得 $m_{s0}=658\text{kg}$，$m_{w0}=195\text{kg}$，$m_{c0}=368\text{kg}$，$m_{g0}=1\ 170\text{kg}$。

(2) 选定粉煤灰取代水泥的掺量百分率和粉煤灰超量系数。

由题中条件知，水泥品种为普通硅酸盐水泥，混凝土工程种类为钢筋混凝土，查表 3-40 得粉煤灰取代水泥最大限量为 25%，现取 20%。粉煤灰等级为 I 级，水泥强度等级为 42.5，水泥混凝土强度等级为 C30，查表 3-41 取粉煤灰超量系数为 1.2。

(3) 计算粉煤灰取代水泥质量、粉煤灰超量部分质量和粉煤灰总质量。

粉煤灰取代水泥质量　$m_{f1}=m_0 f=368\times 20\%=73.6(\text{kg})$

粉煤灰超量部分质量　$m_{f2}=m_{f1}(\delta_f-1)=73.6\times(1.2-1)\approx 14.7(\text{kg})$

粉煤灰总质量　$m_f=m_{f1}+m_{f2}=73.6+14.7=88.3(\text{kg})$

(4) 计算粉煤灰混凝土的单位水泥用量。

$$m_{cf}=m_{c0}-m_{f1}=368-73.6=294.4(\text{kg})$$

(5) 计算粉煤灰混凝土的单位砂用量。

$$m_{sf}=m_{s0}-\frac{m_{f2}}{\rho_f}\cdot\rho_s=658-\frac{14.7}{2.2}\times 2.65=640(\text{kg})$$

(6) 确定粉煤灰混凝土的各种材料用量。

由前计算得 $m_{cf}=294.4\text{kg}$，$m_{sf}=640\text{kg}$，$m_f=88.3\text{kg}$。取 $m_{gf}=m_{g0}=1\ 170\text{kg}$，$m_{wf}=m_{w0}=195\text{kg}$。

(7) 试拌调整。

7. 道路混凝土配合比设计的方法和步骤(以抗弯拉强度为指标的计算方法)

路面用水泥混凝土配合比设计按下列步骤进行。

1) 计算初步配合比

(1) 确定配制强度。

$$f_c=\frac{f_r}{1-1.04c_v}+ts \tag{3-37}$$

式中 f_c——混凝土配制 28d 抗弯拉强度的均值，MPa；

f_r——混凝土设计抗弯拉强度，MPa；

s——抗弯拉强度试验样本的标准差，MPa；

t——保证率系数，按规范 JTJ F30—2003 查表 3-42 确定；

c_v——抗弯拉强度变异系数，应按统计数据在规范 JTJ F30—2003 规定范围内(表 3-43)取值；在无统计数据时，抗弯拉强度变异系数应按设计取值；如施工配置抗弯拉强度超出设计给定的抗弯拉强度变异系数上限，则必须改进机械装备和提高施工控制水平。

表 3-42 保证率系数 t

公路等级	判别概率 P	样本数 n				
		3	6	9	15	20
高速公路	0.05	1.36	0.79	0.61	0.45	0.39
一级公路	0.10	0.95	0.59	0.46	0.35	0.30
二级公路	0.15	0.72	0.46	0.37	0.28	0.24
三级和四级公路	0.20	0.56	0.37	0.29	0.22	0.19

表 3-43 各级公路混凝土路面弯拉强度变异系数

公路技术等级	高速公路	一级公路		二级公路	三、四级公路	
变异水平等级	低	低	中	中	中	高
变异系数允许范围	0.05～0.10	0.05～0.10	0.10～0.15	0.10～0.15	0.10～0.15	0.15～0.20

(2) 计算水灰比。

混凝土拌和物的水灰比根据已知的混凝土配制抗弯拉强度和水泥的实测抗折强度，代入下式计算得出。

对碎石或碎卵石混凝土

$$\frac{W}{C}=\frac{1.5684}{f_c+1.0097-0.3595f_s} \tag{3-38}$$

对卵石混凝土

$$\frac{W}{C}=\frac{1.2618}{f_c+1.5492-0.4709f_s} \tag{3-39}$$

式中 f_s——水泥实测抗折强度，MPa。

掺用粉煤灰时，应计入超量取代中代替水泥的那一部分粉煤灰用量(代替砂的超量部分不计入)，用水胶比 $W/(C+F)$ 代替水灰比 W/C。水灰比不得超过国家标准规范 JTJ F30—2003 规定的最大水灰比。

(3) 计算单位用水量。

混凝土拌和物 1m^3 的用水量，按式(3-40)、式(3-41)计算。

对碎石混凝土

$$W_0=104.97+0.309S_L+11.27\frac{C}{W}+0.61S_P \tag{3-40}$$

对砾(卵)石混凝土

$$W_0=86.89+0.370S_L+11.24\frac{C}{W}+1.00S_P \tag{3-41}$$

式中 S_L——混凝土拌和物坍落度，mm；

S_P——砂率(%)，查表选定；

$\frac{C}{W}$——灰水比，即水灰比的倒数。

掺外加剂的混凝土单位用水量按式(3-42)计算。

$$W_{0w} = W_0(1 - \frac{\beta}{100}) \tag{3-42}$$

式中 W_{0w}——掺外加剂混凝土的单位用水量，kg/m^3；

β——所用外加剂的实测减水率，%。

(4) 计算单位水泥用量 m_{c0}。

混凝土拌和物 $1m^3$ 的水泥用量按式(3-43)计算。

$$m_{c0} = \frac{m_{c0}}{\frac{W}{C}} \tag{3-43}$$

单位水泥用量不得小于《公路水泥混凝土路面施工技术规范》(JTJ F30—2003)规定的按耐久性要求的最小水泥用量，见表3-44。

表3-44 混凝土满足耐久性要求的最大水灰(胶)比和最小单位水泥用量

公路技术等级		高速、一级公路	二级公路	三、四级公路
最大水灰(胶)比		0.44	0.46	0.48
抗冰冻要求最大水灰(胶)比		0.42	0.44	0.46
抗盐冻要求最大水灰(胶)比		0.40	0.42	0.44
最小单位水泥用量(kg/m^3)	42.5级	300	300	290
	32.5级	310	310	305
抗冰(盐)冻时最小单位水泥用量(kg/m^3)	42.5级	320	320	315
	32.5级	330	330	325
掺粉煤灰时最小单位水泥用量(kg/m^3)	42.5级	260	260	255
	32.5级	280	270	265
抗冰(盐)冻掺粉煤灰最小单位水泥用量(42.5级水泥)(kg/m^3)		280	270	265

注：(1) 掺粉煤灰，并有抗冰(盐)冻性要求时，不得使用32.5级水泥。

(2) 水灰(胶)比计算以砂石料的自然风干状态计(砂含水量≤1.0%；石子含水量≤0.5%)。

(3) 处在除冰盐、海风、酸雨或硫酸盐等腐蚀性环境中，或在大纵坡等加减速车道上的混凝土，最大水灰(胶)比可比表中数值降低0.01～0.02。

(5) 计算砂石材料单位用量 m_{s0}、m_{g0}。

砂石单位用量可按前述绝对体积法或质量法确定。

按质量法计算时，混凝土单位质量可取2 400～2 450kg/m^3；按体积法计算时，应计入设计含气量。采用超量取代法掺用粉煤灰时，超量部分应代替砂，并折减用砂量。经计算得到的配合比应验算单位粗集料填充体积率(不宜小于70%)。

2) 配合比调整

(1) 试拌调整。

按初步计算配合比进行调整。流动性不满足要求，应在水灰比不变的情况下，增减水泥浆用量；如果黏聚性或保水性不符合要求，则调整砂率的大小。

（2）实测拌和物相对密度。

由于在计算砂、石用量时未考虑含气量，故应实测混凝土拌和物捣实后的相对密度，并对各组成材料的用量进行最后调整，以确定基准配合比。

（3）强度复核。

按试拌调整后的道路混凝土配合比，同时配制和易性满足设计要求的、比计算配合比水灰比增大 0.03 或减少 0.03 的共三组混凝土试件，经标准养护 28d，测其抗弯拉强度，选定即满足设计要求，又节约水泥的配合比为实验室配合比。

（4）施工配合比的换算。

根据施工现场材料性质、砂石材料颗粒表面含水率，对理论配合比进行换算，最后得出施工配合比。

【例 3－7】 试设计某高速公路路面用水泥混凝土配合比。

（1）某高速公路路面工程用混凝土(无抗冻性要求)，要求混凝土设计抗弯拉强度等级为 5.0MPa，施工单位混凝土弯拉强度样本的标准差为 0.4MPa($n=9$)。混凝土由机械搅拌并振捣，采用滑模摊铺机摊铺，施工要求坍落度为 30～50mm。

（2）组成材料。

① 水泥采用 52.5 级普通硅酸盐水泥，是实测水泥 28d 胶砂抗折强度为 8.2MPa，密度为 3 100kg/m^3；

② 中砂的表观密度为 2 630kg/m^3，细度模数为 2.6；

③ 碎石采用石灰石，最大粒径 37.5mm，级配合格，表观密度 2 700kg/m^3；

④ 水采用饮用水。

解：

（1）确定试配强度。

$$f_c=\frac{f_r}{1-1.04C_v}+ts=\frac{5}{1-1.04\times0.075}+0.61\times0.4\approx5.67(\text{MPa})$$

（2）计算水灰比。

由式

$$\frac{W}{C}=\frac{1.5684}{f_c+1.0097-0.3595f_s}=\frac{1.5684}{5.67+1.0097-0.3595\times8.2}\approx0.42$$

耐久性校核。混凝土为高速公路路面所用，无抗冻性要求，查规范得最大水灰比为 0.44，故按照强度计算得水灰比结果符合耐久性要求，取水灰比 $W/C=0.42$，灰水比 $C/W=2.38$。

（3）计算用水量。

由坍落度要求 30～50mm，取 40mm，$W/C=0.42$ 时，$S_p=34\%$，代入式(3－44)得

$$\begin{aligned}W_0&=104.97+0.309S_L+11.27\frac{C}{W}+0.61S_P\\&=104.97+0.309\times40+11.27\times2.38+0.61\times34\\&=143(\text{kg/m}^3)\end{aligned}$$

查规范得最大单位用水量为 160kg/m^3，故取计算单位用水量 143kg/m^3。

(4) 计算水泥用量。

$$m_{c0}=\frac{m_{c0}}{\frac{W}{C}}=143\times2.38\approx340(\mathrm{kg/m^3})$$

查规范，耐久性允许最小水泥用量为300kg/m³，故取水泥用量为340kg/m³。

(5) 计算砂石用量。

$$\frac{340}{3\,100}+\frac{143}{1\,000}+\frac{m_{s0}}{2\,630}+\frac{m_{g0}}{2\,700}+0.01\times1=1$$

$$\frac{m_{s0}}{m_{s0}+m_{g0}}\times100\%=34\%$$

解得：$m_{s0}=671\mathrm{kg/m^3}$，$m_{g0}=1\,302\mathrm{kg/m^3}$

验算：碎石的填充体积$=\frac{m_{g0}}{\rho_{gh}}=\frac{1\,302}{1\,701}\times100\%=74.2\%$，符合要求。

由此确定路面混凝土的初步配合比为：$m_{w0}=143\mathrm{kg/m^3}$，$m_{c0}=340\mathrm{kg/m^3}$，$m_{s0}=671\mathrm{kg/m^3}$，$m_{g0}=1\,302\mathrm{kg/m^3}$。

路面混凝土的基准配合比、设计配合比与施工配合比设计内容与普通混凝土相同，此处不再赘述。

3.5 其他功能混凝土

在道路与桥梁工程中，除了普通水泥混凝土材料外，高强混凝土、流态混凝土、纤维增强混凝土、碾压式混凝土、彩色水泥混合料、滑模混凝土等近年来有了很大的发展，现将这几种混凝土简述如下。

3.5.1 高强混凝土

强度等级不低于C60的混凝土称为高强混凝土。为了减轻自重、增大跨径，现代高架公路、立体交叉和大型桥梁等混凝土结构均采用高强混凝土。为了保证混凝土达到应有的强度，通常采用下列几方面的综合措施。

(1) 选用优质高强的水泥，水泥矿物成分中的C_3S和C_2S含量应较高，特别是C_3S含量要高。集料应选用高强、有棱角、密致而无孔隙和软弱夹杂物的材料，并且要求有最佳级配；高强混凝土均需采用减水剂及其他外加剂，应选用优质高效的NNO、MF等减水剂来提高混凝土的强度。

(2) 采用增加水泥中早强和高强的矿物成分含量，提高水泥的磨细度和采用压蒸养护的方法，来改善水泥的水化条件以达到高强度。

(3) 采用加压脱水成形法、超声高频振动以及掺减水剂的方法来提高混凝土的密实度，而使混凝土的强度得以提高。

(4) 掺加各种高聚物，增强集料和水泥的黏附性，采用纤维增强等措施，也可提高混凝土强度，而得到高强混凝土。

3.5.2 流态混凝土

流态混凝土是在预拌的坍落度为8～12cm的基体混凝土拌合物中，加入外加剂——流化剂，经过二次搅拌，使基体混凝土拌合物的坍落度增加至18～22cm。能自流填满模型或钢筋间隙的混凝土又称为超塑性混凝土。

1. 流态混凝土的特点

1）流动性大、浇筑性好

流态混凝土流动性好，坍落度在20cm以上，由于它具有自密性，泵送浇筑后，可以不振捣。

2）减少用水量、提高混凝土性能

由于流化剂可大幅度减少用水量，如用灰量不变，则可在保证流动性的前提下减小水灰比，因而可提高混凝土的强度和耐久性。

3）降低浆集比、减少收缩

流态混凝土是依赖流化剂的流化效应来提高其流动性，在水灰比不变的情况下，不仅可减少用水量，同时还可节约水泥用量。拌合物中水泥浆的体积减小后，则可减小混凝土硬化后的收缩率，避免产生收缩裂缝。

4）不产生离析和泌水

由于流化剂的作用，在用水量较小的情况下，混凝土还具有大的流动性，所以不会像普通混凝土那样产生离析和泌水。

2. 流态混凝土的组成

流态混凝土是由基体混凝土和流化剂组成的新型混凝土。

1）基体混凝土组成

为适应流态混凝土的大坍落度要求，基体混凝土中的水泥用量一般不低于300kg/m^3，粗集料最大粒径不大于20mm，细集料最好含有一定数量粒径小于0.315mm的粉料，砂率通常可达45%左右。基体混凝土拌合物的坍落度值应与流化后拌合物的坍落度值相匹配，通常两值之差约为10cm。

2）高效减水剂

流化剂的用量一般为水泥用量的0.5%～0.7%，如超过0.7%坍落度并无明显增加，但易产生离析现象。

3）掺合料

在流态混凝土中常掺加优质粉煤灰，可改善混凝土流动性、提高强度、节约水泥。

3. 工程应用

流态混凝土在道路与桥梁工程中应用日益广泛，如越江隧道的水泥混凝土路面、斜拉桥的混凝土主塔以及地铁的衬砌封顶等均须采用流态混凝土。

但由于流态混凝土的耐磨性较基体混凝土稍差，作为路面混凝土应考虑提高耐磨性措施。

3.5.3 纤维增强混凝土

纤维增强混凝土(Fiber Reinforced Concrete)简称纤维混凝土，是以水泥混凝土为基材，以不连续而分散的纤维为增强材料所组成的一种复合材料。常作为增强材料的纤维有钢纤维、玻璃纤维、合成纤维和天然纤维等。目前用于道路路面或桥梁桥面混凝土的增强纤维主要为钢纤维。

1. 钢纤维的力学性能

(1) 弯拉强度和抗拉强度较高。

(2) 抵抗动载振动冲击能力强。

(3) 具有极高的耐疲劳性能。

(4) 具有柔韧性的复合材料。

(5) 有抗冻胀和抗盐冻脱皮性能，但不耐锈蚀，用量大、价格高，热传导系数大，不适用于隔热要求的混凝土路面。

2. 工程应用

钢纤维与混凝土组成复合材料后，可使混凝土的抗弯拉强度、抗劈裂强度、韧度和抗冲击强度等性能得到改善，所以钢纤维混凝土广泛用于道路与桥隧工程中，如机场道面、高等级路面、桥梁桥面铺装和隧道衬砌等工程。

3.5.4 碾压式混凝土

碾压式混凝土(Roller Compacted Concrete，RCC)是以级配集料和较低的水泥用量与用水量以及掺合料和外加剂等组曾的超干硬性混凝土拌合物，经振动压路机等机械碾压密实而形成的一种混凝土。这种混凝土铺筑成的路面具有强度高、密度大、耐久性好和节约水泥等优点。

1. 材料组成

1) 水泥

在路面碾压混凝土中应选用弯拉强度高、凝结时间稍长、强度发展快、干缩性小及耐磨性好的水泥。矿渣水泥和含火山灰质材料的普通水泥不宜用于高等级公路碾压混凝土路面。

2) 矿质混合料

路面碾压混凝土用粗、细集料应能组成密实的混合料，复合密级配的要求。粗集料最大粒径，用于路面面层的应不大于 20mm，用于路面底层的应不岛屿 30(或 40)mm。碎石中往往缺乏 2.5～5mm 部分，因而应补充部分石屑。为达到密实结构，砂率宜采用较高值。

3) 掺合料

为节约水泥，改善混凝土和易性和提高耐久性，通常均应掺加粉煤灰。

2. 技术性能

1) 强度高

碾压混凝土的矿质混合料组成为连续密级配，经过振动压路机和轮胎压路机等的碾压，使各种集料排列为骨架密实结构，因而具有较高的强度，特别是早期强度提高明显。

2) 干缩率小

碾压混凝土由于其组成材料配合比的改进，使拌合物具有优良的级配和很低的含水率，这种拌合物在碾压机械的作用下，才有可能使矿质集料形成包裹一层很薄水泥浆而又互相靠拢的骨架。因为水泥浆的干缩率比集料大的多，所以碾压混凝土的干缩率也大大减小。

3) 耐久性好

由于在形成这种密实结构的过程中，拌合物的空气被碾压机械锁排出，所以在碾压式混凝土中的孔隙率大为降低，这样抗水性、抗渗性和抗冻性等耐久性指标都有了提高。

4) 外加剂

为改善和易性及有足够的碾压时间，可以掺加缓凝型减水剂。

3. 工程应用

碾压式混凝土主要用于大坝、道路及机场路面混凝土等工程中，若应用于水泥混凝土路面，可以做成一层式或两层式；亦可作为底层，面层采用沥青混凝土作为抗滑、磨耗层。

特别提示

碾压式混凝土路面的质量，不仅取决于材料的组成配合，更主要的取决于路面施工工艺。

3.5.5 彩色水泥混合料

彩色水泥混合料系由普通硅酸盐水泥或白色硅酸盐水泥、砂、碎石以及颜料，外加剂拌合而成的新型混合料。它通过一定的生产加工工艺，可制成色泽鲜明的彩色水泥净浆砂浆、混凝土预制成品或供现场浇灌、修筑应用。

1. 材料组成

彩色水泥混合料是以水泥、砂、碎石或白云石(集料)为主要成分，掺以颜料和其他外加剂配制而成。

1) 水泥

水泥作为胶凝材料，是保证强度、耐久性和胶结颜料、集料的主要原料。应用的水泥品种有白色硅酸盐水泥、矿渣硅酸盐水泥、普通硅酸盐水泥，上述水泥经测试，各项品质指标均应符合国家规定。

2) 集料

采用的集料有常规砂和规格碎石。在镶嵌式砌块中，还以市售白云石子作面层集料。

集料在彩色混合料仍起骨料作用，但集料本身色泽深浅及表面粗糙程度还将直接影响彩色混合料中颜料的用量、效果和着色程度。

3）颜料

颜料是彩色水泥混合料区分于普通水泥混合料的特征材料。要求有优异的染色、遮盖性能和分散性，而且在碱性条件下不得褪色变色，对用于长年经受风吹、日晒、雨淋的部位，还要求颜料有较好的耐水、耐候性。

2. 工程应用

彩色水泥混合料及其制品应用于城镇道路，建筑物面墙和室内地坪装饰，住宅区道路，名胜古迹、园林等游览区道路，停车场，游泳场休息地坪，或作为安全设施标志使用。也可用作桥面铺装、隧道路面或码头、港口、机场地坪，并可采用其多种色彩拼成图案，用以美化城市和周围环境。

知识链接

仿生裂缝自愈合混凝土

水泥混凝土结构在受力或其他因素作用下，会出现损伤，造成微裂纹。虽然这些损伤是隐形的，但是如果不能及时修复，微裂纹会进一步发展，出现大的裂纹，随着水的深入还会出现钢筋锈蚀，从而降低混凝土结构的抗震能力和使用寿命。研究和开发新型自愈合仿生混凝土，使其能够主动、自动的对损伤部位进行修复、恢复并提高混凝土材料的性能，已成为结构功能(智能)一体化混凝土的发展趋势。如桥梁或一些关键结构的灾难性故障，都要求找到出事之前能警示或能预知失事而自动加固、自动修补裂纹的材料。智能材料的发展就是应人类这方面的需要而产生的。在现实生活中可以见到，人的皮肤划破后，一段时间后会自然长好，自愈合仿生混凝土就是模仿生物组织能对受创伤部位自动分泌某种物质，而使创伤部位得到愈合的机能。在混凝土组分中复合特殊组分(如含黏结剂的液芯纤维或胶囊)，在混凝土内部形成智能型仿生自愈合神经网络系统，当混凝土材料出现裂纹时，部分液芯纤维或胶囊破裂，黏结剂流出渗入裂缝，使混凝土裂缝重新“愈合”。

3.5.6 滑模混凝土

滑模混凝土是采用滑模摊铺机摊铺的，满足摊铺工作性、强度及耐久性等要求的较低塑性水泥混凝土材料。

1. 材料组成

1）水泥

特重、重交通水泥混凝土路面采用旋窑生产的道路硅酸盐水泥、硅酸盐水泥或普通硅酸盐水泥。中、轻交通的路面，可采用旋窑生产的矿渣硅酸盐水泥，冬季施工、有快速通车要求的路段可采用快硬早强R型水泥，一般情况宜采用普通型水泥。

在高速公路、一级公路水泥混凝土路面使用掺有10%以内活性混合材料的道路硅酸盐水泥和掺有6%～15%活性混合材料或10%非活性混合材料的普通硅酸盐水泥时，不得再掺火山灰、煤矸石、窑灰和黏土四种混合材料。路面有抗盐冻要求时，不宜使用掺5%石灰石粉的Ⅱ型硅酸盐水泥和普通水泥。

滑模混凝土使用的水泥宜采用散装水泥，其水泥的各项品质必须合格。

2）粉煤灰

滑模混凝土可掺入规定的电厂收尘的Ⅰ、Ⅱ级干排或磨细粉煤灰，但宜采用散装干粉煤灰。

3）粗集料

粗集料可使用碎石、破碎砾石和砾石。砾石最大粒径不得大于19mm，破碎砾石和碎石最大粒径不得大于31.5mm，超径和逊径含量均不得大于5%，粒径小于0.15mm的石粉含量不得大于1%。

粗集料的级配应符合规范的要求，质地坚硬、耐久、洁净。

4）细集料

细集料采用质地坚硬、耐久、洁净的河砂、机制砂、沉积砂和山砂，宜控制通过0.15mm筛的石粉含量不大于1%。滑模混凝土用砂宜为细度模数在2.3～3.2范围内的中砂或偏细粗砂。

5）水

所用水的硫酸盐含量(按SO_4^{2-}计)小于2.7mg/cm^3，含盐量不得超过5mg/cm^3。pH值不得小于4，不得含有油污。海水不得使用。

6）外加剂

可使用引气剂、减水剂等，其他外加剂品种可视现场气温、运距和混凝土拌合物振动粘度系数、坍落度及其损失、抗滑性、弯拉强度、耐模性等需要选用。

7）养生剂

养生剂的品种主要有水玻璃型、石蜡型和聚合物型三大类。

8）钢筋

使用的钢筋应符合《〈钢筋混凝土用钢 第2部分热轧带肋钢筋〉国家标准第1号修改单》(GB 1499.2—2007/XG1—2009)和《钢筋混凝土用钢第1部分：热轧光圆钢筋》(GB 1499.1—2008)的技术要求。钢筋应顺直，不得有裂纹、断伤、刻痕、表面油污和锈蚀。

9）填缝材料

常用的填缝材料有：常温施工式填缝料、加热施工式填缝料、预制多孔橡胶条制品等。高速公路、一级公路宜使用树脂类、橡胶类的填缝材料及其制品，二级及其以下公路可采用各种性能符合要求的填缝材料。

2. 滑模混凝土的技术性能

1）优良的工作性

新拌滑模混凝土具有较低坍落度，以及与摊铺机械振捣能力和速度相匹配的最优振动粘度系数、匀质性和稳定性。

2）高抗弯拉强度

用滑模摊铺机铺筑路面混凝土，可以提高其抗弯拉强度，使其具有足够的抗断裂破坏能力。

3）高耐疲劳极限

原来的抗弯拉疲劳循环周次由500万次提高到1 000万次或更大，保障滑模摊铺水泥混凝土路面的使用寿命延长一倍以上。

4）小变形性能

包括较低抗折弹性模量，较小的温度变形系数和较低的干缩变形量，保证接缝具有较小的温度、湿度变形伸缩量和完好的使用状态。

5）高耐久性

具有良好的抗磨性、抗滑性及其保持率、抗冻性和抗渗性，以及高耐油类的侵蚀、耐盐碱腐蚀、耐海水侵蚀的能力。

6）经济性

在满足所有路面混凝土工程性能条件下尽可能就地取材、因地制宜。

3. 工程应用

滑模混凝土广泛使用在水泥混凝土路面、大型桥面以及机场跑道、城市快车道、停车场、大面积地坪和广场混凝土道面上，具有良好的使用效果。

应用案例 3-8

【案例概况】

某有色冶金厂的铜电解槽，使用温度为65～70℃。槽内使用的主要介质为硫酸、铜离子、氯离子和其他金属阳离子。原使用传统的铅板作防腐衬里，易损坏，使用寿命较短。后采用整体呋喃树脂混凝土作电解槽，耐腐蚀，不导电，不仅保证电解铜的生产质量，还大大提高了金银的回收率，且使用寿命延长两年以上。

【案例解析】

树脂混凝土除强度高、抗冻融性能好外，还具有一系列优良的性能。由于其致密，抗渗性好，耐化学腐蚀性能亦远优于普通混凝土。呋喃树脂混凝土耐酸、耐腐蚀；绝缘电阻亦相当高，对试块作测试可达7×107Ω。为此用作铜电解槽可有优异的性能。还需说明的是，树脂混凝土的耐化学腐蚀性能又因树脂品种不同而异，若采用不饱和聚酯树脂的混凝土，除耐一般酸腐蚀外，还可耐低浓度强化性酸的腐蚀。

知识链接

屏蔽电磁波混凝土

随着电子信息时代的到来，各种电器及电子设备的广泛使用，导致电磁波泄漏问题越来越严重，而且电磁波泄露场的频率从超低频(ELF)到毫米波，分布极宽，它可能干扰正常的通讯和导航，甚至危害人体健康。因此，具有屏蔽电磁波的建筑材料越来越受到重视。混凝土本身既不能反射也不能吸收电磁波。但通过掺入导电粉末(如碳、石墨、铝或铀等)、导电纤维(如碳、铝、钢或铜一锌等)或导电絮片(如石墨、锌、铝等)等功能性组分后，可使其具有屏蔽电磁波的功能。例如，采用铁氧体粉末或碳纤维毡作为吸收电磁波的功能组分，制作的幕墙对电磁波的吸收可达 90%以上，而且幕墙壁薄质轻。将长度在 0.1mm 以上，直径为 0.1×10^{-3}mm 的碳纤维掺入混凝土中，则可通过反射电磁波的方式实现屏蔽电磁波的功能。该种混凝土不仅能够用于屏蔽电磁波，还能用于其他领域。

3.6 建筑砂浆

砂浆由胶结材料、细集料和水按适当比例配制而成。为了改善砂浆的和易性，可掺入适量的外加剂和混合材料。

在道路、桥梁和隧道工程中，砂浆是一种用量大、用途广的工程材料，主要用于砌筑桥涵、挡土墙和隧道衬砌等砌体及砌体表面的抹面。按砂浆用途，可分为砌筑砂浆和抹面砂浆。合理地选择和使用砂浆，对保证工程质量、降低工程成本有着重要意义。

3.6.1 砌筑砂浆

砌筑砂浆是将砖、石及砌块黏结成为整体的砂浆称为砌筑砂浆。它起着黏结砖、石及砌块构成砌体，传递荷载，并使应力的分布较为均匀，协调变形的作用。因此，砌筑砂浆是砌体的重要组成部分。现就其组成材料的要求、技术性质以及配合组成简述如下。

1. 组成材料

砂浆的组成材料除了不含粗集料外，基本上与混凝土的组成材料要求相同，但亦有差异。

1) 水泥

砌筑砂浆主要的胶凝材料是水泥，常用的有普通硅酸盐水泥、矿渣硅酸盐水泥、复合硅酸盐水泥、火山灰质硅酸盐水泥、砌筑水泥等常用品种。砌筑砂浆用水泥强度等级应根据设计要求进行选择。由于砂浆的强度等级较低，所以水泥的强度等级不宜太高，否则会由于水泥用量不足导致砂浆的保水性不良。水泥砂浆采用的水泥，其强度等级不宜大于 32.5 级；水泥混合砂浆中所掺加的消石灰膏会降低砂浆强度，因此所采用的水泥强度等级可适当提高，其强度等级不宜大于 42.5 级。

2) 砂

常用的天然砂，质量应符合混凝土用砂的要求。属于毛石砌体的砂浆，砂的最大粒径应不超过砂浆层厚度的 1/5～1/4；用于砖砌体的砂浆，砂的最大粒径应不大于 2.5mm；对于石砌体，砂的最大粒径为 5.0mm。对砂中泥和泥块含量作如下限制：砂浆等级≥M10.0 时不应超过 5%，砂浆等级为 M2.5～M7.5 时应不超过 10%，砂浆等级≤M1.0 时不应超过 15%～20%。

特别提示

砂浆用砂与混凝土用砂的不同之处：砂的最大粒径的限制和黏土含量限制。

3）水

配制砂浆用水应符合现行行业标准《混凝土用水标准》（JGJ 63—006）的规定。应选用不含有害杂质的洁净水来拌制砂浆。

4）掺加料及外加剂

为了改善砂浆的和易性和节约水泥，可在砂浆中加入一些无机掺加料，如石灰膏、黏土膏、粉煤灰等配制成各种混合砂浆，以提高质量和降低成本。掺加料加入前都经过一定的加工处理或检验。

为了使砂浆具有良好的和易性及其他施工性能，可在砂浆中掺入外加剂(如微沫剂、引气剂、早强剂、缓凝剂、防冻剂等)。外加剂的品种和掺量及物理性能等都应通过试验确定。

2. 技术性质

1）新拌砂浆的密度

水泥砂浆拌合物的密度不宜小于 1 900kg/m^3；水泥混合砂浆拌合物的密度不宜小于 1 800kg/m^3。

2）新拌砂浆的和易性

砂浆拌合物的和易性是指砂浆易于施工并能保证质量的综合性质。包括流动性和保水性两个方面，和易性好的砂浆不仅在运输过程和施工过程中不易产生分层、离析、泌水，而且能在粗糙的砖面上铺成均匀的薄层，与底面保持良好的黏结，便于施工操作。

(1) 流动性。

砂浆的流动性(又称稠度)，是指新拌砂浆在自重或外力作用下流动，能在粗糙的砖、石基面上铺筑成均匀的薄层并能与底面很好黏结的性能。流动性的大小通常用砂浆稠度测定仪测定。测定时，将按预定配合比拌制的砂浆装入圆锥体容器中，使标准的滑针自由下沉，用沉入度表示，以 mm 计，沉入度越大，表示砂浆的流动性越好。

砂浆流动性受用水量、胶结材料的品种和用量、混合材料及外加剂掺量、砂粒粗细、砂粒形状和级配以及搅拌时间的影响。砌筑砂浆的流动性可按表 3－45 选用，抹面砂浆的流动性可按表 3－46 选用。

表 3－45 砌筑砂浆流动性要求

<table>
<tr><th>砌体种类</th><th>砂浆稠度/mm</th></tr>
<tr><td>烧结普通砖砌体</td><td>70～90</td></tr>
<tr><td>石砌体</td><td>30～50</td></tr>
<tr><td>轻骨料混凝土小型空心砌块砌体</td><td>60～90</td></tr>
<tr><td>烧结多孔砖、空心砖砌体</td><td>60～80</td></tr>
<tr><td>烧结普通砖平拱式过梁</td><td rowspan="4">50～70</td></tr>
<tr><td>空心墙、筒拱</td></tr>
<tr><td>普通混凝土小型空心砌块砌体</td></tr>
<tr><td>加气混凝土砌块砌体</td></tr>
</table>

表 3-46 抹面砂浆流动性要求(稠度：mm)

抹灰工程	机械施工	手工操作
准备层	80～90	110～120
底层	70～80	70～80
面层	70～80	90～100
灰浆面层	—	90～120

(2) 保水性。

保水性是指新拌砂浆保持水分不流失的能力，即搅拌好的砂浆在运输、存放、使用的过程中，水与胶凝材料及骨料分离快慢的性质，也表示各组成材料不易分离的性质。保水性良好的砂浆水分不易流失，易于摊铺成均匀密实的砂浆层；反之，保水性差的砂浆，在施工过程中容易泌水、分层离析，使流动性变差；同时由于水分被砌体吸收，影响胶凝材料的正常硬化，从而降低砂浆的黏结强度。

砂浆的保水性用分层度表示，用砂浆分层度筒测定。试验时，将已测定稠度的砂浆装入圆筒中，静置 30min 后去圆筒底部 1/3 砂浆再测稠度，两次稠度的差值即为分层度，以 mm 计。保水性好的砂浆分层度以 10～20mm 为宜。分层度大，表明砂浆的分层离析现象严重，保水性不好。分层度过小，表明砂浆干缩较大，影响黏结力。

砂浆的保水性与胶结材料的类型和用量、细集料的级配、用水量等有关。为了改善砂浆的保水性，常掺入石灰膏、粉煤灰等。

3) 硬化后砂浆的强度和强度等级

砂浆硬化后成为砌体的组成材料之一，应能承受和传递各种外力，因此砂浆应具有一定的抗压强度。砂浆抗压强度是确定其强度等级的重要依据。

砂浆的强度是以 6 个 70.7mm×70.7mm×70.7mm 的立方体试块，在标准条件下养护 28d 后，用标准试验方法测得的抗压强度(MPa)平均值来确定的。

砂浆的强度等级划分为 M20、M15、M10、M7.5、M5、M2.5 6 个等级。

砌筑砂浆的强度等级应根据工程类别及不同砌体部位选择。在一般建筑工程中，办公楼、教学楼及多层商店等工程宜用 M5～M10 的砂浆；检查井、雨水井、化粪池等可用 M5 砂浆。特别重要的砌体才使用 M10 以上的砂浆。

砂浆在砌筑时实际强度主要决定于所砌筑的基层材料的吸水性，可分为下述两种情况。

(1) 基层为不吸水材料(如致密的石材)时，影响砂浆强度的因素与影响混凝土强度的因素基本相同，主要有水泥强度与水灰比，可用式(3-44)表示。

$$f_{m0,28}=0.29f_{ce}(\frac{C}{W}-0.4) \tag{3-44}$$

式中 $f_{m0,28}$——砂浆 28d 的 D 抗压强度，MPa；

f_{ce}——水泥 28d 的实际强度，MPa；

$\frac{C}{W}$——水灰比。

(2) 基层为吸水材料(如砖或其他多孔材料)时，由于基层吸水性强，即使砂浆用水量不同，经基层吸水后，保留在砂浆中的水分也大致相同。因此，砂浆的强度主要决定于水泥强度及用量，而与用水量无关。强度按式(3-45)计算。

$$f_{m0,28}=\frac{Am_c f_{ce}}{1\ 000}+B \tag{3-45}$$

式中 $f_{m0,28}$——砂浆28d的抗压强度，MPa；

f_{ce}——水泥28d的实际强度，MPa；

m_c——每立方米砂浆的水泥用量，kg；

A、B——砂浆的特征系数，其值可由试验确定，或参考表3-47。

表3-47 A、B 系数值

砂浆品种	A	B
水泥混合砂浆	1.50	−4.25
水泥砂浆	1.03	3.50

注：各地区也可用本地区试验资料确定 A、B 值，统计用的试验组数不得少于30组。

特别提示

- 与影响混凝土强度因素的主要区别在于：无粗骨料；凝结硬化及强度增长过程受基层吸水情况的影响，即在不同的基层上砂浆的强度不同。
- 密实基层(不吸水基层，如石材)，与混凝土类似，强度主要取决于水泥强度及W/C。
- 多孔基层(吸水基层，如砌块)，与混凝土不同，强度主要取决于水泥用量。

4) 砂浆的黏结力

砌筑砂浆应有足够的黏结力，以便将块状材料黏结成坚固的整体。一般来说，砂浆的抗压强度越高，其黏结力越强。砌筑前，保持基层材料一定的润湿程度也有利于提高砂浆的黏结力。此外，黏结力大小还与砖石表面状态、清洁程度及养护条件等因素有关，粗糙的、洁净的、湿润的表面黏结力较好。

5) 砂浆的耐久性

圬工砂浆经常受环境水的作用，故除强度外，还应考虑抗冻、抗渗、抗侵蚀等性能。提高砂浆的密实度可提高其耐久性。

知识链接

常用的砌筑砂浆种类及使用范围

1) 水泥砂浆

由水泥、砂和水组成。水泥砂浆和易性较差，但强度较高，适用于潮湿环境、水中以及要求砂浆强度等级较高的工程。

2）石灰砂浆

由石灰、砂和水组成。石灰砂浆和易性较好，但强度低。由于石灰是气硬性胶凝材料，故石灰砂浆一般用于地上部位、强度要求不高的低层建筑或临时性建筑，不适合用于潮湿环境或水中。

3）水泥石灰混合砂浆

由水泥、石灰、砂和水组成，其强度、和易性、耐水性介于水泥砂浆和石灰砂浆之间，应用较广，常用于地面以上的工程。

3. 砌筑砂浆的配合比

砌筑砂浆应根据工程类别及砌体部位的设计要求，选择砂浆的强度等级，再按所选强度等级确定其配合比。一般分两种情况。

1）水泥混合砂浆配合比设计

（1）计算试配强度。

$$f_{m0} = f_m + 0.645\sigma \tag{3-46}$$

式中 f_{m0}——砂浆的试配强度，精确至0.1MPa；

f_m——砂浆设计强度，精确至0.1MPa；

σ——砂浆现场强度标准差，精确至0.01MPa。

砌筑砂浆现场强度标准差的确定应符合下列规定。

① 当有近期统计资料时，应按下式计算

$$\sigma = \sqrt{\frac{\sum_{i=1}^{n} f_{m,i}^2 - n\mu_{fm}^2}{n-1}} \tag{3-47}$$

式中 $f_{m,i}$——统计周期内同一品种砂浆第 i 组时间的强度，MPa；

μ_{fm}——统计周期内同一品种砂浆 n 组试件强度的平均值，MPa；

n——统计周期内同一品种砂浆试件的总组数，$n \geqslant 25$。

② 当不具有近期统计资料时，砂浆现场强度标准差 σ 可按表3-48取用。

表3-48 砂浆强度标准差 σ 选用值

单位：MPa

施工水平 \ 砂浆强度等级	M2.5	M5	M7.5	M10	M15	M20
优良	0.50	1.00	1.50	2.00	3.00	4.00
一般	0.62	1.25	1.88	2.50	3.75	5.00
较差	0.75	1.50	2.25	3.00	4.50	6.00

（2）每立方米砂浆中的水泥用量

按下式计算

$$m_c = \frac{1\,000(f_{m0} - B)}{A \cdot f_{ce}} \tag{3-48}$$

式中 m_c——每立方米砂浆的水泥用量，kg/m^3；

f_{m0}——砂浆的试配强度，kg/m^3；

f_{ce}——水泥的实测强度，kg/m^3。

在无法取得水泥的实测强度值时，可按下式计算

$$f_{ce}=\gamma_c f_{ce,k} \tag{3-49}$$

式中 $f_{ce,k}$——水泥强度等级对应的强度值，MPa；

γ_c——水泥强度等级值的富余系数，该值应按实际统计资料确定。无统计资料时可取1.0。

(3) 确定$1m^3$水泥混合砂浆的掺加料用量。

$$m_D=m_A-m_C \tag{3-50}$$

式中 m_D——砂浆中石灰膏或黏土膏的掺量，kg/m^3；

m_A——每立方米砂浆中水泥与掺合料的总量，kg/m^3，宜在$300\sim350kg/m^3$；

m_C——每立方米砂浆的水泥用量，kg/m^3。

所用的石灰膏的稠度应为120mm，黏土膏的稠度为140～150mm。当石灰膏的稠度不为120mm时，可按表3-49进行换算。

表3-49 石灰膏不同稠度时的换算系数

石灰膏稠度/mm	120	110	100	90	80	70	60	50	40	30
换算系数	1.00	0.99	0.97	0.95	0.93	0.92	0.90	0.88	0.87	0.86

(4) 确定砂用量。砂浆中的水、胶结料和掺加料是用来填充砂的空隙的，因此$1m^3$干燥状态的砂的堆积密度值也就是$1m^3$砂浆所用的干砂用量。砂在干燥状态时体积恒定，而当砂含水5%～7%时，体积将膨胀30%左右，当砂含水处于饱和状态时，体积比干燥状态要减少10%左右。所以必须按照砂的干燥状态为基准进行计算。

(5) 确定用水量。应根据施工和易性所需稠度选择用水量。水泥混合砂浆用水量通常小于水泥砂浆。当采用中砂时，砂浆用水量范围可选用$240\sim310kg/m^3$。

特别提示

- 混合砂浆中的用水量，不包括石灰膏或黏土膏中的水。
- 当采用细砂或粗砂时，用水量分别取上限或下限。
- 砂浆稠度小于70mm时，用水量可小于下限。
- 施工现场气候炎热或干燥季节，可酌量增加用水量。

2) 水泥砂浆配合比确定

若按照水泥混合砂浆配合比设计方法计算水泥砂浆配合比，由于水泥强度太高，而砂浆强度太低，会造成计算水泥用量偏少，因此通过计算得到的配合比不太合理。为了避免计算带来的不合理情况，水泥砂浆的配合比可以根据工程类别及砌体部位确定砂浆的设计强度等级，水泥砂浆材料用量可按表3-50选用。表中水泥强度等级为32.5级。

水泥强度等级大于 32.5 级时，水泥用量应取表中的下限值。用水量的选用原则见水泥混合砂浆。

表 3-50　每立方米水泥砂浆材料用量

强度等级	每立方米砂浆水泥用量/kg	每立方米砂浆砂用量/kg	每立方米砂浆用水量/kg
M2.5～M5	200～230	$1m^3$砂的堆积密度	270～330
M7.5～M10	220～280		
M15	280～340		
M20	340～400		

3）试配与调整

（1）按计算或查表所得配合比进行试拌时，应测定其拌合物的稠度和分层度，当不能满足要求时，应调整材料用量，直到符合要求为止。然后确定为试配时的砂浆基准配合比。

（2）试配时至少应采用三个不同的配合比，其中一个基准配合比，其他配合比的水泥用量应按基准配合比分别增加和减少 10%。在保证稠度、分层度合格的条件下，可将用水量或掺加料用量作相应调整。

（3）分别按规定成型试件，测定砂浆强度，并选用符合试配强度要求且水泥用量最低的配合比作为砂浆配合比。

【例 3-8】 某工程用砌筑砂浆要求使用水泥石灰混合砂浆。砂浆强度等级为 M10，稠度 70～80mm。原材料性能如下：水泥为 42.5 级普通硅酸盐水泥；砂子为中砂，干砂的堆积密度为 1 480kg/cm³。砂的实际含水率为 2%；石灰膏稠度为 100mm；施工水平一般。

① 计算试配强度 f_{m0}

$$f_{m0}=f_m+0.645\sigma=10+0.645\times2.50\approx11.6(\text{MPa})$$

② 计算水泥用量 m_C（砖墙为吸水基体）

$$m_C=\frac{1\,000(f_{m0}-B)}{A\cdot f_{ce}}=\frac{1\,000\times(11.6+4.25)}{1.5\times42.5}\approx249(\text{kg/m}^3)$$

③ 计算石灰膏用量 m_D（砂浆胶结材料总量 m_A 选取 310kg）

$$m_D=m_A-m_C=310-249=61(\text{kg/m}^3)$$

石灰膏稠度 100mm 换算成 120mm，查表 3-50 得：

$$61\times0.97=59(\text{kg/m}^3)$$

④ 根据砂的堆积密度和含水率，计算用砂量 m_S

$$m_S=1\,480\times(1+2\%)=1\,510(\text{kg})$$

⑤ 选择用水量

查表 3-51，用水量 $m_w=300\text{kg/m}^3$。

砂浆试配时各材料的用量比例如下。

水泥：石灰膏：砂：水=249：59：1510：300=1：0.27：6.06：1.20

3.6.2 抹面砂浆

抹面砂浆也称抹灰砂浆，以薄层涂抹在建筑物内外表面。既可以保护墙体不受风雨、潮气等侵蚀，提高墙体的耐久性；同时也使建筑表面平整、光滑、清洁美观。与砌筑砂浆不同，对抹面砂浆的要求是具有良好的和易性，容易抹成均匀平整的薄层，便于施工，还要有较高的黏结力，砂浆层要能与底面黏结牢固，避免干裂脱落。

抹面砂浆按其功能不同可分为普通抹面砂浆和防水砂浆等。

1. 普通抹面砂浆

普通抹面砂浆的功能是保护结构主体，提高耐久性，改善外观。常用的普通抹面砂浆有石灰砂浆、水泥砂浆、水泥混合砂浆、麻刀石灰浆(简称麻刀灰)、纸筋石灰浆(简称纸筋灰)等。

为了提高抹面砂浆的黏结力，胶凝材料(包括掺合料)的用量较多，还常常加入适量的水溶性聚合物或聚合物乳液，如聚氧化乙烯或聚醋酸乙烯等。为了提高抗拉强度，防止抹面砂浆开裂。常加入麻刀、纸筋、聚合物纤维、玻璃纤维等纤维材料。

抹面砂浆一般分两层或三层施工，底层起黏结作用，中层起找平作用，面层起装饰作用。

用于砖墙的底层抹灰，常为石灰砂浆，有防水、防潮要求时，用水泥砂浆。用于混凝土基层的底层抹灰，常为水泥混合砂浆。中层抹灰常用水泥混合砂浆或石灰砂浆。面层抹灰常用水泥混合砂浆，麻刀灰或纸筋灰。

普通抹面砂浆的流动性和砂的最大粒径可参考表3-51。常用抹面砂浆的配合比和应用范围可参考表3-52。

表3-51 抹面砂浆流动性及骨料最大粒径

抹 面 层	沉入度/mm(人工抹面)	砂的最大粒径/mm
底层	100～120	2.5
中层	79～90	2.5
面层	70～80	1.2

表3-52 各种抹面砂浆配合比参考表

材　料	配合比(体积比)范围	应 用 范 围
石灰：砂	1：2～1：4	用于砖石墙表面(檐口、勒脚、女儿墙以及潮湿房间的墙除外)
石灰：黏土：砂	1：1：4～1：1：8	干燥环境墙表面
石灰：石膏：砂	1：0.4：2～1：1：3	用于不潮湿房间的墙及天花板
石灰：石膏：砂	1：2：2～1：2：4	用于不潮湿房间的线脚及其他装饰工程
石灰：水泥：砂	1：0.5：4.5～1：1：5	用于檐口、勒脚、女儿墙以及比较潮湿的部位
水泥：砂	1：3～1：2.5	用于浴室、潮湿车间等墙裙、勒脚或地面基层

续表

材料	配合比(体积比)范围	应用范围
水泥：砂	1：2～1：1.5	用于地面、天棚或墙面面层
水泥：石膏：砂：锯末	1：1：3：5	用于吸音粉刷
水泥：白石子	1：2～1：1	用于水磨石(打底用1：2.5水泥砂浆)
水泥：白石子	1：1.5	用于斩假石(打底用1：2.5水泥砂浆)
白灰：麻刀	100：2.5(质量比)	用于板条天棚底层
石灰膏：麻刀	100：1.3(质量比)	用于板条天棚面层(或100kg石灰膏加3.8kg纸筋)
纸筋：白灰浆	灰膏0.1m^3，纸筋0.36kg	较高级墙板、天棚

2. 防水砂浆

防水砂浆是一种具有高抗渗性能的砂浆，主要用于隧道和地下工程。配制防水砂浆的方法，一是合理选择配合比。用普通水泥砂浆多层抹面作为防水层时，要求水泥强度不能低于32.5级，砂宜采用中砂或粗砂，配合比控制在水泥：砂＝(1：2)～(1：3)，水灰比控制在0.40～0.50。用膨胀水泥或无收缩水泥配制防水砂浆时，由于水泥具有微膨胀或补偿性能，提高了砂浆的密实性，砂浆的抗渗性提高，并具有良好的防水效果，配合比(体积比)为水泥：砂＝1：2.5，水灰比为0.4～0.5。配制防水砂浆的另一个方法是掺防水剂。常用防水剂有硅酸钠(水玻璃)类防水剂、氯化物金属盐类防水剂和金属皂类防水剂。

特别提示

防水砂浆的施工操作要求较高，配制防水砂浆时现将水泥和砂干拌均匀，再把量好的防水剂溶于拌合水中与水泥、砂搅拌均匀后即可使用。涂抹时，每层厚度约5mm，共涂抹4～5层，20～30mm厚。在涂抹前先在润湿清洁的底面上抹一层纯水泥浆，然后抹一层5mm厚的防水砂浆，在初凝前用木抹子压实一遍，第二、三、四层都是同样的操作方法，最后一层进行压光。抹完后要加强养护，保证砂浆的密实性，以获得理想的防水效果。

应用案例 3-9

【案例概况】

某工地采用M10砌筑砂浆砌筑砖墙，施工中将水泥直接倒在砂堆上，采用人工拌和。该砌体灰缝饱满度及黏结性均差，试分析原因。

【案例解析】

(1) 砂浆的均匀性可能有问题。水泥直接倒在砂堆上采用人工拌和的方法导致混合不够均应，宜采用机械搅拌。

(2) 仅以水泥与砂配制砌筑砂浆，使用少量水泥虽可满足强度要求，但往往流动性及保水性较差，而使砌体饱满度及黏结性较差，影响砌体强度，可掺入少量石灰膏、石灰粉或微沫剂等以改善砂浆的和易性。

综合应用案例

【案例概况】

某斜拉桥塔柱基础长 30m，宽 40m，高 10m，系大体积混凝土，按照施工总体进度安排，正逢冬期施工。在编制施工组织设计时，认为大方量的混凝土在冬期施工适合于“蓄热法”养护，属常规的做法，没有较多的技术含量和难点，故没有作为一个专题编制专项技术方案。项目经理部为保证工程质量，除按常规做法外，又有针对性地决定采取了以下措施。

(1) 提高入模温度，采用热水拌和混凝土。

(2) 用增加水泥用量的方法提高和易性。

(3) 使用 52.5 级硅酸盐水泥。

结果，使混凝土产生许多裂缝。

【讨论】

(1) 造成上述质量问题的机理是什么?

(2) 分述上述措施是否妥当? 依据是什么?

(3) 试阐述大体积混凝土浇筑质量控制的要点及控制措施。

【案例解析】

(1) 大体积混凝土，由于水泥的水化热，致使混凝土体内产生很高的温度，但又不易散发，导致混凝土体内部与表面产生很大的温差。当温差超过一定临界值时，会使混凝土体产生裂缝，降低混凝土的强度，从而影响结构物的质量。

(2) 上述措施均不妥当。

① 用热水拌和混凝土固然可以提高入模温度，但是，对于大体积混凝土是要求降低入模温度。即便是冬季，也应控制在入模时不冻结为度。因为自身水化热足以能够保证混凝土不遭冻害。

② 增加和易性，可以通过其他无副作用的手段。此时，非但不应增加水泥用量，还应在保证混凝土强度等级的前提下，减少水泥用量，以控制水化热。

③ 52.5 级硅酸盐水泥属于累积最终放热量高的水泥，会增加水化热；应使用水化热低的大坝水泥、矿渣水泥、粉煤灰水泥或低强度水泥。

(3) 大体积混凝土浇筑的质量控制要点如下。

① 合理分层分块，控制其每次浇筑的几何尺寸，加快混凝土散热速度。

② 控制水化热。

③ 降低混凝土入仓温度。

④ 控制混凝土体的内外温差。

大体积混凝土浇筑的质量控制措施如下。

① 减小浇筑层厚度(不宜超过 2m)，分块浇筑时，各分块平均面积不宜小于 $50m^2$。

② 优先选用水化热较低的水泥。

③ 在保证混凝土强度等级的前提下，减少水泥用量。

④ 冷却骨料，或加入冰块。

⑤ 按规定在混凝土中适量埋入石块。

⑥ 在混凝土中埋设冷却水管，通水冷却。

⑦ 混凝土浇筑安排在一天中气温较低时进行。

⑧ 采取温控措施，加强测温工作，并实施监控。

⑨ 区别不同的环境、条件，对已浇筑的混凝土分别采取浇水、覆盖、积水等相应的养护方法。

本章小结

水泥混凝土是道路路面、机场道面、桥梁工程结构及其附属构造物的重要建筑材料之一。普通水泥混凝土是由水泥、水、粗集料和细集料组成，必要时掺加一定质量的外加剂。对水泥混凝土的主要技术要求是：与施工条件相匹配的和易性，符合设计要求的强度，与工程使用条件相适应的耐久性等。

复习题

1. 水泥混凝土用粗、细集料在技术性质上有哪些主要要求？如何确定最大粒径？

2. 试述新拌混凝土工作性的含义以及影响新拌混凝土工作性的主要因素。

3. 普通混凝土的强度等级是如何划分的？有哪几个强度等级？

4. 道路和桥梁用水泥混凝土的耐久性包括哪些含义？提高混凝土耐久性的措施有哪些？

5. 砂浆的性能和混凝土有什么不同？

6. 试述我国现行的混凝土配合比设计方法及其内容和步骤。

7. 混凝土在下列情况下，均能导致其产生裂缝，试解释裂缝产生的原因，并指出主要防止措施。

水泥水化热大；水泥安定性不良；大气温度变化较大；碱-骨料反应；混凝土碳化；混凝土早期受冻；混凝土养护时缺水；混凝土遭到硫酸盐侵蚀。

8. 干砂 500g，其筛分结果如下表，试评定此砂的颗粒级配和粗细程度。

筛孔尺寸/mm	4.75	2.36	1.18	0.6	0.3	0.15	<0.15
筛余量/g	25	50	100	125	100	75	25

9. 某工地拌和混凝土时，施工配合比为：42.5 强度等级水泥 308kg，水 127kg，砂 700kg，碎石 1 260kg，经测定砂的含水率为 4.2%，石子的含水率为 1.6%，求该混凝土的设计配合比。

10. 某桥梁工程采用预制混凝土 T 梁，水泥混凝土设计强度等级为 C40，施工时要求混凝土坍落度为 35～50mm。采用机械搅拌，插入式振动棒浇捣，该施工单位无历史统计资料。所用材料如下：

(1) 42.5 级普通硅酸盐水泥：实测 28d 抗压强度 48.5MPa，密度 3 100kg/m^3。

(2) 中砂：清洁河砂，级配合格，细度模数 2.7，表观密度为 2 650kg/m^3。

(3) 碎石：一级石灰岩轧制的碎石，级配合格，最大粒径为 31.5mm，表观密度为 2 700kg/m^3。

(4) 水：饮用水，符合水泥混凝土拌合水要求。

(5) 减水剂：采用 UNF－5，用量 0.8%，减水率 12%。

试求：

(1) 混凝土的初步配合比。

(2) 若调整试配时，加入 4%水泥浆后满足和易性要求，并测得拌合物的表观密度为 2 390kg/m^3，求混凝土的基准配合比。

(3) 求混凝土的实验室配合比。

(4) 若已知现场砂含水率为 4%，石子含水率为 1%，求混凝土的施工配合比。

第4章

无机结合料稳定类混合料

教学目标

本章主要阐述以水泥、石灰、石灰粉煤灰作为结合料，稳定各类土、矿质碎(砾)石混合料或工业废渣混合料，阐述这类混合料的强度形成机理、强度与收缩特性的影响因素，介绍这类混合料组成材料的质量要求，配合比设计的实验法和计算法。

通过学习，学生应掌握无机结合料稳定类混合料的主要技术性质及其主要影响因素；掌握该类混合料配合比设计方法；了解该类混合料在工程中的应用要点。

教学要求

知识要点	能力要求	相关知识
石灰稳定土	掌握石灰稳定土的性质及影响因素	石灰稳定土的强度、体积收缩特征、适用性、组成材料的质量要求、组成设计
石灰粉煤灰稳定土	掌握石灰粉煤灰稳定土的性质及影响因素	石灰粉煤灰稳定土的强度、体积收缩特征、适用性、组成材料的质量要求
水泥稳定土	掌握水泥稳定土的性质及影响因素	水泥稳定类组成材料的技术要求及混合料组成设计

章节导读

无机结合料稳定类混合料是指在各种粉碎或原来松散的土或矿质碎(砾)石或工业废渣中，掺入一定数量的无机结合料(如石灰、水泥等)及水，或同时掺入土壤固化剂，经拌和得到的混合料。这类混合料在压实及养生后，具有一定的强度和稳定性，在广义上统称为无机结合料稳定类混合料，或无机结合料混凝土。

按无机结合料品种分类，这类稳定材料可分为石灰稳定类、水泥稳定类、水泥石灰稳定类及石灰工业废渣稳定类。用于拌制无机结合料稳定混合料的土按照土中单个颗粒(指碎石、砾石和砂粒料，不指土块或土团)的粒径大小和颗粒组成，分为下列三种。

细粒土：颗粒的最大粒径小于10mm，且其中小于2mm的颗粒含量不少于90%。

中粒土：颗粒的最大粒径小于30mm，且其中小于20mm的颗粒含量不少于85%。

粗料土：颗粒的最大粒径小于50mm，且其中小于40mm的颗粒含量不少于85%。

无机结合料稳定材料经压实成型并经养护后，可形成板体结构，当其7d抗压强度符合设计要求(表4-1)时，可以作为道路路面结构中的基层或底(垫)基层，称为结合料稳定类基(垫)层，在道路工程中，这类材料又称为半刚性基层材料。

表4-1 无机结合料稳定类混合料的抗压强度

单位：MPa

混合料类型	高速公路、一级公路		二级和二级以下公路	
	基层	底基层	基层	底基层
水泥稳定土	3～4	≥1.5	2～3	≥1.5
石灰稳定土	—	≥0.8	≥0.8	0.5～0.7
石灰工业废渣稳定土	≥0.8	≥0.5	≥0.6	≥0.5

在路面结构中，基层是直接位于面层下方的结构层次，主要承受面层传来的车轮荷载的垂直压力，并将其向下面层次扩散分布，同时起到调节和改善路基路面水温状况的作用，并为施工提供稳定而坚实的工作面。所以，对无机结合料稳定类混合料技术性质的要求主要包括强度、抗变形能力和水稳性等，其抗收缩开裂性能也是重要的。

4.1 石灰稳定土

石灰稳定土是石灰稳定各类矿质混合料的简称，包括石灰土和石灰稳定集料。

石灰土是用石灰稳定细粒土得到的混合料。石灰稳定集料包括：用石灰稳定中粒土和粗粒土得到的混合料，分别简称为石灰砂砾土和石灰碎石土(视原材料为天然砂砾土和天然碎石土)；用石灰土稳定级配砂砾(无土)和级配碎石(包括未筛分碎石)得到的混合料，也分别简称为石灰砂砾土和石灰碎石土。

本节介绍石灰稳定土的强度形成机理、技术性质、组成材料和配合比设计。

4.1.1 石灰稳定土的强度

1. 石灰稳定土的强度形成

石灰稳定土强度的形成与发展是通过机械压实、离子交换反应、氢氧化钙结晶和碳酸化反应，以及火山灰反应等一系列复杂、交织的物理—化学作用过程完成的。

2. 石灰稳定土强度的影响因素

1）石灰的细度

石灰细度越大，在相同剂量下与土粒的作用越充分，反应进行得越快，稳定效果越好。直接使用磨细生石灰粉可利用其在消解时放出的热能，促进石灰与土之间物理化学反应的进行，有利于与土中的黏性矿物发生离子交换及火山灰反应，加速石灰土的硬化。

由于石灰起稳定作用，使土的塑性、膨胀性和吸水性降低，因而随着石灰剂量的增加，石灰土的强度和稳定性提高，但超过一定剂量后，强度的增长就不明显了。图 4.1 所示为几种土用石灰稳定后强度与石灰剂量的关系。

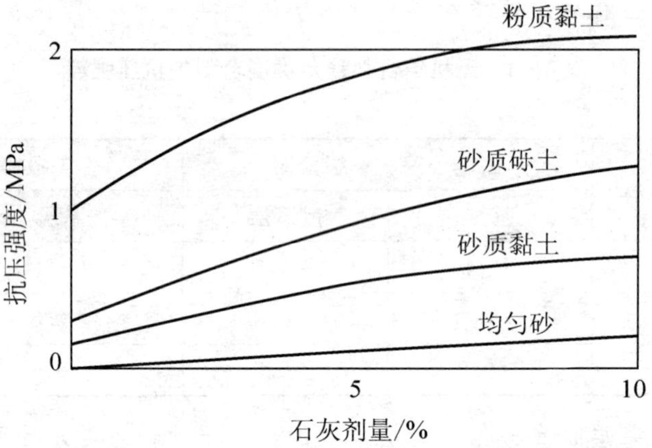

图 4.1　土质对石灰稳定土抗压强度的影响

2）土与集料

粒径较大的漂石、卵石、砾石等岩石碎屑的矿物成分与母岩相同，而砂粒大部分是母岩中的单体矿物颗粒，如石英、长石和云母等；粉粒中的矿物主要是石英和一些难溶盐的颗粒；黏粒的矿物成分主要是次生矿物，其中以黏土矿物为多。由上述石灰稳定土的强度形成机理分析可知，石灰的稳定效果与土中的黏土矿物成分及含量有显著关系。一般来说，黏土矿物化学活性强，比表面积大，当掺入石灰等活性材料后，所形成的离子交换、碳酸化作用、结晶作用和火山灰反应都比较活跃，稳定效果好。所以石灰土的强度随土中黏土矿物含量的增多和塑性指数的增大而提高。图 4.1 中几种石灰稳定土的强度曲线表明：石灰对粉质黏土稳定效果明显优于对砂质黏土的稳定效果，而石灰对均质砂的稳定效果较差。

工程实践表明：塑性指数 15～20 的黏土，易于粉碎和拌和，便于碾压成型，施工和使用效果都较好。塑性指数更大的重黏土虽然含黏土矿物较多，但由于不易破碎拌和，稳定效果反而不佳。塑性指数小于 12 的土则不宜用石灰稳定，最好用水泥来稳定。对于无黏性或无塑性指数的集料，单纯用石灰稳定的效果远不如用石灰稳定的效果。

3）石灰稳定土的最佳含水率

石灰稳定土的压实密度对其强度和抗变形能力影响较大，而石灰稳定土的压实效果与压实时的含水量有关，存在着最佳含水量，在此含水量时进行压实可以获得较为经济的压实效果，即达到最大密实度。最佳含水量取决于压实功的大小、稳定土的类型以及石灰剂量。通常，所施加的压实功越大，稳定土中的细料含量越少，最佳含水量越小，最大密度越高。图 4.2 所示为石灰稳定土的压实曲线，由图可见，随着石灰剂量的增加，稳定土的最佳含水量增加、最大密度降低，这主要是由于部分拌和用水消耗于石灰消解，因而不能用于减少颗粒间摩擦力。

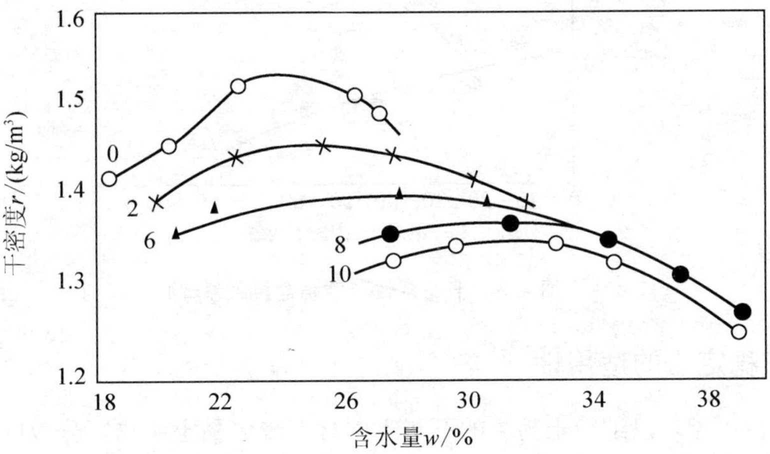

图 4.2　石灰稳定土的压实曲线

为了保证施工质量，石灰稳定土应在略大于最佳含水量时进行碾压，以弥补碾压过程中水分的损失。含水量过大，既会影响其可能达到的密实度和强度，又会明显增大稳定土的干缩性，易导致结构层的干缩裂缝。

4）养生条件和龄期

石灰稳定土的强度是在一系列复杂的物理、化学反应过程中逐渐形成的，而这些反应需要一定的温度和湿度条件。当养生温度较高时，可使各种反应过程过快，对石灰土的强度形成是有利的。适当的湿度为火山灰反应提供了必要的结晶水，但湿度过大会影响石灰中氢氧化钙的结晶硬化，从而影响石灰土强度的形成。

石灰稳定土中的火山灰反应的进程缓慢，其强度随着龄期的增大而增大，甚至到 180d 时，石灰稳定土的强度还会继续增长。所以，7d 或 28d 龄期的强度试验结果并不能代表石灰稳定土的最终强度，石灰土的强度随龄期的增长大体符合指数规律。

4.1.2 石灰稳定土的体积收缩特征

石灰稳定土的体积收缩特征主要表现为因温度变化而造成的温缩和因含水量变化而造成的干缩，当收缩量达到一定程度时，会在结构中出现收缩裂缝，如图 4.3 所示。如果将这类材料用于道路的基层结构，而上面的沥青面层较薄，在温度变化与车辆荷载的综合作用下，基层结构中裂缝会扩展至面层，形成反映射裂缝，导致路面结构的损坏。

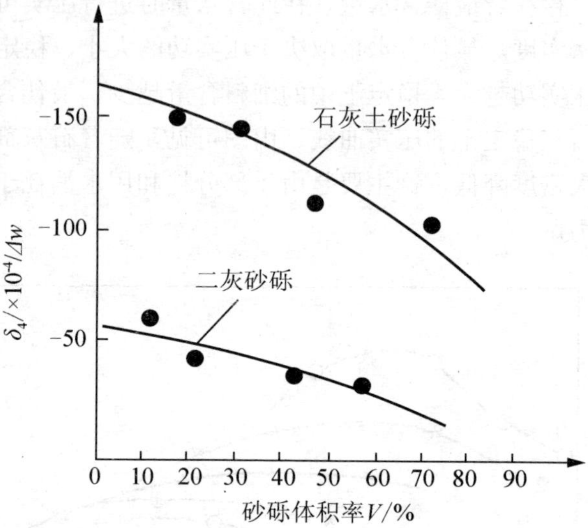

图 4.3 干缩系数与砂砾含量关系

4.1.3 石灰稳定土的适用性

由以上分析可见，以细粒土为主的石灰土中含有较多黏土矿物，分散度大、比表面积大，其干缩系数及温缩系数都明显大于石灰稳定集料，容易产生严重的收缩裂缝。

在冰冻地区，用于潮湿路段的石灰土层中可能产生聚冰现象，从而导致石灰土结构的破坏，强度明显下降。在非冰冻地区，如石灰土经常处于过分潮湿状态，也不易形成较高强度的板体。

此外，石灰土的水稳定性明显小于石灰稳定集料，在石灰土的强度没有充分形成时，若路表水渗入，石灰土表层数毫米以上就会软化，在沥青路面层较薄的情况下，即使是几毫米的软化层也会导致沥青路面龟裂破坏。若路表水对石灰土表层产生冲刷作用，所形成的浆体会被滚动的车轮挤压至路表，导致裂缝处沥青层下陷和变形，裂缝两侧将产生新的裂缝。

由于上述原因，为了路面的结构强度和使用质量，石灰土禁止用作高等级路面的基层，只能作为高等级路面的底基层，或一般交通量道路路面的基层。砂砾或碎石含量小于50％悬浮式石灰稳定集料土虽然比石灰土的收缩性小，但同样具有遇水后表层软化和抗水冲刷能力差的缺点，也不宜用作高等级路面的基层。

4.1.4 石灰稳定土混合料组成材料的质量要求

1. 石灰

石灰质量应符合Ⅲ级以上消石灰或生石灰的技术指标。对于高速公路和一级公路，宜采用磨细生石灰粉。在使用中，应尽量缩短石灰的存放时间。石灰堆放在野外无覆盖时，遭受风吹、雨淋和日晒，其有效氧化钙和氧化镁含量降低很快，放置三个月可从原来的80%以上降至40%左右，放置半年则可降至仅30%左右。如果石灰需要存放较长时间，应采取协调会放成高堆，并采取覆盖封存措施，妥善保管。

有效钙含量在20%以上的等外石灰、贝壳石灰、珊瑚石灰、电石渣等的应用应通过试验证明，只要石灰稳定土的强度能符合表4-1的规定或有关设计要求，就可以使用。

2. 土

用于石灰稳定土的黏性土塑性指数范围宜为15～20。塑性指数偏大的黏性土要加强粉碎，粉碎后土块最大尺寸不应大于15mm。塑性指数10以下的亚黏土和砂土需要采用较多的石灰进行稳定，难以碾压成型，应采取适当的施工措施，或采用水泥稳定。

土中的硫酸盐含量不得超过0.8%，有机质含量不得超过30%。

3. 集料

适宜作石灰稳定混合料的集料有级配碎石、未筛分碎石、砂砾、碎石土、砂砾土、煤矸石和各种粒状矿渣等。当用石灰稳定不含黏土或无塑性指数的粒料时，应添加15%左右的粘性土，因此石灰稳定集料实际上是石灰土稳定集料，该类混合料中粒料的含量应在80%以上，并具有良好的级配，当级配不好时，宜外加某种集料改善其级配。

集料的最大粒径是影响石灰稳定土质量最为关键的因素之一。最大粒径愈大，拌和机、平地机和摊铺机等施工机械容易损坏，混合料愈容易产生粗细集料离析现象，铺筑层也愈难达到较高的平整度要求。最大粒径太小，则材料的稳定性不足，且增加石料的加工量。综合考虑，集料的最大粒径应符合表4-2要求。为了保证石灰稳定集料的强度和稳定性，所用的碎(砾)石的压碎值应符合表4-2要求。

表4-2 集料的最大粒径和压碎值要求

公路等级	高速公路、一级公路		二级和二级以下公路	
层次	底基层	基层	底基层	基层
最大粒径/mm	50	40	50	40
压碎值/%	35	30	40	35

4. 水

人或牲畜饮用水源均可用于石灰稳定土的施工。遇到可疑水源时，应进行试验鉴定。

4.1.5 石灰稳定土混合料的组成设计

1. 强度标准

进行石灰土稳定混合料的组成设计时，相应的强度标准见表4-3。

表4-3 石灰稳定土的强度标准

公路等级	一级和高速公路	二级和二级以下公路
基层	≥0.8	≥0.8
底基层		0.5～0.7

2. 材料组成设计步骤

(1) 从沿线料场或计划使用权的远运料场选取有代表性的试样。

(2) 制备同一种试样、不同结合料剂量(以干试样的质量百分率计)的混合料，一般情况可按下列剂量配制。

① 作为基层用。

a. 砂砾土和碎石土(质量分数)：4%、5%、6%、7%、8%。

b. 砂性土(质量分数)：8%、10%、12%、14%、16%。

c. 粉性土和黏土(质量分数)：6%、8%、10%、12%、14%。

② 作为底基层用。

a. 砂性土：同基层。

b. 粉性土和黏土(质量分数)：5%、7%、9%、11%、13%。

(3) 确定其最佳含水量和最大干密度，至少进行三组不同结合料剂量混合料击实试验，即最小剂量、中间剂量和最大剂量。其他两种剂量混合料的最佳含水量和最大干密度用内插法确定。

(4) 按最佳含水量和计算所得的干密度(按规定的现场压实度计算)制备试件。进行强度试验时，作为平行试验的最少时试件数量应符合表4-4所示的规定。

表4-4 平行试验最少时试件数量

稳定土类型	试件尺寸/mm	偏差系数		
		<10%	<15%	<20%
细粒土	φ50×50	6		—
中粒土	φ100×100	6	9	—
粗粒土	φ150×150	—	9	13

如试验结果的偏差系数大于表中规定的值，则应重作试验，找出原因，加以解决。如不能降低偏差系数，则应增加试件数量。对于粗粒土试件，如多次试验结果的偏差系数稳定地小于20%，则可以只做9个试件；如偏差系数稳定地小于15%(中粒土试件相同)，则可以只作6个试件。

(5) 试件在规定温度(淮安以北 20℃±2℃下)保湿养生 6d，浸水 1d，然后进行无侧限抗压强度试验。

(6) 根据材料的强度标准，选定合适的结合料剂量。对此剂量的试件，在室内试件试验结果的平均抗压强度 R_7，应符合式(4-1)的要求。

$$R_7 \geqslant \frac{R_d}{1-Z_a C_v} \tag{4-1}$$

式中 R_7——设计平均抗压强度；

R_d——设计抗压强度；

C_v——试验结果的偏差系数(以小数计)；

Z_a——标准正态分布表中随保证率(或置信度 α)而变的系数；重交通道路上应取保证率 95%，此时 $Z_a=1.645$；其他道路上应取保证率 90%，此时 $Z_a=1.282$。

(7) 考虑到室内试验和现场条件的差别，工地实际采用的结合料剂量应较室内试验确定的剂量多 0.5%～1.0%。拌和机械的拌和效果好，可只增加 0.5%；如拌和机械的拌和效果较差，则需要增加 1.0%。

4.2 石灰粉煤灰稳定土

道路工程中常用的工业废渣包括粉煤灰、煤渣、高炉矿渣、钢渣、煤矸石等，这类工业废渣均含有较多的活性氧化硅和活性氧化铝，这些化合物可与饱和氢氧化钙溶液发生火山灰反应，具有水硬性特征。在上述工业废渣中，目前使用广泛的是粉煤灰，本节主要介绍石灰粉煤灰混合料的有关内容。

在工程中，石灰粉煤灰常简称为二灰，石灰粉煤灰稳定类混合料简称为二灰稳定土。用二灰稳定细粒土，简称二灰土；用二灰稳定砂砾、碎石、矿渣、煤矸石等，简称为二灰稳定集料或二灰稳定粒料。

4.2.1 二灰稳定土的强度特征及其影响因素

二灰稳定土的强度形成机理与石灰稳定土基本相同，主要依靠集料的骨架作用和石灰粉煤灰的水硬性胶结及填充作用。粉煤灰能提供较多的活性氧化硅和活性氧化铝成分，在石灰的碱性激发作用下生成较多的水化硅酸钙、水化铝酸钙，具有较高的强度和稳定性。

与石灰稳定土相比，二灰稳定土强度形成更多地依赖于火山灰反应生成的水化物，而粉煤灰是一种缓凝物质，表面能较低，难以在水中溶解，导致二灰稳定土中的火山灰反应进程相当缓慢。因此二灰稳定土的强度随龄期的增长速率缓慢，早期强度较低，但到后期仍保持一定的强度增长速率，有着较高的后期强度。二灰稳定土中粉煤灰的用量越多，初期强度就越低，后期的强度增长幅度也越大。如果需要提高二灰稳定土的早期强度，可以掺加少量水泥或某些早强剂。

就长期强度而言，密实式二灰粒料与悬浮式二灰粒料相比并无明显差别，但密实式二灰粒料的早期强度大于悬浮式二灰粒料，并具有较好的水稳定性。

养生温度对二灰稳定土的抗压强度有明显影响，较高的温度会促使火山灰反应进程加快。而当气温低于4℃时，二灰混合料的抗压强度几乎停止增长。表4-5所示为两组二灰稳定碎石混合料抗压强度测试值，当养生温度由20℃提高至40℃时，抗压强度可提高3倍以上。密实式二灰粒料的强度较悬浮式二灰粒料的强度高15%以上。

表4-5 二灰碎石的7d抗压强度与养生温度

养生温度/℃		20	30	40
抗压强度/MPa	悬浮式二灰粒料	1.35	—	5.85
	密实式二灰粒料	1.60	3.03	6.78

4.2.2 二灰稳定土的收缩特征及其影响因素

二灰稳定土的干缩和温缩机理及其影响因素与石灰稳定土相同，其收缩程度主要取决于试件含水量、材料组成(如粒料含量、石灰剂量、粉煤灰含量、黏土矿物的含量与其塑性指数)等。表4-6所示为二灰稳定土在最佳含水量下制成试件，在空气中自然风干时产生的最大干缩应变，由表可见，悬浮式二灰粒料的干缩性明显大于密实式二灰粒料，含土的二灰稳定土的干缩性明显大于无土二灰稳定土，其中以二灰土的干缩性最大。

表4-6 石灰土与二灰稳定土的最大干缩应变

二灰稳定粒料	最大干缩应变×10^{-3}	石灰：粉煤灰：碎石：土	最大干缩应变×10^{-3}	稳定土类型	最大干缩应变×10^{-3}
密实式	0.23～0.27	4：12：84：0	0.67	石灰土	3.12～6.03
悬浮式	0.83	4：12：60：24	1.78	二灰土	0.34～2.63

由于粉煤灰颗粒对混合料的收缩起着约束作用，因此当石灰剂量不变时，二灰稳定土的干缩系数和温缩系数随着粉煤灰用量增加而减少；粉煤灰用量不变时，二灰稳定土的干缩系数和温缩系数随着石灰剂量增加而增大。

由于粉煤灰的作用，二灰土与石灰土相比，二灰稳定砂粒与石灰稳定砂砾相比，干缩性和温缩性均有不同程度的降低。按照稳定土干缩系数和温缩系数的大小排序为：石灰土>石灰稳定砂砾>二灰土>二灰稳定砂砾。

4.2.3 二灰稳定土的适用性

粉煤灰颗粒呈空心球体，密度小而比表面积大，掺加粉煤灰后，稳定土的最佳含水量增大，最大干密度减小，但其强度、刚度及稳定性均有不同程度的提高，尤其是抗冻性有较显著的改善，温缩系数也比石灰稳定类有所减小，这对于提高路面结构的抗裂性有着重要意义。

虽然二灰土的收缩性小于石灰土，但仍具有一定程度的干缩变形，所以二灰土禁止用作高等级道路路面的基层，在高速公路和一级公路上的水泥混凝土面层下，也不应采用二灰土铺筑道路基层结构。悬浮式二灰粒料的干缩性大，容易产生干缩裂缝，它的抗冲刷性也明显差于密度式粒料，在其他条件相同的情况下，悬浮式二灰粒料基层上沥青面层的裂缝较密实式二灰粒料基层上沥青面层的裂缝严重得多，因此在粒料不很缺乏的地区，最好采用密实式二灰集料。

4.2.4 二灰稳定土的组成材料的质量要求

1. 石灰和粉煤灰

石灰质量应符合Ⅲ级或Ⅲ级以上消石灰或生石灰的技术指标，其他要求同石灰稳定土。

粉煤灰中的 SiO_2、Al_2O_3、Fe_2O_3 总含量应大于 70%，烧失量不应超过 20%，比面积宜大于 2 500cm^2/g。干粉煤灰和湿粉煤灰都可以应用，干粉煤灰如堆放在空地上，应加水，防止飞扬造成污染，湿粉煤灰的含水量不宜超过 35%。使用时应将凝结的粉煤灰打碎或过筛，同时清除有害杂质。

2. 土

宜采用塑性指数 12～20 的黏性土(亚黏土)，土中土块的最大尺寸不应大于 15mm，不应选用有机质含量超过 10%的土。

3. 集料

二灰稳定土中集料的最大粒径和压碎值应符合表 4-7 所示的要求。同时集料应具有良好的级配，少含或不含有塑性指数的土，以保证混合料的稳定性和耐久性。集料的颗粒组成范围应满足表 4-8 所示的要求。

表 4-7 集料的技术要求

道路等级	高速公路及一级公路		二级和二级以下公路	
结构层位	基层	底基层	基层	底基层
最大粒径/mm ≤	40	50	30	40
压碎值/%，≤	35	40	30	
应符合级配编号	2 或 3	1	2 或 3	1

表 4-8 二灰级配集料混合料中集料的颗粒组成范围

级配编号	通过下列筛孔(mm)重量百分比								
	40	30	20	10	5	2	1	0.5	0.075
1	100	90～100	60～85	50～70	40～60	26～47	20～40	10～30	0～15
2(砂砾)	—	100	90～100	55～80	40～65	28～50	20～40	10～30	0～10
3(碎石)	—	100	85～100	60～80	30～50	15～30	—	10～20	0～10

4.3 水泥稳定土

水泥稳定土是水泥稳定各类矿质混合料的简称，其中用水泥稳定砂性土、粉性土和黏性土得到的混合料，简称水泥土；用水泥稳定砂得到的混合料简称水泥砂。

4.3.1 水泥稳定类组成材料的技术要求

1. 水泥

普通硅酸盐水泥、矿渣硅酸盐水泥和火山灰质硅酸盐水泥都可用于水泥稳定土，但应选用终凝时间较长(宜在6h以上)的水泥，并可采用标号较低(如32.5号)的水泥。快硬水泥、早强水泥及已受潮变质的水泥不应使用。

2. 土与集料

适宜用水泥稳定的材料有：级配碎石、未筛分碎石、砂砾、碎石土、砂砾土、煤矸石和各种粒状矿渣等，集料中不宜含有塑性指数较大的细土，或应控制其含量。

有机质含量超过2%的土不应单独用水泥稳定。如需采用这种土，必须先用石灰进行处理，放置一夜后再用水泥稳定。硫酸盐含量超过0.25%的土不应用水泥稳定。

集料的颗粒组成应符合表4-9所示的要求。对于级配不良的碎石、碎石土、砂砾、砂砾土、砂等，宜外加某种集料改善其级配。用水泥稳定粒径较均匀的砂时，难于碾压密实，可在砂中添加少量塑性性指数小于12的黏性土(亚黏土)或石灰土(当土的塑性指数较大时)，添加哪种土的效果较好且比较经济，应通过试验确定。在拥有粉煤灰时，添加20%～40%的粉煤灰效果更好。

用于各种类别道路等级不同层位的集料最大粒径和压碎值要求与二灰稳定土相同，应符合表4-9所示的规定。

表4-9 适宜于水泥稳定的集料的颗粒组成范围

道路等级	层位	通过下列方孔筛(mm)的质量百分率(%)												液限(100%)	塑性指数
		50	40	30	20	10	5	2	1	0.5	0.25	0.075	0.002		
二级和二级以下	底基层	100	—	—	—	—	50～100	—	—	15～100	—	0～50	0～30	<40	<17
	基层	—	100	—	55～100	40～100	30～90	18～68	10～55	6～45	3～36	0～30	—		
高速公路一级公路	底基层	—	100	90～100	75～90	50～70	30～55	15～30	—	10～20	—	—	0～7	<25	<6
	基层	—	—	100	60～80	60～80	30～50	15～30	—	10～20	—	—	0～7	<25	<6

4.3.2 水泥稳定混合料的组成设计

1. 强度标准

进行无机结合料稳定混合料的组成设计时，不同的无机结合料相应的强度标准见表4-10。

表 4-10 水泥稳定土的强度标准

公路等级	一级和高速公路	二级和二级以下公路
基层	3.0～5.0	2.5～3.0
底基层	1.5～2.5	1.5～2.0

2. 材料组成设计步骤

(1) 从沿线料场或计划使用权的远运料场选取有代表性的试样。

(2) 制备同一种试样、不同结合料剂量(以干试样的质量百分率计)的混合料，一般情况可按下列剂量配制。

① 作为基层用。

a. 中粒土和粗粒土(质量分数)：3%、4%、5%、6%、7%。

b. 砂土(质量分数)：6%、8%、9%、10%、12%。

c. 其他细粒土(质量分数)：8%、10%、12%、14%、16%。

② 作为底基层用。

a. 中粒土和粗粒土(质量分数)：2%、3%、4%、5%、6%。

b. 砂土(质量分数)：4%、6%、7%、8%、9%。

c. 其他细粒土(质量分数)：6%、8%、9%、10%、12%。

(3) 确定其最佳含水量和最大干密度，至少进行三组不同结合料剂量混合料击实试验，即最小剂量、中间剂量和最大剂量。其他两种剂量混合料的最佳含水量和最大干密度，用内插法确定。

(4) 按最佳含水量和计算所得的干密度(按规定的现场压实度计算)制备试件。进行强度试验时，作为平行试验的最少时试件数量应符合表 4-11 所示的规定。

表 4-11 平行试验最少时试件数量

稳定土类型	试件尺寸(直径/mm)×(高/mm)	偏差系数		
		<10%	<15%	<20%
细粒土	φ50×50	6		—
中粒土	φ100×100	6	9	—
粗粒土	φ150×150	—	9	13

如试验结果的偏差系数大于表中规定的值，则应重作试验，找出原因，加以解决。如不能降低偏差系数，则应增加试件数量。对于粗粒土试件，如多次试验结果的偏差系数稳定地小于 20%，则可以只做 9 个试件；如偏差系数稳定地小于 15%(中粒土试件相同)，则可以只作 6 个试件。

(5) 试件在规定温度(淮安以北 20℃±2℃下)保湿养生 6d，浸水 1d，然后进行无侧限抗压强度试验。

(6) 根据材料的强度标准，选定合适的结合料剂量。对此剂量的试件，在室内试件试验结果的平均抗压强度 R_7 应符合式(4-1)的要求。

(7) 考虑到室内试验和现场条件的差别，工地实际采用的结合料剂量应较室内试验确定的剂量多0.5%～1.0%。拌和机械的拌和效果好，可只增加0.5%；如拌和机械的拌和效果较差，则需要增加1.0%。

本章小结

无机结合料稳定类混合料又称半刚性基层材料，其整体性强、承载烽高、刚度大，而且较为经济，广泛应用于各种道路路面的基层、底基层或垫层。

无机结合料稳定类混合料按照结合料品种可分为水泥稳定土、石灰稳定土及石灰工业废渣稳定土；按其稳定土中单颗粒的粒径大小和颗粒组成可分为稳定细粒土、稳定集料(砂砾或碎石等)类，后者又有悬浮粒料和密实式粒料之分。

无机结合料稳定料混合料的主要技术要求为强度、水稳定性及抗裂性，这些性质取决于结合料质量与掺量、稳定土种类、含水率、养生温度与龄期等。各种稳定细粒土及悬浮式粒料有着较大的收缩性，不宜用作高等级道路基层，只能用于底基层。

无机结合料稳定类混合料的配合比设计内容包括确定组成材料的相对比例。确定稳定混合料的最佳含水量和最大干密度。配合比设计方法有试验法和计算法，前者用于确定稳定细粒土中的结合料剂量，为现行规范中规定的方法，后者适用于粒料含量较高(50%以上)的稳定集料。

复习题

1. 简述无机结合料稳定土的强度形成机理，并分析影响其强度的主要因素。
2. 简述石灰稳定土、二灰稳定土和水泥稳定土混合料对其组成材料的技术要求。
3. 什么是悬浮二灰粒料、密实式二灰粒料？在技术性质上，它们有何不同？
4. 石灰土、二灰土和水泥土为什么不宜用作高等级道路的基层？
5. 简述水泥稳定混合料与水泥混凝土的主要差异(从组成材料、力学性质、配合比设计及用途等方面进行叙述)。
6. 无机结合料稳定土重型击实试验的目的是什么？

第5章 沥青与沥青混合料

教学目标

通过对石油沥青、煤沥青、乳化沥青、改性沥青、热拌沥青混合料和其他沥青混合料的学习，应重点掌握石油沥青的化学组分、胶体结构、技术性质和评价方法；熟悉石油沥青的技术标准；简单了解液体石油沥青和煤沥青的技术性质和技术要求；了解乳化沥青的组成、性质、形成机理与技术要求；掌握改性沥青的分类、特性和技术要求；重点掌握沥青混合料的强度形成原理、技术性质和技术要求，并能按现行方法进行沥青混合料的配合比设计；了解其他各类沥青混合料的技术性质。

教学要求

知识要点	能力要求	相关知识
石油沥青	掌握石油沥青的化学组分、技术性质和评价方法，熟悉石油沥青的技术标准	石油沥青的化学组分、胶体结构、技术性质、技术标准
煤沥青	了解煤沥青的技术性质和技术要求	煤沥青的化学组成和结构、技术性质与技术标准
乳化沥青	了解乳化沥青的组成、性质、技术要求	乳化沥青的组成、性质、形成机理与技术要求
改性沥青	掌握改性沥青的分类、特性和技术要求	改性沥青的分类、特性和技术要求
热拌沥青混合料	掌握沥青混合料的强度形成原理、技术性质和技术要求，并能按现行方法进行沥青混合料的配合比设计	沥青混合料的组成结构、强度理论、技术性质和技术标准、配合比设计
其他沥青混合料	了解其他各类沥青混合料的技术性质和应用	多碎石沥青混凝土、Superpave沥青混合料、再生沥青混合料、沥青稀浆封层混合料

章节导读

沥青是一种有机胶凝材料，是由不同分子量的碳氢化合物及其非金属(氧、氮、硫)的衍生物组成的混合物。沥青在常温下呈现黑色或黑褐色的固体、半固体或液体状态。

沥青按产源不同，可分为地沥青和焦油沥青两大类。

1. 地沥青

地沥青是指地下原油演变或加工而得到的沥青，又分为天然沥青和石油沥青。

1) 天然沥青

天然沥青是石油在自然条件下，经过千百万年时间，在温度、压力、气体、无机物催化剂、微生物以及水分等综合作用下氧化聚合而成的沥青类物质。天然沥青储藏在地下，有的形成矿层或在地壳表面堆积。由于它常年与自然环境共存，故其性质特别稳定。按形成环境的不同，天然沥青可分为湖沥青(图 5.1)、岩沥青、海底沥青等。

2) 石油沥青

石油沥青(图 5.2)是将精制加工石油所残余的渣油，经适当的工艺处理后得到的产品。我国天然沥青很少，但石油沥青资源丰富，故工程中采用的沥青绝大多数是石油沥青。

图 5.1　特立尼达沥青湖

图 5.2　石油沥青

2. 焦油沥青

焦油沥青是煤、木材等有机物干馏加工所得的焦油经再加工后的产品。按干馏原料的不同，焦油沥青可分为煤沥青、页岩沥青和木沥青。

沥青混合料是由矿质混合料(简称矿料)与沥青结合料拌和而成的混合料的总称。

近年来，由于柔性路面、复合式路面的迅速发展，沥青混合料在公路、城市道路路面工程、桥面铺装工程中应用广泛，如图 5.3 和图 5.4 所示。

图 5.3　沥青路面

图 5.4　沥青混合料桥面铺装施工

知识链接

沥青的发展历史

据历史记载，远在公元前3800年到2500年，人类就开始使用沥青，并先后在埃及的尼罗河、美索不达米亚的底格里斯河及幼发拉底河，巴基斯坦的印度河等流域开发沥青矿藏。

约在公元前600年，古巴比伦铺筑了第一条沥青路面，但这种技艺不久便失传了，一直到19世纪，人们才又用沥青来筑路。据记载，1833年在英国开始进行煤沥青碎石路面铺装；1854年在巴黎首次用碾压法进行沥青路面铺装；1870年前后在伦敦、华盛顿、纽约等地采用沥青作路面铺装。

自从沥青材料用于道路工程之后，由于自原油蒸馏所得的渣油感温性差，迫切需要加以处理，于是各种改性措施便应运而生。大约在1866年，曾有人采用硫化的方法，即用硫磺与沥青共热的方法，使所得产品软化点升高，针入度降低，其商品名曰匹兹堡沥青。1881年E. J. De Smedt使用化学氧化剂制取氧化沥青，成功地改善了沥青的性质。1894年美国的F. X. Byerleg在沥青温度为600°F时吹入空气，成功地制取了氧化沥青。

人们在筑路或其他作业时，常感到沥青需要加热，使用上很不方便，1910年在科诺大学广场上开始第一次使用稀释沥青。当时，利用沥青的铺路技术，还只限于在道路表面上涂刷一层沥青，即单层表面处治。在此以前，可以算是沥青材料在道路工程中使用的启蒙时期。

20世纪的20年代到50年代，沥青路面技术在欧美等许多国家得到迅速发展。1911年美国首先提出按针入度分级指标。1916年德国马尔库逊(MaIcuson)提出了最初的沥青组分分析方法，研究了沥青组分含量和路用性能的关系。其后，经过雷西希娜、哈巴尔德(Habalt)、科贝尔特(Kobelt)、饭岛博等人的补充和修正，形成了目前的组分分析法。在这一时期中，各国对沥青的物理性能、化学结构及试验方法等进行了大量的研究。但是由于沥青组成和结构的复杂性，此研究未取得重大突破。

近几十年来，随着公路等级的不断提高，对沥青材料提出了更高的要求，促使研究工作进一步深入开展。除针入度、延度、软化点等目前习用的三大指标外，先后提出了脆点、含蜡量、族组分分析、黏附性以及回转薄膜烘箱老化等一系列非常规指标。还应用流变学的理论和方法研究了沥青的黏弹性力学特性、蠕变、应力松弛、沥青性能对温度和时间的依赖关系以及劲度和针入度指数等与流变学有关的指标。

与此同时，出现了各种改性沥青，如向沥青中掺入橡胶、树脂、硫磺及其他高聚物等。

5.1 石油沥青

▶▶引例

生活中通常会出现以下现象。

(1) 冬天沥青路面总会出现一些横向的裂缝(图 5.5)，这些裂缝的宽度往往从上往下由宽变窄，这是什么原因造成的呢?

(2) 夏季城市道路沥青路面在车轮经常行驶的地方易出现中间凹陷(图 5.6)，两侧隆起的现象，这是什么原因造成的呢?

图 5.5　沥青路面横向裂缝

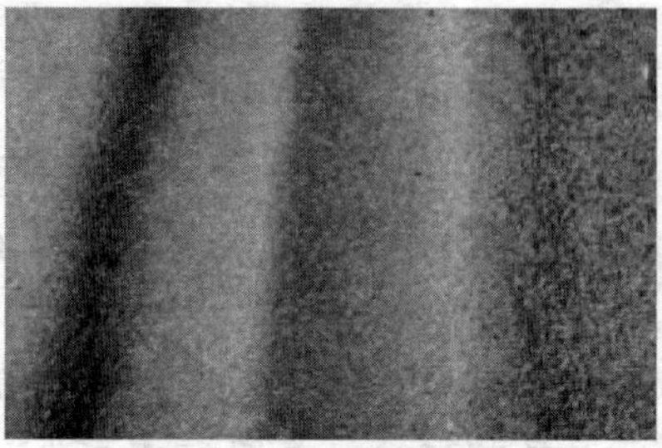

图 5.6　沥青路面车辙

5.1.1　石油沥青的生产和分类

1. 石油沥青生产工艺概述

炼制石油沥青的原料是石油。石油沥青是石油原油经蒸馏提炼出各种轻质油(如汽油、柴油等)及润滑油以后的残留物，再经加工而得的产品。生产工艺为原油经常压蒸馏后得到常压渣油，再经减压蒸馏后，得到减压渣油。渣油经过减压蒸馏工艺，进一步深拔出各种重质油品，可得到不同稠度的直馏沥青；渣油经不同深度的氧化后，可以得到不同稠度的氧化沥青或半氧化沥青；渣油经不同程度地脱出脱沥青油，可得到不同稠度的溶剂沥青。除轻度蒸馏和轻度氧化的沥青属于高标号慢凝沥青外，这些沥青都属于黏稠沥青。

在黏稠沥青中掺加煤油或汽油等挥发速度较快的溶剂，称为中凝液体沥青或快凝液体沥青。为得到不同稠度的沥青，也可以采用硬的沥青与软的沥青(黏稠沥青或慢凝液体沥青)以适当比例调配，称为调配沥青。按照比例不同所得成品可以是黏稠沥青，亦可以是慢凝液体沥青。快凝液体沥青需要耗费高价的有机稀释剂，同时要求石料必须是干燥的。为节约溶剂和扩大使用范围，可将沥青分散于有乳化剂的水中而形成沥青乳液，这种乳液又称为乳化沥青。

为更好地发挥石油沥青和煤沥青的优点，选择适当比例的煤沥青与石油沥青混合而成一种稳定的胶体，这种胶体称为混合沥青。

沥青的制造方法不同，其性状有很大的差异，简述如下。

1) 蒸馏法

蒸馏法是将原油经常压蒸馏分出汽油、煤油、柴油等轻质馏分，再经减压蒸馏分出减压馏分油，余下的残渣符合道路沥青规格时就可以直接生产出沥青产品，所得沥青也称直馏沥青，是生产道路沥青的主要方法。

2) 氧化法

氧化法是在 250～300 ℃的高温下向减压渣油或脱油沥青吹入空气，使其组成和性能发生变化，所得的产品称为氧化沥青。

3）溶剂脱沥青法

由于非极性的低分子烷烃溶剂对减压渣油中的各组分具有不同的溶解度，利用溶解度的差异可以实现组分分离，因而可以从减压渣油中除去对沥青性质不利的组分，生产出符合规格要求的沥青产品，这就是溶剂脱沥青法，又称溶剂沉淀法。

各种石油沥青生产工艺流程如图 5.7 所示。

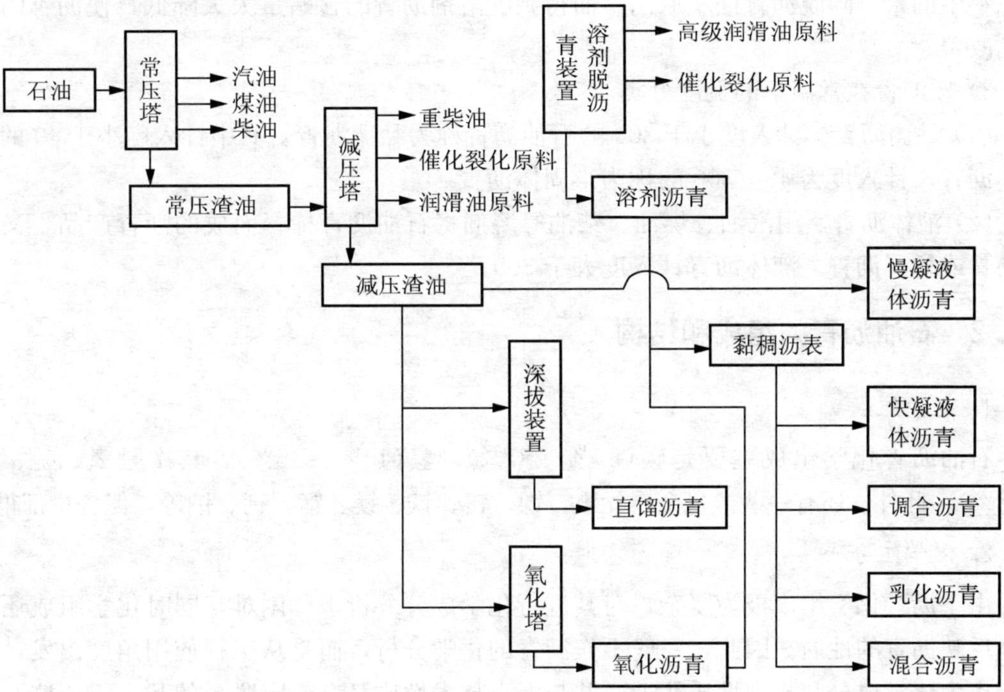

图 5.7　石油沥青生产工艺流程示意图

2. 石油沥青的分类

1）按原油成分分类

原油根据关键馏分特性和含硫量，可分为石蜡基原油、环烷基原油、中间基原油，以及高硫原油、低硫原油等，由不同基属原油炼制的石油沥青分以下几种。

(1) 石蜡基沥青。因原油中含有大量烷烃，沥青中含蜡量一般大于 5%。因蜡在常温下以晶体存在，降低了沥青的黏结性和塑性。目前开采的油田中大部分为石蜡基沥青，如大庆油田。

(2) 环烷基沥青。又称沥青基沥青，含有较多的环烷烃和芳香烃，因此沥青的芳香性高，含蜡量一般小于 2%，黏结性和塑性较高。进口油多为环烷基原油。

(3) 中间基沥青。又称混合基沥青，含烃类成分和沥青的性质一般介于石蜡基和环烷基沥青之间，如辽河沥青、胜利沥青。

2）按加工方法分类

(1) 直馏沥青。蒸馏法所得沥青称为直馏沥青，通常直馏沥青具有较好的低温变形能力，但温度感应性大。

(2) 氧化沥青。氧化法所得沥青称为氧化沥青，由于经数小时氧化反应，氧化沥青稠度较大，通常具有良好的温度稳定性，高温时抗变形能力较好，但氧化程度不能太深，否则低温时变形能力较差。为了防止这种情况发生，可采用半氧化法，所得沥青兼具高温和低温两方面性能。

(3) 溶剂沥青。溶剂脱沥青法所得沥青称为溶剂沥青，溶剂脱沥青法可以使石蜡基渣油原料中的蜡，随脱沥青油萃取出，而得到的溶剂沥青的含蜡量大大降低，使沥青的性能得到改善。

3) 按沥青在常温下的稠度分类

(1) 黏稠沥青。针入度小于300的石油沥青称为黏稠沥青，其中针入度小于40的称为固体沥青，针入度为40～300的称为半固体沥青。

(2) 液体沥青。用汽油、煤油、柴油等溶剂将石油沥青稀释而成的沥青产品，又称轻制沥青或稀释沥青。液体沥青针入度大于300。

5.1.2 石油沥青的组成和结构

1. 元素组成

石油沥青化学组成主要是碳(80%～87%)、氢(10%～15%)，其次是氧、硫、氮等(<3%)。此外，还有一些微量金属元素，镍、钒、铁、镁、锰、钙、钠等，但含量都很少。

2. 化学组分

由于沥青化学组成极为复杂，对其进行化学成分分析十分困难，同时化学组成还不能完全反映沥青的性质。因此，一般不作沥青的化学分析，而是从工程使用角度出发，将沥青分离为化学成分和物理性质相近，并与沥青技术性质又有一定联系的几个组，这些组即称为组分。我国现行标准《公路工程沥青及沥青混合料试验规程》(JTG E20—2011)规定有三组分和四组分两种分析方法。

1) 三组分分析法

三组分分析法是将石油沥青分离为油分、树脂和沥青质三个组分，三个组分可利用沥青在不同有机溶剂中的选择性溶解分离出来，其组分性状见表5-1。

表5-1 石油沥青三组分分析法的各组分性状

组分 \ 性状	外观特性	平均分子量	碳氢比	含量/%	物化特性
油分	淡黄色透明液体	200～700	0.5～0.7	45～60	几乎溶于大部分有机溶剂，具有光学活性，常发现有荧光，相对密度0.910～0.925
树脂	红褐色黏稠半固体	800～3 000	0.7～0.8	15～30	温度敏感性高，熔点低于100℃，相对密度大于1.0
沥青质	深褐色固体末状微粒	1 000～5 000	0.8～1.0	5～30	加热不熔化而碳化，使沥青呈黑色，相对密度1.1～1.5

(1) 油分。

油分为淡黄色至红褐色的油状液体，是沥青中分子量最小和密度最小的组分，密度为0.7～1.0g/cm³。油分赋予沥青以流动性，它能降低沥青的黏度和软化点，含量适当还能增大沥青的延度。

(2) 树脂。

树脂为黄色至黑褐色黏稠状物质(半固体)，分子量比油分大，密度为1.0～1.1g/cm³。树脂又分为中性树脂和酸性树脂。中性树脂赋予沥青良好的塑性、可流动性和黏结性，其含量增加，沥青的延度和黏结力等性能愈好。除中性树脂外，沥青中还含有少量酸性树脂，它是沥青中的表面活性物质，它能改善石油沥青对矿物材料的浸润性，特别是提高了对碳酸盐类岩石的黏附性，并且增加了石油沥青的可乳化性。

(3)沥青质(地沥青质)。

沥青质为深褐色至黑色固态无定形物质(固体粉末)，分子量比树脂大，密度为1.1～1.5g/cm³，沥青质是决定石油沥青温度敏感性、黏性的重要组成部分，其含量越多，则软化点愈高，黏性愈大，即愈硬脆。

三组分分析法的优点是组分界限很明确，组分含量能在一定程度上说明它的工程性能，但是它的主要缺点是分析流程复杂，分析时间很长。

2) 四组分分析法

四组分分析法是将沥青分离为沥青质、饱和分、芳香分和胶质。其组分性状见表5-2。

表5-2 石油沥青四组分分析法的各组分性状

组分＼性状	外观特性	平均相对密度	平均分子量	主要化学结构
饱和分	无色液体	0.89	625	烷烃、环烷烃
芳香分	黄色至红色液体	0.99	730	芳香烃、含S衍生物
胶质	棕色黏稠液体	1.09	970	多环结构，含S、O、N衍生物
沥青质	深棕色至黑色固体	1.15	3 400	缩合环结构，含S、O、N衍生物

按照四组分分析法，各组分对沥青性质的影响，根据科尔贝特的研究，饱和分含量增加，可使沥青稠度降低(针入度增大)；胶质含量增大，可使沥青的延性增加；在有饱和分存在的条件下，沥青质含量增加，可降低沥青温度敏感性；胶质和沥青质的含量增加，可使沥青的黏度提高。

3) 含蜡量

石油沥青中还含有蜡，它会降低石油沥青的黏结性和塑性，含蜡量增大对温度的敏感性(即温度稳定性差)。高温时，石蜡变软，导致沥青路面的高温稳定性降低，出现车辙，另一方面，低温会使沥青变脆硬，导致路面低温抗裂性降低，出现裂缝，且蜡会使石料与沥青之间的黏附性降低，使路面石子与沥青产生剥落，石蜡的存在还会降低沥青路面的抗滑性能。所以蜡是石油沥青的有害成分。蜡存在于石油沥青的油分中，如多蜡沥青经高温吹氧处理，蜡被氧化和蒸发，从而提高软化点，降低针入度，达到使用要求。

3. 石油沥青的结构

1) 胶体理论

在沥青中，油分和树脂可以互相溶解，树脂能浸润沥青质。因此，石油沥青的结构是以沥青质为核心，周围吸附部分树脂和油分，构成胶团，无数胶团分散在油分中而形成胶体结构。在这个分散体系中，分散相为吸附部分树脂的沥青质，分散介质为溶有树脂的油分。根据沥青中各组分含量的不同，可形成不同类型的胶体结构，表现出不同的性质。

2) 胶体结构类型

根据石油沥青中各组分的化学组成和相对含量的不同，可以形成溶胶型结构、溶-凝胶型结构、凝胶型结构三种不同的胶体结构。

(1) 溶胶型结构。

当沥青中沥青质分子量较小，并且含量很少，同时树脂含量较高，构成胶团。这样使胶团能够完全胶溶而分散在油分的介质中。在此情况下，胶团相距较远，它们之间吸引力很小(甚至没有吸引力)，胶团可以在分散介质粘度许可范围之内自由运动，这种胶体结构的沥青，称为溶胶型沥青，如图 5.8(a)所示。这类沥青的特点是，当对其施加荷载时，几乎没有弹性效应，所以这类沥青也称为“牛顿流沥青”。通常，大部分直馏沥青都属于溶胶型沥青。这类沥青在性能上，具有较好的自愈性和低温时变形能力，但温度感应性较大。

(2) 溶-凝胶型结构。

沥青中沥青质含量适当，较高含量的树脂。这样形成的胶团数量增多，胶体中胶团的浓度增加，胶团距离相对靠近，它们之间有一定的吸引力。这是一种介乎溶胶与凝胶之间的结构，称为溶-凝胶结构，如图 5.8(b)所示。这类沥青的特点是，在变形的最初阶段，表现出一定程度的弹性效应，但变形增加至一定数值后，则又表现出一定程度的黏性流动，是一种具有黏-弹特性的伪塑性体。这类沥青，有时还有触变性。修筑现代高等级沥青路面用的沥青，都应属于这类胶体结构类型。这类沥青的性能，在高温时具有较小的感温性，低温时又具有较好的形变能力。

(3) 凝胶型结构。

沥青中沥青质含量很高，并有相当数量树脂来形成胶团。这样，沥青中胶团浓度很大程度的增加，它们之间相互的吸引力增加，使胶团靠得很近，形成空间网络结构。此时，液态油分在胶团的网络中成为分散相，连续的胶团成为分散介质。这种胶体结构的沥青，称为凝胶型沥青，如图 5.8(c)所示。这类沥青的特点，是当施加荷载很小时，或在荷载时间很短时，具有明显的弹性变形。有时还具有明显的触变性。这类沥青在性能上，虽具有较小的温度感应性，但低温变形能力较差。

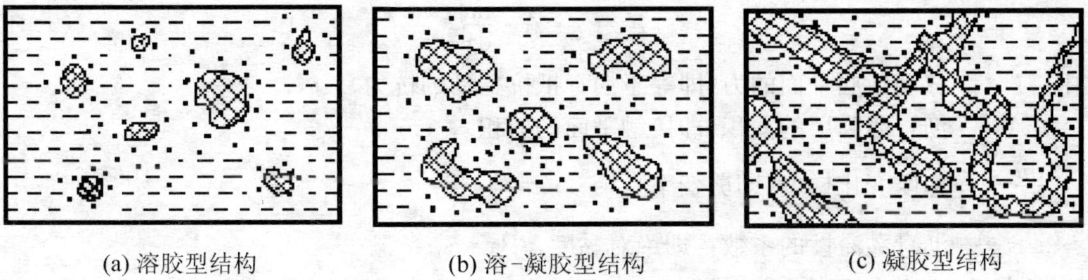

图 5.8 石油沥青的胶体结构示意图

5.1.3 石油沥青的技术性质

1. 物理常数

1）密度

密度是指在规定温度条件下，单位体积的质量，其单位为 kg/m^3 或 g/cm^3。我国现行试验规程《公路工程沥青及沥青混合料试验规程》（JTG E20—2011)规定，测定 15℃时的沥青密度。

2）相对密度

相对密度是指在规定温度下，沥青质量与同体积水质量之比。我国现行试验规程《公路工程沥青及沥青混合料试验规程》（JTG E20—2011)规定，测定 25℃时的相对密度。

沥青 15℃密度与 25℃相对密度之间可以换算，其换算公式如下

$$沥青与水的相对密度(25℃) = 沥青的密度(15℃) \times 0.996$$

2. 黏滞性(黏性)

黏滞性是指沥青材料在外力作用下抵抗变形的能力。它是沥青材料最为重要的性质，也就是沥青的软硬、稀稠程度。其大小取决于沥青的化学组分及温度。沥青质含量较高，又含适量的树脂和少量油分时，则黏滞性较大。在一定温度范围内，当温度升高时，黏滞性随之降低，反之则增大。沥青的黏滞性通常用黏度表示。

1）沥青的绝对黏度

绝对黏度(又称动力黏度)采用一种剪切变形的模型来描述，如图 5.9 所示。互相平行的平面，在两平面之间分布有一沥青薄膜，其厚度为 h。当下层平面固定，外力作用于顶层表面发生位移时，顶层平面移动速度为 u_0，按牛顿定律则可得公式(5-1)。

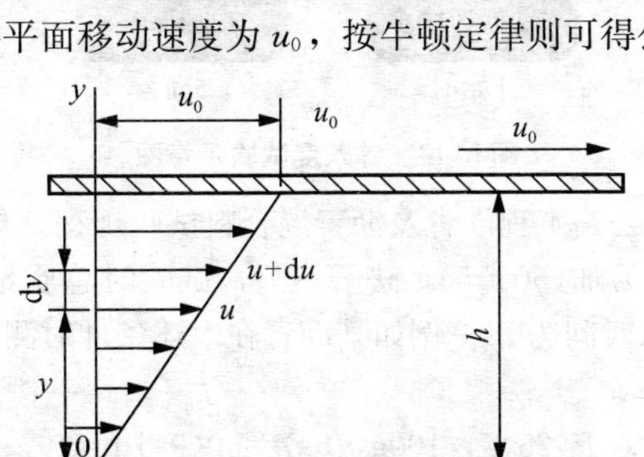

图 5.9 沥青绝对黏度概念图

$$F=\eta\cdot A\cdot\frac{du}{dy} \tag{5-1}$$

式中 F——移动顶层平面的力(即等于沥青抵抗移动的抗力)，N；

A——沥青薄膜层的面积(即接触平面的面积)，cm^2；

$\frac{du}{dy}$——速度变化梯度(即剪变率)，s^{-1}；

η——沥青黏滞性的系数，即绝对黏度，Pa·s。

将式(5-1)进行变换，可得到

$$\tau=\frac{F}{A}=\eta\cdot\frac{du}{dy} \tag{5-2}$$

式中 τ——沥青内部的剪切应力，N/m^2。

沥青绝对黏度的测定方法，我国现行试验规程《公路工程沥青及沥青混合料试验规程》(JTG E20—2011)规定，沥青动力黏度采用真空减压毛细管法。其他比较先进的测定沥青动力黏度的方法有布氏旋转黏度计法。

2) 沥青的相对黏度(又称条件黏度)

由于绝对黏度测定精密度要求高，操作较复杂，不适于作为工程试验。故一般工程上，多测定沥青的相对黏度。

(1) 针入度。

针入度是测定道路黏稠石油沥青黏滞性的常用技术指标，采用针入度仪测定，试验简图如图 5.10 所示。

沥青的针入度是在规定温度和时间内，附加一定质量的标准针垂直贯入试样的深度，以 0.1mm 表示。试验条件以 $P_{T,m,t}$ 表示，T 是试验温度，m 是荷重，t 是贯入时间。

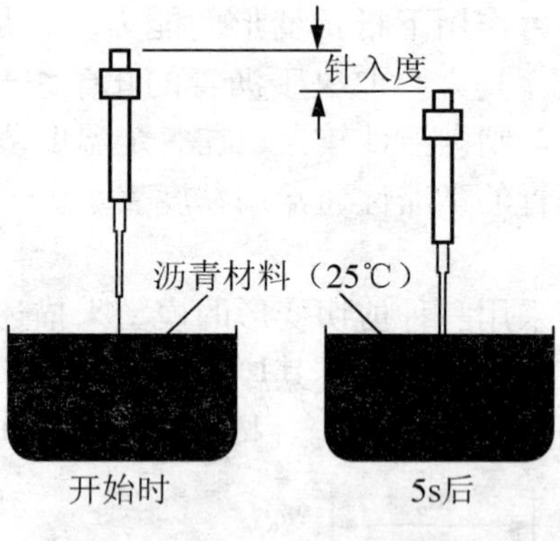

图 5.10 针入度试验示意图

我国现行试验规程《公路工程沥青及沥青混合料试验规程》规定：标准针与针连杆组合件总质量为(50±5)g，另加(50±5)g 砝码一只，试验时总质量为(100±0.05)g，试验温度为 25℃，标准针贯入时间为 5s。例如某沥青在上述条件时测得针入度为 60(0.1mm)，可表示为

$$P(25℃，100g，5s)=60(0.1mm) \tag{5-3}$$

针入度是划分沥青技术等级的主要指标。针入度值越大，表示沥青愈软，稠度愈小，黏度越小。

(2) 黏度。

黏度又称黏滞度，是测定液体石油沥青、乳化沥青和软煤沥青等黏滞性的常用技术指标，采用道路标准黏度计测定，试验简图如图5.11所示。

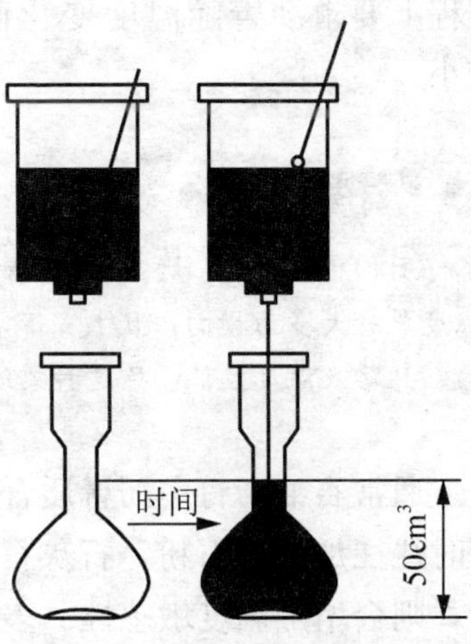

图5.11 黏滞度试验示意图

我国现行试验规程《公路工程沥青及沥青混合料试验规程》规定：液体状态的沥青材料，在标准黏度计中，于规定的温度条件下(20℃、25℃、30℃或60℃)，通过规定的流孔直径(3mm、4mm、5mm及10mm)(根据沥青种类和稠度来选择)，流出50mL体积所需时间(s)，以$C_{T,d}$表示。其中C为黏度，*T*为试验温度，*d*为流孔直径。例如某沥青在60℃，自5mm孔径流出50mL沥青所需时间为100s，表示为$C_{60,5}$=100s。在相同温度和流孔直径条件下，流出时间愈长，表示沥青黏度愈大。我国液体沥青是采用黏度来划分等级的。

3. 塑性

沥青的塑性是指当其受到外力的拉伸作用时，所能承受的塑性变形的总能力。石油沥青的塑性与其组分有关，石油沥青中树脂含量较多，且其他组分含量又适当时，则塑性较大。影响沥青塑性的因素有温度和沥青膜层厚度，温度升高，则塑性增大；膜层越厚，则塑性越大。反之，膜层越薄，则塑性越差，当膜层薄至1μm时，塑性近于消失，即接近于弹性。

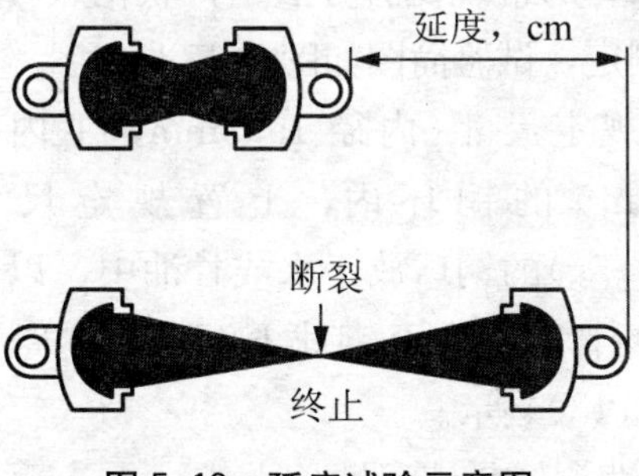

图5.12 延度试验示意图

在常温下，塑性较好的沥青产生裂缝时，由于特有的黏塑性也可以自行愈合，故塑性还反映了沥青开裂后的自愈能力。沥青之所以能制造出性能良好的柔性防水材料，在很大程度上决定于沥青的塑性。沥青的塑性对冲击振动荷载有一定吸收能力，并能减少摩擦时的噪声，故沥青是一种优良的路面材料。我国现行试验规程《公路工程沥青及沥青混合料试验规程》规定：沥青的塑性用延度来表征。用延度仪测定，试验简图如图5.12所示。延度是把沥青试样制成八字形标准试件在规定的拉伸速度(5cm/min)和规定温度(25℃)下拉断时的伸长长度，以cm为单位。延度值愈大，表示沥青塑性越好，柔性和抗断裂性越好。

4. 温度稳定性(感温性)

因沥青是一种高分子非晶态热塑性物质，故没有固定熔点。当温度升高时，沥青由固态或半固态逐渐软化，使沥青分子之间发生相对滑动，此时沥青就像液体一样发生黏性流动，称为黏流态。与此相反，当温度降低时，沥青又逐渐由黏流态凝固为固态(或称高弹态)，甚至变硬变脆(像玻璃一样硬脆称为玻璃态)。此过程反映了沥青随温度升降其黏滞性和塑性的变化。在相同的温度变化间隔里，各种沥青黏滞性及塑性变化幅度不会相同，工程上要求沥青随温度变化而产生的黏滞性及塑性变化幅度应较小，即温度敏感性应较小。

特别提示

引例中(1)的解答：冬季沥青路面易产生横向裂缝的原因主要低温所致，称之为温度裂缝。这种温度裂缝大多为横向，且上宽下窄。该种路面病害是由于低温时沥青延度减小，低温抗裂性变差引起的，且路表温度最低，故这种裂缝从上往下发展形成上宽下窄的形状。

通常石油沥青中沥青质含量较多，在一定程度上能够减小其温度敏感性。在工程上使用时往往加入滑石粉、石灰石粉或其他矿物填料来减小其温度敏感性。沥青中含蜡量较多时，则会增加温度敏感性。多蜡沥青不能用于直接暴露于阳光和空气中的建筑工程，就是因为该沥青温度敏感性大，当温度不太高(60℃)时就发生流淌，在温度较低时又易变硬开裂。

评价温度敏感性的指标很多，常用的是软化点和针入度指数。

1) 高温敏感性用软化点表示

沥青软化点是反映沥青温度敏感性的重要指标。由于沥青材料从固态至液态有一定的温度间隔，故规定其中某一状态作为从固态转到黏流态(或某一规定状态)的起点，相应的温度称为沥青软化点。

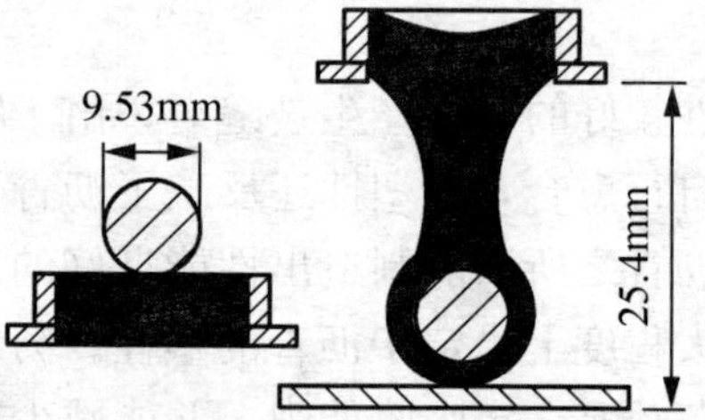

图 5.13　软化点试验示意图

我国现行试验规程《公路工程沥青及沥青混合料试验规程》规定：在沥青的常规试验方法中，软化点可采用环球法软化点仪测定，试验简图如图 5.13 所示。

沥青材料装入规定尺寸(内径 19.8mm，下内径 15.9mm，高 6.4mm)的铜环内，上置规定尺寸(9.53mm)和质量(3.5g)的钢球放于水或甘油中，以规定的速度加热。使沥青软化，至钢球下沉达规定距离(2.54mm)时温度，以℃表示。

软化点愈高，表明沥青的耐热性愈好，即温度稳定性愈好。感温性越小。

特别提示

引例中(2)的解答：夏季城市道路沥青路面出现的这种现象是车辙，可能是由高温时沥青材料软化所致，夏季路面温度高达 60℃以上，往往超过沥青的软化点，导致路面抗剪强度降低，路面便产生车辙。

针入度是在规定温度下沥青的条件黏度，而软化点是沥青达到规定条件粘度时的温度，软化点既是反映沥青材料感温性的一个指标，也是沥青黏度的一种量度。

针入度、延度、软化点是评价黏稠石油沥青路用性能的最常用的经验指标，通称为三大指标。

2）低温抗裂性用脆点表示

脆点是指沥青材料由粘塑状态转变为固体状态达到条件脆裂的温度。

我国现行试验规程《公路工程沥青及沥青混合料试验规程》规定：沥青脆点采用弗拉斯法测定，试验仪器如图 5.14 和图 5.15 所示。

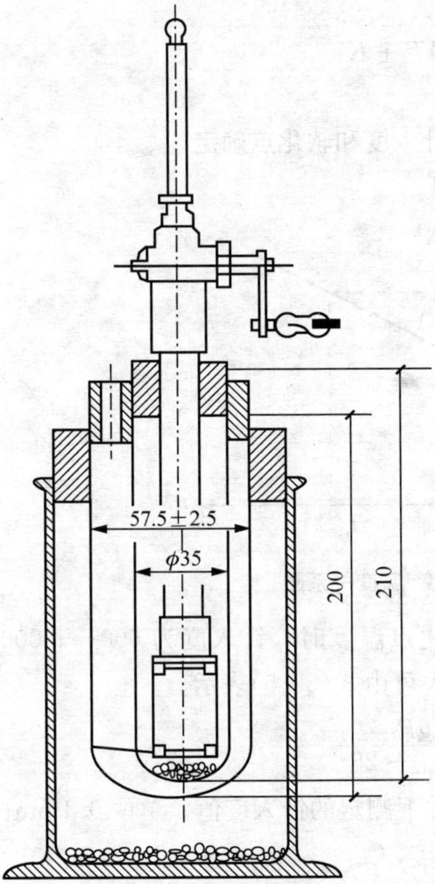

图 5.14 弗拉斯脆点仪

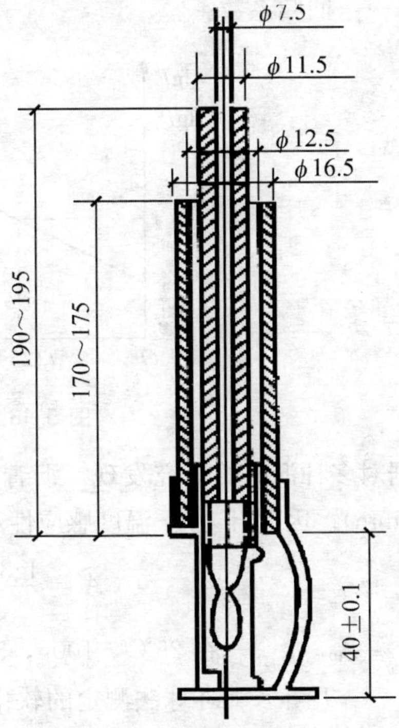

图 5.15 弯曲器(单位：mm)

脆点试验是将 0.4g 沥青涂在金属片上，置于有冷却设备的脆点仪内，摇动脆点仪的曲柄，使涂有沥青的金属片产生弯曲，随制冷温度降低，沥青薄膜温度逐渐降低，当沥青薄膜在规定弯曲条件下，产生断裂时的温度即为脆点。脆点低，抗裂性好，脆性大。

在工程应用中，要求沥青具有较高的软化点和较低的脆点，否则容易发生沥青材料夏季流淌或冬季变脆甚至开裂等现象。

软化点是沥青性质随温度变化过程中重要的标志点，在软化点之前，沥青主要表现为黏弹态，而在软化点之后主要表现为黏流态。软化点越低，表明沥青在高温下的体积稳定性和承受荷载的能力越差。但仅凭软化点这一指标来反映沥青性质随温度变化的规律，并不全面。目前，还采用针入度指数 PI 作为沥青温度敏感性的指标。

3）针入度指数(PI)

针入度指数(PI)是应用经验的针入度和软化点试验结果，提出一种能表征沥青的感温性和胶体结构的指标。

(1) 针入度-温度感应性系数 A。

前人经过大量试验得出，沥青针入度值的对数与温度具有线性关系，如图 5.16 所示，用式(5－4)表示。

$$\lg P = AT + K \tag{5-4}$$

式中　P——沥青的针入度，单位 0.1mm；

A——针入度-温度感应性系数，可由针入度和软化点确定；

K——回归系数。

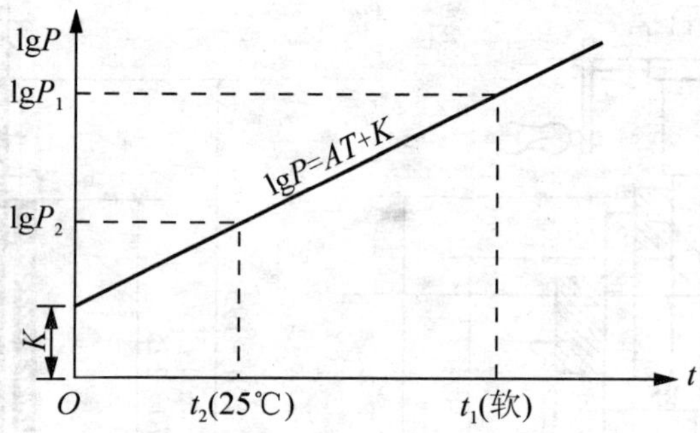

图 5.16　针入度-温度关系图

根据对多种沥青的研究发现，沥青在软化点温度时，针入度为 600～1 000，假定为 800(0.1mm)。因此针入度-温度感应性系数 A 可由式(5－5)表示。

$$A = \frac{\lg 800 - \lg P_{(25℃,100g,5s)}}{T_{R\&B} - 25} \tag{5-5}$$

式中　$P_{(25℃,100g,5s)}$——在 25℃，100g，5s 条件下测定的针入度值，单位 0.1mm；

$T_{R\&B}$——环球法测定的软化点温度，℃。

由于软化点温度时的针入度常与 800 相距甚大，因此斜率 A 应根据不同温度的针入度值确定，常采用的温度为 15℃，25℃及 30℃(或 5℃)(必要时增加 15℃，20℃等)，由式(5－6)计算。

$$A = \frac{\lg P_1 - \lg P_2}{T_1 - T_2} \tag{5-6}$$

式中　T_1——测定针入度时的某一个试验温度，℃；

T_2——测定针入度时的另一个试验温度，℃；

P_1——试验温度 T_1 时测定的针入度，单位 0.1mm；

P_2——试验温度 T_2 时测定的针入度，单位 0.1mm。

按式(5-6)计算的针入度－温度感应性系数 A 为小数，使用不方便，故引入针入度指数 PI 的概念。

(2) 针入度指数(PI)的确定。

针入度指数可采用实用公式或针入度指数诺谟图确定。

① 利用实用公式求针入度指数。

沥青的针入度指数 PI 可按式(5-7)计算

$$PI=\frac{30}{1+50A}-10 \tag{5-7}$$

② 查针入度指数诺模图(图 5.17)求针入度指数。

具体方法为：测试沥青在两个温度 T_1 和 T_2 下的针入度 P_1 和 P_2，在图 5.17 中确定点 $A(T_1、P_1)$ 和 $B(T_2、P_2)$ 的位置，以直线连接 AB 两点。将直线 AB 平行移动至图中的 O 点，与 PI 标尺的交点为沥青的针入度指数 PI。

(3) 按针入度指数可将沥青划分为三种胶体结构。

① 针入度指数 $PI<-2$ 为溶胶型沥青。

② 针入度指数 $PI>+2$ 为凝胶型沥青。

③ 针入度指数 $-2<PI<+2$ 为溶凝胶型沥青。

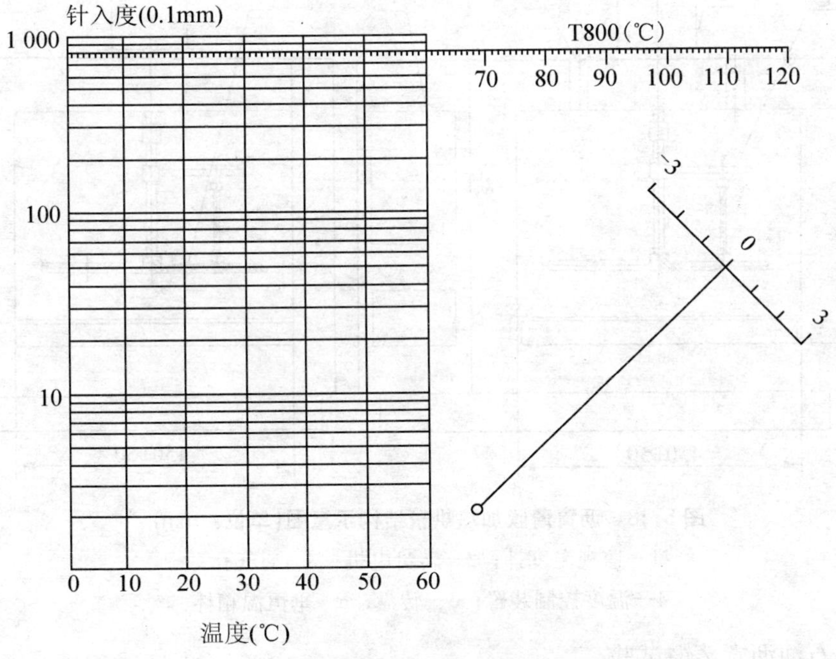

图 5.17 针入度指数诺模图

当 $PI<-2$ 时，沥青的温度敏感性强，当 $PI>+2$ 时有明显的凝胶特征，耐久性差，一般认为选用 $-1\sim+1$ 的溶凝胶型沥青适宜修筑沥青路面。

5. 加热稳定性(大气稳定性)

沥青在过热或长时间加热过程中，会发生轻质馏分挥发、氧化、裂化、聚合等一系列物理及化学变化，使沥青的化学组成及性质发生变化。这种性质称为沥青加热稳定性。

为了解沥青耐久性，我国现行试验规程《公路工程沥青及沥青混合料试验规程》规定：要进行沥青的加热质量损失和加热后残渣性质的试验，道路石油沥青采用沥青薄膜加热试验，液体石油沥青采用沥青蒸馏试验。

1）薄膜加热试验

将一定质量的沥青试样装入盛样皿中，使沥青成为厚约 3.2mm 的薄膜，在 163℃的标准薄膜加热烘箱中加热 5h 后，取出冷却，测定其质量损失，并按规定方法测定残留物的针入度、延度等技术指标。它以沥青试样在加热蒸发前后的蒸发损失百分率和蒸发后针入度比来评定。蒸发损失百分率愈小，蒸发后针入度比愈大，则表示沥青大气稳定性愈好，即老化愈慢。

薄膜加热试验(简称 TFOT)可与旋转薄膜加热试验(简称 RTFOT)互相代替。图 5.18 所示为高×宽×深＝(450±50)mm×(450±50)mm×(450±50)mm 沥青薄膜加热烘箱示意图，图 5.19 所示为高×宽×深＝(381±5)mm×(483±5)mm×(440±8)mm 沥青旋转薄膜烘箱示意图。

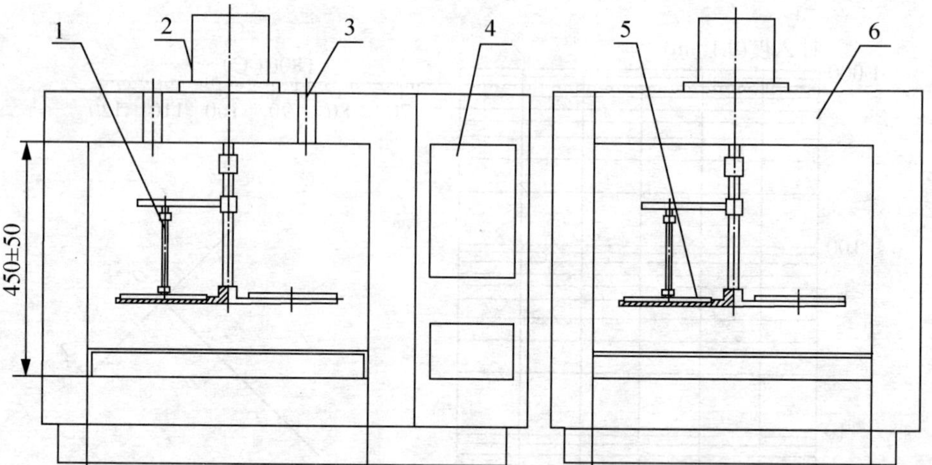

图 5.18　沥青薄膜加热烘箱结构示意图(单位：mm)

1—监视温度计；2—转盘电机；3—通气孔；

4—温度控制装置；5—转盘；6—垂恒温箱体

2）液体石油沥青蒸馏试验

测定试样受热时，在规定温度(225℃、316℃、360℃)范围内蒸出的馏分含量，以占试样体积百分率表示。每达到规定温度时读取并记录量筒内馏分体积，计算各温度下馏分含量。

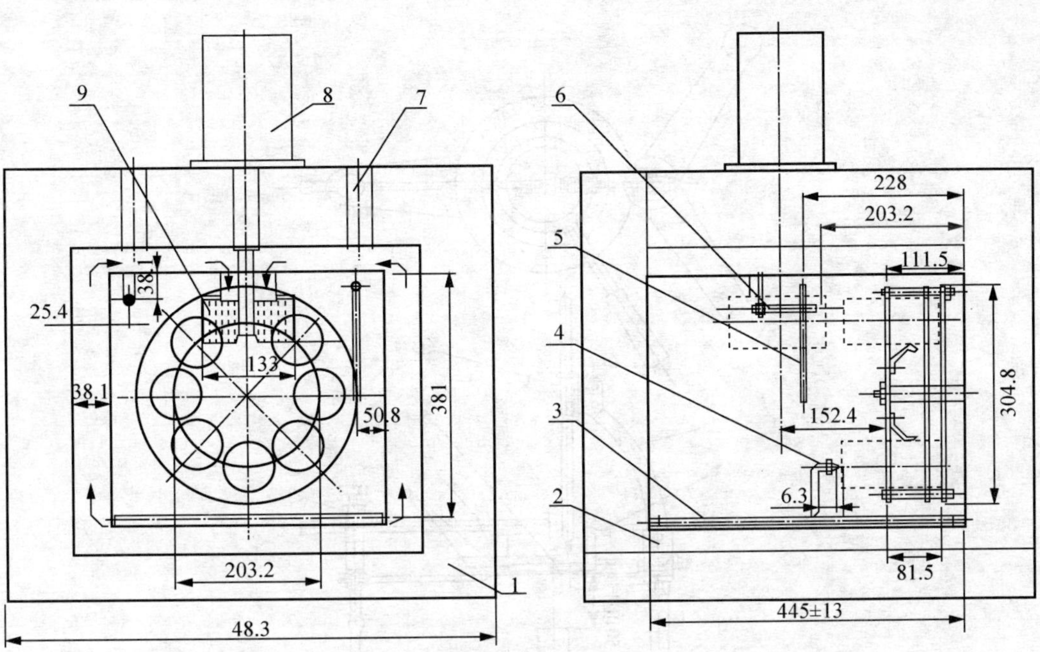

图 5.19 沥青旋转薄膜加热烘箱结构示意图(单位：mm)

1—恒温箱体；2—加热电炉；3—盘绕的钢管；4—空气喷嘴；5—监视温度计；
6—温度传感器；7—通气孔；8—风扇风机；9—鼠笼式风扇

6. 安全性

沥青材料在使用时必须加热，当加热至一定温度时，沥青材料中挥发的油分蒸气与周围空气组成混合气体，此混合气体遇火焰则易发生闪火。若继续加热，油分蒸气的饱和度增加，由于此种蒸汽与空气组成的混合气体遇火焰极易燃烧而引起火灾。为此，必须测定沥青加热闪火和燃烧的温度，即所谓闪点和燃点。

闪点是指加热沥青挥发出可燃气体与空气组成的混合气体在规定条件下与火接触，产生闪光时的沥青温度(℃)。燃点是指沥青加热产生的混合气体与火接触，持续燃烧 5s 以上时的沥青温度，一般与闪点相差 10 ℃。

我国现行试验规程《公路工程沥青及沥青混合料试验规程》规定：测定沥青的闪点用克利夫兰开口杯式闪点测定仪，如图 5.20 所示。闪点和燃点是保证沥青加热质量和施工安全的一项重要指标。

7. 溶解度

沥青的溶解度是指石油沥青在三氯乙烯中溶解的百分率。一般来说，不溶物为一些有害物质(如沥青碳或似碳物)含量，不溶物会降低沥青的黏结性，应加以限制。

8. 含水量

沥青中含有水分，在施工中水分挥发慢，影响施工速度。在加热过程中，如水分过多，易产生“溢锅”现象，引起火灾，造成材料损失。所以在熔化沥青时应加快搅拌速度，使水分蒸发同时控制加热温度。

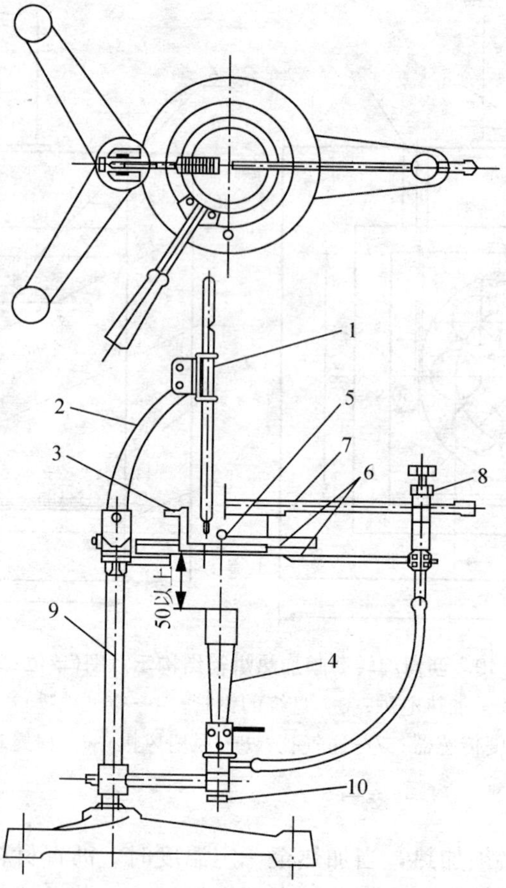

图 5.20　克利夫兰开口杯式闪点仪(单位：mm)

1—温度计；2—温度计支架；3—金属试验杯；
4—器具；5—试验标准球；6—加热板；7—试验火焰喷嘴；
8—试验火焰调节开关；9—加热板支架；10—加热器调节钮

9. 非常规的其他性能指标

1) 劲度模量

劲度模量是表示沥青材料黏性和弹性两种联合效应的指标。当沥青在低温(高黏度)和瞬时荷载作用下，形变量较小，以弹性形变为主，反之，以黏性形变为主。大多数实际使用情况下，沥青在变形时呈现粘弹性。

范·德·波尔在论述粘弹性材料(沥青)的抗变形能力时，以荷载作用时间(t)和温度(T)作为应力(σ)与应变(ε)之比的函数，即在一定荷载作用时间和温度条件下，应力与应变的比值称为劲度模量(简称劲度)，故劲度模量可表示为

$$S_b = \left(\frac{\sigma}{\varepsilon}\right)_{t,T} \tag{5-8}$$

劲度模量的确定可根据沥青材料的针入度指数、软化点、路面温度及荷载作用时间等因素，查沥青劲度模量诺谟图(图 5.21)获得，其结果可作为实际工程中的参考数值。

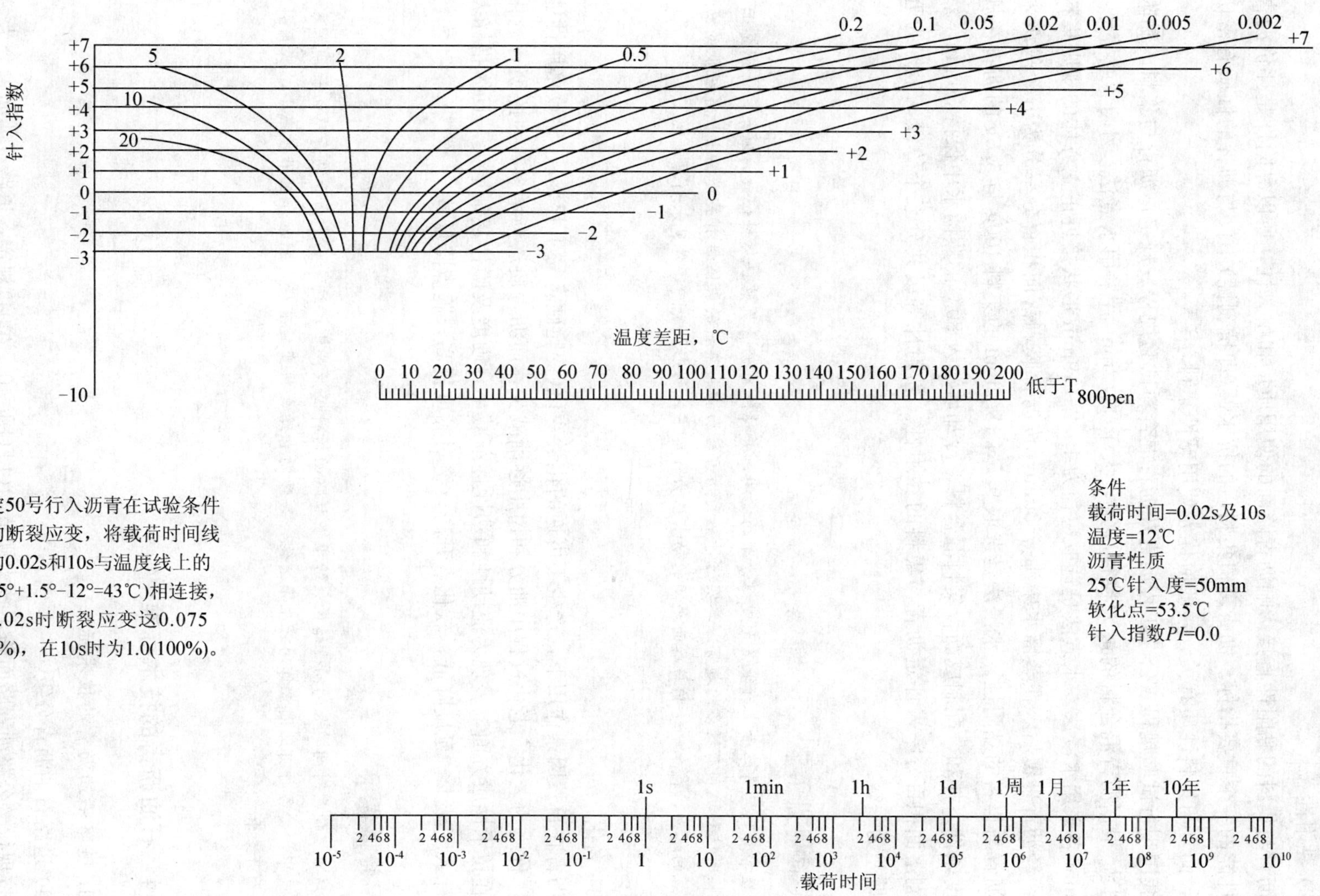

图 5.21 沥青劲度模量诺谟图

2）黏附性

沥青与集料的黏附性直接影响沥青路面的使用质量和耐久性，所以黏附性是评价沥青技术性能的一个重要指标。沥青裹覆集料后的抗水性(即抗剥性)不仅与沥青的性质有密切关系，而且与集料性质有关，一般应优先使用碱性集料。

我国现行试验规程《公路工程沥青及沥青混合料试验规程》规定：沥青与集料的黏附性试验，根据沥青混合料的最大粒径决定，大于 13.2mm 者采用水煮法；小于(或等于) 13.2mm 者采用水浸法。水煮法是选取粒径为 13.2～19mm 形状接近正立方体的规则集料五个，经沥青裹覆后，在蒸馏水中沸煮 3min，按沥青膜剥落面积百分率分为五个等级来评价沥青与集料的黏附性。水浸法是选取 9.5～13.2mm 的集料 100g 与 5.5g 的沥青在规定温度条件下拌和，配制成沥青集料混合料，冷却后浸入 80℃的蒸馏水中保持 30min，然后按剥落面积百分率来评定沥青与集料的黏附性。黏附性等级共分五个等级，最好为五级，最差为一级。

特别提示

经常看到沥青路面上有很多无规律分布的坑洞，并伴随有沥青剥落、集料松散的现象，特别是雨季来临时这种坑洞有增多的趋势。其实这种路面病害与沥青和集料的黏附性有关，黏附性等级低的沥青铺筑的路面，在车辆轮胎与路面之间的动水压力作用下，易形成坑洞等常见水损害现象。

3）老化

沥青在自然因素作用下，产生不可逆的化学变化(变脆硬，易于开裂)，导致路用性能劣化，称之为老化。老化过程中油分和树脂逐渐减少，而沥青质逐渐增多，因此沥青老化后，在技术性质方面，表现为流动性和塑性逐渐减小，硬度及脆性逐渐增大，具体指标表现为针入度减少，延度降低，软化点升高，绝对黏度提高，脆点降低等。

特别提示

城市里使用时间较长的沥青路面裂缝很多且路面材料松散严重，这主要是由于沥青路面长期暴露于大气中，受各种自然因素作用产生了老化，导致沥青结合料变脆变硬，塑性和黏附性减小，从而引起路面开裂和松散。

5.1.4 石油沥青的技术标准

1. 道路石油沥青的技术标准

1）道路石油沥青分级

按现行《公路沥青路面施工技术规范》(JTG F 40—2004)规定，道路石油沥青分为 A 级、B 级、C 级三个等级，适用范围应符合表 5-3 所示规定。

表5-3 道路石油沥青的适用范围

沥青等级	适用范围
A级沥青	各个等级的公路，适用于任何场合和层次
B级沥青	(1) 高速公路、一级公路沥青下面层及以下的层次，二级及二级以下公路的各个层次 (2) 用做改性沥青、乳化沥青、改性乳化沥青、稀释沥青的基质沥青
C级沥青	三级及三级以下公路的各个层次

2) 道路石油沥青标号

道路石油沥青按针入度划分为160号、130号、110号、90号、70号、50号、30号七个标号。同时对各标号沥青的延度、软化点、闪点、含蜡量、薄膜加热试验等技术指标也提出相应的要求，具体要求见表5-4。石油沥青的牌号主要根据针入度、延度和软化点等指标划分，并以针入度值表示。同一品种的石油沥青材料，牌号越高，则黏性越小，针入度越大，塑性越好，延度越大，温度敏感性越大，软化点越低。沥青路面采用的沥青标号，宜按照公路等级、气候条件、交通条件、路类型及在结构层中的层位及受力特点、施工方法等，结合当地的使用经验，经技术论证后确定。

3) 道路石油沥青选用的一般原则

(1) 对于高速公路、一级公路，夏季温度高、高温持续时间长的地区，重载交通路段、山区及丘陵区上坡路段、服务区、停车场等行车速度慢的路段，尤其是汽车荷载剪应力大的层次，宜采用稠度大、60℃黏度大的沥青，也可提高高温气候分区的温度水平选用沥青等级。

(2) 对于冬季寒冷的地区或者交通量小的公路、旅游公路宜选用稠度小、低温延度大的沥青。

(3) 对于温度日温差、年温差大的地区应选用针入度指数大的沥青。

(4) 当缺乏所需标号的沥青时，可采用不同标号掺配的调和沥青，其掺配比例由试验决定，掺配后的沥青质量应该符合相应的技术要求。

2. 道路用液体石油沥青的技术标准

液体石油沥青是指在常温下呈液体状态的沥青，可用于沥青路面施工。它可以是油分含量较高的直馏沥青，也可以是稀释剂稀释后的黏稠沥青。稀释剂挥发速度的不同，沥青的凝结速度快慢也不同，沥青的凝结速度快慢也不同。根据其凝结速度的快慢，液体石油沥青可分为快凝AL(R)、中凝AL(M)和慢凝AL(S)三个等级。技术要求如表5-5。液体石油沥青适用于透层、黏层及拌制冷拌沥青混合料。

液体石油沥青宜采用针入度较大的石油沥青，使用前按先加热沥青后加稀释剂的顺序，掺配煤油或轻柴油，经适当的搅拌、稀释制成。掺配比例根据使用要求由试验确定。

液体石油沥青在制作、贮存、使用的全过程中必须通风良好，并有专人负责，确保安全。基质沥青的加热温度严禁超过140℃，液体沥青的贮存温度不得高于50℃。

表 5-4 道路石油沥青技术要求

指标	单位	等级	沥青标号																	试验方法①
			160 号④	130 号④	110 号			90 号					70 号[3]					50 号	30 号④	
针入度(25℃，5s，100g)	0.1 mm		140～200	120～140	100～120			80～100					60～80					40～60	20～40	T 0604
适用的气候分区⑥					2-1	2-2	3-2	1-1	1-2	1-3	2-2	2-3	1-3	1-4	2-2	2-3	2-4	1-4		附录 A⑤
针入度指数 *PI*②		A	−1.5～+1.0																	T 0604
		B	−1.8～+1.0																	
软化点(R&B)不小于	℃	A	38	40	43			45			44		46		45			49	55	T 0606
		B	36	39	42			43			42		44		43			46	53	
		C	35	37	41			42					43					45	50	
60℃动力黏度②不小于	Pa. s	A	—	60	120			160			140		180		160			200	260	T 0620
10℃延度②不小于	cm	A	50	50	40			45	30	20	30	20	20	15	25	20	15	15	10	T 0605
		B	30	30	30			30	20	15	20	15	15	10	20	15	10	10	8	
15℃延度不小于	cm	A、B	100															80	50	
		C	80	80	60			50					40					30	20	
蜡含量(蒸馏法)不大于	%	A	2.2																	T 0615
		B	3.0																	
		C	4.5																	
闪点不小于	℃		230					245					260							T 0611
溶解度不小于	%		99.5																	T 0607
密度(15℃)	g/cm³		实测记录																	T 0603

续表

指标	单位	等级	沥青标号							试验方法①
			160号④	130号④	110号	90号	70号③	50号	30号④	
TFOT（或 RTFOT）后⑤										T 0610 或 T 0609
质量变化 不大于	%		±0.8							
残留针入度比 不小于	%	A	48	54	55	57	61	63	65	T 0604
		B	45	50	52	54	58	60	62	
		C	40	45	48	50	54	58	60	
残留延度(10℃) 不小于	cm	A	12	12	10	8	6	4	—	T 0605
		B	10	10	8	6	4	2	—	
残留延度(15℃) 不小于	cm	C	40	35	30	20	15	10	—	T 0605

注：① 试验方法按照现行《公路工程沥青及沥青混合料试验规程》规定的方法执行。用于仲裁试验求取 PI 时的五个温度的针入度关系的相关系数不得小于 0.997。

② 经建设单位同意，表中 PI 值、60℃动力黏度、10℃延度可作为选择性指标，也可不作为施工质量检验指标。

③ 70 号沥青可根据需要要求供应商提供针入度范围为 60～70 或 70～80 的沥青，50 号沥青可要求提供针入度范围为 40～50 或 50～60 的沥青。

④ 30 号沥青仅适用于沥青稳定基层。130 号和 160 号沥青除寒冷地区可直接在中低级公路上直接应用外，通常用作乳化沥青、稀释沥青、改性沥青的基质沥青。

⑤ 老化试验以 TFOT 为准，也可以 RTFOT 代替。

⑥ 气候分区见附录 A。

表 5-5 道路用液体石油沥青技术要求

试验项目		单位	快凝		中凝						慢凝						试验方法
			AL(R)-1	AL(R)-2	AL(M)-1	AL(M)-2	AL(M)-3	AL(M)-4	AL(M)-5	AL(M)-6	AL(S)-1	AL(S)-2	AL(S)-3	AL(S)-4	AL(S)-5	AL(S)-6	JTG E 20—2011
黏度	$C_{25.5}$	s	<20		<20	—	—	—	—	—	<20	—	—	—	—	—	T 0621
	$C_{60.5}$	s	—	5～15	—	5～15	16～25	26～40	41～100	101～200	—	5～15	16～25	26～40	41～100	101～200	
蒸馏体积	225℃前	%	>20	>15	<10	<7	<3	<2	0	0	—	—	—	—	—	—	T 0632
	315℃前	%	>35	>30	<35	<25	<17	<14	<8	<5	—	—	—	—	—	—	
	360℃前	%	>45	>35	<50	<35	<30	<25	<20	<15	<40	<35	<25	<20	<15	<5	
蒸馏后残留物	针入度(25℃)	0.1mm	60～200	60～200	100～300	100～300	100～300	100～300	100～300	100～300	—	—	—	—	—	—	T 0604
	延度(25℃)	cm	>60	>60	>60	>60	>60	>60	>60	>60	—	—	—	—	—	—	T 0605
	浮漂度(5℃)	s	—	—	—	—	—	—	—	—	<20	<20	<30	<40	<45	<50	T 0631
闪点(TOC法)		℃	>30	>30	>65	>65	>65	>65	>65	>65	>70	>70	>100	>100	>120	>120	T 0633
含水量 不大于		%	0.2	0.2	0.2	0.2	0.2	0.2	0.2	0.2	2.0	2.0	2.0	2.0	2.0	2.0	T 0612

注：① 本表引自中华人民共和国交通行业标准(JTG F 40—2004)。

② 黏度使用道路沥青黏度计测定，$C_{T,d}$的脚标第一个数字T代表温度(℃)，第二个数字代表孔径(mm)。

③ 闪点(TOC)为泰格开口杯(Tag Open Cup)法。

5.2 煤 沥 青

▶▶引例

我们经常看到和石油沥青非常相似的一种黑色材料(如图5.22所示)，但这种材料常温下有刺激性臭味，请问这是什么材料，它和石油沥青有什么区别？

图5.22 固体煤沥青

煤沥青是由煤干馏产品煤焦油再加工获得的。路用煤沥青主要是由炼焦或制造煤气得到的高温焦油加工而得。以高温焦油(700℃以上干馏)为原料可获得数量较多且质量较佳的煤沥青。而低温焦油(450～700℃)则相反，获得的煤沥青数量较少，且往往质量亦不稳定。

5.2.1 煤沥青的化学组成和结构

1. 元素组成

煤沥青的组成主要是芳香族碳氢化合物及其氧、硫和碳的衍生物的混合物。其元素组成主要为C、H、O、S和N。它的元素组成与石油沥青相比较见表5-6。煤沥青元素组成的特点是碳氢比较石油沥青大得多，它的化学结构主要是由高度缩聚的芳核及其含氧、氮和硫的衍生物，在环结构上带有侧链，但侧链很短。

表5-6 石油沥青和煤沥青元素组成比较

沥青名称	元素组成(%)					碳氢比(原子比)C/H	沥青名称	元素组成(%)					碳氢比(原子比)C/H
	C	H	O	S	N			C	H	O	S	N	
石油沥青	86.7	9.7	1.0	2.0	0.6	0.8	煤沥青	93.0	4.5	1.0	0.6	0.9	1.7

2. 化学组分

煤沥青化学组分的分析方法，与石油沥青的方法相似。目前煤沥青化学组分分析的方法很多，最常采用的有E.J.狄金松(Dickinson)法与B.O.葛列米尔德方法。E.J.狄金松法，将煤沥青分离为：游离碳C_1和游离碳C_2、树脂A、树脂B、油分5个组分。各组分的性质简述如下。

1）游离碳

游离碳是高分子的有机化合物的固态碳质微粒，不溶于苯。加热不熔，但高温分解。

煤沥青的游离碳含量增加，可提高其黏度和温度稳定性。但随着游离碳含量增加低温脆性亦增加。

2）树脂

树脂为环心含氧碳氢化合物。分为：①硬树脂，类似石油沥青中的沥青质；②软树脂，赤褐色黏-塑性物质，溶于氯仿，类似石油沥青中的树脂。

3）油分

油分是液态碳氢化合物。与其他组分比较，为最简单结构的物质。除了上述的基本组分外，煤沥青的油分中还含有萘、蒽和酚等。萘和蒽能溶解于油分中，在含量较高或低温时能呈固态晶态析出，影响煤沥青的低温变形能力。酚为苯环中含羟物质，能溶于水，且易被氧化。煤沥青中酚、萘和水均为有害物质，对其含量必须加以限制。现举几种道路煤沥青，按 E. J. 狄金松化学组分分析法所分析的结果，示例见表 5－7。

表 5－7　几种煤沥青的化学组分

沥青试样	化学组分(%)				
	游离碳 C_1	游离碳 C_2	树脂 A	树脂 B	油分
1	8.25	15.69	20.64	20.65	34.77
2	6.61	9.08	33.85	12.35	38.11
3	8.91	13.37	24.06	16.93	36.73

3. 胶体结构

煤沥青和石油沥青相类似，也是一种复杂胶体分散系，游离碳和硬树脂组成的胶体微粒为分散相，油分为分散介质，而软树脂为保护物质，它吸附于固态分散胶粒周围，逐渐向外扩散，并溶解于油分中，使分散系形成稳定的胶体物质。

5.2.2　煤沥青的技术性质与技术标准

1. 技术性质

煤沥青与石油沥青相比，在技术性质上有下列差异。

1）温度稳定性较低

煤沥青是一种较粗的分散系，同时树脂的可溶性较高，所以表现为热稳定性较低。当在一定温度下，随着煤沥青的黏度降低，减少了热稳定性不好的可溶性树脂，而增加了热稳定性好的油分含量。当煤沥青黏度升高时，粗分散相的游离碳含量增加，但不足以补偿由于同时发生的可溶树脂数量的变化带来的热稳定性损失。

2）与矿质集料的黏附性较好

在煤沥青组成中含有较多数量的极性物质，它赋予煤沥青高的表面活性，所以它与矿质集料具有较好的黏附性。

3）气候稳定性较差

煤沥青化学组成中含有较高含量的不饱和芳香烃，这些化合物有相当大的化学潜能，它在周围介质(空气中的氧、日光、温度和紫外线以及大气降水)的作用下，老化进程(黏度增加、塑性降低)较石油沥青快。

2. 技术指标

煤沥青的技术指标主要有黏度、蒸馏性能、含水量、甲苯不溶物含量、萘含量、酚含量等项。

1) 黏度

黏度是评价煤沥青质量最主要的指标，它表示煤沥青的黏结性。煤沥青的黏度取决于液相组分和固相组分在其组成中的数量比例，当煤沥青中油分含量减少、固态树脂及游离碳含量增加时，则煤沥青的黏度增高。由于煤沥青的温度稳定性和大气稳定性均较差，故当温度变化或老化后其黏度即显著地变化。煤沥青的黏度测定方法与液体沥青相同，亦是用标准黏度计测定。黏度是确定煤沥青标号的主要指标。根据标号不同，常用的温度和流孔有$C_{30,5}$、$C_{30,10}$、$C_{50,10}$和$C_{60,10}$四种。

2) 蒸馏试验

煤沥青中含有各种沸点的油分，这些油分的蒸发将影响其性质，因而煤沥青的起始黏滞度并不能完全表达其在使用过程中黏结性的特征。为了预估煤沥青在路面中使用过程的性质变化，在测定其起始黏度的同时，还必须测定煤沥青在各馏程中所含馏分及其蒸馏后残留物的性质。

根据煤沥青化学组成特征，将其物理化学性质较接近的化合物分为170℃以前的轻油、270℃以前的中油和300℃以前的重油3个馏程。其中300℃以后的馏分为煤沥青中最有价值的油质部分(主要为蒽油)。煤沥青蒸馏试验是用煤沥青分馏仪，按我国交通行业标准(JTG E20—2011)规定采用短颈蒸馏瓶。

煤沥青在分馏出300℃前的油质组分后其残渣，需测软化点(环球法)以表示其性质。

煤沥青各馏分含量的规定，是为了控制其由于蒸发而老化。煤沥青残渣性质试验，是为了保证其残渣具有适宜的黏结性。

3) 含水量

煤沥青中含有水分，在施工加热时易产生泡沫或爆沸现象，不易控制。同时，煤沥青作为路面结合料，如含有水分会影响煤沥青与集料的黏附，降低路面强度，因此对其在煤沥青中的含量，必须要加以限制。

4) 甲苯不溶物含量

甲苯不溶物含量是煤沥青中不溶于热甲苯的物质的含量。这些不溶物主要为游离碳，并含有氧、氮和硫等结构复杂的大分子有机物，以及少量的灰分。这些物质含量过多会降低煤沥青黏结性，因此必须要加以限制。

5) 萘含量

萘在煤沥青中，低温时易结晶析出，使煤沥青失去塑性，导致路面冬季易产生裂缝。在常温条件下，萘易挥发、升华，加速煤沥青老化，并且挥发出的气体，对人体有毒害。因此，煤沥青中的萘含量，必须加以限制。

6）酚含量

酚能溶解于水，易导致路面的强度降低；同时酚水溶物有毒，污染环境，对人类和牲畜有害，因此对其在煤沥青中的含量必须加以限制。

3. 技术要求

煤沥青按其在工程中的应用要求不同，首先是按其稠度分为软煤沥青(液体、半固体的)和硬煤沥青(固体的)两大类。道路工程主要是应用软煤沥青。软煤沥青又按其黏度和有关技术性质分为九个标号，见表5-8。

煤沥青在道路工程中的适用情况如下。

(1) 各种等级公路的各种基层上的透层，宜采用T-1或T-2级，其他等级不符合喷洒要求时可适当稀释使用。

(2) 三级及三级以下的公路铺筑表面处治或灌入式沥青路面，宜采用T-5、T-6或T-7级。

(3) 与道路石油沥青、乳化沥青混合使用，以改善渗透性。

道路用煤沥青严禁用于热拌热铺的沥青混合料，作其他用途时的贮存温度宜为70～90℃，且不得长时间贮存。

表5-8　道路用煤沥青技术要求

试验项目		T-1	T-2	T-3	T-4	T-5	T-6	T-7	T-8	T-9	试验方法
黏度(s)	$C_{30.5}$	5～25	26～70								T 0621
	$C_{30.10}$			5～25	26～50	51～120	121～200				
	$C_{50.10}$							10～75	76～200		
	$C_{60.10}$									35～65	
蒸馏试验，馏出量(%)	170℃前	3	3	3	2	1.5	1.5	1.0	1.0	1.0	T 0641
	270℃前	20	20	20	15	15	15	10	10	10	
	300℃不大于	15～35	15～35	30	30	25	25	20	20	15	
300℃蒸馏残留物软化点(环球法)(℃)		30～45	30～45	35～65	35～65	35～65	35～65	40～70	40～70	40～70	T 0606
水分(%)不大于		1.0	1.0	1.0	1.0	1.0	0.5	0.5	0.5	0.5	T 0612
甲苯不溶物(%)不大于		20	20	20	20	20	20	20	20	20	T 0646
萘含量(%)不大于		5	5	5	4	4	3.5	3	2	2	T 0645
焦油酸含量(%)不大于		4	4	3	3	2.5	2.5	1.5	1.5	1.5	T 0642

特别提示

引例的解答：和石油沥青相似的材料为煤沥青。在工程上使用时，经常容易将煤沥青和石油沥青混淆，下面简单介绍石油沥青和煤沥青的简易鉴别方法。

石油沥青和煤沥青的简易鉴别方法

鉴别方法	石油沥青	煤沥青
相对密度	接近1.0	1.25～1.28
燃烧	烟少，无色，有松香味，无毒	烟多，黄色，臭味大，有毒
气味	常温下无刺激性气味	常温下有刺激性臭味
颜色	呈辉亮褐色	浓黑色
溶解试验	可溶于汽油或煤油	难溶于汽油或煤油
捶击	韧性较好，不易碎	韧性差，较脆
大气稳定性	较高	较低
抗腐蚀性	差	强

5.3 乳化沥青

▶▶引例

道路施工时，基层施工完毕、面层施工之前，有像洒水车一样的车辆在基层上喷洒棕褐色的液体(图5.23)，请问洒布的是什么材料？为什么要洒布这种材料呢？

图5.23 乳化沥青透层施工

5.3.1 概述

乳化沥青是将黏稠沥青热融，经过机械的作用，以细小的微滴(粒径约为 2～5μm)状态分散于含有乳化-稳定剂的水溶液中，形成水包油状的沥青乳液，简称乳液。

乳化沥青是石油沥青在乳化剂、稳定剂的作用下经乳化加工制得的均匀的沥青产品，也称沥青乳液。按乳化沥青的使用方法分为喷洒型(用 P 表示)及拌和型(用 B 表示)乳化沥青两大类。其主要优点如下。

(1) 可冷态施工，节余能源。黏稠沥青通常要加热至 160～180℃施工，而乳化沥青可以在常温下进行喷洒、贯入或拌和摊铺，现场无需加热，简化了施工程序，操作简便，节省能源。

(2) 可在潮湿基层上使用，能直接与湿集料拌和，黏结力不会减低。而用其他沥青施工，必须在干燥的基层或干燥的集料拌和才能保证有足够的黏结力。

(3) 无毒、无味、不燃、施工安全，保护环境，减少污染。

(4) 节省能源、降低成本、增加结构沥青。

同时，乳化沥青也存在如下一些缺点。

(1) 稳定性差，贮存期不超过半年，贮存期过长容易引起凝聚分层，贮存温度在 0℃以上。

(2) 乳化沥青修筑路面成型期较长，最初应控制车辆行驶速度。

5.3.2 乳化沥青的组成材料

乳化沥青主要由沥青、乳化剂、稳定剂和水等组成。

1) 沥青

沥青是乳化沥青组成的主要材料，占 55%～70%，一般采用的针入度较大的沥青。

2) 乳化剂

乳化剂在乳化沥青中所占的比例较低(一般为千分之几)，但对乳化沥青的生产、贮存及施工起着关键性的作用。沥青乳化剂是一种表面活性剂，其化学结构由亲油基和亲水基组成。这两个基团具有使互不相溶的沥青与水连接下来的特殊功能。在沥青、水分散体系中，乳化剂分子的亲油基吸引沥青微粒，此时以沥青微粒为固体核，乳化剂包裹在沥青颗粒表面形成吸附层。乳化剂的另一端与水分子吸引，形成一层水膜，它可机械地阻碍沥青颗粒的聚集。

乳化剂按其能否在溶液中解离生成离子或离子胶束而分为离子型乳化剂和非离子型乳化剂两大类。离子型乳化剂按其解离后亲水端所带的电荷的不同而分为阴离子型、阳离子型和两性离子型乳化剂 3 类。

(1) 阴离子型沥青乳化剂。

阴离子乳化剂原料易得、生产工艺简单、价格低廉，早在 20 世纪 20 年代阴离子型沥青乳化剂就已开始广泛使用。目前该类型乳化剂的使用量虽不及阳离子型乳化剂，但仍在使用。所生产的乳化沥青一般为中裂型，也有部分是慢裂型，可用于稀浆封层、贯入式、表面处治等。

(2) 阳离子型沥青乳化剂。

阳离子乳化沥青比阴离子乳化沥青的发展要晚一些，但经过多年的实践发现，阴离子沥青的微粒上带有负电荷，与湿润集料表面普通带有的负电荷相同，由同性相斥的原因，使得沥青不能尽快地黏附到集料表面上，这样会影响路面的早期成型，延迟交通的开放。而阳离子乳化沥青则克服了以上的缺点，所以，近年来阳离子乳化沥青的发展要快得多，用量要大得多。由于我国乳化沥青的生产起步较晚，为赶超世界水平，交通部门是以阳离子乳化沥青起步的。其标志之一就是交通部于 1978 年组织力量进行阳离子乳化沥青及其路用性能的研究。

(3) 两性离子型沥青乳化剂。

两性例子沥青乳化剂的特点是：其带电性是随着溶液的 PH 变化而变化的，但其对氨基酸类乳化剂来说，由于有等电子的存在而在某个 PH 时表现出不带电的状态而溶解度最低，应用此类乳化剂应该注意。由于两性离子的带电状态可随环境的变化而变化，所以这类乳化剂可以在阴离子、阳离子以及不同 PH 环境下应用。这类乳化剂属于高档乳化剂，成本较高，这可能是影响其推广应用的主要因素。国内有单位用此类乳化剂进行乳化沥青的试验研究，但未见有大量应用的报道。

3) 稳定剂

为使乳液具有良好的储存稳定性以及在施工中(喷洒或拌和机械作用下)稳定性，应加入适量的稳定剂，可分为有机稳定剂和无机稳定剂。有机稳定剂常用的有聚乙烯醇、聚丙烯酰胺、羧甲基纤维素纳、糊精、MF 废液等，可提高乳液的贮存稳定性和施工稳定性；无机稳定剂常用的有氯化钙、氯化镁、氯化铵和氯化铬等，可提高乳液的贮存稳定性。

稳定剂对乳化剂协同作用必须通过试验来确定，并且稳定剂的用量不宜过多，一般为沥青乳液的 0.1%～0.15%为宜。

4) 水

水是乳化沥青的主要组成部分，水在乳化沥青中起着润湿、溶解及化学反应的作用，所以要求乳化沥青中的水应当纯净，不含其他杂质，一般要求每升水中氧化钙含量不得超过 80mg 的洁净水，否则对乳化性能将有很大的影响，并且要多消耗乳化剂。水的用量一般为 30%～70%。

5.3.3 乳化沥青的形成机理

由于沥青与水这两种物质的表面张力相差较大，沥青分散于水中，会因表面张力的作用使已分散的沥青颗粒重新聚集结成团块。为使沥青能稳定均匀地存在于水中，必须使用乳化剂。沥青能均匀稳定地分散在乳化剂水溶液中的原因主要有以下几个方面。

1) 乳化剂降低界面能的作用

由于沥青与水的表面张力相差较大，在一般情况下是不能互溶的，当加入一定乳化剂后，乳化剂能规律地定向排列在沥青和水的界面上，由于乳化剂是一种表面活性物质，分子一端是亲水的，一端是亲油的，亲油的一端吸附沥青，亲水一端吸附于水，这样形成了吸附层，从而降低了沥青和水的表面张力差，如图 5.24 所示。

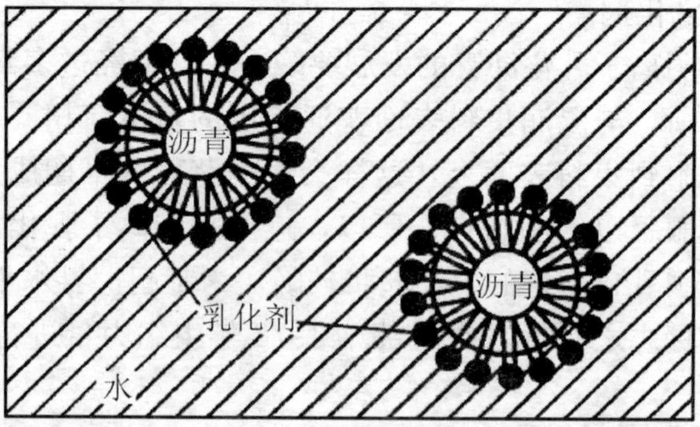

图 5.24　乳化剂在沥青微滴表面形成的界面膜

2）界面膜的保护作用

乳化剂分子的亲油基吸附在沥青表面，在沥青与水界面形成界面膜，这界面膜有一定的强度，对沥青起保护作用，使其在相互碰撞时不易聚结。

3）界面电荷稳定作用

乳化剂溶于水后发生离解，当亲油基吸附于沥青时，使沥青带有电荷，此时在沥青与水界面上形成扩散双电层，由于每个沥青都带相同电荷，且有扩散双电层的作用，故沥青与水的体系成为稳定体系。

5.3.4　乳化沥青的性质与技术要求

乳化沥青在使用时，与砂石集料拌和成型后，在空气中逐渐脱水，水膜变薄，使沥青颗粒靠拢，将乳化剂薄膜挤裂而凝成连续的沥青黏结层，成膜后的乳化沥青一定的耐热性、黏结性、抗裂性、韧性及防水性。

乳化沥青的质量应符合表 5-9 的规定。在高温条件下宜采用黏度较大的乳化沥青，寒冷条件下宜使用黏度较小的乳化沥青。

表 5-9　道路用乳化沥青技术要求

试验项目	单位	品种及代号										试验方法
		阳离子				阴离子				非离子		
		喷洒用			拌和用	喷洒用			拌和用	喷洒用	拌和用	
		PC-1	PC-2	PC-3	BC-1	PA-1	PA-2	PA-3	BA-1	PN-2	BN-1	
破乳速度		快裂	慢裂	快裂或中裂	慢裂或中裂	快裂	慢裂	快裂或中裂	慢裂或中裂	慢裂	慢裂	T 0658
粒子电荷		阳离子(+)				阴离子(−)				非离子		T 0653
筛上残留物（1.18mm 筛）不大于	%	0.1				0.1				0.1		T 0652

续表

试验项目		单位	品种及代号										试验方法
			阳离子				阴离子				非离子		
			喷洒用			拌和用	喷洒用			拌和用	喷洒用	拌和用	
			PC－1	PC－2	PC－3	BC－1	PA－1	PA－2	PA－3	BA－1	PN－2	BN－1	
黏度	恩格拉黏度计 E_{25}		2～10	1～6	1～6	2～30	2～10	1～6	1～6	2～30	1～6	2～30	T 0622
	道路标准黏度计 C25.3	s	10～25	8～20	8～20	10～60	10～25	8～20	8～20	10～60	8～20	10～60	T 0621
蒸发残留物	残留分含量不小于	%	50	50	50	55	50	50	50	55	50	55	T 0651
	溶解度，不小于	%	97.5				97.5				97.5		T 0607
	针入度(25℃)	0.1 mm	50～200	50～300	45～150		50～200	50～300	45～150		50～300	60～300	T 0604
	延度(15℃)，不小于	cm	40				40				40		T 0605
与粗集料的黏附性，裹覆面积不小于			2/3			—	2/3			—	2/3	—	T 0654
与粗、细粒式集料拌和试验			—			均匀	—			均匀	—		T 0659
水泥拌和试验的筛上剩余不大于		%	—				—				—	3	T 0657
常温贮存稳定性：1d 不大于 5d 不大于		%	1 5				1 5				1 5		T 0655

注：(1) P为喷洒型，B为拌和型，C、A、N分别表示阳离子、阴离子、非离子乳化沥青。

(2) 黏度可选用恩格拉黏度计或沥青标准黏度计之一测定。

(3) 表中的破乳速度、与集料的黏附性、拌和试验的要求与所使用的石料品种有关，质量检验时应采用工程上实际的石料进行试验，仅进行乳化沥青产品质量评定时可不要求此三项指标。

(4) 贮存稳定性根据施工实际情况选用试验时间，通常采用5d，乳液生产后能在当天使用时也可用1d的稳定性。

(5) 当乳化沥青需要在低温冰冻条件下贮存或使用时，尚需按T 0656进行－5℃低温贮存稳定性试验，要求没有粗颗粒、不结块。

(6) 如果乳化沥青是将高浓度产品运到现场经稀释后使用时，表中的蒸发残留物等各项指标指稀释前乳化沥青的要求。

5.3.5 乳化沥青在集料表面分裂机理

分裂是指从乳液中分裂出来的沥青微滴在集料表面聚结成一层连续的沥青薄膜，这一过程称为分裂(俗称破乳)。乳液分裂的外观特征是它的颜色由棕褐色变成黑色。

1）乳液与集料表面的吸附作用

(1) 阴离子乳液(沥青微滴带负电荷)与带正电荷碱性集料(石灰石、玄武石等)具有较好的黏结性。

(2) 阳离子乳液(沥青微滴带正电荷)与带负电荷的酸性集料(花岗岩、石英石等)具有较好的黏结性。同时与碱性集料也有较好的亲和力。

2）水分的蒸发作用

洒布在路上的乳化沥青，水分蒸发速度的快慢与温度、湿度、风速等条件有关。在温度较高，有风的环境中，水分蒸发较快，反之较慢。通常当沥青乳液中水分蒸发到沥青乳液的80%～90%时，乳化沥青即开始凝结。

5.3.6 乳化沥青的应用

乳化沥青适用于沥青表面处治路面、沥青贯入式路面、常温沥青混合料路面，以及透层、黏层与封层。乳化沥青的类型应根据使用目的、矿料种类、气候条件选用。对酸性石料，以及当石料处于潮湿状态或在低温下施工时，宜采用阳离子乳化沥青；对碱性石料，且石料处于干燥状态，或与水泥、石灰、粉煤灰共同使用时，宜采用阴离子乳化沥青。乳化沥青的品种和适用范围宜符合表5-10的规定。

表5-10 乳化沥青品种及适用范围

分　类	品种及代号	适用范围
阳离子乳化沥青	PC-1	表处、贯入式路面及下封层用
	PC-2	透层油及基层养生用
	PC-3	黏层油用
	BC-1	稀浆封层或冷拌沥青混合料用
阴离子乳化沥青	PA-1	表处、贯入式路面及下封层用
	PA-2	透层油及基层养生用
	PA-3	黏层油用
	BA-1	稀浆封层或冷拌沥青混合料用
非离子乳化沥青	PN-2	透层油用
	BN-1	与水泥稳定集料同时使用(基层路拌或再生)

知识链接

沥青面层是由沥青材料、矿料及其他外掺剂按要求比例混合、铺筑而成的单层或多层式结构层。三层铺筑的沥青面层自上而下称为上面层(也称表面层)、中面层、下面层(也称底面层)。

透层是为使沥青面层与非沥青材料基层结合良好，在基层上浇洒乳化沥青、煤沥青或液体石油沥青而形成的透入基层表面的薄层。

黏层是为加强在路面的沥青层之间、沥青层与水泥混凝土路面之间的黏结而洒布的沥青材料薄层。

封层是为封闭表面空隙、防止水分浸入面层或基层而铺筑的沥青混合料薄层。铺筑在面层表面的称为上封层，铺筑在面层下面的称为下封层。

特别提示

引例的解答：在基层上洒布的薄层是乳化沥青，这一薄层称为透层，其作用是使沥青面层与无机结合料稳定材料基层结合良好，使各路面结构层形成一个整体，共同承受车辆荷载。

5.4 改性沥青

▶▶引例

某城市道路沥青路面横向裂缝较多，这种裂缝大部分都是下宽上窄形的，后来2002年道路改造时在基层和面层之间铺设了应力吸收层(图5.25)，2010年路况调查时并未发现这种下宽上窄形横向裂缝。请问这种应力吸收层是用什么材料做成的呢？为什么在基层和面层之间铺设了这种材料后原来的横向裂缝病害没有了呢？

图5.25 应力吸收层施工

5.4.1 概述

用一般沥青材料铺设的道路，它们的使用情况多数尚称满意。然而对道路使用性能的要求逐年提高，不断增加轴重的货运车辆数量也日益增长，而且这种趋势仍将继续，为了使道路工程师能应付不断增长的挑战，采用改性沥青已成为一种合理的选择。

改性沥青是指掺加橡胶、树脂、高分子聚合物、磨细的橡胶粉或其他填料等外掺剂(改性剂)或采用对沥青轻度氧化加工等措施，使沥青的性能得以改善而制成的沥青结合料。改性沥青比普通沥青表现出了明显的优势，针入度下降，软化点提高，提高了沥青路面的高温稳定性，减少车辙现象的发生，同时延度增加，减少了路面的低温开裂，提高了沥青路面承受环境不良因素影响的能力，从而延长了路面的使用寿命。

5.4.2 改性沥青的分类及技术性能

改性沥青的优良性能来源于它所添加的改性剂，这种改性剂在温度和动能的作用下不仅可以互相合并，而且还可以与沥青发生反应，从而极大地改善了沥青的力学性质，犹如在混凝土中加了钢筋。

改性剂是指在沥青或沥青混合料中加入的天然的或人工的有机或无机材料，可熔融、分散在沥青中，改善或提高沥青路面性能(与沥青发生反应或裹覆在集料表面上)的材料。

从狭义来说，现在所指道路改性沥青一般是指聚合物改性沥青，简称 PMA、PMB 或 PmB。按照改性剂的不同，一般将其分为 3 类。

1) 热塑性橡胶类改性沥青

改性剂主要是苯乙烯类嵌段共聚物，如苯乙烯-丁二烯-苯乙烯(SBS)、苯乙烯-异戊二烯(SIS)、苯乙烯-聚乙烯/丁基-聚乙烯(SE/BS)等嵌段共聚物，由于它兼具橡胶和树脂两类改性沥青的结构与性质，故也称为橡胶树脂类改性沥青。SBS 由于具有良好的高温、低温和弹性恢复性能(变形的自恢复性及裂缝的自愈性)，已成为目前世界上最为普遍使用的道路沥青改性剂。1994 年首都机场高速公路及 1996 年夏季的北京至八达岭高速公路，用的就是 SBS 改性沥青。

2) 橡胶类改性沥青

改性剂如天然橡胶(NR)、丁苯橡胶(SBR)、氯丁橡胶(CR)、丁二烯橡胶(BR)、异戊二烯(IR)、乙丙橡胶(EPDM)、丙烯腈丁二烯共聚物(ABR)、异丁烯异戊二烯共聚物(IIR)、苯乙烯-异戊二烯橡胶(SIR)等，还有硅橡胶(SR)、氟橡胶(FR)等等。其中丁苯橡胶 SBR 是世界上应用最为广泛的改性剂之一，尤其是胶乳形式的使用越来越广泛。氯丁橡胶(CR)具有极性，常掺入煤沥青中使用，已成为煤沥青的改性剂。SBR 改性沥青抗低温性能好，软化点低，适用于寒冷地区。例如青藏公路上就铺筑了 SBR 改性沥青路面。

3) 热塑性树脂类改性沥青

改性剂如乙烯-乙酸乙烯酯共聚物(EVA)、聚乙烯(PE)、无规聚丙烯(APP)、聚氯乙烯(PVC)、聚苯乙烯(PS)、聚酰胺等，还包括乙烯乙基丙烯酸共聚物(EEA)、聚丙烯(PP)、丙烯腈丁二烯苯乙烯共聚物(NBR)等，这一类热塑性树脂的共同特点是加热后软化，冷却时硬化变硬。此类改性剂的最大特点是使沥青结合料在常温下黏度增大，从而使高温稳定性增加，遗憾的是并不能使沥青混合料的弹性增加，且加热后易离析，再次冷却时产生众多的弥散体。EVA 由于其乙酸乙烯的含量及熔融指数 MI 的不同，分为许多牌号，不同品种的EVA改性沥青的性能有较大的差别。无规聚丙烯APP由于价格低廉，用于改性沥青油毡较多，其缺点是与集料的黏结力较小。热固性树脂也可作为改性剂使用，如环氧树脂(EP)等。

知识链接

路面工程中使用改性沥青时，可根据沥青改性的目的和要求选择改性剂，初步选择的改性剂原则如下。

(1) 为提高抗永久变形能力，宜使用热塑性橡胶类、热塑性树脂类改性剂。

(2) 为提高抗低温变形能力，宜使用热塑性橡胶类、橡胶类改性剂。

(3) 为提高抗疲劳开裂能力，宜使用热塑性橡胶类、橡胶类、热塑性树脂类改性剂。

(4) 为提高抗水损坏能力，宜使用各类抗剥落剂等外掺剂。

5.4.3 改性沥青的技术要求

我国目前乃至今后的相当长一段时间内，可使用的聚合物改性剂主要是SBS、SBR、EVA、PE，因此现行规范将其分为SBS(属热塑性橡胶类)、SBR(属橡胶类)、EVA及PE(热塑性树脂类)三类。三类聚合物改性沥青的质量应符合表5-11所示的技术要求，其中*PI*值可作为选择性指标。其他未列入的改性剂，可以根据其性质，参照相应的类别执行。

表5-11 聚合物改性沥青技术要求

指标	单位	SBS类(Ⅰ类)				SBR类(Ⅱ类)			EVA、PE类(Ⅲ类)				试验方法
		Ⅰ-A	Ⅰ-B	Ⅰ-C	Ⅰ-D	Ⅱ-A	Ⅱ-B	Ⅱ-C	Ⅲ-A	Ⅲ-B	Ⅲ-C	Ⅲ-D	
针入度 25℃，100g，5s	0.1 mm	>100	80～100	60～80	30～60	>100	80～100	60～80	>80	60～80	40～60	30～40	T 0604
针入度指数*PI*，不小于		−1.2	−0.8	−0.4	0	−1.0	−0.8	−0.6	−1.0	−0.8	−0.6	−0.4	T 0604
延度5℃，5cm/min 不小于	cm	50	40	30	20	60	50	40	—				T 0605
软化点 $T_{R\&B}$ 不小于	℃	45	50	55	60	45	48	50	48	52	56	60	T 0606
运动黏度[①] 135℃，不大于	Pa.s	3											T 0625 T 0619
闪点 不小于	℃	230				230			230				T 0611

续表

指标	单位	SBS类(Ⅰ类)				SBR类(Ⅱ类)			EVA、PE类(Ⅲ类)				试验方法
		Ⅰ-A	Ⅰ-B	Ⅰ-C	Ⅰ-D	Ⅱ-A	Ⅱ-B	Ⅱ-C	Ⅲ-A	Ⅲ-B	Ⅲ-C	Ⅲ-D	
溶解度 不小于	%	99				99			—				T 0607
弹性恢复 25℃ 不小于	%	55	60	65	75	—			—				T 0662
黏韧性 不小于	N·m	—				5			—				T 0624
韧性 不小于	N·m	—				2.5			—				T 0624
贮存稳定性													
离析，48h 软化点差，不大于	℃	2.5				—			无改性剂明显析出、凝聚				T 0661
TFOT(或RTFOT)后残留物													
质量变化 不大于	%	1.0											T 0610 或 T 0609
针入度比 25℃，不小于	%	50	55	60	65	50	55	60	50	55	58	60	T 0604
延度 5℃ 不小于	cm	30	25	20	15	30	20	10	—				T 0605

注：(1) 表中135℃运动黏度可采用《公路工程沥青及沥青混合料试验规程》中的沥青布氏旋转黏度试验方法(布洛克菲尔德黏度计法)进行测定。若在不改变改性沥青物理力学性质并符合安全条件的温度下易于泵送和拌和，或经证明适当提高泵送和拌和温度时能保证改性沥青的质量，容易施工，可不要求测定。

(2) 贮存稳定性指标适用于工厂生产的成品改性沥青。现场制作的改性沥青对贮存稳定性指标可不作要求，但必须在制作后，保持不间断的搅拌或泵送循环，保证使用前没有明显的离析。

知识链接

1. 表5-12中三类聚合物改性沥青的适用范围

(1) Ⅰ类SBS类热塑性橡胶类聚合物改性沥青。Ⅰ-A型及Ⅰ-B型适用于寒冷地区，Ⅰ-C型用于较热地区，Ⅰ-D型用于炎热地区及重交通路段。

(2) Ⅱ类SBR橡胶类聚合物改性沥青。Ⅱ-A型用于寒冷地区，Ⅱ-B和Ⅱ-C适用于较热地区。

(3) Ⅲ类热塑性树脂类聚合物改性沥青。如乙烯-醋酸乙烯酯(EVA)，聚乙烯(PE)改性沥青，适用于较热和炎热地区。通常要求软化点温度比最高月使用温度的最大日空气温度要高20℃左右。

2. 表5-12中三类聚合物改性沥青性能的评价指标

对每一类改性沥青的路用性能，采用不同的评价指标，这是目前国际上流行的做法，但要针对改性沥青的特点，选择代表性的试验指标作为重点评价指标。同一类分级中的A、B、C、D主要是基质沥青标号及改性剂剂量的不同，从A到D意味着沥青的针入度变小，沥青越硬，高温性能越好，相反低温性能降低。

SBS类改性沥青最大特点是高温、低温性能都好，具有良好的弹性恢复性能，所以采用软化点、5℃低温延度、回弹率作为主要指标。RTFOT后的弹性恢复，由于试验后的性能降低很少，甚至比老化前还要好一些，再加上试验要求的样品数量较多，所以没有列入。SBS类改性沥青，适用于各种气候条件，使用者应该根据所在地区的高、低温情况及主要目的选择相适宜的标号。

SBR改性沥青最大特点是低温性能得到改善，所以以5℃低温延度作为主要指标，考虑到SBR改性沥青在老化试验后延度严重降低的实际情况，故还列入了RTFOT后的低温延度。另外黏韧性试验对评价SBR改性沥青特别有价值，软化点试验作为施工控制较为简单，也列入标准中。SBR类改性沥青，主要适宜在寒冷气候条件下使用，使用者应该根据所在地区的低温情况及主要目的选择相适宜的标号。

EVA及PE类改性沥青的最大特点是高温性能明显改善，故以软化点作为主要指标。在5℃试验温度条件下，延度一般还要降低，不足以评定低温抗裂性能，故不列入。由于PE不溶于三氯乙烯，对此类改性沥青，溶解度也不要求。EVA及PE类改性沥青，主要适合在炎热气候条件下使用，使用者应该根据所在地区的高温情况及主要目的选择相适宜的标号。

5.4.4 改性沥青的应用

目前，改性沥青可用作排水或吸音磨耗层及下面的防水层；在老路面上作应力吸收膜中间层，以减少反射裂缝，在重载交通道路的老路面上加铺薄或超薄的沥青面层，以提高耐久性；在老路面上或新建一般公路上作表面处置，以恢复路面使用性能或减少养护工作量等。

特别提示

引例的解答：城市道路一般为半刚性基层沥青路面，沥青面层厚度较薄，故容易产生上窄下宽形横向裂缝，这种裂缝称之为反射裂缝，它是由于基层开裂并向上发展引起的。在基层和面层之间铺设应力吸收层，可以防止基层裂缝向面层发展，该城市道路的应力吸收层采用了SBS改性沥青，由于SBS改性沥青具有良好的弹性恢复性能，对防止裂缝开展具有很好的效果。

5.5 沥青混合料概述

▶▶引例

现在的道路路面以及桥面铺装越来越多地采用黑色路面，即沥青路面，如图 5.26 和图 5.27 所示。其原因何在?

图 5.26 高速公路沥青路面

图 5.27 沥青混合料桥面铺装

沥青混合料是由矿质混合料(简称矿料)与沥青结合料拌和而成的混合料的总称。按照现代沥青路面的施工工艺，沥青混合料可以修建不同结构的沥青路面。最常用的沥青路面包括：沥青表面处治、沥青贯入式、沥青碎石和沥青混凝土四种。

5.5.1 沥青混合料的特点

沥青混合料作为公路和城市道路路面最主要的材料，其优点如下。

(1) 沥青混合料是一种黏弹性材料，具有良好的力学性质，铺筑的路面平整无接缝，振动小，噪声低，行车舒适。

(2) 路面平整且有一定的粗糙度，耐磨性好，路面为黑色，无强烈反光，有利于行车安全。

(3) 施工方便，养护期短，能及时开放交通。

(4) 沥青混合料路面可分期改造，旧沥青混合料可再生利用。

当然，沥青混合料也有一些不足之处。

(1) 由于沥青结合料存在老化问题，故在长期的大气因素作用下，因沥青塑性降低，脆性增强，黏聚力减小，导致沥青混合料路面表层产生松散，引起路面破坏。

(2) 一些沥青混合料温度稳定性差。夏季高温沥青易软化，路面易产生车辙、波浪等现象；冬季低温时易脆裂，在车辆重复荷载作用下易产生开裂。

特别提示

引例的解答：沥青路面越来越多地被应用于不同等级的公路及城市道路，这主要是因为铺筑沥青路面所用的沥青混合料具有其他材料无法比拟的优越性。其优点前面部分已介绍。但由于沥青混合料也存在一些缺点，这就需要我们在工程中合理地运用它，以避免或减少路面病害的发生。

5.5.2 沥青混合料的分类

1) 按结合料的类型分类

根据沥青混合料中所用沥青结合料的不同，可分为石油沥青混合料和煤沥青混合料，但煤沥青对环境污染严重，一般工程中很少采用煤沥青混合料。

2) 按沥青混合料拌和与摊铺温度分类

(1) 热拌热铺沥青混合料。主要采用黏稠石油沥青作为结合料，需要将沥青与矿料在热态下拌和、热态下摊铺碾压成型，简称热拌沥青混合料。

(2) 冷拌沥青混合料。采用乳化沥青、改性乳化沥青或液体沥青在常温下与矿料拌和后铺筑而成的。

3) 按矿质混合料的级配类型分类

(1) 连续级配沥青混合料。矿料按级配原则，从大到小各级粒径都有，按比例相互搭配组成的沥青混合料。

(2) 间断级配沥青混合料。矿料级配组成中缺少1个或几个粒径档次(或用量很少)而形成的沥青混合料。

4) 按矿料级配组成及孔隙率大小分类

(1) 密级配沥青混合料。按密实级配原理设计组成的各种粒径颗粒的矿料与沥青结合料拌和而成，设计空隙率较小(对不同交通及气候情况、层次可作适当调整)的密实式沥青混凝土混合料和密实式沥青稳定碎石混合料。按关键性筛孔通过率的不同又可分为细型(C型)、粗型(F型)密级配沥青混合料等。粗集料嵌挤作用较好的也称嵌挤密实型沥青混合料。

(2) 半开级配沥青混合料。由适当比例的粗集料、细集料及少量填料(或不加填料)与沥青结合料拌和而成，经马歇尔标准击实成型的试件剩余空隙分数为6%～12%的半开式沥青碎石混合料。

(3) 开级配沥青混合料。矿料级配主要由粗集料嵌挤组成，细集料及填料较少，设计空隙分数为18%的沥青混合料。

知识链接

密级配沥青混合料的主要代表有AC(沥青混凝土混合料)和ATB(密级配沥青稳定碎石混合料)类。前者设计空隙分数通常为3%～5%，具体应根据不同的交通类型、气候特点而定，可适用于任何面层结构；后者设计空隙分数为3%～6%，但粒径为粗粒式及特粗式，主要适用于基层。此外，间断级配的SMA(沥青玛蹄脂碎石混合料)也属于密级配，设计空隙分数通常为3%～4%。

半开级配沥青混合料的主要代表有AM(沥青碎石混合料)，适用于三级及三级以下公路、乡村公路，此时表面应设置致密的上封层。开级配沥青混合料主要代表有OGFC(排水式沥青磨耗层混合料)，ATPB(排水式沥青稳定碎石基层)。

这些代表沥青混合料中，AC、ATB及AM为连续级配，SMA、OGFC及ATPB为间断级配。

5) 按矿料公称最大粒径分类

(1) 特粗式沥青混合料。集料公称最大粒径等于或大于31.5mm的沥青混合料。

(2) 粗粒式沥青混合料。集料公称最大粒径为26.5mm的沥青混合料。

(3) 中粒式沥青混合料。集料公称最大粒径为16mm或19mm的沥青混合料。

(4) 细粒式沥青混合料。集料公称最大粒径为9.5mm或13.2mm的沥青混合料。

(5) 砂粒式沥青混合料。集料公称最大粒径小于9.5mm的沥青混合料。

知识链接

集料最大粒径是指筛分试验中，通过百分率为100%的最小标准筛孔尺寸。例如AC-16，其最大粒径为19mm；集料公称最大粒径是指全部通过或允许少量不通过的最小一级标准筛筛孔尺寸。例如AC-16，其公称最大粒径为16mm。实际上沥青混合料名称中的数值即为公称最大粒径，通常公称最大粒径比最大粒径小一粒级。

5.6 热拌沥青混合料

▶▶引例

某公路路面出现了许多坑槽，并伴有沥青从集料表面剥落，沥青混合料松散等想象，如图5.28所示，请问这是什么原因造成的？

图 5.28 沥青路面坑槽

热拌沥青混合料(简称 HMA)是经人工组配的矿质混合料与黏稠沥青在专门设备中加热拌和而成，用保温运输工具运送至施工现场，并在热态下进行摊铺和压实的混合料，统称热拌热铺沥青混合料。

热拌沥青混合料(HMA)适用于各种等级公路的沥青路面。其种类按集料公称最大粒径、矿料级配、空隙分数划分，分类见表 5-12。

表 5-12 热拌沥青混合料种类

混合料类型	密级配			开级配		半开级配	公称最大粒径/mm	最大粒径/mm
	连续级配		间断级配	间断级配				
	沥青混凝土	沥青稳定碎石	沥青玛蹄脂碎石	排水式沥青磨耗层	排水式沥青碎石基层	沥青稳定碎石		
特粗式	—	ATB-40	—	—	ATPB-40	—	37.5	53.0
粗粒式	—	ATB-30	—	—	ATPB-30	—	31.5	37.5
	AC-25	ATB-25	—	—	ATPB-25	—	26.5	31.5
中粒式	AC-20	—	SMA-20	—	—	AM-20	19.0	26.5
	AC-16	—	SMA-16	OGFC-16	—	AM-16	16.0	19.0
细粒式	AC-13	—	SMA-13	OGFC-13	—	AM-13	13.2	16.0
	AC-10	—	SMA-10	OGFC-10	—	AM-10	9.5	13.2
砂粒式	AC-5	—	—	—	—	AM-5	4.75	9.5
设计孔隙分数/%	3～5	3～6	3～4	>18	>18	6～12	—	—

注：孔隙分数可按配合比设计要求适当调整。

5.6.1 沥青混合料的组成结构和强度理论

1. 沥青混合料的组成结构

沥青混合料是一种复杂的多种成分的材料，其结构概念同样也是极其复杂的。因为这种材料的各种不同特点的概念，都与结构概念联系在一起。这些特点是：矿物颗粒的大小及其不同粒径的分布；颗粒的相互位置；沥青在沥青混合料中的特征和矿物颗粒上沥青层的性质；空隙量及其分布；闭合空隙量与连通空隙量的比值等。沥青混合料结构是这种材料单一结构和相互联系结构的概念的总和。其中包括：沥青结构、矿物骨架结构及沥青-矿粉分散系统结构等。上述每种单一结构中的每种性质，都对沥青混合料的性质产生很大的影响。

随着混合料组成结构的研究的深入，对沥青混合料的组成结构有下列两种互相对立的理论。

1）表面理论

按传统的理解，沥青混合料是由粗集料、细集料和填料经人工组配成密实的级配矿质骨架，此矿质骨架由稠度较稀的沥青结合料分布其表面，而将它们胶结成为一个具有强度的整体。这种理论认识如图 5.29 所示。

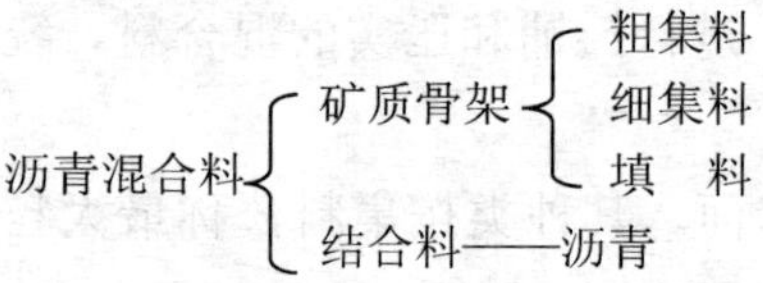

图 5.29　表面理论示意图

2）胶浆理论

近代某些研究从胶浆理论出发，认为沥青混合料是一种多级空间网状胶凝结构的分散系。它是以粗集料为分散相而分散在沥青砂浆的介质中的一种粗分散系；同样，砂浆是以细集料为分散相而分散在沥青浆介质中的一种细分散系；而胶浆又是以填料为分散相而分散在高稠度的沥青介质中的一种微分散系。在这种多级分散体系中，因沥青胶浆最为基础，也最为重要，因此沥青胶浆的组成结构决定了沥青混合料的高低温变形能力。这种理论认识如图 5.30 所示。

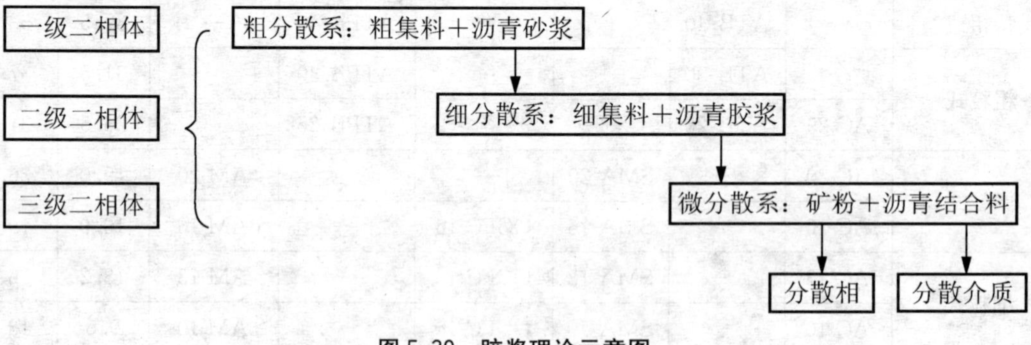

图 5.30　胶浆理论示意图

胶浆理论主要研究矿粉的矿物组成、矿粉级配(尤其是＜0.075mm 的成分)、沥青与矿粉间的交互作用，特别强调采用高稠度的沥青、大的沥青用量和间断级配的矿质混合料。

2. 沥青混合料的组成结构类型

由于材料组成分布、矿料与矿料及矿料与沥青间的相互作用、剩余空隙分数的大小等不同，混合料可分为悬浮密实结构、骨架空隙结构、骨架密实结构三大类。

1) 悬浮-密实结构

如图 5.31(a)所示，该结构类型采用连续级配，矿料颗粒从大到小连续存在，而且细集料含量较多，将较大颗粒挤开，使大颗粒不能形成骨架，而较小颗粒与沥青胶浆比较充分，将空隙填充密实，使大颗粒悬浮于较小颗粒与沥青胶浆之间，形成悬浮-密实结构。按照连续密级配原理设计的 AC 型沥青混合料是典型的悬浮-密实结构。

2) 骨架-空隙结构

如图 5.31(b)所示，该结构类型采用连续开级配，粗集料含量高，彼此相互接触形成骨架；但细集料含量很少，不能充分填充粗集料件的空隙，形成所谓的骨架-空隙结构。沥青碎石 AM 和开级配磨耗层沥青混合料 OGFC 是典型的骨架-空隙结构。

3) 骨架-密实结构

如图 5.31(c)所示，该结构类型采用间断级配，粗、细集料含量较高，中间料含量很少，使得粗集料能形成骨架，细集料和沥青胶浆又能充分填充骨架间的空隙，形成“骨架-密实”结构。沥青玛蹄脂碎石混合料 SMA 是典型的骨架-密实结构。

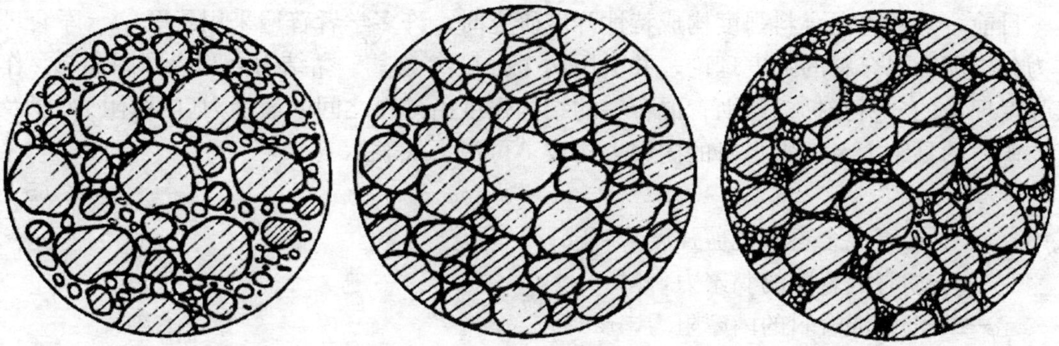

(a) 悬浮-密实结构　(b) 骨架-空隙结构　(c) 骨架-密实结构

图 5.31　三种典型沥青混合料组成结构示意图

知识链接

三种典型沥青混合料组成结构路用性能特点如下。

1) 悬浮-密实结构

由于压实后密实度大，该类混合料水稳定性、低温抗裂性和耐久性较好；但其高温性能对沥青的品质依赖性较大，由于沥青黏度降低，往往导致混合料高温稳定性变差。

2) 骨架-空隙结构

由于粗集料的骨架作用，使之高温稳定性好；由于细集料含量少，空隙未能充分填充，耐水害、抗疲劳和耐久性能较差，所以一般要求采用高黏稠沥青，以防止沥青老化和剥落。

3）骨架-密实结构

该类混合料高低温性能均较好，具有较强的疲劳耐久特性；但间断级配在施工拌和过程中易产生离析现象，施工质量难以保证，使得混合料很难形成骨架-密实结构。随着施工技术的发展，这类结构得以普遍使用，但一定防止混合料拌和生产、运输和摊铺等施工过程中防止混合料产生离析。

3. 沥青混合料的强度理论

1）沥青路面主要破坏原因

高温时，由于沥青混合料抗剪强度不足，引起塑性变形过大(塑性变形为不可恢复变形，随着时间产生累积)，使路面产生波浪、车辙、壅包与推移等高温变形破坏。

低温时，抗拉强度或抗变形能力不足，由于混合料收缩受阻产生的拉应力超过了混合料的抗拉强度，而在混合料内产生裂缝。

2）强度理论

沥青混合料属于分散体系，是由强度很高的粒料与黏结力较弱的沥青材料所构成的混合体。根据沥青混合料的颗粒性特征，可以认为沥青混合料的强度构成起源于两个方面。

(1) 由于沥青的存在而产生的黏结力。

(2) 由于骨料的存在而产生的内摩阻力。

目前，对沥青混合料强度构成特性开展研究时，许多学者普遍采用了摩尔－库仑理论作为分析沥青混合料的强度理论，并引用两个强度参数——黏结力 c 和内摩阻角 φ，作为其强度理论的分析指标，即沥青混合料的结构强度由矿料之间的嵌锁力(内摩阻力)以及沥青与矿料的黏结力及沥青自身的内聚力构成，可由下式表示

$$\tau = c + \sigma\tan\varphi \tag{5-9}$$

式中 τ——沥青混合料的抗剪强度，MPa；

c——沥青混合料的黏聚力，MPa；

φ——沥青混合料的内摩阻力，rad；

σ——试验时的正应力，MPa。

知识链接

对于悬浮-密实结构，由于大颗粒未形成骨架，内摩阻力 φ 值较小；小颗粒与沥青胶浆含量充分，黏结力 c 值较大。

对于骨架-空隙结构，由于大颗粒形成骨架，内摩阻力 φ 值较大；小颗粒与沥青胶浆含量不充分，黏结力 c 值较低。

对于骨架-密实结构，由于粗集料的骨架作用，内摩阻力 φ 值较大；小颗粒与沥青胶浆含量充分，黏结力 c 值也较大，综合力学性能较优。

4. 影响沥青混合料抗剪强度的因素

1）影响沥青混合料强度的内因

(1) 沥青结合料的黏度的影响。

沥青混凝土作为一个具有多级网络结构的分散系来看待，从最细一级网络结构来看，它是各种矿质集料分散在沥青中的分散系，因此它的强度与分散相的浓度和分散介质黏度有着密切的关系。在其他因素固定的条件下，沥青混合料的黏聚力是随着沥青黏度的提高而增大的。因为沥青的黏度即沥青内部沥青胶团相互位移时，其分散介质抵抗剪切作用的抗力，所以沥青混合料受到剪切作用时，特别是受到短暂的瞬时荷载时，具有高黏度的沥青能赋予沥青混合料较大的黏滞阻力，因而具有较高抗剪强度。在相同的矿料性质和组成条件下，随着沥青黏度的提高，沥青混合料黏聚力有明显的提高，同时内摩擦角亦稍有提高。

(2) 沥青与矿料化学性质的影响。

原苏联 П. А. 列宾捷尔研究认为，沥青与矿料相互作用后，沥青在矿料表面产生化学组分的重新排列，在矿料表面形成一层扩散结构膜，如图 5.32 所示，在此膜厚度以内的沥青称为结构沥青。此膜以外的沥青称为自由沥青。结构沥青与矿料之间发生相互作用，并且沥青的性质有所改变；而自由沥青与矿料距离较远，没有与矿料发生相互作用，仅将分散的矿料黏结起来，并保持原来性质。

如果颗粒之间接触处由扩散结构膜所联结，如图 5.33(a)所示，则促成沥青具有更高的黏滞度和更大的扩散结构膜的接触面积，从而可以获得更大的颗粒黏着力。反之，如颗粒之间接触处为自由沥青所联结，如图 5.33(b)所示，则具有较小的黏着力。

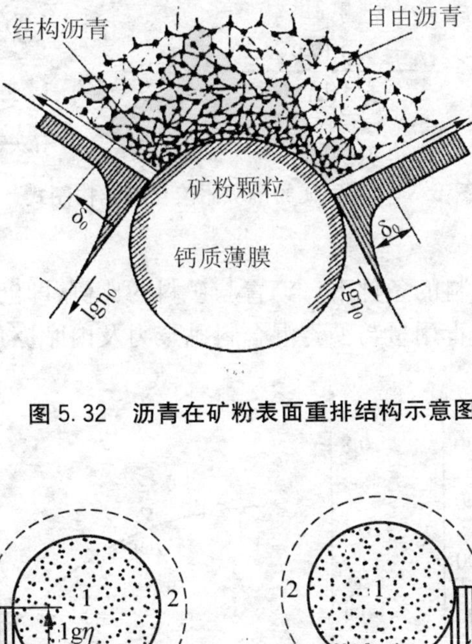

图 5.32 沥青在矿粉表面重排结构示意图

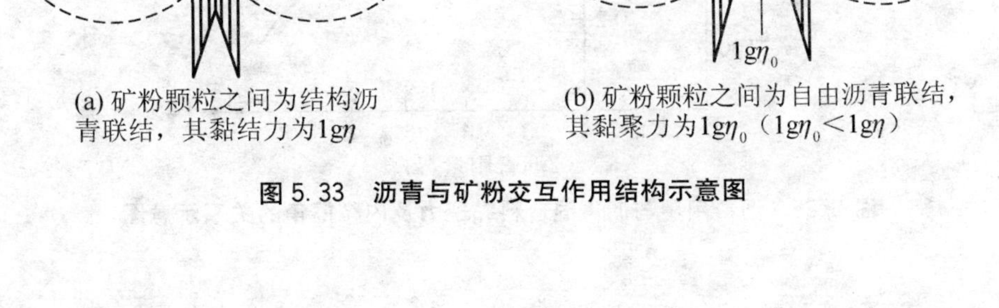

(a) 矿粉颗粒之间为结构沥青联结，其黏结力为$\lg\eta$

(b) 矿粉颗粒之间为自由沥青联结，其黏聚力为$\lg\eta_0$（$\lg\eta_0<\lg\eta$）

图 5.33 沥青与矿粉交互作用结构示意图

沥青与矿料相互作用不仅与沥青的化学性质有关，而且与矿料的性质有关。当碱性矿料与含有足够数量酸性表面活性物质的活化沥青黏结时，会发生化学吸附过程，这种表面活性物质能在沥青与矿料的接触面上，形成新的化合物。而当沥青与酸性矿料（SiO_2含量大于65%的岩石）黏结时，不会形成化学吸附化合物，故其间的黏结强度较低。H. M. 鲍尔雷曾采用紫外线分析法对两种最典型的矿粉进行研究，在石灰石粉和石英石粉的表面上形成一层吸附溶化膜，如图5.34所示。研究认为，在不同性质矿粉表面会形成不同组成结构和厚度的吸附溶化膜，所以在沥青混合料中，当采用石灰石矿粉时，由于化学吸附作用，矿粉之间更有可能通过结构沥青来联结，因而具有较高的黏聚力。

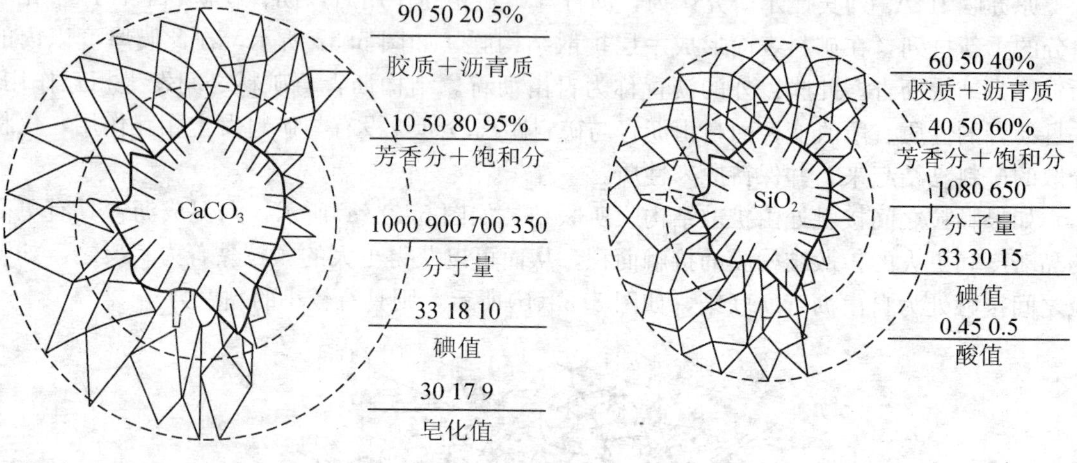

(a) 石灰石矿粉　　(b) 石灰石砂粉

图5.34　不同矿粉的吸附溶化膜结构图式

（3）沥青用量的影响。

在固定质量的沥青和矿料的条件下，沥青与矿料的比例（即沥青用量）是影响沥青混合料抗剪强度的重要因素，沥青用量与沥青混合料黏聚力及内摩擦角的关系如图5.35所示。

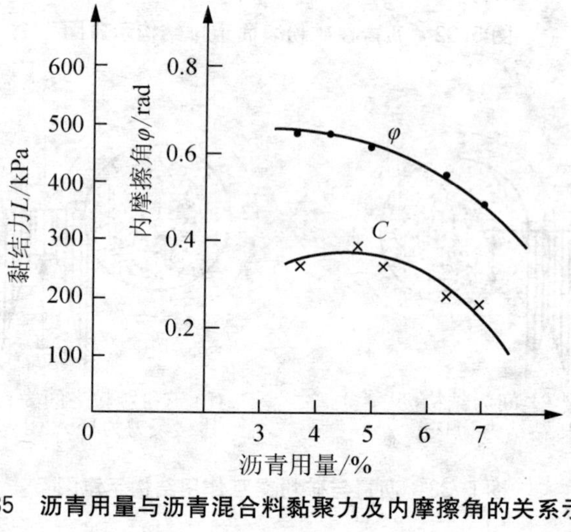

图5.35　沥青用量与沥青混合料黏聚力及内摩擦角的关系示意图

在沥青用量很少时，沥青不足以形成结构沥青的薄膜来黏结矿料颗粒。随着沥青用量的增加，结构沥青逐渐形成。沥青更为完满地包裹在矿料表面，使沥青与矿料间的黏附力随着沥青的用量增加而增加。当沥青用量足以形成薄膜并充分黏附矿料颗粒表面时，沥青胶浆具有最优的黏聚力。随后，如沥青用量继续增加，则由于沥青用量过多，逐渐将矿料颗粒推开，在颗粒间形成未与矿料交互作用的自由沥青，则沥青胶浆的黏聚力随着自由沥青的增加而降低。当沥青用量增加至某一用量后，沥青混合料的黏聚力主要取决于自由沥青，所以抗剪强度几乎不变。随着沥青用量的增加，沥青不仅起着黏结剂的作用，而且起着润滑剂的作用，降低了粗集料的相互密排作用，因而降低了沥青混合料的内摩擦角。

沥青用量不仅影响沥青混合料的黏聚力，同时也影响沥青混合料的内摩擦角。通常当沥青薄膜达最佳厚度(即主要以结构沥青黏结)时，具有最大的黏聚力；随着沥青用量的增加，沥青混合料的内摩擦角逐渐降低。

(4) 矿质集料的级配类型、粒度、表面性质的影响。

沥青混合料的强度与矿质集料在沥青混合料中的分布情况有密切关系。沥青混合料有密级配、开级配和间断级配等不同组成结构类型已如前述，因此矿料级配类型是影响沥青混合料强度的因素之一。

此外，沥青混合料中，矿质集料的粗度、形状和表面粗糙度对沥青混合料的强度都具有极为明显的影响。因为颗粒形状及其粗糙度，在颇大程度上将决定混合料压实后颗粒间相互位置的特性和颗粒接触有效面积的大小。通常具有显著的面和棱角，各方向尺寸相差不大，近似正方体，以及具有明显细微凸出的粗糙表面的矿质集料，在碾压后能相互嵌挤锁结而具有很大的内摩擦角。在其他条件相同的情况下，这种矿料所组成的沥青混合料较之圆形而表面平滑的颗粒具有较高的抗剪强度。

许多试验证明，要想获得具有较大内摩擦角的矿质混合料，必须采用粗大、均匀的颗粒。在其他条件下，矿质集料颗粒愈粗，所配制的沥青混合料愈具有较高的内摩擦角。相同粒径组成的集料，卵石的内摩擦角较碎石为低。

(5) 矿料的比表面积的影响。

由前述沥青与矿粉交互作用的原理可知，结构沥青的形成主要是由于矿料与沥青的交互作用，而引起沥青化学组分在矿料表面的重分布。所以在相同的沥青用量条件下，与沥青产生交互作用的矿料表面积愈大，则形成的沥青膜愈薄，则在沥青中结构沥青所占的比率愈大，因而沥青混合料的黏聚力也愈高。通常在工程应用上，以单位质量集料的总表面积来表示表面积的大小，称为比表面积(简称比面)。例如 1kg 的粗集料的表积约为 0.5～$3m^2$，它的比面即为 0.5～$3m^2/kg$，而矿粉用量虽只占 7%左右，而其表面积却占矿质混合料的总表面积的 80%以上，所以矿粉的性质和用量对沥青混合料的强度影响很大。为增加沥青与矿料物理-化学作用的表面，在沥青混合料配料时，必须含有适量的矿粉。提高矿粉细度可增加矿粉比面，所以对矿粉细度也有一定的要求。小于 0.075mm 粒径的含量不要过少；但是小于 0.005mm 部分的含量也不宜过多，否则将使沥青混合料结成团块，不易施工。

2）影响沥青混合料强度的外因

（1）温度的影响。

沥青混合料是一种热塑性材料，它的抗剪强度随着温度的升高而降低。在材料参数中，黏聚力随温度升高而显著降低，但是内摩擦角受温度变化的影响较少。温度对沥青混合料抗剪强度的影响如图 5.36 所示。

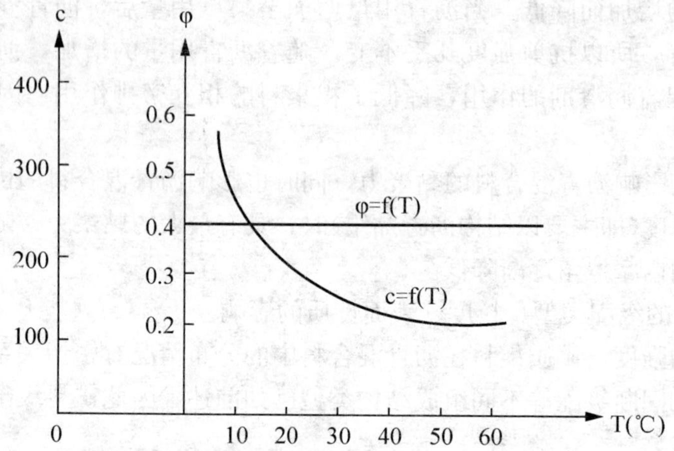

图 5.36　温度对沥青混合料抗剪强度的影响

（2）形变速率的影响。

沥青混合料是一种黏弹性材料，它的抗剪强度与形变速率有密切关系。在其他条件相同的情况下，变形速率对沥青混合料的内摩擦角影响较小，而对沥青混合料的黏聚力影响较为显著。试验资料表明，黏聚力随变形速率的减小而显著提高，而内摩擦角随变形速率的变化很小。温度对沥青混合料抗剪强度的影响如图 5.37 所示。

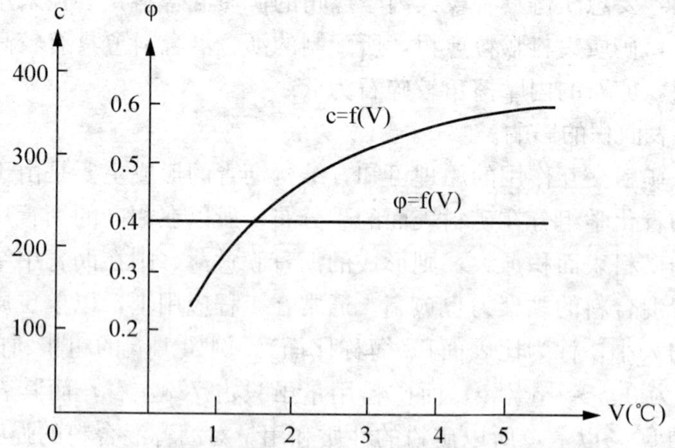

图 5.37　形变速率对沥青混合料抗剪强度的影响

综上所述可以认为，得到高强度沥青混合料的基本条件是：密实的矿物骨架，这可以通过适当地选择级配和使矿物颗粒最大限度地相互接近来取得；对所用的混合料、拌制和压实条件都适合的最佳沥青用量；能与沥青起化学吸附的活性矿料。

过多的沥青量和矿物骨架空隙分数的增大，都会使削弱沥青混合料结构黏聚力的自由沥青量增多。显然，为使沥青混合料产生最高的强度，应设法使自由沥青含量尽可能地少或完全没有。但是，必须有某种数量的自由沥青，以保证应有的耐侵蚀性，以及沥青混合料具有最佳的塑性。

特别提示

应指出的是，最好的沥青混合料结构，不是用最高强度来表示，而是所需要的合理强度。这种强度应配合沥青混合料在低温下具有充分的变形能力以及耐侵蚀性。沥青混合料的拌制与压实工艺的进一步完善，也能大大减少自由沥青量，并大大提高沥青混合料的结构强度。

5.6.2 沥青混合料的技术性质和技术标准

1. 沥青混合料的技术性质

1）高温稳定性

沥青混合料是一种典型的流变性材料，它的强度和劲度模量随着温度的升高而降低。所以沥青混凝土路面在夏季高温时，在重交通的重复作用下，由于交通的渠化，轮迹带逐渐变形下凹，两侧鼓起出现车辙，这是现代高等级沥青路面最常见的病害。

沥青混合料的高温稳定性，是指沥青混合料在夏季高温(通常为60℃)条件下，经车辆荷载长期重复作用后，不产生车辙和波浪等病害的性能。

我国现行标准《公路沥青路面施工技术规范》(JTG F 40—2004)规定，采用马歇尔稳定度试验(包括稳定度、流值、马歇尔模数)来评价沥青混合料高温稳定性；对高速公路、一级公路、城市快速路、主干路所用沥青混合料，还应通过动稳定度试验检验其抗车辙能力。

(1) 马歇尔稳定度试验。

马歇尔稳定度试验方法是由美国密西西比州公路局布鲁斯·马歇尔(Bruce Marshell)提出的，最初是为了美国工程兵团快速确定沥青用量使用，后来经过多人的改进，形成目前的马歇尔设计体系。马歇尔试验最大特点设备简单、操作方便，现在已被世界上许多国家采用。

马歇尔试验用于测定沥青混合料试件的破坏荷载和抗变形能力，得到马歇尔稳定度、流值和马歇尔模数。

将沥青混合料制备成规定尺寸的圆柱状试件，试验室将试件横向置于两个半圆形压模中，使试件受到一定的侧限。在规定温度和加荷速度下，对试件施加压力，记录试件所受压力与变形曲线，如图5.38所示。主要力学指标为马歇尔稳定度和流值，稳定度是标准尺寸试件在规定温度和加荷速度下，在马歇尔仪中最大的破坏荷载，以kN计；流值是达到最大破坏荷载时试件的垂直变形，以0.1mm计。马歇尔模数是稳定度除以流值的商，即

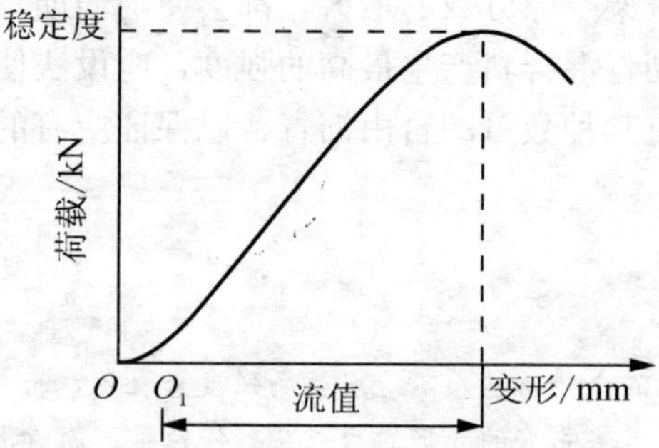

图 5.38 马歇尔试验曲线

$$T=\frac{MS}{FL} \tag{5-10}$$

式中 T——马歇尔模数，kN/mm；

MS——稳定度，kN；

FL——流值，mm。

(2) 车辙试验。

车辙试验方法首先是英国运输与道路研究试验所(TRRL)开发的，并经过了法国、日本等道路工作者的改进与完善。车辙试验是一种模拟车辆轮胎在路面上滚动形成车辙的工程试验方法，试验结果较为直观，与沥青路面车辙深度之间有着较好的相关性。

我国现行标准《公路沥青路面施工技术规范》(JTG F 40—2004)规定，对用于高速公路和一级公路的公称最大粒径等于或小于19mm的密级配沥青混合料(AC)及SMA、OGFC混合料，必须在规定的试验条件下进行车辙试验。

我国车辙试验方法是采用标准方法成型沥青混合料板状试件(300mm×300mm×50mm板式试件)，在规定的温度条件下(一般为60℃)，试验轮以(42±1)次/min的频率，沿着试件表面统一轨迹上反复行走，测试试件表面在试验轮反复作用下所形成车辙深度。以产生1mm车辙变形所需要的行走次数，即动稳定度指标评价沥青混合料的抗车辙能力，动稳定度由式(5-11)计算。

$$DS=\frac{(t_2-t_1)\cdot N}{d_2-d_1}\cdot c_1\cdot c_2 \tag{5-11}$$

式中 DS——沥青混合料动稳定度，次/mm；

d_1，d_2——时间 t_1 和 t_2 的变形量，mm；

N——每分钟行走次数，次/mm；

c_1，c_2——试验机或试样修正系数。

特别提示

在我国沥青路面工程中，马歇尔稳定度与流值既是沥青混合料配合比设计主要指标，也是沥青路面施工质量控制的重要试验项目。然而各国的试验和实践已证明，用马歇尔试验指标预估沥青混料性能是不够的，它是一种经验型指标，具有一定的局限性，不能确切反映沥青混合料永久变形产生的机理，与沥青路面的抗车辙能力相关性不好。多年的实践和研究表明：对于某些沥青混合料，即使马歇尔稳定度和流值都满足技术要求，也无法避免沥青路面出现车辙。因此在评价沥青混合料的高温抗车辙能力时，还需要进行车辙试验。

(3) 影响高温稳定性的主要因素。

沥青混合料高温稳定性的形成主要来源于矿质集料颗粒间的嵌锁作用及沥青的高温黏度。

在沥青混合料的组成材料中，矿料性质对沥青混合料高温性能影响是至关重要的。配制沥青混合料时应采用表面粗糙、多棱角、颗粒接近立方体的碎石集料。

沥青的高温黏度越大，与集料的黏附性越好，相应的沥青混合料的抗高温变形能力就越强。可以使用合适的改性剂来提高沥青的高温黏度，降低感温性，提高沥青混合料的黏结力，从而改善了沥青混合料的高温稳定性。

沥青用量也对沥青混合料的高温稳定性有较大影响。随着沥青用量的增加，沥青膜增厚，自由沥青比例增加，在高温条件下，易发生明显的流动变形，从而导致沥青混合料抗高温变形能力降低。随着沥青膜厚度的增加，车辙深度随之增加。

知识链接

细粒式和中粒式密级配沥青混合料，适当减少沥青用量有利于抗车辙能力的提高，当采用马歇尔试验进行沥青混合料配合比设计时，沥青用量应选择最佳沥青用量范围的下限。但对于粗粒式或开级配沥青混合料，不能简单地采用减少沥青用量来提高抗车辙能力。

2) 低温抗裂性

低温抗裂性是保证沥青路面在低温时不产生裂缝的能力。当冬季气温较低时，沥青面层将产生体积收缩，而在基层结构与周围材料的约束作用下，沥青混合料不能自由收缩，将在结构层中产生温度应力。由于沥青混合料具有一定的应力松弛能力，当降温速率较慢时，所产生的温度应力会随着时间松弛减小，不会对沥青路面产生较大的危害。但当气温骤降时，所产生的温度应力来不及松弛，当温度应力超过沥青混合料的容许应力值时，沥青混合料被拉裂，导致沥青路面出现裂缝造成路面的损坏。因此有求沥青混合料具备一定的低温抗裂性能，即要求沥青混合料具有较高的低温强度或较大的低温变形能力。

我国现行标准《公路沥青路面施工技术规范》(JTG F 40—2004)规定，宜对密级配沥青混合料在温度－10℃、加载速率 50mm/min 的条件下进行弯曲试验，测定破坏强度、破坏应变、破坏劲度模量，并根据应力应变曲线的形状，综合评价沥青混合料的低温抗裂性能。

(1) 低温弯曲试验。

低温弯曲试验方法是在试验温度－10℃下，以 50mm/min 速率，对小梁试件(30mm×35mm×250mm 梁式试件)跨中施加集中荷载至断裂破坏，记录试件跨中荷载与挠度的关系曲线。由破坏时跨中挠度按式(5-12)计算沥青混合料的破坏弯拉应变。沥青混合料在低温下破坏弯拉应变越大，低温柔韧性越好，抗裂性越好。

$$\varepsilon_B = \frac{6hd}{L^2} \qquad (5-12)$$

式中 ε_B——时间破坏时的最大弯拉应变；

h——跨中断面时间的高度，mm；

d——试件破坏时的跨中扰度，mm；

L——试件的跨径，mm。

(2) 影响沥青混合料低温性能的因素。

沥青的低温劲度对沥青混合料低温性能的影响取决于沥青黏度和温度敏感性。在寒冷地区，可采用稠度较低、劲度较低的沥青，或选择松弛性能较好的橡胶类改性沥青来提高沥青混合料的低温抗裂性。

有人认为级配对沥青混合料低温性能也有影响，即密级配的低温抗拉强度高于开级配的沥青混合料。但是粒径大、空隙分数大的沥青混合料内部微空隙发达，应力松弛能力略强，温度应力有所减小，两方面的影响相互抵消，故级配类型与沥青路面开裂程度之间没有显著关系。

3) 耐久性

耐久性是指沥青混合料在使用过程中抵抗环境因素(风、日光、温度、水分等)及行车荷载反复作用的能力，它包括沥青混合料的抗老化性、水稳定性、抗疲劳性等综合性能。

(1) 抗老化性。

在沥青混合料使用过程中，受到空气中氧、水、紫外线等介质的作用，促使沥青发生诸多复杂的物理化学变化，逐渐老化或硬化，致使沥青混合料变脆易裂，从而导致沥青路面出现各种与沥青老化有关的裂纹或裂缝。

影响沥青混合料老化的因素主要有沥青的老化程度、外界环境因素和压实空隙分数等。在气候温暖、日照时间较长的地区，沥青的老化速度快，而在气温较低、日照时间短的地区，沥青的老化速分数相对较慢。沥青混合料的孔隙分数越大，环境介质对沥青的作用就越强烈，其老化程度也越高。故在配制沥青混合料时应选择耐老化沥青，沥青用量要充足；施工过程中，应控制拌和加热温度，并保证沥青路面的压实密度。

知识链接

压实空隙分数越大，老化程度越高。道路中部车辆作用次数较高，对路面的压密作用较大，中部的沥青比边缘部位沥青的老化程度轻些。

(2) 水稳定性。

水稳定性是指沥青混合料抵抗由于水侵蚀而逐渐产生沥青膜剥离、松散、坑槽等破坏的能力。

我国现行标准《公路沥青路面施工技术规范》(JTG F 40—2004)规定，对用于高速公路和一级公路的公称最大粒径等于或小于 19mm 的密级配沥青混合料(AC)及 SMA、OG-

FC混合料，必须在规定的试验条件下进行浸水马歇尔试验和冻融劈裂试验检验沥青混合料的水稳定性。

① 浸水马歇尔试验，是通过测定浸水48h马歇尔试件的稳定度与未浸水的马歇尔试件的稳定度之比值即残留稳定度(%)，以此作为评价水稳性好坏的指标。残留稳定度越大，混合料的水稳性越高。残留稳定度由式(5-13)计算。

$$MS_0 = \frac{MS_1}{MS} \times 100\% \tag{5-13}$$

式中 MS_0——沥青混合料残留稳定度,%；

MS—— 试件常规马歇尔稳定度(浸水0.5h)，kN；

MS_1—— 试件浸水48h(或真空饱水后浸水48h)后的稳定度，kN。

② 冻融劈裂试验，将沥青混合料试件分为二组，一组试件用于测定常规状态下的劈裂强度，另一组试件首先进行真空饱水，然后至于条件下冷冻16h，再在水中浸泡24h，最后进行劈裂强度测试，在冻融过程中，沥青混合料劈裂强度降低。采用公式(5-14)计算沥青混合料试件的冻融劈裂强度比。

$$TSR = \frac{\sigma_1}{\sigma_0} \times 100\% \tag{5-14}$$

式中 TSR——沥青混合料冻融劈裂强度比；

σ_1——试件经冻融后的劈裂强度，MPa；

σ_0——未经冻融试件的劈裂强度，MPa。

③ 影响沥青混合料水稳定性的因素。沥青混合料的水稳定性与沥青和集料的黏附性有关，在很大程度上取决于集料的化学组成，酸性集料花岗岩与沥青的黏附性明显低于碱性集料石灰岩与沥青的黏附性，也明显低于中性集料玄武岩与沥青的黏附性。沥青混合料的压实空隙分数大小及沥青膜厚度也对沥青混合料的水稳定性有影响，当沥青混合料空隙分数较大、沥青膜较薄时水稳定性较差。开级配压实空隙分数较大，往往对水稳定性不利。当沥青用量不足时，即使是密级配的沥青混合料也会出现水稳定性低的问题。此外，沥青路面成型温度较低，导致压实度达不到要求，也会使混合料水稳性下降。

特别提示

引例的解答：这是沥青混合料水稳定性不足，导致沥青剥离，黏结强度降低，集料松散，形成了坑槽，即水损坏。其主要原因是压实空隙分数较大、沥青路面排水系统不完善，动水压力对沥青产生剥离作用，将加剧沥青路面的水损害病害。

(3) 耐疲劳性。

沥青混合料在使用期间经受车轮荷载的反复作用，长期处于应力应变交叠变化状态，致使混合料强度逐渐下降。当荷载重复作用超过一定次数以后，在荷载作用下沥青混合料路面内产生的应力就会超过强度下降后的强度，又称疲劳强度，沥青混合料路面出现裂缝，即产生疲劳断裂破坏。

沥青混合料的耐疲劳性是指沥青混合料在反复荷载作用下抵抗这种疲劳破坏的能力。在相同荷载数量重复作用下，疲劳强度下降幅度小的沥青混合料，或疲劳强度变化率小的沥青混合料，其耐疲劳性好。从使用寿命看，其路面耐久性就高。

4）抗滑性

沥青路面的抗滑性对于保障道路交通安全至关重要，而沥青路面的抗滑性能必须通过合理的选择沥青混合料组成材料、正确的设计与施工来保证。

沥青路面的抗滑性与所用矿料的表面构造深度、颗粒形状与尺寸、抗磨性有着密切的关系。

矿料表面构造深度取决于矿料的矿物组成、化学成分及风化程度；颗粒形状与尺寸既受到矿物组成的影响，也与矿料的加工方法有关；抗磨光性则受到上述所有因素加上矿物成分硬度的影响。因此表层的粗集料应粗糙、坚硬、耐磨、抗冲击性好、磨光值大的碎石集料。

矿料级配影响路面的宏观构造，用压实后路表构造深度试验评价。增加粗集料含量有助于提高沥青路面的宏观构造深度。

特别提示

提高沥青路面抗滑性能首要的是采用磨光值大的集料，保证路面有符合要求的横向力系数(摩擦系数)，在此前提下，尽量争取有较大的构造深度。

我国有很多地方对级配作了各种调整，有些采用间断级配混合料，加大粗碎石和矿粉用量，施工难度较大，受级配和油石比波动的影响比较敏感，稍有变化容易造成不均匀，致使路面不是泛油就是透水，实际效果并不理想。因此目前对抗滑的规定现在有较大的争议。

另外，片面追求构造深度，还严重影响压实度和密水性。

5）施工和易性

沥青混合料施工和易性是指沥青混合料在施工过程中是否容易拌和、摊铺和压实的性能。

沥青混合料施工和易性主要取决于组成材料的技术品质、用量比例以及施工条件等。目前尚无直接评价混合料施工和易性的方法和指标。

影响沥青混合料施工和易性的主要因素是矿料级配和沥青用量。在间断级配的矿质混合料中，粗细集料的颗粒尺寸相差过大，中间尺寸颗粒缺乏，混合料容易离析。如果细料太少，或矿粉用量过多时，混合料容易产生疏松且不易压实；反之，如果沥青用量过多，或矿粉质量不好，则容易使混合料结团，不易摊铺。

施工时沥青混合料温度对施工和易性也有较大影响。较高温度可保证沥青的流动性，拌和中能够充分均匀地粘附在矿料颗粒表面；在压实期间，矿料颗粒能相互移动就位，达到规定的压实密度。但温度过高既会引起沥青老化，也会严重影响沥青混合料的使用性能。

此外，当地气温越高，沥青混合料施工和易性越好。

2. 热拌沥青混合料的技术标准

我国现行规范《公路沥青路面施工技术规范》(JTG F 40—2004)对热拌沥青混合料的技术要求见表 5-13、表 5-14、表 5-15、表 5-16 和表 5-17。

表 5-13 密级配沥青混凝土混合料马歇尔试验技术标准

试验指标		单位	高速公路、一级公路				其他等级公路	行人道路
			夏炎热区(1-1、1-2、1-3、1-4区)		夏热区及夏凉区(2-1、2-2、2-3、2-4、3-2区)			
			中轻交通	重载交通	中轻交通	重载交通		
击实次数(双面)		次	75				50	50
试件尺寸		mm	φ101.6mm×63.5mm					
空隙分数 *VV*	深约 90mm 以内	%	3~5	4~6	2~4	3~5	3~6	2~4
	深约 90mm 以下	%	3~6		2~4	3~6	3~6	—
稳定度 *MS* 不小于		kN	8				5	3
流值 *FL*		mm	2~4	1.5~4	2~4.5	2~4	2~4.5	2~5

矿料间隙率 *VMA*(%)不小于	设计空隙率(%)	相应于以下公称最大粒径(mm)的最小 *VMA* 及 *VFA* 技术要求(%)					
		26.5	19	16	13.2	9.5	4.75
	2	10	11	11.5	12	13	15
	3	11	12	12.5	13	14	16
	4	12	13	13.5	14	15	17
	5	13	14	14.5	15	16	18
	6	14	15	15.5	16	17	19
沥青饱和度 *VFA*(%)		55~70	65~75			70~85	

注:(1) 本表适用于公称最大粒径≤26.5mm 的密级配沥青混凝土混合料对空隙分数大于 5%的夏炎热区重载交通路段,施工时应至少提高压实度 1%。

(2) 当设计的空隙分数不是整数时,由内插确定要求的 *VMA* 最小值。

(3) 对改性沥青混合料,马歇尔试验的流值可适当放宽。

表 5-14 沥青稳定碎石混合料马歇尔试验配合比设计技术标准

试验指标	单位	密级配基层(ATB)		半开级配面层(AM)	排水式开级配磨耗层(OGFC)	排水式开级配基层(ATPB)
公称最大粒径	mm	26.5mm	等于或大于31.5mm	等于或小于26.5mm	等于或小于26.5mm	所有尺寸
马歇尔试件尺寸	mm	φ101.6mm×63.5mm	φ152.4mm×95.3mm	φ101.6mm×63.5mm	φ101.6mm×63.5mm	φ152.4mm×95.3mm

续表

试验指标	单位	密级配基层(ATB)		半开级配面层(AM)	排水式开级配磨耗层(OGFC)	排水式开级配基层(ATPB)
击实次数(双面)	次	75	112	50	50	75
空隙分数*VV*	%	3～6		6～10	不小于18	不小于18
稳定度，不小于	kN	7.5	15	3.5	3.5	—
流值	mm	1.5～4	实测	—	—	—
沥青饱和度*VFA*	%	55～70		40～70	—	—
密级配基层ATB的矿料间隙分数*VMA*不小于(%)	设计空隙分数(%)	ATB-40		ATB-30	ATB-25	
	4	11		11.5	12	
	5	12		12.5	13	
	6	13		13.5	14	

注：在干旱地区，可将密级配沥青稳定碎石基层的空隙分数适当放宽到8%。

表5-15　沥青混合料车辙试验动稳定度技术要求

气候条件与技术指标	相应于下列气候分区所要求的动稳定度(次/mm)									试验方法
七月平均最高气温(℃)及气候分区	>30				20～30				<20	
	1. 夏炎热区				2. 夏热区				3. 夏凉区	
	1-1	1-2	1-3	1-4	2-1	2-2	2-3	2-4	3-2	
普通沥青混合料　不小于	800		1 000		600	800			600	T 0719
改性沥青混合料　不小于	2 400		2 800		2 000	2 400			1 800	
SMA混合料　非改性　不小于	1 500									
SMA混合料　改性　不小于	3 000									
OGFC混合料	1 500(一般交通路段)、3 000(重交通量路段)									

注：(1) 如果其他月份的平均最高气温高于七月时，可使用该月平均最高气温。

(2) 在特殊情况下，如钢桥面铺装、重载车特别多或纵坡较大的长距离上坡路段、厂矿专用道路，可酌情提高动稳定度的要求。

(3) 对因气候寒冷确需使用针入度很大的沥青(如大于100)，动稳定度难以达到要求，或因采用石灰岩等不很坚硬的石料，改性沥青混合料的动稳定度难以达到要求等特殊情况，可酌情降低要求。

(4) 为满足炎热地区及重载车要求，在配合比设计时采取减少最佳沥青用量的技术措施时，可适当提高试验温度或增加试验荷载进行试验，同时增加试件的碾压成型密度和施工压实度要求。

(5) 车辙试验不得采用二次加热的混合料，试验必须检验其密度是否符合试验规程的要求。

(6) 如需要对公称最大粒径等于和大于26.5mm的混合料进行车辙试验，可适当增加试件的厚度，但不宜作为评定合格与否的依据。

表 5-16 沥青混合料水稳定性检验技术要求

气候条件与技术指标		相应于下列气候分区的技术要求/%				试验方法
年降雨量(mm)及气候分区		>1 000	500～1 000	250～500	<250	
		潮湿区	湿润区	半干区	干旱区	
浸水马歇尔试验残留稳定度(%) 不小于						
普通沥青混合料		80		75		T 0709
改性沥青混合料		85		80		
SMA 混合料	普通沥青	75				
	改性沥青	80				
冻融劈裂试验的残留强度比(%) 不小于						
普通沥青混合料		75		70		T 0729
改性沥青混合料		80		75		
SMA 混合料	普通沥青	75				
	改性沥青	80				

表 5-17 沥青混合料低温弯曲试验破坏应变(με)技术要求

气候条件与技术指标	相应于下列气候分区所要求的破坏应变(με)									试验方法
年极端最低气温(℃)及气候分区	<-37.0		-21.5～-37.0			-9.0～-21.5		>-9.0		
	冬严寒区		冬寒区			冬冷区		冬温区		
	1-1	2-1	1-2	2-2	3-2	1-3	2-3	1-4	2-4	
普通沥青混合料 不小于	2 600		2 300			2 000				T 0728
改性沥青混合料 不小于	3 000		2 800			2 500				

特别提示

我国现行规范规定的指标是最起码的、较低的要求。规范必须兼顾全国各种不同的情况，有不同的气候条件、不同的交通条件、不同的道路等级、不同的经济基础、不同的材料资源、不同的技术水平。将那么多的不同都统一到一个规范中，规范就不可能有明确的针对性，不能满足每个具体的工程的要求。

执行规范的时候，必须考虑到当地的实际情况，允许对技术要求作适当的调整，所有这些，往往都反映在工程的设计文件和招标文件中。各地应该根据当地的材料、施工水平、经济实力、习惯，尤其是使用多年的成功的经验，规定更具体的指标。

5.6.3 沥青混合料组成材料的技术要求

沥青混合料的技术性质决定于组成材料的质量品质、用量比例及沥青混合料的制备工艺等因素，其中组成材料的质量是首先需要关注的问题。

1）沥青

沥青路面所用的沥青材料应根据气候条件和沥青混合料类型、道路等级、交通性质、路面类型施工方法以及当地使用经验等，经技术论证后确定。

黏度较大的黏稠沥青混合料具有较高的力学强度和稳定性，但黏度过高，则混合料的低温变形能力较差，路面易开裂。反之黏度较低的沥青的混合料在低温时变形能力较好，但在高温时往往会产生较大的高温变形。一般来说，可参照5.1节的介绍的道路石油沥青选用的一般原则和表5－3选择沥青。在夏季温度高或高温持续时间长的地区，应采用黏度高的沥青；而在冬季寒冷地区，则宜采用稠度低、气温进度较小的沥青。对于日温较大的地区还应考虑选择针入度指数较大、感温性较低的沥青。

2）粗集料

沥青层用粗集料包括碎石、破碎砾石、筛选砾石、钢渣、矿渣等，但高速公路和一级公路不得使用筛选砾石和矿渣。

粗集料应该洁净、干燥、表面粗糙，质量应符合表5－18的规定。当单一规格集料的质量指标达不到表中要求，而按照集料配比计算的质量指标符合要求时，工程上允许使用。对受热易变质的集料，宜采用经拌和机烘干后的集料进行检验。

表5－18　沥青混合料用粗集料质量技术要求

指　　标	单位	高速公路及一级公路		其他等级公路	试验方法
		表面层	其他层次		
石料压碎值　不大于	%	26	28	30	T 0316
洛杉矶磨耗损失　不大于	%	28	30	35	T 0317
表观相对密度　不小于	t/m^3	2.60	2.50	2.45	T 0304
吸水率　不大于	%	2.0	3.0	3.0	T 0304
坚固性　不大于	%	12	12	—	T 0314
针片状颗粒含量(混合料)不大于 其中粒径大于9.5mm　不大于 其中粒径小于9.5mm　不大于	%	15 12 18	18 15 20	20 — —	T 0312
水洗法＜0.075mm颗粒含量 不大于	%	1	1	1	T 0310
软石含量　不大于	%	3	5	5	T 0320

注：(1) 坚固性试验可根据需要进行。

(2) 用于高速公路、一级公路时，多孔玄武岩的视密度可放宽至 $2.45t/m^3$，吸水率可放宽至3%，但必须得到建设单位的批准，且不得用于SMA路面。

(3) 对S14即3～5规格的粗集料，针片状颗粒含量可不予要求，＜0.075mm含量可放宽到3%。

粗集料的粒径规格应按表5－19的规定生产和使用。

表 5-19　沥青混合料用粗集料规格

规格名称	公称粒径(mm)	通过下列筛孔(mm)的质量百分率/%												
		106	75	63	53	37.5	31.5	26.5	19.0	13.2	9.5	4.75	2.36	0.6
S1	40～75	100	90～100	—	—	0～15	—	0～5						
S2	40～60		100	90～100	—	0～15	—	0～5						
S3	30～60		100	90～100	—	—	0～15	—	0～5					
S4	25～50			100	90～100	—	—	0～15	—	0～5				
S5	20～40				100	90～100	—	—	0～15	—	0～5			
S6	15～30					100	90～100	—	—	0～15	—	0～5		
S7	10～30					100	90～100	—	—	—	0～15	0～5		
S8	10～25						100	90～100	—	0～15	—	0～5		
S9	10～20							100	90～100	—	0～15	0～5		
S10	10～15								100	90～100	0～15	0～5		
S11	5～15								100	90～100	40～70	0～15	0～5	
S12	5～10									100	90～100	0～15	0～5	
S13	3～10									100	90～100	40～70	0～20	0～5
S14	3～5										100	90～100	0～15	0～3

高速公路、一级公路沥青路面的表面层(或磨耗层)的粗集料的磨光值应符合表 5-20 的要求。除 SMA、OGFC 路面外，允许在硬质粗集料中掺加部分较小粒径的磨光值达不到要求的粗集料，其最大掺加比例由磨光值试验确定。

表 5-20 粗集料与沥青的黏附性、磨光值的技术要求

雨量气候区	1（潮湿区）	2(湿润区)	3(半干区)	4(干旱区)	试验方法
年降雨量(mm)	>1 000	1 000～500	500～250	<250	附录 A
粗集料的磨光值 PSV 不小于 高速公路、一级公路表面层	42	40	38	36	T 0321
粗集料与沥青的黏附性 不小于					
高速公路、一级公路表面层	5	4	4	3	T 0616
高速公路、一级公路的其他层次及其他等级公路的各个层次	4	4	3	3	T 0663

粗集料与沥青的黏附性应符合表 5-20 的要求，当使用不符要求的粗集料时，宜掺加消石灰、水泥或用饱和石灰水处理后使用，必要时可同时在沥青中掺加耐热、耐水、长期性能好的抗剥落剂，也可采用改性沥青的措施，使沥青混合料的水稳定性检验达到要求。掺加外加剂的剂量由沥青混合料的水稳定性检验确定。

破碎砾石应采用粒径大于 50mm、含泥量不大于 1%的砾石轧制，破碎砾石的破碎面应符合表 5-21 的要求。筛选砾石仅适用于三级及三级以下公路的沥青表面处治路面。经过破碎且存放期超过 6 个月以上的钢渣可作为粗集料使用。除吸水率允许适当放宽外，各项质量指标应符合表 5-18 的要求。钢渣在使用前应进行活性检验，要求钢渣中的游离氧化钙含量不大于 3%，浸水膨胀率不大于 2%。

表 5-21 粗集料对破碎面的要求

路面部位或混合料类型	具有一定数量破碎面颗粒的含量/%		试验方法
	1 个破碎面	2 个或 2 个以上破碎面	
沥青路面表面层			T 0361
高速公路、一级公路	100	90	
其他等级公路	80	60	
沥青路面中下面层、基层			
高速公路、一级公路	90	80	
其他等级公路	70	50	
SMA 混合料	100	90	
贯入式路面	80	60	

3）细集料

沥青路面的细集料包括天然砂、机制砂、石屑。细集料应洁净、干燥、无风化、无杂质，并有适当的颗粒级配，其质量应符合表 5-22 的规定。细集料的洁净程度，天然砂以小于 0.075mm 含量的百分数表示，石屑和机制砂以砂当量(适用于 0～4.75mm)或亚甲蓝值(适用于 0～2.36mm 或 0～0.15mm)表示。

天然砂可采用河砂或海砂，通常宜采用粗、中砂，其规格应符合表 5-23 的规定，砂的含泥量超过规定时应水洗后使用，海砂中的贝壳类材料必须筛除。热拌密级配沥青混合料中天然砂的用量通常不宜超过集料总量的 20%，SMA 和 OGFC 混合料不宜使用天然砂。

表5-22 沥青混合料用细集料质量要求

项　目	单位	高速公路、一级公路	其他等级公路	试验方法
表观相对密度　不小于	t/m^3	2.50	2.45	T 0328
坚固性(>0.3mm 部分)　不小于	%	12	—	T 0340
含泥量(小于 0.075mm 的含量)　不大于	%	3	5	T 0333
砂当量　不小于	%	60	50	T 0334
亚甲蓝值　不大于	g/kg	25	—	T 0346
棱角性(流动时间)　不小于	s	30	—	T 0345

注：坚固性试验可根据需要进行。

表5-23 沥青混合料用天然砂规格

筛孔尺寸/mm	通过各孔筛的质量百分率/%		
	粗　砂	中　砂	细　砂
9.5	100	100	100
4.75	90～100	90～100	90～100
2.36	65～95	75～90	85～100
1.18	35～65	50～90	75～100
0.6	15～30	30～60	60～84
0.3	5～20	8～30	15～45
0.15	0～10	0～10	0～10
0.075	0～5	0～5	0～5

石屑是采石场破碎石料时通过 4.75mm 或 2.36mm 的筛余部分，其规格应符合表 5-24 的要求。采石场在生产石屑的过程中应具备抽吸设备，高速公路和一级公路的沥青混合料，宜将 S14 与 S16 组合使用，S15 可在沥青稳定碎石基层或其他等级公路中使用。机制砂宜采用专用的制砂机制造，并选用优质石料生产，其级配应符合 S16 的要求。

表5-24 沥青混合料用机制砂或石屑规格

规格	公称粒径	水洗法通过各筛孔的质量百分率/%							
S14	mm	9.5	4.75	2.36	1.18	0.6	0.3	0.15	0.075
S15	0～5	100	90～100	60～90	40～75	20～55	7～40	2～20	0～10
S16	0～3		100	80～100	50～80	25～60	8～45	0～25	0～15

注：当生产石屑采用喷水抑制扬尘工艺时，应特别注意含粉量不得超过表中要求。

4）填料

沥青混合料的矿粉必须采用石灰岩或岩浆岩中的强基性岩石等憎水性石料经磨细得到的矿粉，原石料中的泥土杂质应除净。矿粉应干燥、洁净，能自由地从矿粉仓流出，其质量应符合表 5-25 的技术要求。拌和机的粉尘可作为矿粉的一部分回收使用。但每盘用量不得超过填料总量的25%，掺有粉尘填料的塑性指数不得大于4%。粉煤灰作为填料使用时，用量不得超过填料总量的50%，粉煤灰的烧失量应小于12%，与矿粉混合后的塑性指数应小于4%，其余质量要求与矿粉相同。高速公路、一级公路的沥青面层不宜采用粉煤灰作填料。

表5-25 沥青混合料用矿粉质量要求

项 目	单 位	高速公路、一级公路	其他等级公路	试 验 方 法
表观相对密度 不小于	t/m^3	2.50	2.45	T 0352
含水量 不大于	%	1	1	T 0103 烘干法
粒度范围 <0.6mm <0.15mm <0.075mm	% % %	100 90～100 75～100	100 90～100 70～100	T 0351
外观		无团粒结块		
亲水系数		<1		T 0353
塑性指数		<4		T 0354
加热安定性		实测记录		T 0355

5.6.4 沥青混合料的配合比设计

沥青混合料配合比设计包括目标配合比设计、生产配合比设计和生产配合比验证三个阶段，后两个阶段将在工地完成，本节着重介绍目标配合比设计。

1. 目标配合比设计

目标配合比设计可分为矿质混合料配合组成设计和沥青最佳用量确定两部分。热拌沥青混合料的目标配合比设计应按图5.39所示的步骤进行。

1）矿质混合料的配合组成设计

（1）确定沥青混合料类型。

混合料类型应根据道路等级与所处位置的功能要求进行选择。矿料的最大粒径宜从上至下逐渐增大，并与结构层的设计厚度相匹配。表5-26是各种等级道路沥青路面的各层结构所用沥青混合料的建议类型。

表5-26 沥青混合料类型的选择

层 位	混合料类别	高速公路、一级公路	二级及二级以下公路
表面层	细粒式	AC-13	AC-13，AM-13
	中粒式	AC-16	AC-16
中面层	中粒式	AC-20	—
	粗粒式	AC-25	—
下面层	中粒式	—	AC-20
	粗粒式	AC-25	AC-25，AM-25

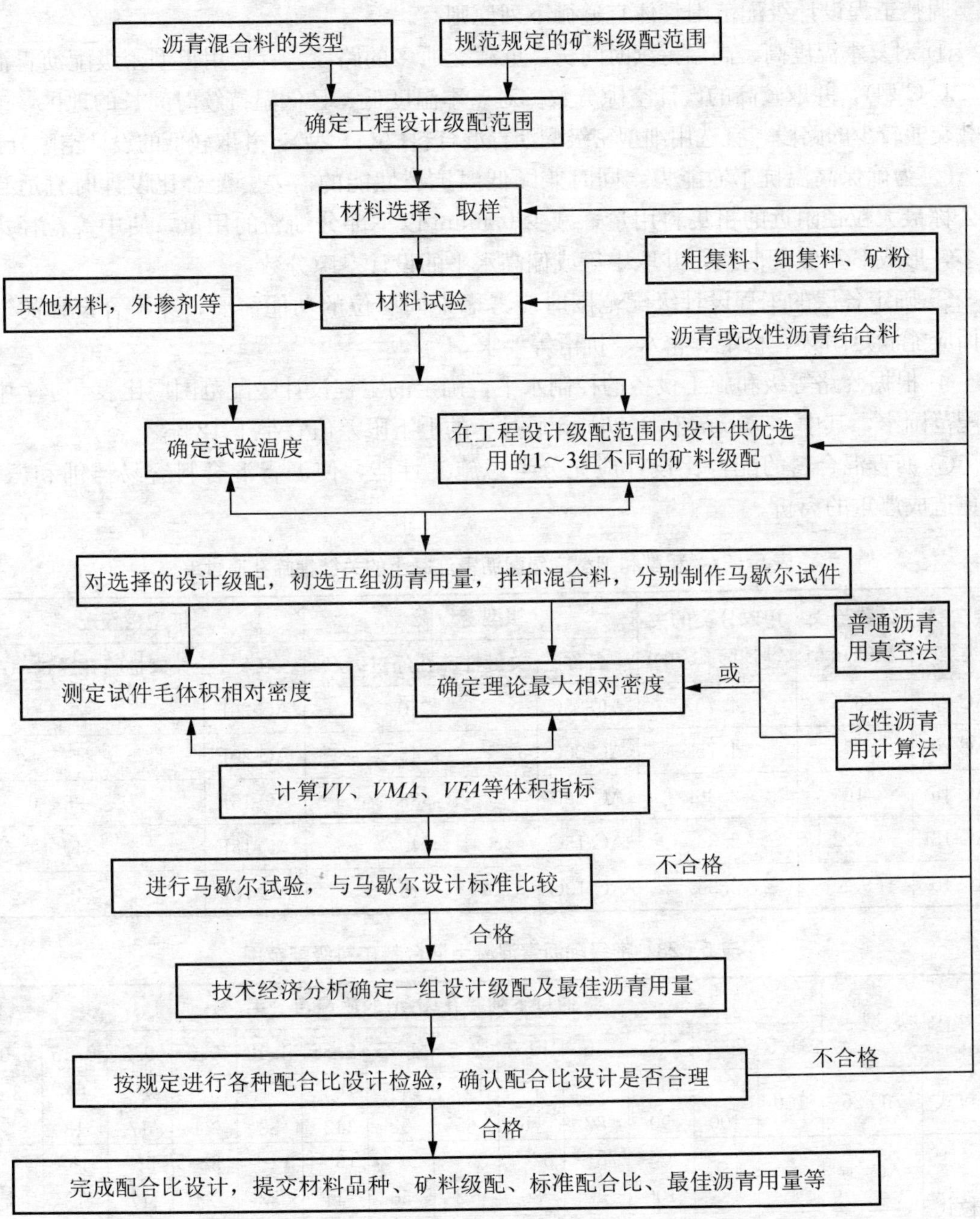

图 5.39　密级配沥青混合料目标配合比设计流程图

(2) 确定工程设计级配范围。

沥青混合料的矿料级配应符合工程规定的设计级配范围。密级配沥青混合料宜根据公路等级、气候及交通条件按表 5－27 选择采用粗型(C 型)或细型(F 型)混合料，并在表 5－28 范围内，根据公路等级、工程性质、气候条件、交通条件、材料品种，通过对条件大体相当的工程的使用情况进行调查研究后调整确定，必要时允许超出表 5－28 的要求的级配范围。其他类型的混合料宜直接以表 5－28～表 5－33 作为工程设计级配范围。

调整工程设计级配范围具体宜遵循下列原则。

① 对夏季温度高、高温持续时间长，重载交通多的路段，宜选用粗型密级配沥青混合料(AC-C型)，并取较高的设计空隙分数。对冬季温度低、且低温持续时间长的地区，或者重载交通较少的路段，宜选用细型密级配沥青混合料(AC-F型)，并取较低的设计空隙分数。

② 为确保高温抗车辙能力，同时兼顾低温抗裂性能的需要。配合比设计时宜适当减少公称最大粒径附近的粗集料用量，减少0.6mm以下部分细粉的用量，使中等粒径集料较多，形成S型级配曲线，并取中等或偏高水平的设计空隙分数。

③ 确定各层的工程设计级配范围时应考虑不同层位的功能需要，经组合设计的沥青路面应能满足耐久、稳定、密水、抗滑等要求。

④ 根据公路等级和施工设备的控制水平，确定的工程设计级配范围应比表5-27中的级配范围窄，其中4.75mm和2.36mm通过率的上下限差值宜小于12%。

⑤ 沥青混合料的配合比设计应充分考虑施工性能，使沥青混合料容易摊铺和压实，避免造成严重的离析。

表5-27 粗型和细型密级配沥青混凝土的关键性筛孔通过率

混合料类型	公称最大粒径/mm	用以分类的关键性筛孔/mm	粗型密级配		细型密级配	
			名称	关键性筛孔通过率/%	名称	关键性筛孔通过率/%
AC-25	26.5	4.75	AC-25C	<40	AC-25F	>40
AC-20	19	4.75	AC-20C	<45	AC-20F	>45
AC-16	16	2.36	AC-16C	<38	AC-16F	>38
AC-13	13.2	2.36	AC-13C	<40	AC-13F	>40
AC-10	9.5	2.36	AC-10C	<45	AC-10F	>45

表5-28 密级配沥青混凝土混合料矿料级配范围

级配类型		通过下列筛孔(mm)的质量百分率/%												
		31.5	26.5	19	16	13.2	9.5	4.75	2.36	1.18	0.6	0.3	0.15	0.075
粗粒式	AC-25	100	90～100	75～90	65～83	57～76	45～65	24～52	16～42	12～33	8～24	5～17	4～13	3～7
中粒式	AC-20		100	90～100	78～92	62～80	50～72	26～56	16～44	12～33	8～24	5～17	4～13	3～7
	AC-16			100	90～100	76～92	60～80	34～62	20～48	13～36	9～26	7～18	5～14	4～8
细粒式	AC-13				100	90～100	68～85	38～68	24～50	15～38	10～28	7～20	5～15	4～8
	AC-10					100	90～100	45～75	30～58	20～44	13～32	9～23	6～16	4～8
砂粒式	AC-5						100	90～100	55～75	35～55	20～40	12～28	7～18	5～10

表 5-29 密级配沥青碎石混合料矿料级配范围

级配类型		通过下列筛孔(mm)的质量百分率/%														
		53	37.5	31.5	26.5	19	16	13.2	9.5	4.75	2.36	1.18	0.6	0.3	0.15	0.075
特粗式	ATB-40	100	90~100	75~92	65~85	49~71	43~63	37~57	30~50	20~40	15~32	10~25	8~18	5~14	3~10	2~6
特粗式	ATB-30		100	90~100	70~90	53~72	44~66	39~60	31~51	20~40	15~32	10~25	8~18	5~14	3~10	2~6
粗粒式	ATB-25			100	90~100	60~80	48~68	42~62	32~52	20~40	15~32	10~25	8~18	5~14	3~10	2~6

表 5-30 半开级配沥青碎石混合料矿料级配范围

级配类型		通过下列筛孔(mm)的质量百分率/%											
		26.5	19	16	13.2	9.5	4.75	2.36	1.18	0.6	0.3	0.15	0.075
中粒式	AM-20	100	90~100	60~85	50~75	40~65	15~40	5~22	2~16	1~12	0~10	0~8	0~5
中粒式	AM-16		100	90~100	60~85	45~68	18~40	6~25	3~18	1~14	0~10	0~8	0~5
细粒式	AM-13			100	90~100	50~80	20~45	8~28	4~20	2~16	0~10	0~8	0~6
细粒式	AM-10				100	90~100	35~65	10~35	5~22	2~16	0~12	0~9	0~6

表 5-31 开级配排水式磨耗层混合料矿料级配范围

级配类型		通过下列筛孔(mm)的质量百分率/%										
		19	16	13.2	9.5	4.75	2.36	1.18	0.6	0.3	0.15	0.075
中粒式	OGFC-16	100	90~100	70~90	45~70	12~30	10~22	6~18	4~15	3~12	3~8	2~6
中粒式	OGFC-13		100	90~100	60~80	12~30	10~22	6~18	4~15	3~12	3~8	2~6
细粒式	OGFC-10			100	90~100	50~70	10~22	6~18	4~15	3~12	3~8	2~6

表 5-32 开级配沥青碎石混合料矿料级配范围

级配类型		通过下列筛孔(mm)的质量百分率/%														
		53	37.5	31.5	26.5	19	16	13.2	9.5	4.75	2.36	1.18	0.6	0.3	0.15	0.075
特粗式	ATPB-40	100	70~100	65~90	55~85	43~75	32~70	20~65	12~50	0~3	0~3	0~3	0~3	0~3	0~3	0~3
特粗式	ATPB-30		100	80~100	70~95	53~85	36~80	26~75	14~60	0~3	0~3	0~3	0~3	0~3	0~3	0~3
粗粒式	ATPB-25			100	80~100	60~100	45~90	30~82	16~70	0~3	0~3	0~3	0~3	0~3	0~3	0~3

表 5-33 沥青玛蹄脂碎石混合料矿料级配范围

级配类型		通过下列筛孔(mm)的质量百分率/%											
		26.5	19	16	13.2	9.5	4.75	2.36	1.18	0.6	0.3	0.15	0.075
中粒式	SMA-20	100	90～100	72～92	62～82	40～55	18～30	13～22	12～20	10～16	9～14	8～13	8～12
中粒式	SMA-16		100	90～100	65～85	45～65	20～32	15～24	14～22	12～18	10～15	9～14	8～12
细粒式	SMA-13			100	90～100	50～75	20～34	15～26	14～24	12～20	10～16	9～15	8～12
细粒式	SMA-10				100	90～100	28～60	20～32	14～26	12～22	10～18	9～16	8～13

(3) 材料选择与准备。

配合比设计所用的各种材料必须符合气候和交通条件的需要。其质量应符合本规范规定的技术要求。当单一规格的集料某项指标不合格，但不同粒径规格的材料按级配组成的集料混合料指标能符合规范要求时，允许使用。

(4) 矿质混合料配合比设计。

① 测定组成材料的原始数据。根据现场取样，对粗集料、细集料和矿粉进行筛析试验，按筛析结果分别绘出各组成材料的筛分曲线。同时并测出各组成材料的相对密度，以供计算物理常数使用。

② 计算组成材料的配合比。根据各组成材料的筛析试验资料，采用图解法或试算法(电算)，计算符合要求级配范围的各组成材料用量比例。

③ 调整配合比。计算得到的合成级配应根据下列要求作必要的配合比调整。

a. 通常情况下，合成级配曲线宜尽量接近设计级配中限，尤其应使 0.075mm、2.36mm 和 4.75mm 筛孔的通过量尽量接近设计级配范围的中限。

b. 高速公路、一级公路、城市快速路、主干路等交通量大、轴载重的道路，宜偏向级配范围的下(粗)限；对一般道路、中小交通量或人行道路等宜偏向级配范围的上(细)限。

c. 合成级配曲线应接近连续的或合理的间断级配，但不应过多的犬牙交错。当经过经再三调整，仍有两个以上的筛孔超出级配范围时，必须对原材料进行调整或更换原材料重新试验。

2) 确定沥青混合料的最佳沥青用量

沥青混合料的最佳沥青用量(简称 OAC)，可以通过各种理论计算的方法求得。但是由于实际材料性质的差异，按理论公式计算得到的最佳沥青用量，仍然要通过实验方法修正，因此理论法只能得到一个供实验的参考数据。采用实验的方法确定沥青最佳用量，目前最常用的是马歇尔法。

我国现行规范《公路沥青路面施工技术规范》(JTG F 40—2004)规定的方法，是采用马歇尔法确定沥青最佳用量。具体步骤如下。

(1) 测定沥青与矿料的相对密度。

沥青的相对密度 γ_b 的测定可按照《公路工程沥青及沥青混合料试验规程》(JTG E20—2011)规定的方法测定。矿料的毛体积相对密度 γ 与表观相对密度 γ' 可按照《公路工程集料试验规程》(JTG E 42—2005)规定的方法测定。

(2) 预估沥青混合料适宜的油石比或沥青用量。

① 按式(5-15)计算矿质混合料的合成毛体积相对密度 γ_{sb}。

$$\gamma_{sb}=\frac{100}{\frac{P}{\gamma_1}+\frac{P}{\gamma_2}+\cdots+\frac{P}{\gamma_n}} \tag{5-15}$$

式中 P_1、P_2、$\cdots P_n$——各种矿料成分的配比，其和为100；

γ_1、γ_2、$\cdots\gamma_n$——各种矿料相应的毛体积相对密度。

② 按式(5-16)计算矿质混合料的合成表观相对密度 γ_{sa}。

$$\gamma_{sa}=\frac{100}{\frac{P}{\gamma'_1}+\frac{P}{\gamma'_2}+\cdots+\frac{P}{\gamma'_n}} \tag{5-16}$$

式中 P_1、P_2、$\cdots P_n$——各种矿料成分的配比，其和为100；

γ'_1、γ'_2、…、γ'_n —— 各种矿料按试验规程方法测定的表观相对密度。

③ 按式(5-17)或按式(5-18)预估沥青混合料适宜的油石比(P_a)或含油量(P_b)。

$$P_a=\frac{P_{a1}\times\gamma_{sb1}}{\gamma_{sb}} \tag{5-17}$$

$$P_b=\frac{P_a}{100+\gamma_{sb}}\times 100\% \tag{5-18}$$

式中 P_a——预估的最佳油石比(与矿料总量的百分比),%；

P_b—— 预估的最佳沥青用量(占混合料总量的百分数),%；

P_{a1}—— 已建类似工程沥青混合料的标准油石比,%；

γ_{sb}—— 集料的合成毛体积相对密度；

γ_{sb1}—— 已建类似工程集料的合成毛体积相对密度。

(3) 制备试样。

按照确定的矿料比例配料，以预估的油石比为中值，按一定间隔(对密级配沥青混合料通常为0.5%，对沥青碎石混合料可适当缩小间隔为0.3%～0.4%)，取五个或五个以上不同的油石比分别成型马歇尔试件。每一组试件的试样数按现行试验规程的要求确定，对粒径较大的沥青混合料，宜增加试件数量。

(4) 测定物理指标。

① 压实沥青混合料试件的毛体积相对密度测定。通常采用表干法测定马歇尔试件的毛体积相对密度；对于吸水率大于2%的试件，宜改用蜡封法测定毛体积相对密度。

② 确定矿料的有效相对密度。

对非改性沥青混合料，宜以预估的最佳油石比拌和两组混合料，采用真空法实测最大相对密度，取平均值。然后由式(5-19)反算合成矿料的有效相对密度 γ_{se}。

$$\gamma_{se} = \frac{100 - p_b}{\frac{100}{\gamma_t} - \frac{P}{\gamma_b}} \tag{5-19}$$

式中 γ_{se}——合成矿料的有效相对密度，无量纲；

P_b——试验采用的沥青用量(占混合料总量的百分数)，%；

γ_t——试验沥青用量条件下实测得到的最大相对密度，无量纲；

γ_b——沥青的相对密度(25℃)，无量纲。

对改性沥青及SMA等难以分散的混合料，有效相对密度宜直接由矿料的合成毛体积相对密度与合成表观相对密度按式(5-20)计算确定，其中沥青吸收系数C根据材料的吸水率由式(5-21)求得，材料的合成吸水率按式(5-22)计算。

$$\gamma_{se} = C \times \gamma_{sa} + (1 - C) \times \gamma_{sb} \tag{5-20}$$

$$C = 0.033W_x^2 - 0.2936W_x + 0.9339 \tag{5-21}$$

$$W_x = \left(\frac{1}{\gamma_{sb}} - \frac{1}{\gamma_{sa}}\right) \times 100 \tag{5-22}$$

式中 γ_{se}——合成矿料的有效相对密度；

C——合成矿料的沥青吸收系数，可按矿料的合成吸水率从式(5-21)求得；

W_x——合成矿料的吸水率，按式(5-22)求得，%；

γ_{sb}——材料的合成毛体积相对密度，按式(5-15)求得，无量纲；

γ_{sa}——材料的合成表观相对密度，按式(5-16)求得，无量纲。

③ 确定沥青混合料的最大理论相对密度γ_{ti}。

对非改性的普通沥青混合料，在成型马歇尔试件的同时，用真空法实测各组沥青混合料的最大理论相对密度γ_{ti}。当只对其中一组油石比测定最大理论相对密度时，也可按式(5-23)或式(5-24)计算其他不同油石比时的最大理论相对密度γ_{ti}。

对改性沥青或SMA混合料宜按式(5-23)或式(5-24)计算各个不同沥青用量混合料的最大理论相对密度。

$$\gamma_{ti} = \frac{100 + P_{ai}}{\frac{100}{\gamma_{se}} + \frac{P_{ai}}{\gamma_b}} \tag{5-23}$$

$$\gamma_{ti} = \frac{100}{\frac{P_{si}}{\gamma_{se}} + \frac{P}{\gamma_b}} \tag{5-24}$$

式中 γ_{ti}——相对于计算沥青用量P_{bi}时沥青混合料的最大理论相对密度，无量纲；

P_{ai}——所计算的沥青混合料中的油石比，%；

P_{bi}——所计算的沥青混合料的沥青用量，$P_{bi} = P_{ai}/(1 + P_{ai})$，%；

P_{si}——所计算的沥青混合料的矿料含量，$P_{si} = 100 - P_{bi}$，%；

γ_{se}——矿料的有效相对密度，按式(5-19)或式(5-20)计算，无量纲；

γ_b——沥青的相对密度(25℃)，无量纲。

④ 马歇尔物理指标计算。按式(5-25)～式(5-27)计算沥青混合料试件的空隙分数、矿料间隙率*VMA*、有效沥青的饱和度*VFA*等体积指标，取一位小数，进行体积组成分析。

$$VV=\left(1-\frac{\gamma_f}{\gamma_t}\right)\times 100 \tag{5-25}$$

$$VMA=\left(1-\frac{\gamma_f}{\gamma_{sb}}\times P_s\right)\times 100 \tag{5-26}$$

$$VFA=\frac{VMA-VV}{VMA}\times 100 \tag{5-27}$$

式中 VV——试件的孔隙率,%;

VMA——试件的矿料间隙分数,%;

VFA——试件的有效沥青饱和度(有效沥青含量占 VMA 的体积比例),%;

γ_f——试件的毛体积相对密度,无量纲;

γ_t——沥青混合料的最大理论相对密度,无量纲;

P_s——各种矿料占沥青混合料总质量的百分率之和,即 $P_s=100-P_b$,%;

γ_{sb}——矿质混合料的合成毛体积相对密度,按式(5-15)计算。

(5) 测定力学指标。

为确定沥青混合料的沥青最佳用量,应测定沥青混合料的力学指标。如马歇尔稳定度、流值、马歇尔模数。

(6) 确定最佳沥青用量。

① 绘制沥青用量的物理-力学指标关系图。以油石比或沥青用量为横坐标,以马歇尔试验的各项指标为纵坐标,将试验结果绘入图中,连成圆滑的曲线。确定均符合本规范规定的沥青混合料技术标准的沥青用量范围 $OAC_{min}\sim OAC_{max}$。选择的沥青用量范围必须涵盖设计空隙分数的全部范围,并尽可能涵盖沥青饱和度的要求范围,并使密度及稳定度曲线出现峰值。如果没有涵盖设计空隙分数的全部范围,试验必须扩大沥青用量范围重新进行。

特别提示

绘制曲线时含 VMA 指标,且应为下凹型曲线,但确定 $OAC_{min}\sim OAC_{max}$ 时不包括 VMA。

② 根据试验曲线的走势,按下列方法确定沥青混合料的最佳沥青用量 OAC_1。

在图 5.40 上求取相应于密度最大值、稳定度最大值、目标空隙分数(或中值)、沥青饱和度范围的中值的沥青用量 a_1、a_2、a_3、a_4。按式(5-28)取平均值作为 OAC_1。

$$OAC_1=(a_1+a_2+a_3+a_4)/4 \tag{5-28}$$

如果在所选择的沥青用量范围未能涵盖沥青饱和度的要求范围,按式(5-29)求取三者的平均值作为 OAC_1。

$$OAC_1=(a_1+a_2+a_3)/3 \tag{5-29}$$

对所选择试验的沥青用量范围,密度或稳定度没有出现峰值(最大值经常在曲线的两端)时,可直接以目标空隙分数所对应的沥青用量 a_3 作为 OAC_1,但 OAC_1 必须在 $OAC_{min}\sim OAC_{max}$ 的范围内。否则应重新进行配合比设计。

③ 以各项指标均符合技术标准(不含 VMA)的沥青用量范围 $OAC_{min}\sim OAC_{max}$ 的中值作为 OAC_2。

$$OAC_2=(OAC_{min}+OAC_{max})/2 \tag{5-30}$$

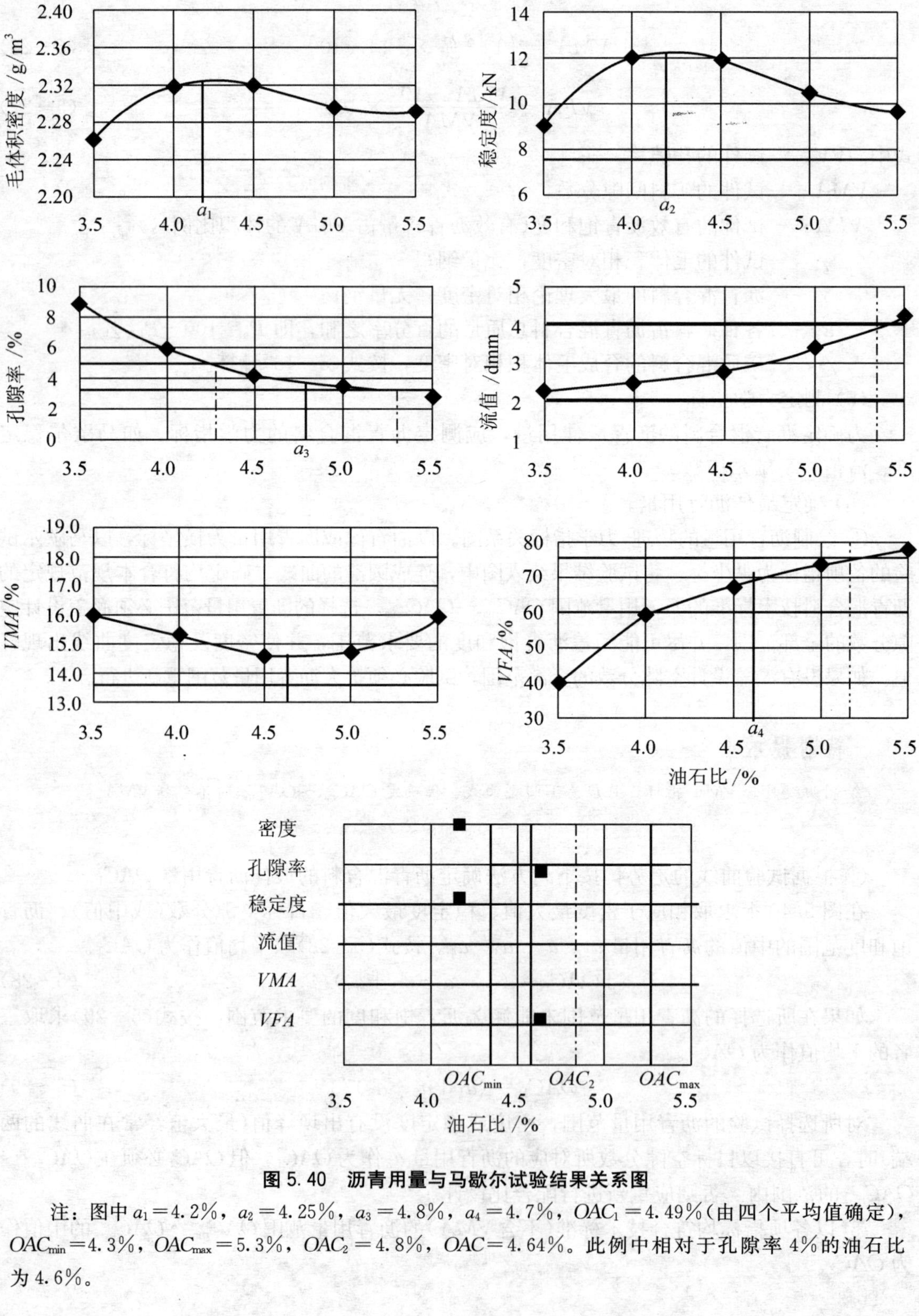

图 5.40 沥青用量与马歇尔试验结果关系图

注：图中 $a_1=4.2\%$，$a_2=4.25\%$，$a_3=4.8\%$，$a_4=4.7\%$，$OAC_1=4.49\%$(由四个平均值确定)，$OAC_{min}=4.3\%$，$OAC_{max}=5.3\%$，$OAC_2=4.8\%$，$OAC=4.64\%$。此例中相对于孔隙率 4%的油石比为 4.6%。

④ 通常情况下取 OAC_1 及 OAC_2 的中值作为计算的最佳沥青用量 OAC。

$$OAC=(OAC_1+OAC_2)/2 \tag{5-31}$$

⑤ 按式(5-31)计算的最佳油石比 OAC，从图 5.40 中得出所对应的空隙率和 VMA 值，检验是否能满足表 5-13 或表 5-14 关于最小 VMA 值的要求。OAC 宜位于 VMA 凹形曲线最小值的贫油一侧。当空隙分数不是整数时，最小 VMA 按内插法确定，并将其画入图 5.40 中。

⑥ 检查图 5.40 中相应与此 OAC 的各项指标是否均符合马歇尔试验技术标准。

⑦ 根据实践经验和公路等级、气候条件、交通情况，调整确定最佳沥青用量 OAC。

a. 调查当地各项条件相接近的工程的沥青用量及使用效果，论证适宜的最佳沥青用量。检查计算得到的最佳沥青用量是否相近，如相差甚远，应查明原因，必要时重新调整级配，进行配合比设计。

b. 对炎热地区公路以及高速公路、一级公路的重载交通路段，山区公路的长大坡度路段，预计有可能产生较大车辙时，宜在空隙分数符合要求的范围内将计算的最佳沥青用量减小 0.1%～0.5%作为设计沥青用量。此时，除空隙分数外的其他指标可能会超出马歇尔试验配合比设计技术标准，配合比设计报告或设计文件必须予以说明。但配合比设计报告必须要求采用重型轮胎压路机和振动压路机组合等方式加强碾压，以使施工后路面的空隙分数达到未调整前的原最佳沥青用量时的水平，且渗水系数符合要求。如果试验段试拌试铺达不到此要求时，宜调整所减小的沥青用量的幅度。

c. 对寒区公路、旅游公路、交通量很少的公路，最佳沥青用量可以在 OAC 的基础上增加 0.1%～0.3%，以适当减小设计空隙分数，但不得降低压实度要求。

⑧ 按式(5-32)和式(5-33)计算沥青结合料被集料吸收的比例及有效沥青含量。

$$P_{ba}=\frac{\gamma_{se}-\gamma_{sb}}{\gamma_{se}\times\gamma_{sb}}\times\gamma_b\times 100 \tag{5-32}$$

$$P_{be}=P_b-\frac{P_{ba}}{100}\times P_s \tag{5-33}$$

式中 P_{ba}——沥青混合料中被集料吸收的沥青结合料比例,%；

P_{be}——沥青混合料中的有效沥青用量,%；

γ_{se}——集料的有效相对密度，无量纲；

γ_{sb}——材料的合成毛体积相对密度，无量纲；

γ_b——沥青的相对密度(25℃)，无量纲；

P_b——沥青含量,%；

P_s——各种矿料占沥青混合料总质量的百分率之和，即 $P_s=100-P_b$,%。

⑨ 检验最佳沥青用量时的粉胶比和有效沥青膜厚度。沥青混合料的粉胶比按式(5-34)计算，宜符合 0.6～1.6。对常用的公称最大粒径为 13.2～19mm 的密级配沥青混合料，粉胶比宜控制在 0.8～1.2。

$$FB=\frac{P_{0.075}}{P_{be}} \tag{5-34}$$

式中 FB——粉胶比，沥青混合料的矿料中 0.075mm 通过率与有效沥青含量的比值，无量纲；

$P_{0.075}$——矿料级配中 0.075mm 的通过率(水洗法),%;

P_{be}——有效沥青含量,%。

按式(5-35)计算集料的比表面,按式(5-36)估算沥青混合料的沥青膜有效厚度。

$$SA = \Sigma(P_i \times FA_i) \quad (5-35)$$

$$DA = \frac{P_{be}}{\gamma_b \times SA} \times 10 \quad (5-36)$$

式中 SA——集料的比表面积,m^2/kg;

P_i——各种粒径的通过百分率,%;

FA_i——相应于各种粒径的集料的表面积系数,可查表 5-34;

DA——沥青膜有效厚度,μm;

P_{be}——有效沥青含量,%;

γ_b——沥青的相对密度(25℃),无量纲。

表 5-34 集料的表面积系数

筛孔尺寸(mm)	19	16	13.2	9.5	4.75	2.36	1.18	0.6	0.3	0.15	0.075
表面积系数 FA_i	0.004 1	—	—	—	0.004 1	0.008 2	0.016 4	0.028 7	0.061 4	0.122 9	0.327 7

注:各种公称最大粒径混合料中大于 4.75mm 尺寸集料的表面积系数 FA 均取 0.0041,且只计算一次。

(7) 配合比设计检验。

① 对用于高速公路和一级公路的密级配沥青混合料,需在配合比设计的基础上按本规范要求进行各种使用性能的检验,不符合要求的沥青混合料,必须更换材料或重新进行配合比设计。其他等级公路的沥青混合料可参照执行。

② 高温稳定性检验。对公称最大粒径等于或小于 19mm 的混合料,按最佳沥青用量制作车辙试件进行车辙试验,动稳定度应符合表 5-15 所示要求。

③ 水稳定性检验。按规定的试验方法进行浸水马歇尔试验和冻融劈裂试验,残留稳定度及残留强度比均必须符合表 5-16 所示要求。

④ 低温抗裂性能检验。对公称最大粒径等于或小于 19mm 的混合料,按规定方法进行低温弯曲试验,其破坏应变宜符合表 5-17 所示要求。

⑤ 渗水系数检验。利用轮碾机成型的车辙试件进行渗水试验,检验的渗水系数宜符合表 5-35 所示要求。

表 5-35 沥青混合料试件渗水系数(ml/min)技术要求

级配类型	渗水系数要求(ml/min)	试验方法
密级配沥青混凝土 不大于	120	T 0730
SMA 混合料 不大于	80	
OGFC 混合料 不小于	实测	

2. 生产配合比设计

以上决定的矿料级配及最佳沥青用量为目标配合比设计阶段的数据，对间歇式拌和机，应按规定方法取样测试各热料仓的材料级配，确定各热料仓的配合比，供拌和机控制室使用。同时选择适宜的筛孔尺寸和安装角度，尽量使各热料仓的供料大体平衡。并取目标配合比设计的最佳沥青用量 OAC、$OAC\pm0.3\%$ 等三个沥青用量进行马歇尔试验和试拌，通过室内试验及从拌和机取样试验综合确定生产配合比的最佳沥青用量，由此确定的最佳沥青用量与目标配合比设计的结果的差值不宜大于±0.2%。对连续式拌和机可省略生产配合比设计步骤。

3. 生产配合比验证

拌和机按生产配合比结果进行试拌、铺筑试验段，并取样进行马歇尔试验，同时从路上钻取芯样观察空隙分数的大小，由此确定生产用的标准配合比。标准配合比的矿料合成级配中，至少应包括0.075mm、2.36mm、4.75mm及公称最大粒径筛孔的通过率接近优选的工程设计级配范围的中值，并避免在0.3～0.6mm处出现“驼峰”。对确定的标准配合比，宜再次进行车辙试验和水稳定性检验。

特别提示

沥青混合料的配合比设计是沥青路面施工过程中一件十分重要的工作。它绝不是通过一次马歇尔试验，满足规范的技术要求，配合比设计就完成了。现行规范的指标并不一定与沥青路面的性能有很直接的关联。满足规范要求只不过是一个起码要求，不等于是一个好的设计。一个好的设计是经过实践考验和证明沥青混合料具有良好的使用性能。同时所设计的混合料必须是有利于施工，它的质量变异性要小、没有大的离析、操作容易控制、容易摊铺压实，不致稍有变化就导致沥青路面的损坏。

5.6.5 沥青混合料配合比设计工程实例

【题目】

试设计某高速公路沥青混凝土路面用沥青混合料的配合组成。

【原始资料】

1. 道路等级

高速公路。

2. 路面类型

AC-16沥青混凝土。

3. 结构层位

三层式沥青混凝土的上面层。

4. 气候条件

最低月平均气温−8℃，最高月平均气温32℃，年降雨量1 800mm。

5. 材料性能

1）沥青材料

可供应A级70号和90号两种道路石油沥青，经检验各项技术性能均符合要求。

2）矿质材料

(1) 碎石和石屑：石灰石轧制碎石，饱水抗压强度120MPa，磨耗率12%，黏附性(水煮法)Ⅴ级，视密度2.70g/cm³；

(2) 砂：黄砂(中砂)，含泥量及泥块量均<1%，视密度2.65g/cm³

(3) 矿粉：石灰石磨细石粉，粒度范围符合技术要求，无团粒结块，视密度2.58g/cm³。

【设计要求】

(1) 根据道路等级、路面类型和结构层位，确定沥青混凝土类型，并选择矿质混合料的级配范围。根据现有各种矿质材料的筛析结果，采用图解法确定各种矿料的配合比，并依据题意对高速公路要求组配的矿质混合料的级配进行调整。

(2) 通过马歇尔试验，确定最佳沥青用量。

(3) 最佳沥青用量按水稳定性检验和抗车辙能力校核。

【解析】

1. 矿质混合料配合组成设计

1）确定沥青混合料类型

由题意，为使高速公路上面层具有较好的抗滑性，选用中粒式AC-16型沥青混凝土混合料。

2）确定矿质混合料级配范围

按表5-28查出中粒式AC-16型沥青混凝土的矿质混合料级配范围，经调整后的工程级配范围见表5-36。

表5-36 矿质混合料工程级配范围

级配类型		筛孔尺寸(方孔筛)/mm									
		16.0	13.2	9.5	4.75	2.36	1.18	0.6	0.3	0.15	0.075
AC-16沥青混凝土工程级配范围	下限	90	76	60	34	20	13	9	7	5	4
	上限	100	92	80	62	48	36	26	18	14	8

3）矿质混合料配合比设计

(1) 矿质集料筛分试验。

根据现场取样，三种规格碎石(10～20mm、5～10mm、3～5mm)、石屑、黄砂、矿粉等六种矿质集料的筛析结果见表5-37。

(2) 组成材料配合比设计计算。

采用图解法设计组成材料配合比，如图5.41所示。由图解法确定各种材料用量为10～20mm碎石：5～10mm碎石：3～5mm碎石：石屑：黄砂：矿粉=34.5%：24%：10.5%：11.5%：13%：6.5%。

表 5-37 各种矿质集料的筛分结果

级配类型		筛孔尺寸(方孔筛)/mm									
		16.0	13.2	9.5	4.75	2.36	1.18	0.6	0.3	0.15	0.075
		通过百分率/%									
碎石	10～20mm	100	88.6	16.6	0.4	0.3	0.3	0.3	0.3	0.3	0.2
	5～10mm	100	100	99.7	8.7	0.7	0.7	0.7	0.7	0.7	0.6
	3～5mm	100	100	100	94.7	3.7	0.5	0.5	0.5	0.5	0.3
石屑		100	100	100	100	97.2	67.2	40.5	30.2	20.6	4.2
黄砂		100	100	100	100	87.9	62.2	46.4	3.7	3.1	1.9
矿粉		100	100	100	100	100	100	100	99.8	96.2	84.7

(3) 调整配合比。

从图 5.41 可以看出，计算的合成级配曲线接近级配范围中值。由于高速公路交通量大、轴载重，为使沥青混合料具有较高的高温稳定性，合成级配曲线应偏向级配曲线范围的下限，为此配合比应做调整。

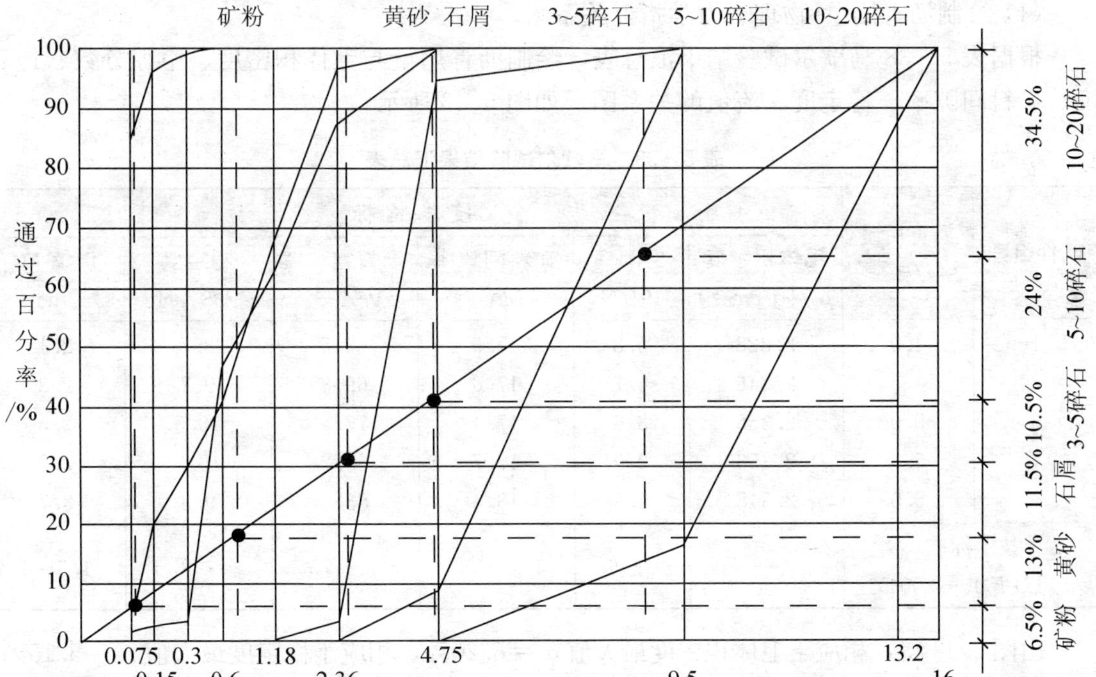

图 5.41 矿质混合料配合比计算图

经调整，各种材料的用量比例为 10～20mm 碎石∶5～10mm 碎石∶3～5mm 碎石∶石屑∶黄砂∶矿粉＝42%∶20%∶14%∶9%∶10%∶5%。合成级配绘于图 5.42，从图 5.42 可以看出，调整后合成级配曲线光滑平顺，且接近级配曲线的下限。

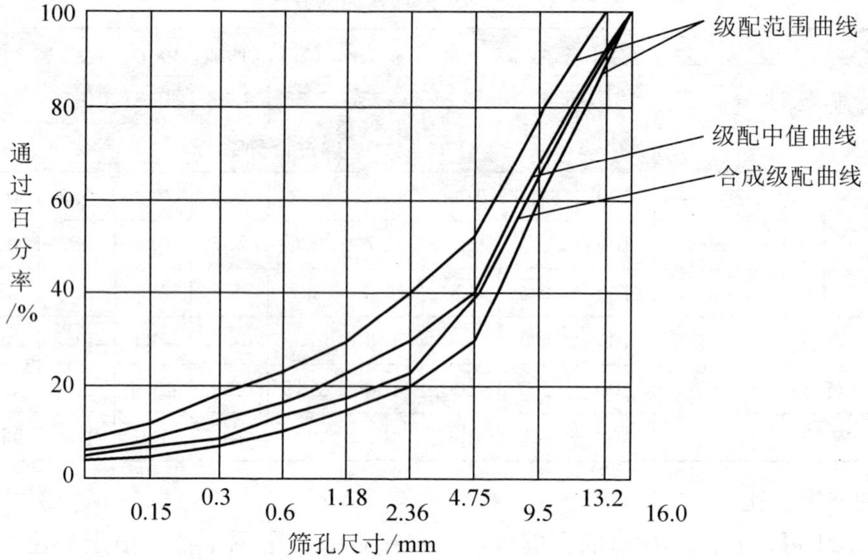

图 5.42 矿质混合料合成级配曲线图

4）马歇尔试验结果分析

（1）绘制沥青用量-物理、力学指标关系图。

根据表 5－38 马歇尔试验结果汇总表，绘制沥青用量与毛体积密度、空隙分数、饱和度、矿料间隙率、稳定度、流值的关系图，如图 5.43 所示。

表 5－38 马歇尔试验结果汇总表

试件组号	沥青用量/%	技术指标					
		毛体积密度 ρ_s/(g/cm^{-3})	空隙率 VV/%	矿料间隙率 VMA/%	沥青饱和度 VFA/%	稳定度 MS/kN	流值 FL /mm
1	4.0	2.328	5.8	17.9	62.5	8.7	2.1
2	4.5	2.346	4.7	17.6	69.8	9.7	2.3
3	5.0	2.356	3.6	17.4	77.5	10.5	2.5
4	5.5	2.353	2.9	17.7	80.2	10.2	2.8
5	6.0	2.348	2.5	18.4	83.5	9.8	3.7
技术标准 (JTG F 40—2004)		—	3～6	≥13	65～75	≥8	1.5～4

由图 5.43 得，相应于毛体积密度最大值 a_1＝5.20%，相应于稳定度最大值 a_2＝5.15%，相应于规定空隙分数范围中值 a_3＝4.75%，相应于规定饱和度范围中值 a_4＝4.40%。

（2）确定最佳沥青用量初始值(OAC_1)。

$$OAC_1=(5.20\%+5.15\%+4.75\%+4.40\%)/4=4.87\%$$

（3）确定最佳沥青用量初始值(OAC_2)。

由图 5.43 得，各指标符合沥青混合料技术指标要求的沥青用量范围为：OAC_{min}～

$OAC_{max}=4.20\%\sim5.20\%$，则

$$OAC_2=(4.20\%+5.20\%)/2=4.70\%$$

(4) 综合确定最佳沥青用量(*OAC*)。

$$OAC=(OAC_1+OAC_2)/2=(4.87\%+4.70\%)/2=4.8\%$$

按 *OAC* =4.8%检查 *VMA* 符合要求，且位于贫油沥青一侧；亦满足其他指标的要求。

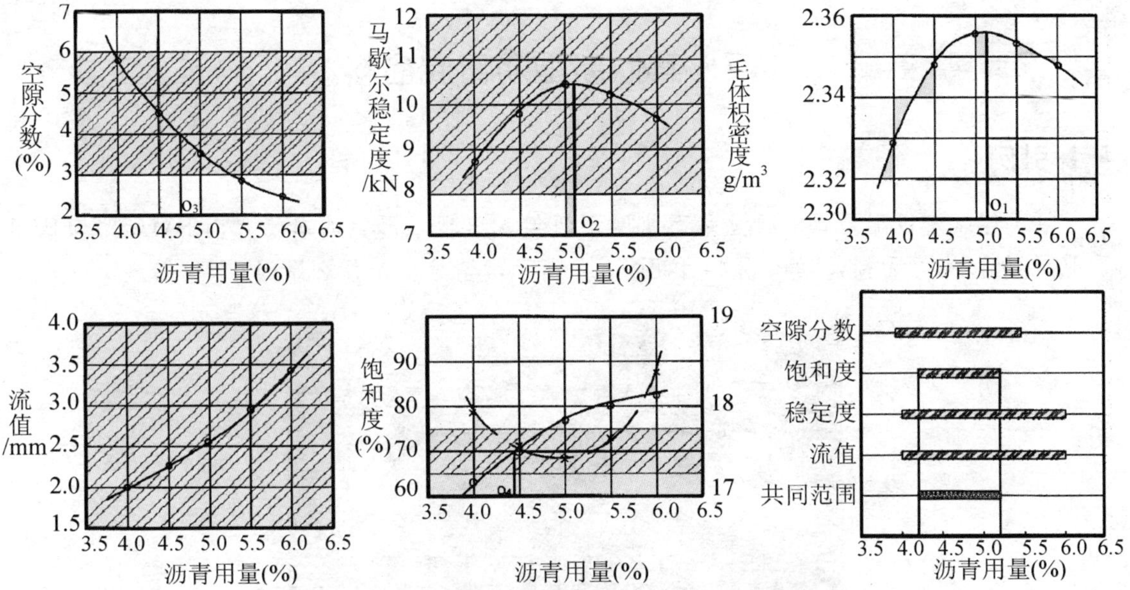

图 5.43 沥青用量与马歇尔试验各项指标关系曲线图

5) 配合比设计检验

(1) 抗车辙能力检验。

以沥青用量为 4.8%制备沥青混合料试件，进行车辙试验，试验结果如表 5-39 所示。

表 5-39 沥青混合料抗车辙试验结果

最佳沥青用量 OAC/%	试验温度 T /℃	试验轮压 P /MPa	试验条件	动稳定度 DS /(次/mm)	规范要求 动稳定度/(次/mm)
4.80	60	0.7	不浸水	1 300	≥1 000

从表 5-39 试验结果可知，*OAC*=4.8%的沥青混合料动稳定度大于 1 000 次/mm，符合高速公路抗车辙能力的规定。

(2) 水稳定性检验。

采用沥青用量为 4.8%制备马歇尔试件，测定标准马歇尔稳定度及浸水(48h 后)马歇尔稳定度，试验结果见表 5-40。

从表 5-40 试验结果可知，*OAC*=4.8%的沥青混合料残留稳定度大于 80%，符合水稳性标准要求。

表 5-40 沥青混合料水稳定性试验结果

最佳油石比 OAC/%	马歇尔稳定度 MS/kN	浸水马歇尔稳定度 MS_1/kN	浸水残留稳定度 MS_0/%	规范要求残留稳定度/%
4.8	8.3	7.6	92	80

综上所述，根据以上试验结果，参考以往工程实践经验，结合考虑经济因素，综合决定采用最佳沥青用量为 4.8%。

5.7 其他新型沥青混合料

▶▶引例

(1) 连续密级配沥青混凝土路面使用才两年就出现了严重的车辙，而 SMA 路面使用了 10 年仍然完好无损，如图 5.44 和图 5.45 所示，请分析是什么原因？

图 5.44 使用两年的连续密级配沥青混凝土路面

图 5.45 使用 10 年的 SMA 路面

(2) 如图 5.46 所示，下雨时，汽车在左侧普通沥青路面上行驶周围都是水雾，而右侧 OGFC 排水路面上行驶汽车周围没有水雾，请分析是什么原因？

(a) 普通沥青路面　　(b) OGFC排水路面

图 5.46　普通沥青路面与 OGFC 排水路面效果对比

5.7.1　沥青玛蹄脂碎石混合料(SMA)

沥青玛蹄脂碎石混合料是一种新型的沥青混合料结构，它是一种由沥青、纤维稳定剂、矿粉和少量的细集料组成的沥青玛蹄脂填充间断级配的粗集料骨架间隙而组成的沥青混合料。

1. SMA 的形成背景

20 世纪 60 年代的德国交通十分发达，根据本国的气候特点(夏季气温 20℃左右，冬季不太冷)，习惯修筑浇筑式沥青混凝土路面。这种结构中沥青含量 12%左右，矿粉含量高。使用中发现路面的车辙十分严重，另外当时该国家的汽车为了防滑的需要，经常使用带钉的轮胎(欧洲一些国家相似)，其结果是路面磨耗十分严重(1 年可减薄 4cm 左右)。为了克服日益严重的车辙，减少路面的磨耗，公路工作者对沥青混合料的配合比进行调整，增大粗集料的比例，添加纤维稳定剂，形成了 SMA 结构的雏形。1984 年德国交通部门正式制定了一个 SMA 路面的设计及施工规范，SMA 路面结构形式基本得以完善。这种新型的路面结构先后在德国、欧洲一些国家逐渐被推广、运用。20 世纪 90 年代初，美国公路界认为其公路路面质量不如欧洲国家的路面质量好。经考察发现存在两个方面的差距：①在改性沥青的运用上；②在路面的结构形式上(即 SMA)。1991—1992 年开始加以研究、推广 SMA 这种结构形式，最典型的是 1995 年亚特兰大市为举办奥运会对公路网进行改建和新建，全部采用了 SMA 这种结构形式做路面。

2. SMA 的结构组成原理

SMA 是一种以沥青、矿粉及纤维稳定剂组成的沥青玛蹄脂结合料，填充于间断级配的矿料骨架中，所形成的混合料。其组成特征主要包括两个方面：①含量较多的粗集料互相嵌锁组成高稳定性(抗变形能力强)的结构骨架；②细集料矿粉、沥青和纤维稳定剂组成的沥青玛蹄脂将骨架胶结一起，并填充骨架空隙，使混合料有较好的柔性及耐久性。

SMA 的结构组成可概括为三多一少，即粗集料多、矿粉多、沥青多、细集料少。具体来讲，SMA 是一种间断级配的沥青混合料，5mm 以上的粗集料比例高达 80%，矿粉的用量达 13%，粉胶比可超出通常值 1.2 的限制。由此形成的间断级配，很少使用细集料；为加入较多的沥青，一方面增加矿粉用量，同时使用纤维作为稳定剂；SMA 的沥青用量较多，高达 7%，黏结性要求高，并希望选用针入度小、软化点高、温度稳定性好的沥青，最好采用改性沥青。

3. SMA 混合料的路用性能

1）抗高温稳定性

在 SMA 的组成中，粗集料骨架占 70%以上，混合料中粗集料相互之间的接触面很多，细集料很少，玛蹄脂部分仅填充了粗集料之间的空隙，交通荷载主要由粗集料骨架承受，由于粗集料之间互相良好的嵌挤作用，沥青混合料产生非常好的抵抗荷载变形的能力，即使在高温条件下，沥青玛蹄脂的黏度下降，对这种抵抗能力的影响也会减小，因而有较强的高温车辙能力。

2）抵抗低温稳定性

低温条件下的沥青混合料抗裂性能主要由结合料的拉伸性能决定。由于 SMA 的集料之间填充了丰富的沥青玛蹄脂，它包在粗集料表面，随着温度的下降，混合料收缩变形使集料被拉开时，玛蹄脂有较好的黏连作用，它的韧性和柔性使混合料有较好的低温变形性能。

3）良好的水稳定性

沥青混合料的水稳定性主要是防止水的侵蚀，提高沥青与集料之间的黏附性。SMA 混合料的空隙分数很小，几乎不透水，混合料受水的影响很小，再加上玛蹄脂与集料的黏结力好，使得混合料的水稳定性有较大的改善。

4）良好的耐久性

SMA 的混合料内部被沥青玛蹄脂充分填充，且沥青膜较厚，混合料的空隙率很小，沥青与空气的接触少，因而沥青混合料的耐老化性能好，同时由于内部空隙小，其变形分数小，因此有良好的耐久性。另外，由于 SMA 基本上是不透水的，对下面的沥青层和基层都有较强的保护作用和隔水作用，使路面能保持较高的整体强度和稳定性。

5）优良的表面特性

沥青混凝土路面的低噪声、抗滑、雨天行车溅水及车后产生水雾等性能，直接影响交通安全和环境保护。SMA 混合料的集料方面要求采用坚硬、粗糙、耐磨的优质石料。在级配上采用间断级配，粗集料含量高，路面压实后表面构造深度大，抗滑性能好，拥有良好的横向排水性能；雨天行车不会产生较大的水雾，增加雨天行车的可见度，并减少夜间的路面反光，路面噪声可降低 3～5dB，从而使 SMA 路面具有良好的表面特性。

特别提示

引例中(1)的解答：连续密级配沥青混凝土是悬浮密实结构，其粗集料用量较少，粗集料间没有形成嵌挤，高温稳定性差，虽然使用时间才两年，但形成了严重的车辙；SMA 路面虽然使用时间较长，但 SMA 混合料是骨架密实结构，其粗集料用量较多，粗集料之间嵌挤良好，混合料抗变形能力强，高温稳定性好，故不易产生高温病害。

4. SMA 混合料对组成材料的要求

1）集料

包括粗集料和细集料。公称最大粒径等于或小于 9.5mm 的 SMA 混合料，以 2.36mm 作为粗集料骨架的分界筛孔，公称最大粒径等于或大于 13.2mm 的 SMA 混合料以 4.75mm 作为粗集料骨架的分界筛孔。粗集料是构成 SMA 混合料骨架的主体材料，要求选用质地坚硬、表面粗糙、抗磨耗、耐磨光、形状接近立方体，有良好的嵌挤能力和破碎石料。破碎率一般要求为 100%。对抗压碎的质量要求高，必须使用坚韧的、有棱角的优质石料，并严格限制其针片状含量。

SMA 细集料在 SMA 中所占比例往往不超过 10%。宜采用专用的细料破碎机生产的机制砂，当采用普通石屑代替时，宜采用与沥青黏附性好的石灰岩石屑，且不得含有泥土、杂物。与天然砂混用时，天然砂的用量不宜超过机制砂或石屑的用量，天然砂具有较好的耐久性，但由于天然砂棱角不够，往往与沥青的黏附性较差，这对 SMA 的高温抗车辙能力不利。

2）填料

SMA 需要的填料数量远远超过普通沥青混合料，这是由于纤维帮助矿粉沥青团粒起到了分散作用的缘故。填料必须采用由石灰石等碱性岩石磨细的矿粉，矿粉必须保持干燥，能从石粉仓自由流出，其质量要符合要求。

3）沥青

SMA 混合料需要采用比常规 AC 混合料黏度(稠度)更大的沥青结合料。我国《沥青玛蹄脂碎石路面技术指南》规定。

(1) 用于 SMA 的沥青结合料必须具有较高的黏度，与集料有良好的黏附性，以保证有足够的高温稳定性和低温韧性。对高公路等承受繁重交通的重大工程，夏季特别炎热或冬季特别寒冷的地区，宜采用改性沥青。(2)当不使用改性沥青结合料时，沥青的质量必须符合《公路沥青路面施工技术规范》(JTG F 40—2004)中 A 级沥青的技术要求，并采用比当地常用沥青标号稍硬 1 级或 2 级的沥青。

(3) 当使用改性沥青时，用于改性沥青的基质沥青，必须符合《公路沥青路面施工技术规范》(JTG F 40—2004)中关于基质沥青的技术要求，其标号应通过试验确定，通常采用与普通沥青标号相当或针入度稍大的等级。

(4) 用于 SMA 的聚合物改性沥青应符合《公路沥青路面施工技术规范》规定的要求。以提高沥青混合料的抗辙能力作为主要目的时，宜要求改性沥青的软化点温度高于年最高路面温度。

4）纤维稳定剂

SMA 的纤维稳定剂一般有木质素纤维、矿物纤维、聚合物化学纤维三大类。由于木质素纤维防漏效果显著，且价格合理，因此 SMA 普遍采用木质素纤维作为稳定剂。其质量应符合规范要求的质量标准。

5. SMA 混合料配合比设计方法

SMA 混合料配合比设计任务就是确定粗集料骨架和玛蹄脂部分各种材料的规格和比

例，以便保证真正形成粗集料骨架，骨架的间隙又恰到好处地填充玛蹄脂，玛蹄脂也能真正发挥胶结作用使混合料成为坚强的整体。设计内容包括目标配合比设计、生产配合比设计及生产配合比验证三个阶段，确定矿料级配及最佳沥青用量。

1）SMA 混合料目标配合比设计

(1) SMA 矿质混合料设计。SMA 矿质混合料配合比设计按现行《公路沥青路面施工技术规范》(JTG F 40—2004)推荐的矿质混合料标准级配范围，确定级配范围。

(2) 选择设计沥青用量。一般来讲，SMA 的沥青用量比沥青混凝土的沥青用量约大1%或更大，沥青含量不足会直接影响路面耐久性，但过多的沥青也会使路面产生泛油或车辙等病害，所以 SMA 希望沥青用量有一个最低限值。SMA 混合料马歇尔试验配合比设计技术要求见表 5-41。

表 5-41 SMA 混合料马歇尔试验配合比设计技术要求

试验项目	单位	技术要求		试验方法
		不使用改性沥青	使用改性沥青	
马歇尔试件尺寸	mm	φ101.6mm×63.5mm		T 0702
马歇尔试件击实次数①		两面击实 50 次		T 0702
空隙率 *VV*②	%	3～4		T 0708
矿料间隙率 *VMA*② 不小于	%	17.0		T 0708
粗集料骨架间隙率 VCA_{mix}③ 不大于		VCA_{DRC}		T 0708
沥青饱和度 *VFA*	%	75～85		T 0708
稳定度④ 不小于	kN	5.5	6.0	T 0709
流值	mm	2～5	—	T 0709
谢伦堡沥青析漏试验的结合料损失	%	不大于 0.2	不大于 0.1	T 0732
肯塔堡飞散试验的混合料损失或浸水飞散试验	%	不大于 20	不大于 15	T 0733

注：(1) 对集料坚硬不易击碎，通行重载交通的路段，也可将击实次数增加为双面 75 次。

(2) 对高温稳定性要求较高的重交通路段或炎热地区，设计空隙分数允许放宽到 4.5%，*VMA* 允许放宽到 16.5%(SMA-16) 或 16%(SMA-19)，*VFA* 允许放宽到 70%。

(3) 试验粗集料骨架间隙率 VCA 的关键性筛孔，对 SMA-19、SMA-16 是指 4.75mm，对 SMA-13、SMA-10 是指 2.36mm。

(4) 稳定度难以达到要求时，容许放宽到 5.0kN(非改性)或 5.5kN(改性)，但动稳定度检验必须合格。

混合料设计级配一经选定，即需要增加或减少沥青含量来获得混合料的设计空隙分数，根据设计级配用初试沥青含量试验的空隙分数情况，以 0.2%～0.4%为间隔，调整三个以上不同的沥青含量，拌制混合料，制作马歇尔试件，每一组试件不宜少于 4 个，另有两个用作真空法实测理论最大相对密度的试件。若初试沥青含量的空隙分数及各项体积指标恰好符合设计要求时，可直接作为最佳沥青含量。符合规范要求。进行马歇尔稳定度试验，得出每一种沥青含量时混合料的马歇尔特性，包括 VV、VMA、VFA、VCA_{mix} 以及马歇尔稳定度和流值，是否符合表 5-41 要求。绘制以上各项体积指标与沥青含量的关系曲线，根据希望的设计空隙分数，确定最佳沥青含量。

(3) 目标配合比设计检验。

① 高温稳定性检验。SMA 混合料必须进行车辙试验，对混合料的高温抗车辙能力进行验证，并满足表 5-15 要求。

② 低温抗裂性检验。SMA 混合料必须进行低温弯曲试验，并满足表 5-17 要求。

③ 水稳定性能检验。SMA 混合料必须进行水稳定性试验，并满足表 5-16 要求。

④ 渗水系数检验。SMA 混合料必须进行渗水系数试验，并满足表 5-35 要求。

⑤ 析漏性能检验。SMA 混合料应进行谢伦堡沥青析漏试验，析漏损失不得超过表 5-41 规定的容许值。

⑥ 飞散性能试验。SMA 混合料应进行肯塔堡飞散试验，混合料损失不得超过表 5-41 规定的容许值。

2) SMA 混合料生产配合比设计和生产配合比验证

对 SMA 混合料的生产配合比设计和试拌试铺验证，与普通的热拌沥青混合料没有什么区别，可参照通用的办法进行，SMA 混合料应根据目标配合比设计的结果，按现行《公路沥青路面施工技术规范》(JTG F 40—2004)规定的方法进行生产配合比设计和试拌试铺检验。

6. SMA 在我国的应用

我国首次使用改性沥青是 1994 年首都机场高速公路，使用了奥地利技术 NOVOPHALT。其关键技术在于利用间隙可不断调整的大型胶体磨使改性剂反复多次通过磨体而达到非常均匀与沥青共混，用 400 倍显微镜观察切片晶体结构是否混合均匀。PE 对改善高温稳定性较好，而 SBS 对改善低温稳定性较好，1996 年首都机场东跑道罩面掺入 4%PE+2%SBS，另外还掺入 0.4%石棉纤维，使用改性剂以后，针入度比原来沥青减少了一个等级，软化点大为升高，黏度增加了 7 倍，说明沥青的高温稳定性有显著提高。

5.7.2 排水式开级配磨耗层

开级配抗滑磨耗层(Open Graded Friction Course，OGFC)是指用大空隙的沥青混合料铺筑、能迅速从其内部排走路表雨水、具有抗滑、抗车辙及降噪的路面。设计空隙分数大于 18%，具有较强的结构排水能力，适用于多雨地区修筑沥青路面的表层或磨耗层。

1. OGFC 的形成背景

OGFC 最早出现在欧洲，通常称为 PFC(Porous Friction Course)，也称为 PEM(Porous European Mixes)，传到美国、日本后才被称为 OGFC。OGFC 是由 20 世纪 60 年代美国西部几个广州的混合料封层发展而来的。通常封层由最大公称尺寸 9.5mm 和 12.5mm 粒料，与较高用量的沥青拌和而成。铺设厚度 15～20mm。这种厂拌封层(也叫玉米花混合料)具有碎石密封层同样的优点，美国西部几个州就开始在一般基层上铺筑厂拌封层并解决了诸如碎石松散的问题。

在20世纪70年代早期，为提高道路表面的抗滑性，美国联邦公路局(FHWA)进行了研究，认为厂拌混合料封层是达到道路抗滑目的的一种手段之一，并且第一次提出OGFC这一术语。在沥青路面上铺筑OGFC的主要目的是使道路使用者行车更为舒适和安全，以及保护其他结构层不受水和行车的破坏。

2. OGFC的结构组成原理

OGFC混合料主要由大量粗集料相互挤压密实，较大的空隙间仅有少量的细集料和胶结料填充，由此形成了特有的骨架-空隙结构，强度主要由骨架间的嵌挤所产生的。

3. OGFC的路用性能

1) 减少水雾和眩光

因为在OGFC路面没有残留水，它几乎可以消除水雾。雨天在OGFC路面上开车，司机感到安全。OGFC的另一个好处是减少在潮湿状态下前灯的眩光。很显然，这有利于改善能见度，减少驾驶疲劳。

2) 降低噪音

为评价OGFC降低噪音的能力，在美国和欧洲进行了许多研究。据欧洲报道：与密级配热拌沥青混合料(HMA)路面相比，噪声降低3dB；与水泥混凝土(PCC)路面相比，降低7dB。用于城郊公路附近的防音墙通常能降低3dB左右的噪音。当噪音改变3dB时，大多数人都能注意到显著的差异。铺筑OGFC也许是一种代替防音墙，缓减交通噪声的合理方案。防音墙每0.305m造价15～20美金，能减少噪音3～5dB。为降低3dB噪音，需减少一半交通量或者将防音墙到公路的距离加大一倍。防音墙或土护坡可用来减少噪音，但它们四周防噪的效果并不相同。

3) 防水漂

由于雨水透过OGFC层，在路表无连续的水膜，故OGFC可防水漂。即使长时间下雨，可能使OGFC饱和，但由于车辆与轮胎间水压通过OGFC的多孔结构消失了，仍然不会发生水漂。

4) 改善路面标志的可见度

OGFC表面层的标志线，可见度高，尤其是潮湿天气，这有利于安全。

5) 提高潮湿路面的抗滑性

美国、加拿大和欧洲的研究表明，与密级配HMA和PCC路面相比，OGFC具有优良的潮湿抗滑性，雨天交通事故大大减少。

特别提示

引例中(2)的解答：普通沥青路面空隙率较小，雨水往往滞留在路面上，不能下渗，汽车快速行驶时易形成水雾，影响形成安全；而OGFC路面空隙率很大，雨水可透过路面下渗，不会在路表形成连续水膜，可以消除水雾。

4. OGFC 混合料对组成材料的要求

1）沥青

OGFC 宜采用高黏度改性沥青，使用的基质沥青通常要比当地气候条件使用的沥青高两个等级。高黏度改性沥青质量宜符合表 5-42 所示的技术要求。当实践证明采用普通改性沥青或纤维稳定剂后能符合当地条件时也允许使用。

表 5-42 高黏度改性沥青的技术要求

试验项目	单位	技术要求
针入度(25℃，100g，5s) 不小于	0.1mm	40
软化点($T_{R\&B}$) 不小于	℃	80
延度(15℃) 不小于	cm	50
闪点 不小于	℃	260
薄膜加热试验(TFOT)后的质量变化 不大于	%	0.6
粘韧性(25℃) 不小于	N·m	20
韧性(25℃) 不小于	N·m	15
60℃黏度 不小于	Pa·s	20 000

2）集料

OGFC 混合料的集料包括碎石、轧制砾石和人工砂。用于 OGFC 混合料的粗集料、细集料的质量应符合《公路沥青路面施工技术规范》(JTG F 40—2004)对表面层材料的技术要求。

3）填料

OGFC 混合料的填料要求使用石灰石粉，OGFC 宜在使用石粉的同时掺用消石灰、纤维等添加剂，石粉质量应符合《公路沥青路面施工技术规范》(JTG F 40—2004)的技术要求。

5. OGFC 混合料配合比设计方法

OGFC 混合料的配合比设计采用马歇尔试件的体积设计方法进行，并以空隙分数作为配合比设计主要指标。配合比设计指标应符合表 5-43 规定的要求。

表 5-43 OGFC 混合料技术要求

试验项目	单位	技术要求	试验方法
马歇尔试件尺寸	mm	φ101.6mm×63.5mm	T 0702
马歇尔试件击实次数		两面击实 50 次	T 0702
空隙分数	%	18～25	T 0708
马歇尔稳定度 不小于	kN	3.5	T 0709
析漏损失	%	<0.3	T 0732
肯特堡飞散损失	%	<20	T 0733

OGFC 混合料配合比设计后必须对设计沥青用量进行析漏试验及肯特堡试验，并对混合料进行高温稳定性、水稳定性等进行检验。配合比设计检验应符合表 5－15、表 5－16、表 5－17、表 5－35 和表 5－43 的技术要求。

6. OGFC 的应用

OGFC 混合料在我国首先是在城市道路上应用，北京、广州等大城市在 20 世纪 90 年代都先后铺设了试验路和实体工程。公路行业是在 20 世纪 90 年代后期开始研究使用的。交通部公路研究所先后在济青高速公路，京沪高速公路(河北段)铺设了试验路。

知识链接

AC、OGFC、SMA 三种沥青混合料结构特点不同，性能指标也就不同，从而形成了各自的优缺点。三种沥青混合料性能的比较见表 3－44。

表 3－44　三种沥青混合性能的比较

性能指标	密级配沥青混凝土(AC)	排水性沥青混合料(OGFC)	沥青玛蹄脂碎石混合料(SMA)
成本	○	＋	＋
抗车辙、路面变形	○	＋＋	＋＋
疲劳耐久性	○	○	＋
抗反射裂缝	○	×	＋
抗温缩裂缝	○	×	＋
表面构造深度、抗滑	○	＋＋	＋
路面反光、溅水、水雾	○	＋＋	＋
噪音	○	＋＋	＋
抗剥落、水稳定性	○	×	＋＋
抗老化	○	×	＋＋
抗磨损	○	×	＋＋

注：表中○表示正常情况，＋表示良好，＋＋表示非常好，×表示不好。

5.7.3　多碎石沥青混凝土

多碎石沥青混凝土(SAC)是采用较多的粗碎石形成骨架，沥青胶砂填充骨架中的孔隙并使骨架胶合在一起而形成的沥青混合料。

1. SAC 的形成背景

较大流量的车辆在高速公路上安全、舒适高速地通行，沥青面层必须具有良好的抗滑性能。这就要求沥青面层不但要有较大的摩擦系数，而且要有较深的表面构造深度(高速行车减低噪音和减少水漂、溅水影响司机视线的主要因素)。近年来的研究成果表明：沥青面层的抗滑性能是由面层结构的微观构造和宏观构造两部分形成。其中宏观构造来源于沥青混合料的配合比，主要由骨料的粗细、级配形式决定。

20世纪80年代中期我国开始修筑高等级公路，从沥青面层的结构形式来看：Ⅰ型沥青混凝土，空隙分数3%～6%，透水性小，耐久性好，表面层的摩擦系数能达到要求，但表面构造深度较小，远不能达到要求。Ⅱ型沥青混凝土空隙分数6%～10%，表面构造深，抗变形能力较强，但其透水性、耐久性较差。为了解决沥青面层的抗滑性能(特别是表面层在构造深度较大的情况下，又具有良好的防水性的结构形式)，多碎石沥青混凝土面层被加以研究和使用。

2. SAC混合料的特点

众所周知，Ⅰ型沥青混凝土是一种密实型沥青混凝土结构，其矿料级配按最大密实原则设计，属于连续性级配，强度和稳定性主要取决于混合料的黏聚力和内摩阻力，因为结构密实、空隙分数小，所以Ⅰ型路面的水稳定性较好。但是，由于其表面不够粗糙，耐磨、抗滑、高温抗车辙等性能明显不足，并且矿料间隙率也难以满足要求，通常采用减少沥青用量的方法来满足间隙率的要求，但这样使沥青路面的耐久性能降低。Ⅱ型沥青混凝土的碎石含量大，细料和填料的含量少，表面构造深度深，而且抗形变能力较强，缺点是透水性过大。如果沥青混凝土下层或中下层也是采用空隙分数较大的Ⅱ型沥青混凝土甚至沥青碎石，雨水将容易透过沥青面层滞留在半刚性基层的表面和滞留在混合料的内部。停留在基层表面的自由水容易冲刷基层表面的细料并导致唧浆现象，使面层与基层脱开，面层表面产生网裂和形变，甚至发生局部坑洞，存留在沥青混凝土土中的水在夏季行车的作用下容易促使沥青剥落甚至松散现象，使面层沥青混凝土稳定性降低并形成较严重的辙槽。在冰冻地区的冬季，存留在面层沥青混凝土中的水使沥青混凝土在泡水的情况下反复冻融将严重影响沥青混凝土的强度和缩短其抗疲劳寿命。因此，表面层使用Ⅰ型或Ⅱ型沥青混凝土都将影响其使用性能或使用寿命。

多碎石沥青混凝土SAC将Ⅰ型和Ⅱ型沥青混凝土两种级配组成的特点结合在一起形成一种新的矿料级配，提高了沥青混凝土表面层的耐久性能，孔隙率和透水性也小。

多碎石沥青混凝土混合料SAC具体材料组成如下：粗集料含量69%～78%，矿粉6%～10%，油石比5%左右。经几条高等公路的实践证明，多碎石沥青混凝土面层既能提供较深的表面构造，又具有传统Ⅰ型沥青混凝土那样的较小空隙及较小透水性，同时又具有较好的抗形变能力(动稳定度较高)。换言之，多碎石沥青混凝土既具有传统Ⅰ型沥青混凝土的优点，又具有Ⅱ型沥青混凝土的优点，同时又避免了两种传统沥青混凝土结构形式的不足。

3. SAC的应用

“七·五”期间多碎石沥青混凝土试验成功后，“八·五”期间在海南东线高速公路一期工程、济青高速公路、青岛—黄岛高速公路以及石太高速公路河北段得到推广应用。根据上述高速公路的使用经验，1996年沪宁高速公路江苏段约248km的表面层厚4cm，全部采用多碎石沥青混凝土SAC-16做表面层。

5.7.4 Superpave 沥青混合料

Superpave 沥青混合料(SUP)是美国战略公路研究计划(SHRP)的研究成果之一。Superpave 是 Superior Performing Asphalt Pavement 的缩写，中文意思就是高性能沥青路面。Superpave 沥青混合料设计法是一种全新的沥青混合料设计法，包含沥青结合料规范、沥青混合料体积设计方法、计算机软件及相关的使用设备、试验方法和标准。

1. Superpave 沥青混合料的形成背景

美国公路战略研究计划(SHRP)是根据美国国家科学研究委员会(NRC)、运输研究委员会(TRB)为美国联邦公路局(FHWA)提出的一项特别研究报告——《美国公路：加速寻求新技术》而制定的。1982 年，美国各州和联邦公路部门的研究经费只是 1973 年费用的一半，由于经费有限，公路研究只能解决一些局部问题，一些与公路性能和安全有关的、能产生巨大经济效益的关键问题由于没有足够经费支持而终止，引起了美国相关机构的注意。

1984 年，美国各州公路与运输官员协会(AASHTO)开始游说美国国会支持 SHRP 计划，并在联邦公路管理局(FHWA)的资助下，用了两年时间在沥青、路面长期性能、混凝土与结构、公路营运、冰雪控制、养护 6 个研究领域(后来压缩到 4 个)内制定了详细的研究计划，于 1986 年 5 月提出了 SHRP 研究计划的最终报告。

1987 年，SHRP 计划进行一项为期 5 年耗资 5000 万美元的沥青课题研究，旨在制定一个新的沥青和沥青混合料规范、试验和设计方法。SHRP 沥青课题的最终研究成果称为 Superpave，即高性能沥青路面的意思，它由胶结料(PG 分级)规范、混合料设计体系和分析方法等部分组成。美国联邦公路局(FHWA)负责对 Superpave 推广，并得到了 AASHTO 的全力支持。

1993 年当 SHRP 研究计划结束时，热拌沥青工业界对于 Superpave 的推广面临着没有退路的局面。老路走不通，因为许多路面仍在产生早期破坏，新路还须探索。在美国公路界的努力下，Superpave 体系的一些“孔洞”不断得到修补，联邦公路局也准备在全美推广应用这种技术。

经过近 10 年的努力，如今美国除了加利福尼亚州、犹他州等三个州还没有决定何时推广 PG 胶结料规范外，所有州都已在 2000 年完成了胶结料 PG 分级的推广工作。Superpave 混合料设计方法推广虽然没有预期得那样快，但全美已有 75%的州开始使用这种混合料设计方法。

SHRP 计划吸引了全世界公路研究者的注意与兴趣，引起了许多国家的重视，总共有 26 个国家任命了国际协调员，有 14 个国家设立了路面长期性能(LTPP)平行研究项目。

2. Superpave 沥青混合料的技术简介

Superpave 全套技术是由一个庞大的体系构成，具体来说包含五个方面：①胶结料与集料规范；②混合料体积设计；③混合料施工；④混合料性能预测；⑤相关的软件、试验方法及设备等。这些体系一起组成完整的 Superpave 技术，孤立地应用其中部分技术很难达到 Superpave 整体应用应有的效果。

1) Superpave 胶结料与集料规范

与现行的沥青针入度和黏度规范相比，Superpave 胶结料性能规范具有下列重要特性。

(1) 增加了测量沥青动态的粘弹性指标。

(2) 增加了低温指标。

(3) 既考虑施工期的老化，又考虑了使用期的老化。

(4) 既适用于未改性沥青，也适用于改性沥青。

(5) 指标固定，变化试验温度。

在 PG 分级规范里，沥青性能用高、低温两个指标来表征，如 PG64－22，64 表示 7 天平均路面最高设计温度；－22 表示路面最低设计温度。根据工程项目所在地区的气温，可以计算出当地的最高、最低路面设计温度，而且这个温度具有一定的保证率。实际使用沥青性能等级必须满足项目所需的性能等级，这就是说，在沥青选择时就保证了路面使用时不会产生不希望的过量车辙、疲劳和低温开裂。当然，路面的破坏，尤其是车辙，主要取决于集料和级配的性质。

矿质集料的特性对沥青混合料性能的影响是显著的，集料的技术标准也因此成为 Superpave 规范中的重要内容。Superpave 进行混合料设计时对集料的选择主要考虑了两种类型的集料特性：认同特性和料源特性。认同特性包括粗集料棱角性，细集料棱角性，扁平与细长颗粒和黏土含量等物理性质。除了集料的共性要求外，SHRP 研究者还建议了一组料源特性，由各州地方当局制定规定值。当这些特性与混合料设计关联时，也可以用作为验收控制标准。

Superpave 对有关集料尺寸采用如下定义：集料公称最大尺寸：筛余大于 10％的筛子尺寸的上一级筛子尺寸。集料最大尺寸：大于集料公称最大尺寸的筛子尺寸。

2) Superpave 混合料体积设计法

与现行密级配沥青混合料马歇尔设计方法相比，Superpave 混合料体积设计有以下几个不同之处。

(1) 旋转压实机更接近现场的压实过程，其工程性质更接近于现场岩心试件；

(2) 增加了混合料短期老化，使压实和空隙分数计算更为符合实际；

(3) 加大了试件尺寸(直径 150mm)，使其更适合于大粒径(25～50mm)的集料；

(4) 实时测量试件高度与旋转次数，画出压实曲线，从而能评价混合料的压实特性；

(5) 在最大压实次数时规定了一个最大压实度，使混合料的抗车辙能力更有保障；

(6) 在初始压实次数时规定了一个最大压实度，避免了不稳定混合料的产生。

这些都是马歇尔方法不可比拟的，另外，现行马歇尔设计方法多数采用规定级配的中值作为设计级配，实际公路工程证明，满足马歇尔方法规定级配的中值的混合料不一定是最好的结构。

Superpave 混合料体积设计包括四个步骤：①材料选择；②设计集料结构的选择；③设计沥青用量的选择；④水敏感性评价。

材料选择首先要根据工程所在地区的气候和交通条件选择沥青性能等级。Superpave 沥青胶结料有一个高温和一个低温等级，采用的沥青性能等级必须满足所在地区这个性能等级的要求。

Superpave 混合料体积设计的级配选择是通过控制点和限制区来进行的。设置控制点是希望集料级配不得超出规定的区间，控制点分别放设于公称最大尺寸筛，中等筛(2.36mm)和最小筛(0.075mm)处。限制区在最大密度级配线中等筛和 0.3mm 筛之间，是一个级配不能通过的带。由于限制区特有的驼峰形，所以通过这个区域的级配称为驼峰级配。设置限制区的目的有两个：一是为了限制砂的用量，二是为了提供足够的矿料间隙率 *VMA*。在多数情况下，驼峰级配表示为一种多砂混合料，或相对于总砂量来说细砂太多的混合料，这种级配的混合料在施工期间常会出现压实问题，并表现为在使用期间抗永久变形能力的不足等问题。而且，集料级配通过限制区容易造成 *VMA* 过小，这种级配对沥青含量过分敏感。因此，设计集料结构时应使设计级配处于控制点间并避开限制区以满足 Superpave 的要求。

一旦胶结料、集料和级配选定，使用 Superpave 旋转压实机评价至少三种试验级配，每种级配要准备四个试件，两个用于压实，两个用于测量最大理论密度，从而分析混合料体积性质并与 Superpave 混合料设计标准进行比较，只要符合标准，就可选为设计集料结构。

确定集料结构后就要确定该结构下的设计沥青用量，一般情况下选定在设计压实次数时空隙分数为 4% 的沥青用量作为混合料设计沥青用量。

最后一步就是用 AASHTO T 283 压实沥青混合料抗水损害阻力的试验方法评价设计沥青混合料的水敏感性。六个用旋转压实机压实试件的空隙分数为 7±1%，并按空隙分数大小分成两组，一组用真空饱水冻融循环加以处理，另一组不处理，用两组试件的间接抗拉强度比(TSR)大于 80%作为判断混合料水敏感的标准。

3. Superpave 沥青混合料的应用

江苏省交通科学研究院率先从美国引进了第一批 Superpave 沥青结合料和沥青混合料的相关试验设备，并首先对沪宁高速公路所使用的沥青及沥青混合料按 Superpave 的方法进行了检验，提出了一些很有意义的新看法。我国一些高速公路已开始推广美国高性能沥青路面，苏嘉杭高速公路率先在全线沥青路面三层结构上使用这一技术。不过，这种路面引入我国相对较短，国内经验相对缺乏。

5.7.5 再生沥青混合料

再生沥青混合料是指将旧沥青路面经过翻挖、回收、破碎、筛分后，与再生剂、新沥青材料、新集料等按一定比例重新拌和成的能够满足一定路用性能的混合料。沥青路面的再生利用，能够节约大量的沥青、砂石等原材料，节省工程投资，同时有利于处理废料、保护环境，因而具有显著的经济效益和社会、环境效益。随着近年来人们对环保、社会效益的关注，沥青路面再生利用技术越来越受到人们的关注，已成为公路工程建设中有待进一步发展的重要实用技术。

1. 再生沥青混合料的形成背景

国外对沥青路面再生利用研究，最早是从1915年在美国开始的，但由于以后大规模的公路建设，对这方面的研究投入较少。1973年石油危机爆发后美国对这项技术才引起足够的重视，并且迅速在全国范围内进行了广泛的研究，取得了丰硕的成果。到20世纪80年代末美国再生沥青混合料的用量几乎为全部路用沥青混合料的一半，并且在再生剂开发、再生混合料设计、施工设备等方面的研究也日趋深入。先后出版了《沥青路面热拌再生技术手册》、《路面废料再生指南》、《沥青路面冷拌再生技术手册》等书。日本由于其能源匮乏，一直很重视再生技术的研究，从1976年到现在路面废料再生利用率已超过70%。

西欧国家也十分重视这项技术，联邦德国是最早将再生料应用于高速公路路面养护的国家，该国1978年就已将全部废弃沥青路面材料加以回收利用，芬兰几乎所有的城镇都组织旧路面材料的收集和储存工作。过去再生材料主要用于低等级公路的路面和基层，近几年已开始应用于重交道路上。法国现在对再生技术的研究也颇为重视，在高速公路和一些重交通道路的路面修复工程中开始逐步推广应用这项技术。前苏联对沥青路面再生技术研究较早，先后出版了《沥青混凝土废料再生利用技术》、《旧沥青混凝土再生混合料技术准则》等规范，提出了适于各种条件下再生利用的方法，规定再生沥青混合料只适用于高等级路面的基层和低等级路面的面层。

我国在20世纪50～70年代，曾在不同程度上利用过废旧沥青混合料来修路，但均作为废物利用考虑，所得的成品一般只用于轻交通道路、人行道或道路的垫层。山西、湖北、河北等省的公路养护单位，是国内较早回收利用旧油路面的部门，他们在70年代初期就将开挖的废旧油面层用于维修养护时铺作基层。到1982年山西省结合油路的大中修工程共铺筑重点试验段约80km，湖北省公路局发动全省各公路养护单位进行了广泛系统的再生利用试验研究，对各种等级的路面、各种交通量、各种地形气候条件、各种路面结构类型的旧油面层的再生利用进行了系统的试验研究，共铺筑各种类型的试验路88km。1983年建设部开启了废旧沥青混合料再生利用的研究项目。由上海市政工程研究所、武汉市市政工程设计研究院、天津市市政工程研究所等单位承担，当时的主攻方向是把旧渣油路面加入适当的轻油使之软化，来代替常规沥青混合料，铺筑层次是解决用量较多的面层下层，拌和设备方面则应用现有设备作适当改装，经过三年的努力，在苏州、武汉、天津、南京四个城市铺筑了约30 000m^2的试验路。经路用效果观测证明，再生路面的综合使用品质不低于常规热拌沥青混凝土路面。湖南省将乳化沥青加入旧渣油表处面层料，并分别用拌和法和层铺法修筑了再生试验路，也证明了其技术可行性和经济性。其他省份如山东、河北、辽宁、广东、安徽等在80年代初也曾先后进行过旧渣油路面的再生利用研究。

2. 再生沥青混合料配合比设计

1）对旧沥青混合料的评价

对所用的旧沥青混合料必须进行试验了解四方面内容：①沥青含量；②回收沥青的物理性能指标(黏度、针入度、延度、软化点等)；③回收沥青的化学组分；④骨料的级配。对旧沥青混合料所得的试验数据是配合比设计的重要依据，试验结果务求真实、准确。

2）再生沥青标号的选择

由于再生沥青混合料的品质要求与普通沥青混合料的要求是基本一致的，故对再生沥青标号的选择也应该与普通沥青路面对沥青标号的选择一样。

3）再生剂的选择与用量确定

(1) 再生剂的品种选择。

在进行再生剂品种选择时，应考虑到以下几个因素：再生后沥青的标号、再生剂的再生改性功能、旧路面的沥青老化程度、再生沥青混合料的路用自然环境。

(2) 确定用量。

再生剂用量指的是所掺加的再生剂与旧沥青的重量比。再生沥青的标号已知后，在确定再生剂的用量时应以再生沥青的黏度为指标。再生沥青的其他指标与其黏度有很大的相关性，控制好再生沥青的黏度，其他性能也会得到相应的改善。在已知再生沥青黏度的情况下，可通过将回收的老化沥青与再生剂试配的方法来确定再生剂的掺量，即将不同掺量的再生剂与老化沥青融合，测得针入度、黏度，找到能满足再生沥青要求的掺量。

(3) 试验复核。

由上一步所确定的再生剂用量仅是以再生沥青的针入度来控制的，事实上我们也希望再生沥青的其他性能能尽可能有所改善。为此，我们将在上一步所得的再生剂掺量范围内，再以不同的掺量与老化沥青相混溶，将混溶物做如下几项性能试验：①针入度、黏度、软化点、延度等相关指标；②薄膜烘箱试验，测得黏度比、质量损失率。

将不同掺量的试验结果相对比，综合考虑路用性能，选取有较低的薄膜烘箱试验粘度比、小的质量损失率、延度较大、软化点适中的那一组掺量作为再生剂的最终的掺量值。

如果在此掺量范围内，再生沥青的延度、薄膜烘箱试验黏度比和质量损失率与标准相去甚远，应考虑使用其他类型的再生剂。

4）确定旧料掺配率

旧料掺配率是指旧料占整个再生混合料的重量百分率，从第4章可知，旧料掺配率对再生混合料的性能有很大的影响，所以确定旧料掺配率也是再生混合料设计的一个重要部分。

旧料掺配率的确定，与以下几个因素有关。

(1) 旧路面材料的品质。

旧料经过回收抽提后，通过试验可得到老化沥青和骨料的相关性能。

如有的路面经多次罩面，含油量很大，而旧料老化不是很严重，为节省工程投资，此时可采用较大的旧料掺配率。有的路面使用年限长，旧沥青黏度大(如60℃黏度>10^6 Pa・S)，用再生剂降低黏度势必用量很大，工程造价高，同时再生剂的用量太大，则整个再生混合料的抗老化性能降低，再生路面的使用年限将大大减少。此时旧料掺配率宜选用低值。

目前，我国高等级公路很多再通车几年，有的甚至一两年内便会出现大规模的破坏，破坏的原因是多方面的，但可以说很多并不是由于沥青老化导致的路用性能下降，这种旧路面沥青混合料中的沥青还有较好的路用品质，对于这种路面的再生利用，如果施工机械能够合理的配套，保证再生料的质量，则旧料掺配率应大。

旧料中的骨料品质对掺配率也有较大的影响，如旧骨料中的软弱、风化石含量大，针片状多，则掺配率应低。如旧骨料的级配波动大，与新骨料混合后则再生料的整体级配也会有较大的波动，这种情况下旧料掺配量应小。

(2) 施工工艺与机械。

现在的沥青拌和站大多为间歇式拌和机，如果旧料在进入拌缸前经过适当的设备加热其温度能达到120℃以上，此时一般选用掺配率为30%～50%。如果旧料进入拌缸前经加热后的温度能达到普通的沥青混合料拌和温度，则旧料的掺配量可更大。

如旧料不经加热，在常温下与新骨料拌和，则旧料的升温完全靠新集料的热传导作用，这样拌和后的出料温度低，直接影响到后面的碾压效果。同时新旧沥青的融合效果差，影响到整个再生料的品质。此时旧料掺配率应低，一般不应超过30%。

(3) 再生混合料用途。

如果再生料用于高速公路或一级公路的中、下面层，要求再生料具有很好的品质，则旧料掺量应取小值。如果再生料用于二、三级路、等外路的路面或者基层，交通量较小，则可取用较高的掺配率。

不管取用何种掺配率，都应经过现场施工试验，使再生混合料的性能满足其所承担的路用功能。

(4) 经济性的考虑。

如果工程所处地的砂、石料短缺，沥青单价高，从外地大量进购会加大工程投资量，而充分利用旧料可减少砂、石料的用量，节约资金。这种情况下，应提高旧料掺配率，同时要注意施工工艺和设备的改造，使生产出的再生料符合路用要求。此外，进行大规模施工前，应重视试验段的铺筑，取得更多有利于确定旧料掺配率的参考资料。

总之，旧料的掺配率对再生沥青路面的品质和整个工程的经济性都有很大影响，应本着质量和经济效益并举的原则来确定旧料的掺配率。

5) 新骨料的级配

再生混合料的骨料级配组成与普通混合料不同，再生料的级配是由旧料和新料混合组成的，此时旧料的级配是已知的，新料的级配为未知。

在确定新料级配前，必须明确的是再生混合料的级配。对于再生混合料的级配标准是否应与普通沥青混合料的不同，国内外大量的资料显示，两者没有大的差别。美国、日本及西欧国家都是以普通混合料的级配标准来要求再生混合料。在此我们也采用我国规范规定的普通沥青混合料的级配标准。

在旧料掺配率、旧骨料的级配和再生混合料级配已知的情况下，新骨料的级配就很容易确定。具体的确定方法有图解法、试算法、计算机程序法等。以标准级配的中值为目标，可以看出旧料所缺少的颗粒范围，然后采用不同的方法来确定新骨料的级配。

由于旧料的级配已确定，同时现在一般碎石厂所供应的碎石是按粒径大小分为1#、2#、3#、4#等几种料，这样有时调整新料的级配并不能达到级配要求。这时，可以更换新加骨料的料源或小范围内适当调整旧料掺配率。

6）最佳沥青用量的确定

再生沥青混合料的最佳沥青用量也是采用马歇尔试验来确定。

5.7.6 冷拌沥青混合料

1. 基本概念

冷拌沥青混合料也称常温沥青混合料，是指矿料与乳化沥青或液体沥青拌制，也可采用改性乳化沥青在常温状态下拌和、铺筑的沥青混合料。

冷拌沥青混合料宜采用乳化沥青为结合料拌制乳化沥青混凝土混合料或乳化沥青碎石混合料。我国目前采用的常温沥青混合料，主要是乳化沥青拌制的沥青碎石混合料。

2. 组成材料及级配类型

1）组成材料

集料与填料要求与热拌沥青混合料相同，结合料宜采用乳化沥青。

2）级配类型

冷拌沥青混合料宜采用密级配沥青混合料，当采用半开级配的冷拌沥青碎石混合料路面时应铺筑上封层。

3. 配合比设计

1）矿料混合料级配组成

乳化沥青碎石混合料的矿料级配组成与热拌沥青碎石混合料相同。

2）沥青用量

乳化沥青碎石混合料的乳液用量应根据当地实际经验以及交通量、气候、集料情况、沥青标号、施工机械等条件确定，也可按热拌沥青混合料的沥青用量折算，实际的沥青残留物数量比同规格热拌沥青混合料的沥青用量减少10％～20％。

4. 应用

冷拌沥青混合料适用于三级及三级以下的公路的沥青面层、二级公路的罩面层施工，以及各级公路沥青路面的基层、连接层或整平层。冷拌改性沥青混合料可用于沥青路面的坑槽冷补。

5.7.7 沥青稀浆封层混合料

沥青稀浆封层混合料简称沥青稀浆封层，是由乳化沥青、石屑(或砂)、填料和水等拌制而成的一种具有一定流动性能的沥青混合料。将沥青稀浆混合料摊铺在路面上(厚度为3～10mm)，经破乳、析水、蒸发、固化等过程，形成密实、坚固耐磨的表面处治薄层，可以治疗路面早期病害延长路面使用寿命。

1. 沥青稀浆封层的作用

沥青稀浆封层的作用有：①防水作用；②防滑作用；③填充作用；④耐磨作用；⑤恢复路面外观形象。但是，稀浆封层也有其局限性。它只能作为表面保护层和磨耗层使用，而不起承重性的结构作用，不具备结构补强能力。

2. 组成材料

1）乳化沥青

常采用阳离子慢凝乳液，为提高稀浆封层的效果，可采用改性乳化沥青。

2）集料

采用级配石屑(或砂)组成矿质混合料，集料应坚硬、粗糙、耐磨、洁净，稀浆封层用通过4.75mm筛的合成矿料的砂当量不得低于50%。细集料宜采用碱性石料生产的机制砂或洁净的石屑。对集料中的超粒径颗粒必须筛除。

3）填料

填料可分为具有化学活性的填料和不具有化学活性的填料。不具有化学活性的填料一般指矿粉等，具有化学活性的填料包括水泥、石灰粉、硫酸铵粉、粉煤灰等。在添加具有化学活性的填料时，应充分考虑填料与矿料、乳化沥青的反应及相容性，应有利于稀浆混合料的拌和、摊铺和成型，保证封层的整体强度。

填料的作用主要有：①改善级配；②提高稀浆混合料的稳定性；③加快或减缓破乳速度；④提高封层的强度。

最常用的矿物填料是水泥，其次是石灰。

4）水

水是构成稀浆混合料的重要组成部分，它的用量的大小是决定稀浆稠度和密实度的主要因素。

稀浆混合料的水相是由矿料中的水、乳液中的水和拌和时的外加水构成的。任何一种混合料都可由集料、乳液及有限范围的外加水组成稳定的稀浆。

(1) 矿料中的水。一般矿料的含水量相当于矿料质量的3%～5%。矿料中的含水量对于混合料中的用水量是次要的。矿料含水量过大主要影响矿料的容重，而且容易在矿料斗里产生架桥现象，影响矿料的传送，因此矿料输出量应随其含水量不同而作相应调整。矿料的含水量还将影响封层的成型，含水量饱和的矿料，其成型开放交通时间需要更长。

(2) 乳液中的水。沥青乳液中含有35%～45%的水。

(3) 拌和时的外加水。典型的外加水质量比范围是干矿料质量的6%～11%。外加水量低于6%的稀浆混合料太稠太干，不便于摊铺；而外加水量高于11%时，稀浆混合料太稀，发生离析、流淌，变得不稳定，而且可能产生集料下沉沥青上浮现象，成型后表面一层油膜而下面都是花白的松散集料，与原路面粘接不牢，容易成片起皮脱落，因此慎重控制总外加水量对于保证防水连接层质量至关重要。对于机械摊铺，9%的外加水量是值得推荐的，但要根据集料与机械的情况作适当的调整，外加水量超过11%的机械操作应该避免。

总含水量(包括外加水、乳液中含水和矿料中含水)应控制为矿料质量的12%～20%。

5）添加剂

乳化沥青稀浆混合料中的添加剂视需要而定。添加剂可分为促凝剂和缓凝剂，其作用主要是加快或减缓乳化沥青在稀浆混合料中的破乳速度，满足拌和摊铺和开放交通的需要。

添加剂的类型应在室内试验时确定，或由乳化剂生产厂配套指定。它可以是有机酸、碱、无机盐，也可以是其他高分子聚合物、表面活性剂等，如盐酸、氨水、硫酸铵、氯化铵、氯化钙、硫酸铝、OP10、OP40或其他乳化剂以及一些水乳性的高分子乳胶。另外，如抗剥落剂、改性剂等也可以通过添加剂的方式添加到稀浆混合料中。

3. 沥青稀浆封层混合料的配合比设计

沥青稀浆封层混合料的配合比设计，可根据理论的矿料表面吸收法，即按单位质量的矿料表面积裹覆8μm厚的沥青膜，计算出最佳沥青用量。但该方法并不能反映稀浆混合料的工作特性、旧路面的情况和施工的要求。为满足上述特性、情况和要求，目前通常采用试验法来确定配合比，其主要试验内容包括：①稠度试验；②初凝时间试验；③固化时间试验；④湿轮磨耗试验；⑤乳化沥青稀浆混合料碾压试验。沥青稀浆封层混合料的质量应符合表5－45的技术要求。

表5－45 稀浆封层混合料技术要求

项　目	单　位	稀浆封层	试验方法
可拌和时间	s	＞120	手工拌和
稠度	cm	—　　2～3	T 0751
黏聚力试验 30min(初凝时间) 60min(开放交通时间)	 N·m N·m	(仅适用于快开放交通的稀浆封层) ≥1.2 ≥2.0	T 0754
负荷轮碾压试验(LWT) 黏附砂量 轮迹宽度变化率	 g/m^2 %	(仅适用于重交通道路表层时) ＜450 —	T 0755
湿轮磨耗试验的磨耗值(WTAT) 浸水1h 浸水6d	 g/m^2 g/m^2	 ＜800 —	T 0752

注：负荷轮碾压试验(LWT)的宽度变化率适用于需要修补车辙的情况。

4. 沥青稀浆封层混合料的应用

沥青稀浆封层适合于沥青路面预防性养护。在路面尚未出现严重病害之前，为了避免沥青性质明显硬化，在路面上用沥青稀浆进行封层，不但有利于填充和治愈路面的裂缝，还可以提高路面的密实性以及抗水、防滑、抗磨耗的能力，从而提高路面的服务能力，延长路面的使用寿命。

在水泥混凝土路面上加铺稀浆封层，可以弥合表面细小的裂缝，防止混凝土表面剥落，改善车辆的行驶条件。

用稀浆封层技术处理砂石路面，可以起到防尘和改善道路状况的作用。

目前随着高速公路建设要求的提高，这种工艺正被广泛地用于高速公路下封层施工中。如在107国道新乡至郑州段，京秦高速公道桥面防水，合徐高速公路、阜蚌高速公路等都采用了这种施工工艺，并取得了良好效果。

5.7.8 桥面铺装材料

桥面铺装又称车道铺装，其作用是保护桥面板，防止车轮或履带直接磨耗桥面，并用来分散车轮集中荷载。通常有水泥混凝土铺装和沥青混凝土铺装，这里主要介绍沥青混凝土桥面铺装。

1. 沥青铺装层基本要求

(1) 能与钢板紧密结合成为整体，变形协调一致。

(2) 防水性能良好，防止钢桥面生锈。

(3) 具有足够的耐久性和有较小的温度敏感性，满足使用条件下的高温抗流动变形能力、低温抗裂性能、水稳定性、抗疲劳性能、表面抗滑要求。

(4) 钢板黏结良好，具有足够的抗水平剪切重复荷载及蠕变变形的能力。

2. 沥青铺装层构造

1) 黏层

黏层沥青可采用快裂的洒布型乳化沥青，或快、中凝液体石油沥青、煤沥青，其种类、标号应与面层所使用沥青相同。

2) 防水层

其厚度宜为1.0～1.5mm。可做沥青涂胶类下封层，用高分子聚合物涂刷或铺设沥青防水卷材。

3) 保护层

其厚度宜为1.0mm，主要为防止损伤防水层而设置。一般采用AC-10或AC-5型沥青混凝土或单层式沥青表面处治。

4) 沥青面层

可采用高温稳定性好的AC-16或AC-20型中粒式热拌热铺沥青混凝土混合料铺筑。面层所用沥青最好用改性沥青。

本章小结

本章对石油沥青、煤沥青、乳化沥青、改性沥青、热拌沥青混合料、其他新型沥青混合料作了较为详细的阐述，包括道路石油沥青、液体石油沥青、煤沥青、乳化沥青、聚合物改性沥青的技术性质和技术要求；热拌沥青混合料的技术性质和技术要求、热拌沥青混合料的配合比设计方法，其他新型沥青混合料的特点等。

本章的教学目标是使学生掌握道路石油沥青的技术性质和技术标准，热拌沥青混合料的分类、组成结构、技术性质和技术标准，会根据工程特点选择沥青材料和沥青混合料，会进行密级配沥青混凝土的配合比设计。

复习题

1. 道路黏稠石油沥青的三大指标指的是什么？其表征的技术性质分别是什么？其单位分别是什么？

2. 沥青的黏滞性对于黏稠沥青用什么表示？

3. 石油沥青的结构有哪三种类型？判定其结构类型的依据是什么？路用优质沥青属于哪种结构？

4. 石油沥青的温度稳定性用什么表示？

5. 我国黏稠沥青的牌号是按什么划分的？测试条件是什么？

6. 乳化沥青的组成材料有哪些？

7. 表征石油沥青安全性的指标有哪些？

8. 普通黏稠石油沥青延度试验的试验温度和拉伸速度各是多少？

9. 道路石油沥青有哪些等级？各自分别适用范围是什么？

10. 什么是沥青的老化？说明老化的过程、沥青老化之后的特点。

11. 什么是乳化沥青？它有什么特点？

12. 简述道路石油沥青的化学组分与路用性能的关系。

13. 什么是热拌沥青混合料？其特点是什么？

14. 沥青混合料的抗剪强度与黏聚力和内摩擦角的关系如何？

15. 沥青混合料有哪些技术性质？分别用什么方法进行评定？

16. 沥青混合料的最佳用油量是采用什么方法确定的？热拌沥青混合料马歇尔实验技术标准有哪些项目？

17. 按施工温度可以将沥青混合料分成哪些类型？

18. 沥青混合料配合比设计有哪三个阶段？

19. 沥青混合料的高温稳定性和低温抗裂性是什么？

20. 沥青混合料作为路用材料的特点？

21. 什么是开级配沥青混合料和半开级配沥青混合料？

22. 沥青和矿粉用量对沥青混合料的影响有哪些？

23. 沥青混合料的技术性质主要包括哪些？

24. 怎样提高沥青混合料的高温稳定性？

25. 影响沥青混合料抗剪强度的因素有哪些？

26. 与连续密级配热拌沥青混合料相比，SMA 混合料材料组成特点是什么？

27. 简述 SMA 混合料配合比设计的要点，其设计过程与普通热拌沥青混合料有何不同？

28. 某沥青混合料马歇尔试验物理-力学指标测定结果见表 5-45。

表 5-45　某沥青混合料马歇尔试验物理-力学指标测定结果

试件组号	沥青用量/%	技术性质					
		毛体积密度 ρ_s/(g/cm^3)	空隙率 *VV*/%	矿料间隙率 *VMA*/%	沥青饱和度 *VFA*/%	稳定度 *MS*/(kN)	流值 *FL*/(0.1mm)
1	4.5	2.353	6.4	16.7	61.7	7.8	21
2	5	2.378	4.7	16.3	71.2	8.6	25

续表

试件组号	沥青用量/%	技术性质					
		毛体积密度 ρ_s/(g/cm³)	空隙率 VV/%	矿料间隙率 VMA/%	沥青饱和度 VFA/%	稳定度 MS/(kN)	流值 FL/(0.1mm)
3	5.5	2.392	3.4	16.2	79.0	8.7	32
4	6	2.401	2.3	16.4	85.8	8.1	37
5	6.5	2.396	1.8	17.0	89.4	7.0	44
技术标准(JTG F 40—2004)		—	3～6	不小于15	65～75	不小于8	15～40

请绘制沥青用量与物理-力学指标关系图，并确定沥青最佳用量。

29. 某沥青混凝土马歇尔试件，实测毛体积相对密度为2.3。真空抽气法测得其最大理论密度为2.5。该混凝土采用的油石比为5%，矿料配合比为40：30：20：10(碎石：石屑：砂：矿粉)。碎石的毛体积相对密度为2.75，石屑、砂、矿粉的表观相对密度分别为2.7，2.65，2.7。沥青相对密度为1.0。试计算该沥青混凝土的空隙分数、矿料间隙率及沥青饱和度。

第6章

建筑钢材

教学目标

通过对道路桥梁建筑中常用的两类钢材——普通碳素结构钢和低合金高强度结构钢的学习，应掌握建筑钢材的力学性质、工艺性质及其质量检测方法；熟悉化学成分对钢材性能的影响；了解钢材的锈蚀与防护；了解建筑用钢材的品种及特点，能够正确地选材、合理地用材。

教学要求

知识要点	能力要求	相关知识
钢材的冶炼和分类	了解钢材的分类	钢材的冶炼和分类
钢材的技术性质	掌握钢材的技术性质及检测方法	钢材的力学性质和工艺性质
钢材的冷加工强化和时效处理	掌握钢材的加工强化	钢材的冷加工和时效
建筑钢材的技术标准及选用	能够正确选用钢材	钢结构用钢和混凝土用钢的标准和选用
建筑钢材的锈蚀与防护	了解钢材的锈蚀与防护	建筑钢材的锈蚀与防护

章节导读

17世纪70年代，人类开始大量应用生铁作建筑材料，到19世纪初，开始用熟铁、软钢建造桥梁和房屋。19世纪中叶起，钢材的品种、规格、生产规模大幅度增长，钢材的强度不断提高，相应地，其连接工艺技术也大为发展，为建筑结构向大跨重载方向发展奠定了重要基础，如图6.1所示。

钢材是在严格的技术控制条件下产生的材料，与非金属材料相比，具有品质均匀稳定、强度高、塑性韧性好、可焊接和铆接等优异性能。钢材主要的缺点是易锈蚀、维护费用大、耐火性差、生产能耗大。

图6.1 钢结构桥梁

6.1 钢材的冶炼和分类

6.1.1 钢的冶炼

钢由生铁冶炼而成。生铁是由铁矿石，焦炭(原料)和石灰石(溶剂)等在高炉中经高温熔炼，从铁矿石中还原出铁而得的。生铁的主要成分是铁，但含有较多的碳以及硫、磷、硅、锰等杂质，杂质使得生铁的性能硬而脆，塑性很差，抗拉强度很低，使用受到很大限制。炼钢的目的就是通过生铁在冶钢炉内的高温氧化作用，将生铁中的含碳量降至2%以下，磷、硫等杂质含量降至一定的范围内以显著改善其技术性能，提高质量。

根据炼钢设备的不同，建筑钢材的冶炼方法可分为氧化转炉、平炉和电炉三种。不同的冶炼方法对钢的质量有着不同的影响。

1. 氧化转炉炼钢

以熔融的铁水围住材料，由炉顶向转炉内吹入高压氧气，将铁水中的碳和硫等杂质氧化除去，得到较纯净的钢水。氧化转炉炼钢法避免了吹入空气冶炼时易带进氮、氢等有害气体等缺点，炼钢周期短、生产效率高、杂质清除较充分，钢的质量较好。目前，氧化转炉炼钢法已成为现代炼钢的主要方法。

2. 平炉炼钢

平炉的冶炼时间长，有足够的时间调整和控制其成分，去除杂质更为彻底，故炼出的钢质量高。但由于设备一次性投资大，原料热效率较低，冶炼时间较长，故其成本高。

3. 电炉炼钢

电炉炼钢系用电加热进行高温冶炼的炼钢法，其原料只要是废铁以及生铁即可。电炉熔炼温度高，而且温度可以自由调节，清除杂质较易，因此电炉钢的质量最好，但成本也最高。

6.1.2 钢的分类

1. 按化学成分分类

1）碳素钢

碳素钢的化学成分主要是铁，其次是碳，故又称铁-碳合金。其含碳量为 0.02%～2.06%，此外还含有较少量的硅、锰和微量的硫、磷等元素。碳素钢按其含量又可分为低碳钢(含碳量小于 0.25%)、中碳钢(含碳量为 0.25%～0.60%)和高碳钢(含碳量大于 0.60%)三种。其中低碳钢在建筑工程中应用最多。

2）合金钢

合金钢是指在冶炼过程中，有意识地加入一种或多种能改善钢材性能的合金元素而制成的钢种。常用合金元素有硅、锰、钛、钒、铌、铬等。按合金元素含金量的不同，合金钢可分为低合金钢(含合金总含量小于 5%)、中合金钢(含合金总含量为 5%～10%)和高合金钢(含合金元素总量大于 10%)。低合金钢为建筑工程中常用的主要钢种。

2. 按冶炼时脱氧程度分类

炼钢时脱氧程度不同，钢的质量差别很大，通常可分为以下 4 种。

1）沸腾钢

在炼钢时仅加入锰铁进行脱氧，着脱氧不安全。这种钢水浇入锭模时，会有大量的 CO 气体外逸，引起钢水呈沸腾状，故称沸腾钢，代号为 F。沸腾钢组织不够致密，成分不太均匀，硫、磷等杂质偏析较严重，故质量较差。但因其成本高、产量高，故被广泛用于一般建筑工程。

2）镇静钢

在炼钢时采用锰铁、硅铁和铝锭等作脱氧剂，脱氧完全，且同时能起去硫作用。这种钢水铸锭时能平静地充满锭模并冷却凝固，故称镇静钢，代号为 Z。镇静钢虽成本较高，但其组织致密，成分均匀，性能稳定，故质量好。适用于预应力混凝土等重要的结构工程。

3）半镇静钢

脱氧程度介于沸腾钢和镇静钢之间，为质量较好的钢，代码为 B。

4）特殊镇静钢

比镇静钢脱氧程度还要充分彻底的钢，故质量最好，适用于特别重要的结构工程，代码为 TZ。

3. 按有害杂质含量分类

按钢中有害杂质磷和硫含量的多少，钢材可分为以下四类。

(1) 普通钢，磷含量不大于0.045%；硫含量不大于0.050%。

(2) 优质钢，磷含量不大于0.035%；硫含量不大于0.035%。

(3) 高级优质钢，磷含量不大于0.025%；硫含量不大于0.025%。

(4) 特级优质钢，磷含量不大于0.025%；硫含量不大于0.015%。

4. 按用途分类

(1) 结构钢，主要用作工程结构构件及机械零件的钢。

(2) 工具钢，主要用于各种刀具、量具及模具的钢

(3) 特殊钢，具有特殊物理、化学或机械性能的钢，如不锈钢、耐热钢、耐酸钢、耐磨钢、磁性等。

建筑钢材的产品一般分为型材、板材、线材和管材等几类。型材包括钢结构用的角钢、工字钢、槽钢、方钢、吊车轨、钢板桩等。线材包括钢筋混凝土和预应力混凝土用的钢筋、钢丝和钢绞线等。板材包括用于建造房屋、桥梁及建筑机械的中厚钢板，用于屋面、墙面、楼板等的薄钢板。管材主要用于钢桁架和供水、供气(汽)管线等。

6.2 钢材的技术性质

▶▶引例

某寒冷地区一间钢结构厂房，于某日突然发生倒塌，当时气温为−22℃，事后经调查认为，此次事故与钢材性质有很大关系。

你能从钢材的性质方面来分析事故发生的可能原因吗？

钢材的技术性质主要包括力学性能(抗拉性能、冲击韧性、耐疲劳和硬度等)和工艺性能(冷弯和焊接)两个方面。

6.2.1 力学性能

1. 抗拉性能

抗拉性能是建筑钢材最重要的技术性质。建筑钢材的抗拉性能，可用低碳钢受拉时的应力-应变图来阐明，如图6.2所示，图中明显地分为以下四个阶段。

1) 弹性阶段(*OA* 段)

在 *OA* 段，如卸去荷载，试件将恢复原状，表现为弹性变形，与 *A* 点相应的应力为弹性极限，用 σ_p 表示。此阶段应力与应变成正比，其比值为常数，称为弹性模具，用 E 表示，即 $\sigma_p=E$。弹性模量反映了钢材抵抗变形的能力，即产生单位弹性应变时所需的应力大小。它是钢材在受力条件下计算结构变形的重要指标。常用低碳钢的弹性模量 $E=(2.0\sim2.1)\times10^5$MPa，弹性极限 $\sigma_p=180\sim200$MPa。

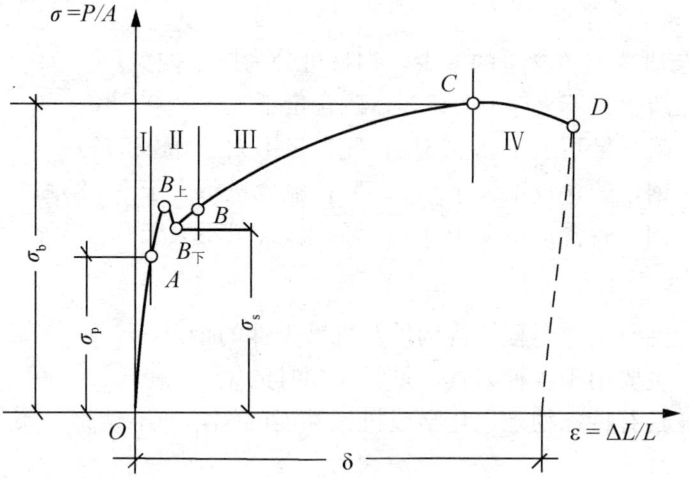

图 6.2 低碳钢的拉伸曲线

2）屈服阶段（AB 段）

当荷载增大，试件应力超过 σ_p时，应变增加的速度大于应力增长速度，应力与应变不再成比例，开始产生塑性变形。图中点 $B_{上}$ 是这一阶段应力的最高点，称为屈服上限，点 $B_{下}$ 称为屈服下限。由于 $B_{下}$ 比较稳定易测，故一般以 $B_{下}$ 点对应的应力作为屈服点，用 σ_s表示。常用低碳钢的 σ_s为 185～200MPa。

钢材受力达屈服点后，变形即迅速发展，尽管尚未破坏但已不能满足使用要求。故设计中一般以屈服点作为强度取值依据。

3）强化阶段（BC 段）

当荷载超过屈服点后，由于试件内部组织结构发生变化，抵抗变形能力又重新提高，故称为强化阶段。对应于最高点 C 的应力称为抗拉强度，用 σ_b表示。常用低碳钢的 σ_b为 375～500MPa。

工程上使用的钢材，不仅希望具有高的 σ_s，还希望具有一定的屈强比（σ_s/ σ_b）。屈强比越小，钢材在受力超过屈服点工作时的可靠性越大，结构愈安全。但如果屈强比过小，则钢材有效利用率太低，造成浪费。常用碳素钢的屈强比为 0.58～0.63，合金钢的屈强为 0.58～0.63，合金钢为 0.65～0.75。

4）颈缩阶段（CD 段）

当钢材达到最高点后，在试件薄弱处的截面将显著缩小，产生颈缩现象，如图 6.3 所示。由于试件断面急剧缩小，塑性变形迅速增加，拉力也就随着下降，最后发生断裂。

将拉断后的试件于断裂处对接在一起（图 6.3），测得其断后标距 L_1。标距的伸长值占原始标距（L_0）的百分率称为伸长率（δ）。即

$$\delta = \frac{L_1 - L_0}{L_0} \times 100\%$$

伸长率是衡量钢材塑性的重要技术指标，伸长率愈大，表明钢材的塑性越好，尽管结

构是在钢的弹性范围内使用的，但在应力集中处，其应力可能超过屈服点，此时产生一定的塑性变形，可使结构中的应力产生重分布，从而免遭结构的破坏。

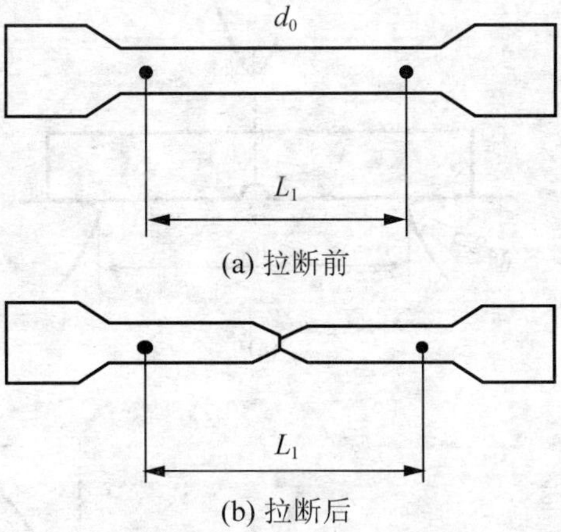

图 6.3　钢材的伸长率

钢材拉伸时塑性变形在试件标距内的分布是不均匀的，颈缩处的伸长较大，故原始标距(L_0)与直径(d_0)之比愈大，颈缩处的伸长值在总伸长值中所占的比例就愈小，则计算所得伸长率(δ)值也愈小。通常钢材拉伸试件取 $L_0=5d_0$ 或 $L_0=10d_0$，其伸长率分别以 δ_5 和 δ_{10} 表示。对于同一钢材，$\delta_5>\delta_{10}$。

钢材的塑性也可用其断面收缩率(ψ)表示，即

$$\psi=\frac{A_0-A_1}{A_0}\times 100\%$$

式中　A_0——试件拉伸前的断面积；

　　　A_1——试件拉伸后的断面积。

高碳钢拉伸时的应力-应变曲线与低碳钢不同，如图 6.4 所示，其抗拉强度高，塑性变形小，没有明显的屈服现象。这类钢材由于不能测定屈服点，故规范规定以产生 0.2%残余变形时的应力值作为名义屈服点，用 $\sigma_{0.2}$ 表示。

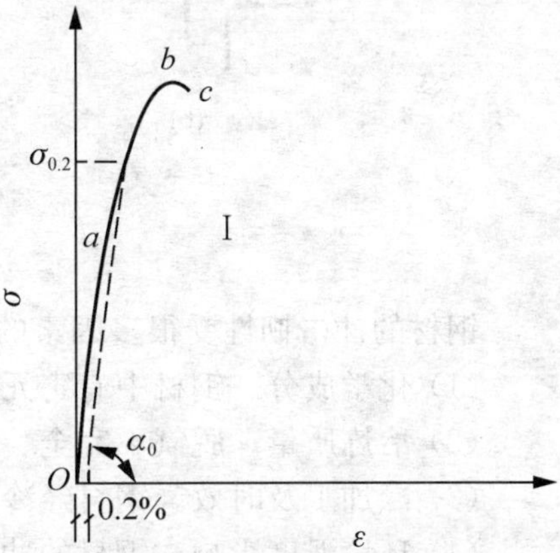

图 6.4　高碳钢的拉伸曲线

2. 冲击韧性

冲击韧性是指钢材抵抗冲击荷载的能力。钢材的冲击韧性用冲断试样所需的能量来表示。钢材的冲击韧性试验采用中间开有 V 型缺口的标准弯曲试样，置于冲击机的支架上，并使切槽位于受拉的一侧，如图 6.5 所示，当试验机的重摆从一定高度自由落下将试件冲断时，试件所吸收的能量等于重摆所做的功(W)。试件在缺口处的最小横截面积(A)除以重摆所做的功(W)，则得

$$a_k=\frac{W}{A}$$

a_k称为冲击韧性，其单位为J/cm。a_k越大，表示钢材抵抗冲击的能力越强。

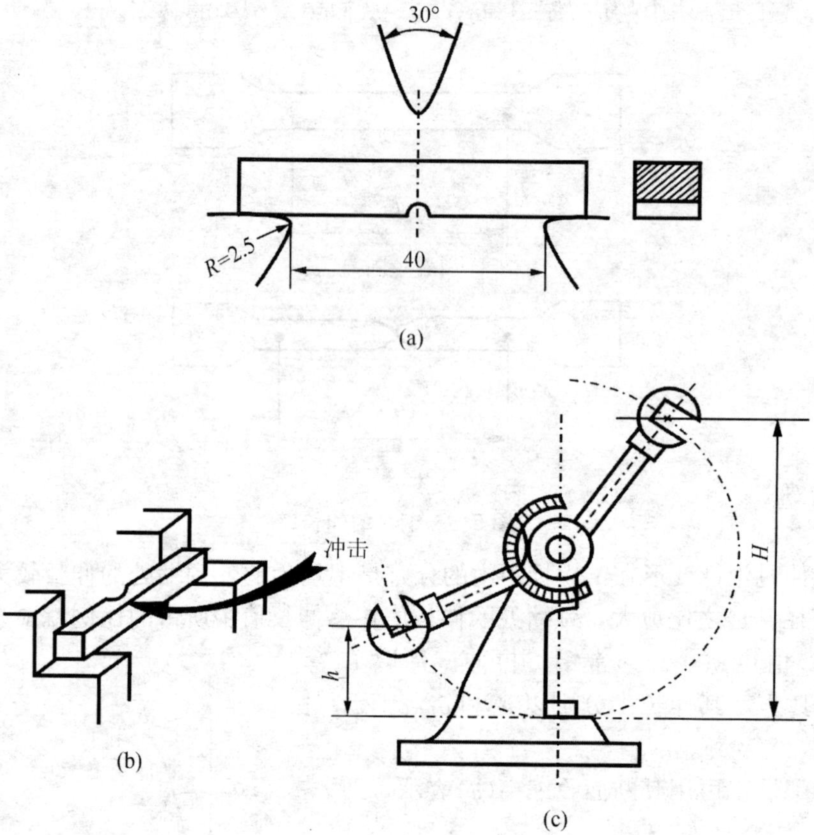

图 6.5　钢材的冲击韧性

钢材的冲击韧性受很多因素的影响，主要影响因素有以下几点。

(1) 化学成分。钢材中有害元素磷和硫较多时，a_k减小。

(2) 冶炼质量。脱氧不完全、存在偏析现象的钢，a_k减小。

(3) 冷加工及时效。钢材经冷加工及时效后，a_k 减小。

(4) 环境温度影响。钢材的冲击韧性随温度的降低而下降，其规律：一开始冲击韧性随温度的降低而缓慢下降，但当温度降至一定范围(狭窄的温度区间)时，钢材的冲击韧性骤然下降很多而呈脆性，此称钢材的冷脆性。这时的温度称为脆性转变温度，脆性转变温度越低，钢材的低温冲击韧性越好。

总之，对于直接承受动荷载而且可能在零下温度工作的重要结构，必须按照有关规范要求进行钢材的冲击韧性检验。

3. 耐疲劳性

钢材在交变荷载的反复作用下，往往在应力远小于其抗拉强度时就发生破坏，这种现象称为钢材的疲劳性。疲劳破坏的危险应力用疲劳极限来表示，它是指疲劳试验时试件在交变应力作用下，于规定的周期基数内不发生断裂所能承受的最大应力。设计承受反复荷载且需进行疲劳验算的结构时，应了解所用钢材的疲劳极限。

实验证明，钢材承受的交变应力(σ)越大，则钢材至断裂时经受的交变应力循环次数(N)越少，反之则越多。当交变应力降低至一定值时，钢材可经受交变应力循环达无限次而不发生疲劳破坏。对于钢材，通常取交变应力循环次数 $N=10^7$ 时，试件不发生破坏的最大应力(σ_n)作为其疲劳极限。

钢材的内部组织状态、成分偏析及其他各种缺陷是决定其耐疲劳性能的主要因素。同时，由于疲劳裂纹是在应力集中处形成和发展的，故钢材的截面变化、表面质量及内应力大小等可能造成应力集中的各种因素都与其疲劳极限有关。一般钢材抗拉强度高，其疲劳极限也较高。

4. 硬度

钢材的硬度是指其表面抵抗硬物压入产生局部变形的能力。

测定钢材硬度的方法很多，有布氏法、洛氏法和维氏法等，建筑钢材常用硬度指标为布氏硬度值，其代号为 HB。

布氏法的测定原理是利用直径为 D(m)的淬火钢球，以荷载 P(N)将其压入试件表面，经规定的持续时间后卸去荷载，得到直径为 d(mm)的压痕，以压表面积 A(mm)除以荷载 P，即布氏硬度(HB)值，此值无量纲。图 6.6 所示为布氏硬度测定示意图。

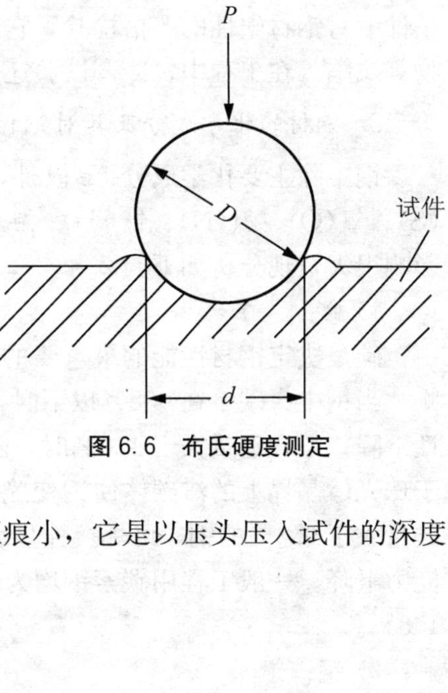

图 6.6 布氏硬度测定

测定时所得压痕直径应符合 $0.25D<d<0.6D$，否则测定结果不准确。故在测定前应根据试件厚度和估计的硬度范围，按试验方法的规定选定钢球直径、所加荷载持续时间。当被测材料 $HB>450$ 时，钢球本身将发生较大的变形，甚至破坏。故这种硬度试验方法仅适用于 $HB<450$ 的钢材。对于 $HB>450$ 的钢材，应采用洛氏法测定其硬度。布氏法比较准确，但压痕较大，不适宜用于成品检验。而洛氏法压痕小，它是以压头压入试件的深度来表示硬度值的，常用于判断工件的热处理效果。

6.2.2 工艺性能

1. 冷弯性能

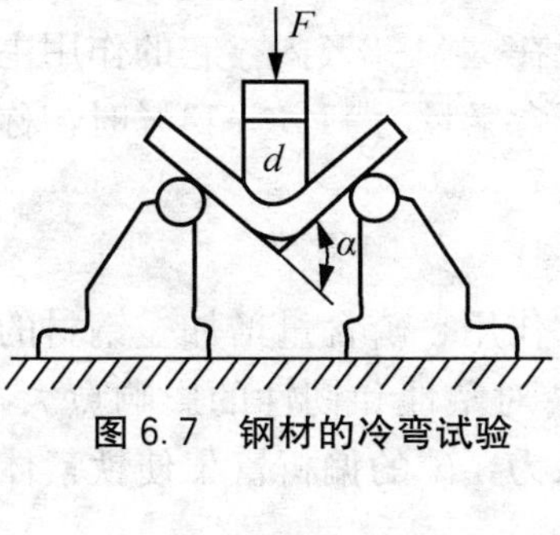

图 6.7 钢材的冷弯试验

冷弯性能是指钢材在常温下承受弯曲变形的能力，为钢材的重要工艺性质。

钢材的冷弯性能是以试验时的弯曲角度(a)和弯心直径(d)为指标表示的。钢材冷弯试验是通过直径(或厚度)为 a 的试件，采用标准规定的弯心直径 $d(d=na)$，弯曲到规定的角度(180°或 90°)时，检查弯曲处有无裂纹、断裂及起层等现象，如图 6.7 所示。若无裂纹、断裂及起层等现象，则认为冷弯性能合格。钢材冷弯时的弯曲角度越大，弯心直径越小，则表示其冷弯性能愈好。图 6.8 所示为弯曲角度 180°时不同弯心直径的钢材冷弯试验。

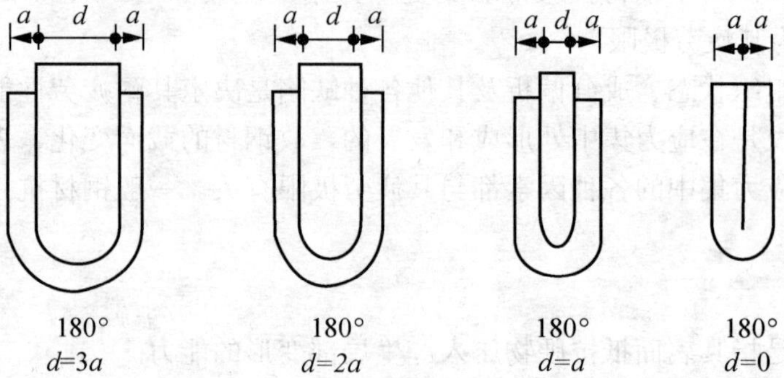

图 6.8　弯曲角度 180°时不同弯心直径的钢材冷弯试验

钢材的冷弯性能和其伸长率一样，也是表示钢材在静荷下的塑性，而且冷弯是在苛刻条件下对钢材塑性的严格检验，它能揭示钢材内部组织是否均匀，是否存在内应力及夹杂物等缺陷。在工程中，冷弯试验还是对钢材焊接质量进行严格检验的一种手段。

2. 钢材的化学成分及其对钢材性能的影响

钢中除主要化学成分 Fe 以外，还含有少量的碳(C)、硅(Si)、锰(Mn)、磷(P)、硫(S)、氧(O)、氮(N)、钛(Ti)、钒(V)等元素，这些元素虽然含量很少，但对钢材性能的影响很大，现分析如下。

1) 碳

碳是决定钢材性能的最重要的元素，它对钢材的塑性、韧性等机械力学性能均有影响。当钢中含碳量在 0.8%以下时，随着含碳量的增加，钢的强度和硬度增强，塑性和韧性下降；但含碳量大于 1.0%时，随含碳量的增加，钢的强度反而下降，这是呈网状分布于珠光体晶界上的渗碳体使钢变脆所致。钢种含碳量增加，还会使钢的焊接性能变差(含碳量大于 0.3%的钢，可焊接性显著下降)，冷脆性和实效敏感性增大，并使钢耐大气锈蚀能力下降。一般工程用碳素钢均为低碳钢，含碳量小于 0.25%，工程用低合金钢含量小于 1.8%。

2) 锰

锰也是有益元素，炼钢时能起脱氧去硫作用，可消减硫所引起的热脆性，使钢材的热加工性质改变，同时能提高钢材的强度和硬度。当含锰小于 1.0%时，对钢的塑性和韧性影响不大。锰是我国低合金结构的主加合金元素，其含量一般在 1%～2%内，它的作用主要是溶于铁素体中使其强化，并细化珠光体，使强度提高。当含锰量为 11%～14%时，称为高锰钢，具有较高的耐磨性。

3) 磷

磷是钢中有害的化学元素之一，主要溶于铁素体起到强化作用。磷含量增加，钢材的强度、硬度提高，塑性和韧性显著下降。特别是温度愈低，磷对塑性和韧性的影响愈大，从而显著加大钢材的冷脆性。磷在钢中偏析倾向强烈，一般认为，磷的偏析富集使铁素体晶格严重畸变，是钢材冷脆性显著增加的原因。磷也使钢材的可焊性显著降低，但磷可提高钢的耐磨性和耐蚀性，固在低合金钢中可配合其他元素如铜(Cu)作合金元素使用。建筑用钢一般要求含磷小于0.045%。

4）硫

硫也是有害的元素，呈非金属硫化物夹杂物存在于钢中，降低钢材的各种机械性能。硫化物熔点低，使钢材在加热过程中造成晶粒的分离，引起钢材断裂，形成热脆现象，称为热脆性。硫使钢的可焊性、冲击韧性、耐疲劳性和抗腐蚀性等均降低。建筑钢材要求硫含量应小于0.045%。

5）氧

氧是钢中有害物质，主要存在于非金属夹杂物中，少量溶于铁素体内。非金属夹杂物降低钢的机械性能，特别是韧性。氧有促进时效倾向的作用。氧化物所造成的低熔点亦使钢的可焊性变差。通常要求钢中含氧量应小于0.03%。

6）氮

氮主要嵌溶于铁素体中，也可以化合物的形式存在。氮对钢材的性质的影响与碳、磷相似，使钢材的强度提高，塑性特别是韧性显著下降。溶于铁素体中的氮有向晶格的缺陷处移动、集中的倾向，故可加刷钢材的时效敏感性和冷脆性，降低可焊性。在用铝和钛补充脱氧的镇静钢中，氮主要以氮化铝或氮化钛等形式存在，这时可减少氮的不利影响，并细化晶粒，改善性能。故在有铝、铌、钒等元素的配合下，氮可作为低合金的钢和合金元素使用。钢中氮含量小于0.008%。

7）钛

钛是强氧脱氧剂，能细化晶粒。钛能显著提高强度，但稍降低塑性，由于会使晶粒细化，故可改善韧性。钛能减少时效倾向，改善可焊性，是常用的微量合金元素。

8）钒

钒是弱脱氧剂，加入钢中可减弱碳和氮的不利影响，能细化晶粒，有效地提高强度，减小时效敏感性，但有增加焊接时的淬硬倾向。钒也是合金钢常用的微量合金元素。

特别提示

引例的解答：气温为−22℃时，钢结构厂房突然发生倒塌，说明钢材的塑性和韧性很差，低温时的脆性增大。导致钢材冷脆性增加的原因可能是钢材的化学成分中磷的含量过高，尤其是温度越低，塑性和韧性下降越大。在寒冷地区使用的钢材必须考虑冷脆性。

6.3 钢材的冷加工强化和时效处理

6.3.1 钢材的冷加工强化和时效处理

将钢材于常温下进行冷拉或冷轧，使之产生一定的塑性变形，强度明显提高，塑性和韧性有所降低，这个过程称为钢材的冷加工强化。

工程中常用对钢筋进行冷拉或冷拔加工，以期达到提高钢材强度和节约钢材的目的。钢筋冷拉是在常温下将其拉至应力超过屈服点，但远小于抗拉强度时即卸荷。冷拔是将$\phi 6 \sim \phi 8$mm 的光圆钢筋，通过一个钨合金拔丝模孔而被强力拉拔，使其径向挤压缩小而纵向伸长。

将经过冷拉的钢筋，于常温下存放 15～20d，或加热到 100～200℃并保持 2～3h后，则钢筋强度将进一步提高，这个过程称为时效处理，前者称自然时效，后者称为人工时效。通常对强度较低的钢筋可采用自然时效，强度较高的钢筋则可采用人工时效。

6.3.2 钢筋冷加工强化与时效的机理

钢筋的冷加工和时效后的力学性能变化规律，可明显地从其拉伸试验的应力-应变曲线得到反应，如图 6.9 所示。

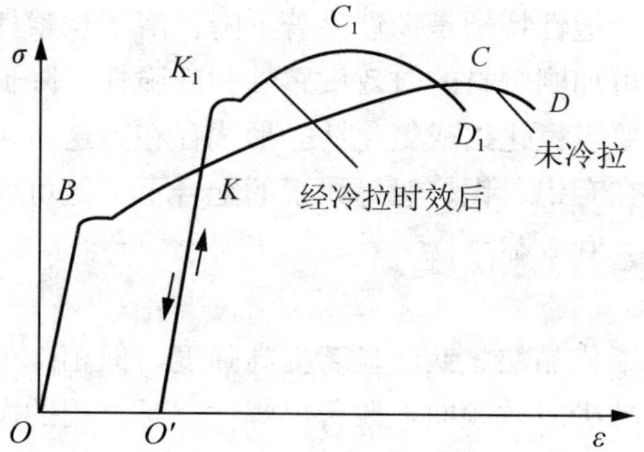

图 6.9　钢材的冷加工与时效

图中 *OBCD* 为未经冷拉和时效试件的拉伸应力-应变曲线。将试件拉至应力超过屈服 *B* 点后的 *K* 点，然后卸去荷载，由于拉伸时试件已产生塑性变形，故卸荷时曲线沿 *KO′*下降，*KO′*大致与 *BO* 平行。若此时将试件立即重新拉伸，则新的屈服点将升高至 *K* 点，则应力-应变关系将与原来曲线 *KCD* 相似。这表明钢筋经冷拉后，屈服强度得到提高。若在 *K* 点卸荷后不立即重新拉伸，而将试件自然时效或人工时效，然后再拉伸，使其屈服点又进一步升高至 K_1 点，继续拉伸时曲线沿 $K_1C_1D_1$ 发展。这表明钢筋经冷拉及时效以后，屈服强度得到进一步提高，且抗拉强度亦有所提高，塑性和韧性则要相应降低。

钢材冷加工强化的原因一般认为是钢材经冷加工产生塑性变形区域内的晶粒产生相应的滑移，导致滑移面下的晶粒破碎，晶格扭曲畸变，滑移面变得凸凹不平，对晶粒进一步滑移起阻碍作用，亦即提高了抵抗外力的能力，故屈服强度得以提高；同时，冷加工强化后的钢材，由于塑性变形后滑移面减小，从而使其塑性降低，脆性增大，且变形中产生的内应力使钢的弹性模量降低。

钢材产生的时效的主要原因是溶于 α-Fe 中的碳、氮原子向晶格缺陷处移动和集中的速度大为加快，这将使滑移面缺陷处碳、氮原子富集，晶格缺陷处的移动和集中更为困难，因而强度进一步提高，塑性和韧性则进一步降低，而弹性模量则基本恢复。

6.3.3 钢材冷加工时效在工程中的应用与效果

建筑工程中对大量使用的钢筋往往是冷加工和时效同时采用。实际施工时，应通过实验确定冷拉控制参数和时效方式。冷拉参数的控制直接关系到冷拉效果和钢材质量。一般钢筋冷拉仅控制冷拉率，称为单控，对用作预应力的钢筋，需采取双控，既控制拉伸应力，又控制冷拉率。冷拉时当拉至控制应力时可以未达控制冷拉率，反之，当达到控制的冷拉率而未达到控制应力时则钢筋应降低使用。

钢筋采用冷加工具有明显的经济效益。钢筋经冷拉后，一般屈服点可提高 20%～25%，冷拔钢丝屈服点可提高 40%～90%，即可适当减小钢筋混凝土结构设计截面，或减少混凝土中配筋数量，从而达到节约钢材的目的。

钢筋冷拉还有利于简化施工工序，冷拉盘条钢筋时可省略调直工序，冷拉直条钢筋时，则可与矫直、除锈等工艺一并完成。

应用案例 6-1

【案例概况】

某混凝土预制构件厂为某寒冷地区工程预制钢筋骨架(商品钢筋)，该钢筋用于新建一座露天堆料车间的吊车梁配筋。该厂在加工中，为节约钢材，采取先将钢筋进行冷拉，然后下料，对长度不够的，则进行对焊接长后使用。你认为该厂这种做法是否合理？说明理由。

【案例评析】

做法不合理。①工序不对，应该先下料，再对焊，然后再冷拉；②吊车梁用到的钢筋要具有良好的塑性和韧性，在寒冷地区使用时，钢筋的冷脆性增加，所以要用低温冲击韧性好的钢材，将钢筋冷拉后，塑性韧性降低、脆性增加，不适合用于寒冷地区。

6.4 建筑钢材的技术标准及选用

道桥建筑工程用钢分为结构用钢和钢筋混凝土结构用钢两类，前者主要是应用型钢和钢板，后者主要采用钢筋和钢丝，如图 6.10 所示。两者钢制品的原料钢钢种均多为碳素钢和低合金钢，现将其技术标准及选用原则分述如下。

6.4.1 建筑钢材的主要钢种

1. 碳素结构钢

根据国家标准《碳素结构钢》(GB/T 700—2006)的规定，我国碳素结构钢由氧气转炉、平炉和电炉冶炼，热轧状态供应据需方要求，供需双方协议，也可正火处理状态交货。

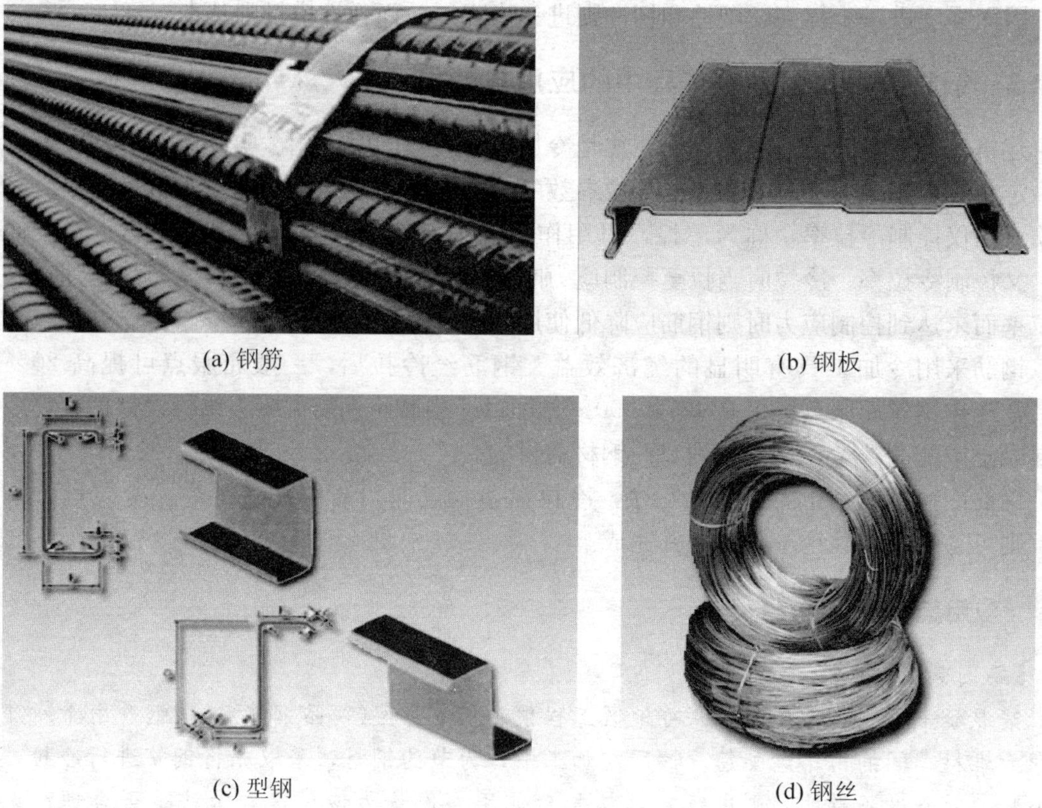

(a) 钢筋　(b) 钢板　(c) 型钢　(d) 钢丝

图 6.10　钢制品实物图

1）碳素结构钢的牌号及其表示方法

按标准规定，我国碳素结构钢分五个牌号，即 Q195、Q215、Q235、Q255 和 Q275。各牌号钢又按其硫、磷含量由多至少分为 A、B、C、D 四个质量等级。碳素结构的牌号表示按顺序由代表屈服点的字母(Q)、屈服点数值(N/mm^2)、质量等级符号(A、B、C、D)、脱氧程度符号(F、Z、TZ)等四个部分组成。例如 Q235-A.F，它表示屈服点为 $235N/mm^2$ 的平炉或氧气转炉冶炼的 A 级沸腾碳素结构钢。当为镇静钢或特殊镇静钢时，则牌号表示符号可以省略。

2）碳素结构钢的技术要求

按照标准 GB/T 700—2006 的规定，碳素结构钢的技术要求如下。

(1) 化学成分。各牌号碳素结构钢的化学成分应符合表 6 - 1 规定。

(2) 力学性能。碳素结构钢的强度、冲击韧性等指标规定见表 6 - 2，冷弯性能要求见表 6 - 3。

由表 6 - 2 和表 6 - 3 可知，碳素结构钢随着牌号的增大，其含碳量增加、强度提高、塑性和韧性降低、冷弯性能逐渐变差。

表 6-1 碳素结构钢的化学成分(GB/T 700—2006)

牌号	统一数字代号	等级	厚度(或直径)/mm	化学成分(质量分数)/% C	Si	Mn	S	P	脱氧方法
Q195	U11952	—	—	≤0.12	≤0.30	≤0.50	≤0.040	≤0.035	F、Z
Q215	U12152	A	—	≤0.15	≤0.35	≤1.20	≤0.050	≤0.045	F、Z
	U12155	B					≤0.045		
Q235	U12352	A	—	≤0.22	≤0.35	≤1.40	≤0.050	≤0.045	F、Z
	U12355	B		≤0.20[2]			≤0.045		
	U12358	C		≤0.17			≤0.040	≤0.040	Z
	U12359	D					≤0.035	≤0.035	TZ
Q275	U12752	A	—	≤0.24	≤0.35	≤1.50	≤0.050	≤0.045	F、Z
	U12755	B	≤40	≤0.21			≤0.045	≤0.045	Z
			>40	≤0.22					
	U12758	C	—	≤0.20			≤0.040	≤0.040	Z
	U12759	D					≤0.035	≤0.035	TZ

注:(1) 表中为镇静钢、特殊镇静钢牌号的统一数字代号,沸腾钢牌号的统一数字代号为 Q195F—U11950;Q215AF—U12150,Q215BF—U12153;Q235AF—U12350,Q235BF—U12353;Q275AF—U12750。

(2) 经需方同意,Q235B 的碳含量可不大于 0.22%。

表 6-2 碳素结构钢的力学性能

牌 号	等级	拉伸试验 屈服点/(N/mm²) 钢材厚度(直径)/mm ≤16	>16~40	抗拉强度 σ_b (N/mm²)	伸长率/% 钢材厚度(直径)/mm ≤40	>40~60	冲击试验 温度(℃)	冲击功(J)
		≥			≥			≥
Q195	—	195	185	315~430	33	—	—	—
Q215	A	215	205	335~450	31	30	—	—
	B						+20	27
Q235	A	235	225	370~500	26	25	—	—
	B						+20	27
	C						0	27
	D						−20	27
Q275	A	275	265	410~540	22	21	—	—
	B						+20	27
	C						0	27
	D						−20	27

表 6-3 碳素结构钢的冷弯性能

牌 号	试样方向	冷弯试验 $B=2a$ 180°	
		钢材厚度或直径/mm	
		≤60	>60～100
		弯心直径 d	
Q195	纵	0	—
	横	$0.5a$	
Q215	纵	$0.5a$	$1.5a$
	横	a	$2a$
Q235	纵	a	$2a$
	横	$1.5a$	$2.5a$
Q275	纵	$1.5a$	$2.5a$
	横	$2a$	$3a$

3）碳素结构钢的特性及选用

（1）碳素结构钢的特性。建筑工程中常用的碳素结构牌号为 Q235，由于该牌号钢具有较高的强度，又具有较高的塑性和韧性，可焊性也好，故能较好地满足一般钢结构和钢筋混凝土结构的用刚要求。相反，Q195 和 Q215 号钢，虽塑性很好，但强度太低；而 Q275 号钢强度很高，但塑性较差，所以均不太适用。

Q235 号钢冶炼方便、成本较低，故在建筑中应用广泛。其塑性好，在结构中能保证在超载、冲击、焊接、温度应力等不利条件下的安全；并适于各种加工，大量被用作轧制各种型钢、钢板及钢筋；其力学性能稳定，对轧制、加热、急剧冷却时的敏感性较小。其中 Q235-A 级钢，一般适用于承受静荷载作用的结构，Q235-C 和 D 级钢可用于重要的焊接结构。另外，由于 Q235-D 级钢含有足够的形成细晶粒结构的元素，同时对硫、磷有害元素控制严格，故其冲击韧性很好，具有较强的抗冲击、振动荷载的能力，尤其适宜在较低温度下使用。Q195 及 Q215 号钢多用于生产机械零件和工具等。

（2）碳素结构钢选用原则。在结构设计时，对于用作承重结构的钢材，应根据结构的重要性、荷载特征(动荷载或静荷载)、连接方法(焊接或铆接)、工作温度(正温或负温)等不同情况选择其钢号和材质。下列情况的承重结构不宜采用沸腾钢。

① 焊接结构：重级工作制吊车梁、吊车桁架或类似结构；设计冬季计算温度等于或低于－20℃时的轻、中级工作制的吊车梁、吊车桁架或类似结构；设计冬季计算温度等于或低于－30℃时的其他承重结构。

② 非焊接结构。设计冬季计算温度等于或低于－20℃时的重级工作制吊车梁、吊车桁架或类似的结构。

2. 低合金高强度结构钢

1）低合金高强度结构钢的牌号

根据国家标准《低合金高强度结构钢》(GB/T 1591—2008)的规定，低合金高强度结构钢共有五个牌号，所加合金元素主要有锰(Mn)、硅(Si)、钒(V)、钛(Ti)、铌(Nb)、铬(Cr)、镍(Ni)及稀土元素。低合金高强度结构钢的牌号由代表屈服点的字母Q、屈服点数值和质量等级(A、B、C、D、E五级)三个要素组成。

2) 低合金高强度结构钢的性能及应用

合金元素的细晶强化和固深强化等作用，使低合金钢不仅有较高的强度，而且也具有较好的塑性、韧性和可焊性。因此，它是综合性能较为理想的建筑钢材。低合金高强度结构钢主要用于轧制各种型钢(角钢、槽钢、工字钢)、钢板、钢管及钢筋，广泛用于钢结构和钢筋混凝土结构中，尤其是大跨度、承受动荷载和冲击荷载的结构物中更为适用。低合金高强度结构钢的力学性能见表6-4。

表6-4 低合金高强度结构钢的力学性能

牌号	质量等级	拉伸试验						180°弯曲试验 d=弯心直径 a=试样厚度(直径)	
		屈服点/MPa 厚度(直径)/mm		抗拉强度 σ_b/MPa	伸长率 δ_s/%	冲击功(J)		钢材厚度(直径)/mm	
		≤15	>16~35			+20℃	0℃	≤16	>16~100
		≥			≥				
Q295	A	295	275	390~570	23			$d=2a$	$d=3a$
	B	295	275	390~570	23	34		$d=2a$	$d=3a$
Q345	A	345	325	470~630	21			$d=2a$	$d=3a$
	B	345	325	470~630	21	34		$d=2a$	$d=3a$
	C	345	325	470~630	22		34	$d=2a$	$d=3a$
	D	345	325	470~630	22			$d=2a$	$d=3a$
	E	345	325	470~630	22			$d=2a$	$d=3a$
Q390	A	390	370	490~650	19			$d=2a$	$d=3a$
	B	390	370	490~650	19	34		$d=2a$	$d=3a$
	C	390	370	490~650	20		34	$d=2a$	$d=3a$
	D	390	370	490~650	20			$d=2a$	$d=3a$
	E	390	370	490~650	20			$d=2a$	$d=3a$
Q420	A	420	380	520~680	18			$d=2a$	$d=3a$
	B	420	380	520~680	18	34		$d=2a$	$d=3a$
	C	420	380	520~680	19		34	$d=2a$	$d=3a$
	D	420	380	520~680	19			$d=2a$	$d=3a$
	E	420	380	520~680	19			$d=2a$	$d=3a$
Q460	C	460	420	550~720	17		34	$d=2a$	$d=3a$
	D	460	420	550~720	17			$d=2a$	$d=3a$
	E	460	420	550~720	17			$d=2a$	$d=3a$

6.4.2 钢筋混凝土结构用钢

1. 钢筋混凝土用热轧钢筋

根据表面状态特征，钢筋混凝土用热轧钢筋分为光圆钢筋和带肋钢筋两类，带肋钢筋又有月牙肋和等高肋两种。

根据《钢筋混凝土用钢 第1部分热轧光圆钢筋》(GB 1499.1—2008)和《〈钢筋混凝土用钢 第2部分热轧带肋钢筋〉国家标准第1号修改单》(GB 1499.2—2007/XG1—2009)的规定，热轧光圆钢筋级别为Ⅰ级，强度等级代号为HPB235。热轧带肋钢筋分为HRB335、HRB400、HRB500三个牌号。其中热轧光圆钢筋由碳素结构钢轧制，热轧带肋钢筋均由低合金钢轧制。热轧钢筋的力学和工艺性能要求见表6-5。按标准规定，钢筋拉伸、冷弯试验时，试样不允许进行车削加工，计算钢筋强度用截面面积应采用其公称横截面面积。

表6-5 热轧钢筋的力学和工艺性能

表面形状	牌号	公称直径/mm	屈服点 σ_s/MPa	抗拉强度 σ_b/MPa	伸长率 δ_5/%	冷弯180° d=弯心直径 a=钢筋公称直径
			≥			
光圆	HPB235	8～20	235	370	25	$d=a$
带肋	HRB335	6～25 28～50	335	490	16	$d=3a$ $d=4a$
	HRB400	6～25 28～50	400	570	14	$d=4a$ $d=5a$
	HRB500	6～25 28～50	500	630	12	$d=6a$ $d=7a$

热轧光圆钢筋的强度较低，但塑性及焊接性能很好，便于各种冷加工，因而广泛用作普通钢筋混凝土构件的受力筋及各种钢筋混凝土结构的构造筋。HRB335和HRB400钢筋强度较高，塑性和焊接性能也较好，故广泛用作大、中型钢筋混凝土结构的受力钢筋。HRB500钢筋强度高，但塑性和焊接性能较差，可用作预应力钢筋。

2. 钢筋混凝土用冷拉钢筋

为了提高钢盘的强度及节约钢筋，工地上常按施工规程，控制一定的冷拉应力或冷拉率，对热轧钢筋时行冷拉。根据《混凝土结构工程施工质量验收规范》(GB 50204—2002)的规定，冷拉后不得有裂纹、起层等现象。

冷拉Ⅰ级钢筋适用于钢筋混凝土结构中的受拉钢筋，冷拉带肋钢筋可用作预应力混凝土结构的预应力筋。

3. 预应力混凝土用热处理钢筋

预应力混凝土用热处理钢筋是用8mm、10mm的热轧带轧钢筋经淬火和回火等调质处理而成，代号为RB150。热处理钢筋成盘供应，每盘长约200m。

预应力混凝土用热处理筋的优点：强度高，可代替高强钢丝使用；配筋根数少，节约钢材；锚固性好，不易打滑，预应力值稳定；施工简便，开盘后钢筋自然伸直，不需调直及焊接。其主要用于预应力钢盘混凝土轨枕，也用于预应力梁、板结构及吊车梁等。

4. 冷轧带肋钢筋

冷轧带肋钢筋是采用由普通低碳钢或低合金钢热轧的圆盘条为母材，经冷轧减径后在其表面冷轧成二面或三面有肋的钢筋。肋呈月牙形，二面或三面肋均应沿钢筋横截面周圈上均匀分布，其中有一面的肋必须与另一面或另两面的肋反向。冷轧带肋钢筋是热轧圆盘钢筋的深加工产品，是一种新型高效建筑钢材。

国家标准《冷轧带肋钢筋》(GB 13788—2008)规定，冷轧带肋钢筋按抗拉强度分为五个牌号，分别 CRB550、CRB650、CRB800、CRB970、CRB1170，其中 C、R、B 分别为冷轧、带肋、钢筋三个词的英文首位字母，后面的数字表示钢筋抗拉强度等级数值。

冷轧带肋钢盘的公称直径范围为 4～12mm，推荐钢筋公称直径为 5mm、6mm、7mm、8mm、9mm、10mm。冷轧带肋钢筋的力学性能和工艺性能符合表 6 - 6 所示的要求。同时，当进行冷弯试验时，受弯曲部位表面不得产生裂纹。钢筋的强屈比应不小于 1.05。

冷轧带肋钢筋的肋高、肋宽和肋距是其外形尺寸的主要控制参数，其质量偏差则是重要指标之一。由于二面或三面有肋的钢筋无法测定其内径，故控制其质量偏差即等于控制了平均直径。冷轧带肋钢筋为冷加工状态交货，允许冷轧后进行低温回火处理。钢筋一般为圆盘供应，每盘由一根组成，CRB650 和 CRB800 级钢筋不得有焊接接头。钢筋盘重不小于 100kg。

每捆直条应由同一炉罐号且不大于 500kg 组成。钢筋表面不得有裂纹、折叠、结疤、油污及其他影响使用的缺陷。表面可有浮锈，但不得有锈皮及肉眼可见的麻坑等腐蚀现象。钢筋应轧上明显的级别标志，每盘钢筋应挂有不少于两个标牌。

冷轧带肋钢筋具有以下优点。

(1) 强度高、塑性好，综合力学性能优良。由 Q215 和 Q235 热轧的盘条抗拉强度仅 300～400MPa，但经加工成冷轧带肋钢筋后抗拉强度可大于 550MPa。同时，冷拔低碳钢丝的伸长率只有 2%，而冷轧带肋钢筋的伸长率可大于 4%。

(2) 握裹力强。混凝土对冷轧带肋钢筋的握裹力为同直径冷拔钢丝的 3～6 倍。同时其塑性较好，大大提高了构件的整体强度和抗震能力。

(3) 节约钢材、降低成本。以冷轧带肋钢筋代替Ⅰ级钢筋用于普通钢筋混凝土构件(如现浇楼板)，可节约钢材 30%以上。如用以代替冷拔低碳钢丝用于预应力混凝土多孔板中，可节约钢材 5%～10%，且 $1m^3$ 混凝土可节省水泥约 40kg。

(4) 提高构件整体质量，改善构件的延性，避免抽丝现象。用冷轧带肋制作的预应构件的受力主筋、架立筋和构造钢筋的力学性能和工艺性能见表 6 - 6。CRB650 和 CRB800 级钢筋宜用作中、小预应力混凝土结构中构件的受力主筋。

表 6-6　冷轧带肋钢筋力学性能和工艺性能

牌　号	屈服点 σ_b /MPa	伸长率/%≥		冷弯 180° d—弯心直径 a—钢筋厚度或直径	松弛率 $\sigma_{con}=0.7\sigma b$		反复弯曲次数
		δ_{10}	δ_{100}		1 000h/%	10h/%	
CRB550	550	8	—	$d=3a$	—	—	—
CRB650	650	—	4	$d=3a$	≤8	5	≤3
CRB800	800	—	4	$d=3a$	≤8	≤5	≤3
CRB970	970	—	4	$d=3a$	≤8	≤5	≤3
CRB1270	1 170	—	4	$d=3a$	≤8	≤5	≤3

5. 冷拔低碳钢丝

冷拔低碳钢丝是将直径 6～8mm 的 Q235 热轧盘条钢筋经冷拔加工而成。根据标准 GB 50204—2002 的规定，冷拔低碳钢丝分为甲、乙两级，甲级钢丝适用于作预应力筋，乙级钢丝适用于作焊接网、焊接骨架、箍筋和构造钢筋。其力学性能应符合表 6-7 所示的规定。0

冷拔低碳钢丝属硬钢，其各盘强度和塑性等离散性较大，使用时应逐盘检查外观，钢丝表面不得有裂纹和机械损伤。甲级钢丝的力学性能应逐盘取样检验，乙级钢丝的力学性能可分批抽样进行检验。

表 6-7　冷拔低碳钢丝的力学性能

钢 丝 级 别	直径/mm	抗拉强度 N/mm² (MPa)		伸长率 (δ_{100})/%	反复弯曲次数 (180°)
		Ⅰ	Ⅱ		
		≥			
甲级	5	650	600	3	4
	4	700	650	2.5	
乙级	3～5	550		2	4

6. 预应力混凝土用钢丝及钢绞线

大型预应力混凝土构件由于受力很大，常采用高强度钢丝或钢绞线作为主要受力钢筋。预应力高强度钢丝是用优质碳素结构钢盘条，经酸洗、冷拉或再经回火处理等工艺制成的，钢绞线是由几根直径为 2.5～5.0mm 的高强度钢丝，绞捻后经一定热处理清除内应力而制成的。绞捻方向一般为左捻。

根据国家标准《预应力混凝土用钢丝》(GB/T 5223—2002)规定，这种钢丝按加工状态分为冷拉钢丝(代号 WCD)和消除应力钢丝两类。消除应力钢丝按松弛性能又分为低松弛级钢丝(代号 WLR)和普通松弛级钢丝(代号 WNR)。

预应力混凝土用钢丝按外形分为光圆钢丝(代号 P)、螺旋肋钢丝(代号 H)和刻痕钢丝(代号 I)三种。

预应力混凝土用钢丝具有强度高、柔性好、无接头等优点，施工简便，不需冷拉、焊接接头等加工，而且质量稳定、安全可靠，主要用作大跨度屋架及薄腹梁、大跨度吊车梁、桥梁、电杆、轨枕等的预应力钢筋。

根据国家标准《预应力混凝土用钢绞线》(GB/T 5224—2003)的规定，钢绞线直径有9.0mm、12.0mm和15.0mm三种，整根破坏负荷可达220kN，屈服负荷可达187kN。钢绞线主要用于大跨度、大负荷的后张法预应力屋架、桥梁和薄腹梁等结构的预应力钢筋。

6.5 建筑钢材的锈蚀与防护

知识链接

下面通过国内外一份海洋结构腐蚀调查实例说明钢筋混凝土结构防腐的重要性。

(1) 美国标准局1975年的调查表明，美国全年各种腐蚀损失为700亿美元，其中混凝土中钢筋腐蚀损失占40%。

(2) 据1984年报道，美国57.5万座钢筋混凝土桥梁，一半以上出现钢筋腐蚀病害。

(3) 另据1986年报道，日本运输省检查103座混凝土海港码头发现，凡是有20年以上历史的，都有相当大的顺筋开裂，需要修补。

(4) 1981年，对华南地区7个港口的18座桩基梁板码头的调查表明：由于混凝土钢筋锈蚀而导致码头严重损坏或较严重损坏的占77.8%。

(5) 1956年建成的湛江港一区码头，由于混凝土水灰比较大，采用了海砂以及其他施工质量问题等原因，起重机轨道使用了7年后，浪溅区钢筋腐蚀很快，达到0.24～0.42mm/年，不得不进行修补；使用32年后，浪溅区钢筋严重腐蚀，面板露筋，混凝土剥落率高达89%，横梁锈蚀达91%。

因此，如何采取有效的技术对策及技术标准，防止海上混凝土结构过早出现钢筋锈蚀破坏，确保建筑物达到预期的使用寿命是国内外学术界、工程界极为关切的热点。

6.5.1 钢材的锈蚀

钢材的锈蚀是指其表面与周围介质发生化学反应而遭到的破坏。

钢材若在存放时严重锈蚀，不仅使有效截面积减小、性能降低甚至报废，而且使用前还需要除锈。钢材若在使用中锈蚀，将使受力面积减小，且因局部锈坑的产生，可造成应力集中，导致结构承载力下降。尤其在有反复荷载作用的情况下，将产生锈蚀疲劳现象，使疲劳强度大为降低，出现脆性断裂。

根据锈蚀作用的机理，钢材的锈蚀可分为化学锈蚀和电化学锈蚀两种。

1. 化学锈蚀

化学锈蚀是指钢材直接与周围介质发生化学反应而产生的锈蚀。这种锈蚀多数是氧化作用，使钢材表面形成疏松的氧化物。在常温下，钢材表面能形成一个薄层氧化保护膜

FeO，可以防止钢材进一步锈蚀。故在干燥环境下，钢材锈蚀进展缓慢，但在温度和湿度提高的情况下，这种锈蚀进展加快。

2. 电化学锈蚀

电化学锈蚀是指钢材与电解质溶液接触而产生电流，形成微电池而引起的锈蚀。潮湿环境中的钢材表面会被一层电解质水膜覆盖，而钢材由铁素体、渗碳体及游离石墨等多种成分组成，这些成分的电极电位不同。首先，钢的表面层在电解质溶液中构成以铁素体为阳极，以渗碳体为阴极的微电池。在阳极，铁失去电子成为 Fe^{2+} 进入水膜；在阴极，溶于水膜中的氧被还原生成 OH^-。随后两者结合生成不溶于水的 $Fe(OH)_2$，并进一步氧化成为疏松易剥落的红棕色 $Fe(OH)_3$。由于铁素体基体的逐渐锈蚀，钢组织中暴露出来的渗碳体等越来越多，形成的微电池数目也越来越多，钢材的锈蚀速度愈益加速。

电化学锈蚀是建筑钢材在存放和使用中发生锈蚀的主要形式。影响钢材锈蚀的主要因素是水、氧及介质中的酸、碱、盐等。同时钢材本身的组织成分对锈蚀也有影响。

埋于混凝土中的钢筋，因为混凝土的碱性(普通混凝土的 pH 为 12 左右)环境，使之形成一层碱性保护膜，有阻止锈蚀继续发展的能力，故混凝土中的钢筋一般不致锈蚀。

6.5.2 防止钢材锈蚀的措施

钢结构防止锈蚀的方法通常是采用表面刷漆。常用底漆有红丹、环氧富锌漆、铁红环氧底漆等。面漆有调和漆、醇酸瓷漆、酚醛瓷漆等。薄壁钢材可采用热浸镀锌等措施。

混凝土配筋的防锈措施，根据结构的性质和所处的环境条件等，主要是保证混凝土的密实度、保证足够的保护层厚度、限制氯盐外加剂的掺加量和保证混凝土一定的碱度等。还可掺用阻锈剂。

对于预应力钢筋，一般含碳量高，又多经过变形加工或冷加工，因而对锈蚀破坏较敏感，特别是高强度热处理钢筋，容易产生应力锈蚀现象。故重要的预应力承重结构，除禁止掺用氯盐外，应对原材料进行严格检验。

钢材的组织及化学成分是引起钢材锈蚀的内因。通过调整钢的基本组织或加入某些合金元素，可有效地提高钢材的抗腐蚀能力。例如，炼钢时在钢中加入铬、镍、钛等合金元素，可制得不锈钢。

本章小结

钢材是建筑工程中最重要的金属材料。在道桥工程中应用的钢材主要是碳素结构钢和低合金高强度结构钢。钢材具有强度高，塑性及韧性好，可焊可铆，易于加工、装配等优点，已被广泛地应用于各工业领域中。在道桥建筑中，钢材用来制作钢结构构件及做混凝土结构中的增强材料，尤其在当代迅速发展的大跨度、大荷载、高层的建筑中，钢材已是不可或缺的材料。

为了更好地利用钢材，在本章学习中，应掌握钢材的成分、组织结构、制作对技术性能的影响，了解各品种钢材的特性及其正确合理的应用方法，如何防止锈蚀，使结构物经久耐用。

钢材也是工程中耗量较大而价格昂贵的建筑材料，所以如何经济合理地利用钢材，以及设法用其他较廉价的材料来代替钢材，以节约金属材料资源、降低成本，也是非常重要的课题。

复习题

1. 钢的冶炼方法主要有哪几种？对材质有何影响？

2. 什么是镇静钢和沸腾钢？它们有何优缺点？在哪些条件下不宜选用沸腾钢？

3. 低碳钢拉伸试验的应力-应变图分为哪几个阶段？各阶段的特征及指标如何？

4. 什么是屈强比？他在工程中的实际意义是什么？

5. 伸长率表示钢材的什么性质？伸长率的大小对钢材的使用有何影响？

6. 从一批钢筋中抽样，并截取两根钢筋做拉伸实验，钢筋公称直径为12mm，标距为60mm，拉断时长度分别为70.6mm和71.4mm，求该钢筋试样的伸长率。

7. 什么是钢材的冷弯性能和冲击韧性？有什么实际意义？

8. 什么是钢筋的冷加工和时效？工地和预制厂常利用这一原理的目的何在？

9. 钢材的化学成分对性能有什么影响？

10. 解释下列钢牌号的含义。

(1) Q235—A·F；　(2) Q275—B；　(3) Q420—D；　(4) Q450—C

11. 桥梁工程中主要应用哪些种类的钢？为什么Q235号钢和低合金钢能得到普遍的应用？

12. 热轧钢筋根据哪些指标划分等级？如何选用各级钢筋？

13. 钢材的锈蚀原因及防腐措施有哪些？

第 7 章

高分子聚合物材料

教学目标

通过学习高分子聚合物材料的基础知识，掌握工程高分子聚合物的组成和性能以及在道路和桥梁工程中的应用，掌握高分子聚合物的一般结构和性能、几种常用高分子聚合物的特性，并学会应用高分子聚合物材料改善水泥混凝土和沥青混合料性能的基本方法。

教学要求

知识要点	能力要求	相关知识
常用的工程聚合物材料	掌握高分子聚合物的结构和性能	塑料、合成橡胶、合成纤维、塑料-橡胶共聚物
高分子聚合物在道路工程中的应用	会应用高分子聚合物材料改善水泥混凝土和沥青混合料性能	聚合物混凝土、土工合成材料、高分子聚合物改性沥青混合料、胶黏剂、裂缝修补与嵌缝材料、膨胀支座和弹性支座

章节导读

高等级公路的快速发展对道路和桥梁建筑用的材料提出了更高的要求。工程高分子聚合材料在道路工程中的应用，不仅提供了代替传统材料的新材料，而且可以作为改性剂来改善和提高现有材料的技术性能。

7.1 概 述

高分子聚合物按国际理论化学和应用化学协会的定义是组成单元相互多次重复连接而构成的物质。通常认为聚合物材料包括塑料、橡胶和纤维三类。

高分子材料有许多优良性能，如质量轻、比强度高、耐腐蚀、耐磨、绝缘性好，同时经济效益高，不受地域、气候限制，目前被广泛地应用于实际工程中。

7.1.1 高分子聚合物的基本概念

1. 单体、链节、聚合物、聚合度

高分子聚合物虽然分子量大、原子数较多，但都由许多低分子化合物聚合而成，例如聚乙烯(…—CH_2—CH_2—CH_2—CH_2—…)是由低分子化合物乙烯($CH_2=CH_2$)聚合而成，若将“—CH_2—CH_2—CH_2—”看作聚乙烯大分子中的一个重复结构单元，则聚乙烯可写成 $[—CH_2—CH_2—]_n$。

单体是指可以聚合成高分子聚合物的低分子化合物，如上例中的乙烯($CH_2=CH_2$)；链节是指组成高分子聚合物最小的重复结构单元，如上例中的“—CH_2—CH_2—”；聚合物是指相应组成的大分子，如上例中的 $[—CH_2—CH_2—]_n$；聚合度是指聚合物中所含链节的数目 n；聚合度很大(10^3 以上)的聚合物称为高聚物。

2. 聚合物的命名

1) 根据单体的名称命名

以形成聚合物的单体为基础，在单体名称之前加聚字而命名，如聚乙烯、聚丙烯等。如单体有两种或两种以上时，常把单体的名称(或其缩写)写在前面，在其后按用途加树脂或橡胶。如丁苯橡胶，由丁二烯和苯乙烯聚合而成等。

2) 习惯上命名或商品名称

如聚己二酰己二胺，习惯上称为聚酰胺 66，商品名称为尼龙。为简化起见也以聚合物英文名称缩写符号表示，如聚乙烯(polyethylene)缩写为 PE 等。

7.1.2 高分子聚合物的分子结构

高分子聚合物是由不同结构层次的分子有规律地排列、堆砌而成，按分子几何结构形态来分，可分线型、支链型和体型三种。

1. 线型

线型高聚物的分子为线状长链分子，大多数呈卷曲状，由于高分子链之间的范德华力很微弱，使分子容易相互滑动，在适当的溶剂中能溶解，溶解后的溶液黏度很大。当温度升高时，它可以熔融而不分解，成为黏度较大、能流动的液体。利用此特性，在加工时可以反复塑制。塑性树脂大部分属于线型高聚物。线型高聚物具有良好的弹性、塑性、柔顺性，还有一定的强度，但硬度小。

2. 支链型

支链型高聚物的分子在主链上带有比主链短的支链。它可以溶解和熔融，但当支链的支化程度和支链的长短不同时，会影响高聚物的性能。如低密度聚乙烯属于支链型结构，它与线型高密度聚乙烯相比，密度小，抗拉强度低，而溶解性增大，这是由于其分子间的作用较弱而造成的。

3. 体型

体型高聚物的分子是由线型或支链型高聚物分子以化学键交联形成，呈空间网状结构。它不能溶解于任何溶剂，最多只能溶胀。加热后不软化，也不能流动，加工时只能一次塑制。热固性树脂属于体型高聚物。由于体型高聚物是一个巨型分子，所以塑性和弹性低，但硬度与脆性较大，耐热性较好。

三大合成材料中的合成纤维是线型高聚物，而塑料可以是线型高聚物，也可以是体型高聚物。

7.1.3 高分子聚合物的分类

高聚物的分类方法很多，经常采用的方法有如下几种。

(1) 按高分子聚合物的合成材料分为塑料、合成橡胶和合成纤维，此外还有胶黏剂、涂料等。

(2) 按高分子聚合物的分子结构分为线型、支链型和体型三种。

(3) 按高分子聚合物反应类别分为加聚反应和缩聚反应，其反应产物分为加聚物和缩聚物。

7.1.4 工程应用

工程高分子聚合物材料，除了直接作为道路与桥梁结构物构件或配件的材料外，更多的是作为改善水泥混凝土或沥青混合料性能的组分，为此必须掌握高分子聚合物材料的组成、性能和配制，才能正确选择和应用这类材料。

7.2 常用的工程聚合物材料

工程聚合物材料是以聚合物为主要原料加工而成的塑料、合成橡胶、合成纤维和胶黏剂。

7.2.1 塑料

1. 塑料的组成

塑料是以合成树脂为主要原料，加入填充剂、增塑剂、润滑剂、颜料等添加剂，在一定温度和压力下制成的一种有机高分子材料。

1）合成树脂

在塑料中，合成树脂的含量为30%～60%。塑料的主要性质取决于所采用的合成树脂。合成树脂在塑料中起胶结作用，把其他组分牢固地结合起来，使之具有加工成型性能。

合成树脂是合成高分子聚合物的一簇，简称树脂，高聚物的结构复杂而且分子量很大，一般都在数千以上，甚至高达上百万。例如由乙烯（$CH_2=CH_2$）聚合而成的高分子聚乙烯分子量为1 000～3 500，甚至高达50×10^4。

合成树脂按其受热时所发生的变化不同又可分为热塑性树脂和热固性树脂。以不同的树脂为基材，可以分别制得热塑性塑料和热固性塑料。塑料的主要性质取决于所采用的合成树脂。用于热塑性塑料的树脂主要有聚氯乙烯、聚苯乙烯等。用于热固性塑料的树脂主要有酚醛树脂、环氧树脂等。

2）添加剂

塑料中除含有合成树脂外，为了改善加工条件和使用性能，还需添加一定数量的稳定剂、增塑剂和填充剂。这些填充剂分散于塑料基体中，并不影响聚合物的分子结构。

（1）增塑剂，能使高分子材料增加塑性的化合物称为增塑剂，一般为高沸点、不易挥发的液体或低熔点的固体有机化合物，如邻苯二甲酸酯类、聚酯类、环氧类等。

（2）稳定剂，在高聚物模塑加工过程中起到减缓反应速度，防止光、热、氧化引起的老化作用，减缓聚合物在加工和使用过程中的降解作用，延长使用寿命，常用的为抗氧剂、热稳定剂和紫外吸收剂等。

（3）填充剂，主要是化学性质不活泼的粉状、块状或纤维状的固体物质，常用的有有机玻璃纤维、云母、石棉等，占塑料质量的20%～50%，可提高强度增加耐热性、稳定性并可降低塑料成本。

（4）其他助剂，如改善聚合物加工性能的润滑剂，使聚合物由热可塑的线性结构转变为网型或体型结构的固化剂以及阻燃剂等。

2. 常用塑料的性能和用途

塑料是可以通过调整配合比参数及工艺条件制得不同性能的材料，具有较高的比强度和优良的加工性能，因此在土建工程中也得到广泛的应用。表7-1所示为常用于制造塑料的合成树脂的性能和用途。

表 7-1 常用塑料的特性与用途

合成树脂名称	代 号	合 成 方 法	特性与用途
聚乙烯	PE	乙烯单体加聚而成，按合成方法的不同，有高压、中压和低压之分	强度高、延伸率大、耐寒性好、电绝缘，但耐热性差。用于制造薄膜、结构材料、配制涂料、油漆等
聚丙烯	PP	丙烯单体加聚而成	密度低，强度、耐热性比 PE 好，延伸率、耐寒性尚好。主要用于生产薄膜、纤维、管道
聚氯乙烯	PVC	氯乙烯单体加聚而成	较高的力学性能、化学稳定性好，但变形能力低、耐寒性差。用于制造建筑配件、管道及防水材料等
聚苯乙烯	PS	苯乙烯加聚而成	质轻、耐水、耐腐蚀、不耐冲击、性脆。用于制作板材和泡沫塑料
乙烯-乙酸乙烯酯共聚物	EVA	乙烯和醋酸乙烯共聚而成	具有优良的韧性、弹性和柔软性，并具有一定的刚度、耐磨性和抗冲击性。用于黏结剂、涂料等
聚甲基丙烯酸甲酯	PMMA	甲基丙烯酸甲酯加聚而成	透明度高，低温时具有较高的冲击强度，坚韧、有弹性。主要用作生产有机玻璃
酚醛树脂	PF	苯酚与甲醛缩聚而成，两者比例及催化剂种类不同时，可得到热塑性及热固性品种	耐热、耐化学腐蚀、电绝缘。较脆，对纤维的胶合能力强。不能单独作为塑料使用
环氧树脂	EP	两个或两个以上环氧基团交联而成	黏结性和力学性能优良，耐碱性良好，电绝缘性能好，固化收缩率低。可生产玻璃钢、胶结剂和涂料
聚酰胺	PA	由己内酰胺加聚而成	质轻、良好的机械性能和耐磨性、耐油，但不耐酸和强碱。大量用于制造机械零件
有机硅树脂	SI	二氯二甲基硅烷水解缩聚-线型；二氯二甲基硅烷与三氯甲基硅烷水解-体型	耐高温、耐寒、耐腐蚀、电绝缘性好、耐水性好。用于制作高级绝缘材料、防水材料等
ABS 塑料	ABS	丙烯腈、丁二烯和苯乙烯共聚	高强、耐热、耐油、弹性好、抗冲击、电绝缘，但不耐高温、不透明。用于制作装饰板材、家具等
聚碳酸酯	PC	双酚 A(2，2-双丙烷）缩聚而成	透明度极高、耐冲击、耐热、耐油等，耐磨性差。用于制造电容器、录音带等

7.2.2 合成橡胶

1. 合成橡胶的组成

合成橡胶是以生胶为原料，加入适合的配合剂，经硫化以后得到的高分子弹性体。

1）合成橡胶的基本原料

合成橡胶是由石油、天然气、煤、石灰石以及粮食等原料经加工而取得的。常用原料如甲烷、丙烷、乙烯、丁烯、戊烯、苯和甲苯以及乙炔等。这些原料经与水作用或脱水反应即可生成丁二烯，而丁二烯是很多合成橡胶的单体原料。

生胶是橡胶制品的重要组成部分，但由于他自身的分子结构是线型或带有支链的长链状分子，分子中有不稳定的双键存在，受温度影响体态性能变化较大，因此通常必须在生胶中掺加其他组分进行硫化处理。根据其在橡胶中的作用可分为硫化剂、促进剂、活化剂、增塑剂、防老剂、填充剂、着色剂等，统称为配合剂。

2）配合剂

(1) 硫化剂，相当于热塑性塑料中的固化剂，它使生胶的线型分子间形成交联而成为立体的网状结构，从而使胶料变成具有一定强度、韧性的高弹性硫化胶。除硫化剂外还有胺类、树脂类、金属氧化物等。近年来还发展了用原子辐射的方法直接进行交联作用。

(2) 硫化促进剂，作用是缩短硫化时间，降低硫化温度。提高制品的经济性，并能改善性能。多为有机化合物。

(3) 活化剂，又称助促进剂，能起加速并充分发挥有机促进剂的活化促进作用，以减少促进剂用量，缩短硫化时间。常用的活化剂有氧化锌、氧化镁、硬脂酸等。

(4) 填充剂，作用是增加橡胶制品的强度，降低成本及改善工艺性能。主要形状有粉状和织物状。常用活性填充料有炭、二氧化硅、白陶土、氧化锌、氧化镁等，非活性填料有滑石粉、硫酸钡等。

(5) 防老剂，用于防止橡胶因热氧化作用、机械力作用、光参与氧化作用以及水解作用而引起质变。常用防老剂有酚类、胺类、蜡类。为了有效抑制橡胶老化，可同时使用几种防老剂，共同发挥作用。

(6) 增塑剂，又称软化剂。应根据具体橡胶的性能及要求选用不同的增塑剂，选用时要考虑增塑剂与橡胶的极性相似，相似相容，有利于增塑剂的均匀分散。

各种配合剂的功用不同，有的在一种胶中同时起几种作用，如石蜡既是润滑剂又是防老剂，硬脂酸是活性剂又是分散剂，同时它们又有很好的增塑作用，石蜡与硬脂酸还能起内润滑与外润滑作用，帮助橡胶脱模，是很好的脱模剂。

2. 合成橡胶的性能与用途

合成橡胶的特征是在较小的外力作用下，能产生大的变形，外力去除后能迅速恢复原状，具有良好的伸缩性、储能能力和耐磨、隔声、绝缘等性能，是应用广泛的材料。生胶原料有天然橡胶和合成橡胶两大类，而天然橡胶远远不能满足生产发展的需要，而石化工业的迅速发展可生产大量的合成橡胶原料，因此人工合成橡胶是主要原料来源，所制成的橡胶制品的性能因单体和制造工艺的不同而异，某些性能(如耐油、耐热、耐磨等)甚至较天然橡胶为优。表7-2列出了常用橡胶材料的性能与用途。

表7-2 常用橡胶材料的性能与用途

品种	代号	来 源	特 性		用 途
天然橡胶	NR	天然	弹性高、抗撕裂性能优良、加工性能好，易与其他材料相混合，耐磨性良好	耐油、耐溶剂性差，易老化，不适用于100℃以上	轮胎、通用制品
丁苯橡胶	SBR	丁二烯苯乙烯共聚	与天然橡胶性能相近，耐磨性突出，耐热性、耐老化性较好	生胶强度低，加工性能较天然橡胶差	轮胎、胶板、胶布、通用制品
丁腈橡胶	NBR	丁二烯与丙烯腈聚合	耐油、耐热性好，气密性与耐水性良好	耐寒性、耐臭氧性较差，加工性不好	输油管、耐油密封圈及一般耐油制品
氯丁橡胶	CR	由氯丁二烯以乳液聚合制成	物理、力学性能良好，耐油耐溶剂性和耐气候性良好	电绝缘性差，加工时易粘辊，相对成本较高	胶管、胶带、胶粘剂、一般制品
顺丁橡胶	BR	丁二烯定向共聚	弹性性能最优，耐寒、耐磨性好	抗拉强度低，黏结性差	橡胶弹簧，减震橡胶垫
丁基橡胶	HR	异丁烯与少量异戊二烯共聚	气密性、耐老化性和耐热性最好，耐酸耐碱性良好	弹性大，加工性能差，耐光老化性差	内胎、外胎、化工衬里及防振制品
乙丙橡胶	EPDM	乙烯丙烯二元共聚物	耐热性突出、耐气候性、耐臭氧性很好，耐极性溶剂和无机介质	硫化慢、黏着性差	耐热、散热胶管、胶带，汽车配件及其他工业制品
硅橡胶	SI	硅氧烷聚合	耐高温及低温性突出，化学惰性大，电绝缘性优良	机械强度较低、价格较贵	耐高低温制品，印膜材料
聚氨酯橡胶	UR	—	耐磨性高于其他各类橡胶，抗拉强度最高，耐油性优良	耐水、耐酸碱性差，高温性能差	胶轮、实心轮胎、齿轮带及耐磨制品

7.2.3 合成纤维

合成纤维是以有机高分子聚合物为原料，经熔融或溶解后纺制成的纤维，如聚酰胺、聚酯纤维等，与纤维素纤维和蛋白质纤维等人造纤维一样均属于有机化学纤维。而玻璃纤维、陶瓷纤维等则属于无机化学纤维，自然界还有石棉等无机天然纤维及动植物纤维等有机天然纤维。

1. 合成纤维的制造

合成纤维是经过有机化合物单体制备与聚合、纺丝和后加工等三个环节完成的。合成纤维的原料以有机高分子化合物为主要成分，并添加了提高纤维加工和使用性能的某些助剂，如二氧化钛、油剂、染料和抗氧剂等，制成成纤高聚物。

将成纤高聚物的熔体或浓溶液，用纺丝泵连续、定量而均匀地从喷头的毛细孔中挤出，成为液态细流，再在空气、水或特定的凝固浴中固化成为初生纤维的过程，称为纤维成型或纺丝。纺丝方法主要有两大类：熔体纺丝法和溶液纺丝法。溶液纺丝法又分为湿法纺丝和干法纺丝。因此，合成纤维主要有三种纺丝方法。纺丝成型后得到的初生纤维的结构还不完善，物理机械性能较差，必须经一系列后加工，主要是拉伸和热定型工序，使其性能得到提高和稳定。

2. 常用合成纤维的特性

相对于各种天然纤维和人造纤维，合成纤维则具有强度高、密度小、弹性好、耐磨、耐酸碱和不霉、不蛀等优越性能，因此合成纤维不仅广泛应用于工农业生产、国防工业和日常衣料用品等各个领域，近年来在道路等土木工程中也得到越来越多的应用。常用合成纤维的特性和用途见表7-3。

表7-3 主要合成纤维的性能与用途

化学名称	商品名称	特性
聚酯纤维	涤纶(的确良)	弹性好，弹性模量大，不易变形，强度高，抗冲击性好，耐磨性、耐光性、化学稳定性及绝缘性均较好
聚酰胺纤维	锦纶(人造毛)	质轻，强度高，抗拉强度好，耐磨性好，弹性模量低
聚丙腈烯纤维	腈纶(奥纶)	质轻，柔软，不霉蛀，弹性好，吸湿小，耐磨性差
聚乙烯醇	维纶、维尼纶	吸湿性好，强度较好，不霉蛀，弹性差
聚丙烯	丙纶	质轻，强度大，相对密度小，耐磨性优良
聚氯乙烯	氯纶	化学稳定性好，耐酸、碱，弹性、耐磨性均好，耐热性差；可用作纤维增强材料，配制纤维混凝土，具有较高的抗冲击性能，亦可作为防护构件用

7.2.4 塑料-橡胶共聚物

随着聚合物工业的发展，不论成分还是形状，橡胶与塑料的区别已不是很明显了。例如，将聚乙烯氯化可以得到氯化聚乙烯橡胶(CPE)，即氯原子部分置换聚乙烯大分子链上氢原子的产物。随着氯含量增加，氯化聚乙烯柔韧性增加而呈现橡胶的特性。ABS树脂在光、氧作用下容易老化，为了克服这一缺点，将氯化乙烯与苯乙烯和丙腈烯进行接枝，可制得耐候性的ACS树脂。高冲击聚苯乙烯树脂是由顺丁橡胶(早期为丁苯橡胶)与苯乙烯接枝共聚而成，故亦称接枝型抗冲击聚苯乙烯(HIPS)，该产品韧性较高、抗冲击强度较普通聚苯乙烯提高7倍以上。苯乙烯-丁二烯-苯乙烯嵌段共聚物(简称SBS)是苯乙烯与丁二烯嵌段共聚物，它兼具塑料和橡胶的特性，具有弹性好、抗拉强度高、低温变形能力好等优点。SBS是较佳的沥青改性剂，可综合提高沥青的高温稳定性和低温抗裂性。

7.3 高分子聚合物在道路工程中的应用

由于有机化学工业的迅速发展，有机高分子材料的品种不断增加，性能不断改善，所使用的领域更加广泛，在土木建筑、道路工程中得到大量的应用。在道路工程中应用最多的聚合物是改性沥青，它还用以改善水泥混凝土性能或制作聚合物混凝土，还有作为胶结和嵌缝密封材料，以及用于加强土基和路面基层和聚合物土工格栅材料等。

7.3.1 聚合物混凝土

水泥混凝土具有许多优良技术品质，所以广泛应用于高等级路面和大型桥梁工程。但它最主要的缺点是抗拉(或抗弯)强度与抗压强度的比值较低，相对延伸率小，是一种典型的强而脆的材料。如能借助高聚物的特性，采用高聚物改性水泥混凝土，则可弥补上述缺点，使水泥混凝土成为强而韧的材料。

聚合物混凝土是由有机、无机材料复合而成的混凝土。按组成材料和制作工艺可分为三种：聚合物浸渍混凝土、聚合物水泥混凝土和聚合物胶结混凝土。

1. 聚合物浸渍混凝土

聚合物浸渍混凝土(PIC)是已硬化的混凝土(基材)经干燥后浸入有机单体(甲基丙烯酸甲酯、丙烯腈等)，用加热或辐射等方法使混凝土孔隙中的单体聚合而成的一种混凝土。

1) 基本工艺

(1) 干燥。为使聚合物能渗填混凝土基材的孔隙，必须使基材充分干燥，温度为100～105℃。

(2) 浸渍。是使配制好的浸渍液填入混凝土孔隙中的工序。最常用的浸渍聚合物材料有甲基丙烯酸甲酯(MMA)、苯乙烯(S)，此外还需加入引发剂、催化剂及交联剂等浸渍液。

(3) 聚合。是使浸渍在基体孔隙中的单体聚合固化的过程。目前采用较多的是掺加引发剂的热聚合法。

2) 技术性能

聚合物浸渍混凝土由于聚合物浸渍充盈了混凝土的毛细管孔和微裂缝所组成孔隙系统，改变了混凝土的孔结构，因而使其物理力学性状得到明显改善。一般情况下，聚合物浸渍混凝土的抗压强度为普通混凝土的3～4倍，抗拉强度约提高3倍，抗弯强度约提高2～3倍，弹性模量提高约1倍，抗冲击强度约提高0.7倍。此外，徐变大大减少，抗冻性、耐硫酸盐、耐酸和耐碱等性能有很大改善。主要缺点是耐热性差，高温时聚合物易分解。

聚合物浸渍混凝土的加工工艺过程比较复杂，需消耗大量的能量，制作成本较高。在美国、日本等国家用于上下水管道、预制预应力桥面板、高强混凝土、地下支撑系统等，也可浸渍混凝土挡板，提高表面耐磨能力。

2. 聚合物水泥混凝土

聚合物水泥混凝土(PMC)是在拌和混凝土时掺入聚合物(丙烯酸类等)或单体(丙烯腈、苯乙烯等)制成的。聚合物水泥混凝土也称为聚合物改性水泥混凝土，是采用聚合物乳液或粉状材料拌和水泥，并掺入砂和其他集料制成，生产工艺与普通水泥混凝土相似，便于现场施工，因而成本较低，应用较广泛，主要应用于机场跑道、混凝土路面或桥梁面层以及构造物的防水层。

1) 材料组成

聚合物水泥混凝土的材料组成，基本上与普通水泥混凝土相同，只增加了聚合物组分。常用的聚合物有下列三类。

(1) 橡胶乳液类。天然胶乳(NR)、丁苯胶乳(SBR)和氯丁胶乳(CR)等。

(2) 热塑性树脂类。聚丙烯酸酯(PAE)、聚醋酸乙烯酯(PVAC)等。

(3) 热固性树脂类。环氧树脂(PE)类。

2) 技术性能

(1) 抗弯拉强度高。掺加聚合物后，作为路面混凝土强度指标的抗弯拉强度，提高更为明显。

(2) 抗冲击韧性好。掺加聚合物后，其脆性降低，柔韧性增加，因而抗冲击能力提高，这对作为承受动荷载的路面和桥梁用混凝土是非常有利的。

(3) 耐磨性好。聚合物对矿质集料具有优良的黏附性，因而可以采用硬质耐磨的岩石作为集料，这样可提高路面混凝土的耐磨性和抗滑性。

(4) 耐久性好。聚合物在混凝土中能起到阻水和填隙的作用，因而可提高混凝土的抗水性、耐冻性和耐久性。

3. 聚合物胶结混凝土

聚合物胶结混凝土(PC)又称树脂混凝土，是完全采用聚合物(聚酯、聚甲基丙烯酸甲酯等)为胶结材料的混凝土，即主要由聚合物和砂石材料组成。为改善某项性能，必要时也可掺加短纤维、减缩剂、偶联剂等添加剂。

1) 组成材料

(1) 胶结材料。用于拌制聚合物混凝土的树脂或单体，常用的有环氧树脂(PE)、苯乙烯(S)等。

(2) 集料。应选择高强度和耐磨的岩石，轧制的集料要有良好的级配，集料最大粒径不大于20mm。

(3) 填料。其粒径宜为1～30μm，矿物成分有碱性的碳酸钙($CaCO_3$)系和酸性氧化硅(SiO_2)系，需根据聚合物特性确定。

2) 技术性能

聚合物胶结混凝土是以聚合物为结合料的混凝土，由于聚合特征，其具有以下特点。

(1) 表观密度轻。由于聚合物的密度较水泥的密度小，所以聚合物混凝土的表观密度亦较小，通常为2 000～2 200kg/m^3。如采用轻集料配制混凝土，更能减少结构断面和增大跨度。

(2) 力学强度高。聚合物混凝土的抗压强度、抗拉强度或抗弯强度比普通水泥混凝土要高，特别是抗拉强度和抗弯强度强度尤为突出。这对减薄路面厚度或减小桥梁结构断面都有显著效果。

(3) 与集料的黏附性强。由于聚合物与集料的黏附性强，可采用硬质岩石作成混凝土路面抗滑层，提高路面抗滑性。此外，还可以作成空隙式路面防滑层，以防止高速公路路面的漂滑和减小噪声。

(4) 结构密实。由于聚合物不仅可填密集料间的空隙，而且可浸填集料的孔隙，使混凝土的结构密度增大，提高了混凝土的抗渗性、抗冻性和耐久性。

与普通水泥混凝土比较，聚合物混凝土具有一些新的性能特点。其抗拉强度、抗压强度、抗弯强度也都得到较大提高，抗渗性、耐磨性、耐水性、耐腐蚀性也都得到较大改善。因此聚合物混凝土在土建、交通和化工部门都得到重视，已应用于铺筑路面和桥面、修补路面凹坑、修补机场跑道等。由于生产工艺的改进，聚合物混凝土材料的应用越来越广，如混凝土管、隧道衬砌、支柱、堤坝面层以及各种土建工程的装饰性构件等。

7.3.2 土工合成材料

土工合成材料是以高分子聚合物为原料的新型建筑材料，广泛应用于土木工程各个领域。它的种类很多，其中有一类具有透水性的布状织物，称为土工织物，俗称土工布。织物的成分是人造聚合物，常用的有聚丙烯(丙纶)、聚酯(涤纶)、聚乙烯、聚酰胺(锦纶)、尼龙和聚偏二氯乙烯等。目前土工合成材料主要包括：土工织物(透水、布状)、土工网、格、垫(粗格或网状)、土工薄膜(不透水、膜状)和土工复合材料(以上材料的组合)。

1. 土工布的种类和特点

按照不同的制造工艺，可将土工布分为有纺织物、无纺织物、编织织物和复合织物四种。

1) 有纺织物

有纺织物是由经线和纬线相互交织而成的织物，与日用布相似，可分为平纹织物和斜纹织物。

(1) 单丝有纺织物。织物的成分大多为聚酯或聚丙烯，单丝的横截面为圆形或长方形。单丝有纺织物一般为中等强度，主要用作反滤材料。

(2) 复丝有纺织物。由许多细纤维的纱线织成。纤维原料多为聚丙烯和聚酯，薄膜丝原料为聚乙烯，主要用于加筋，在铺设时应注意使其最大强度方向与最大应力方向一致。此种织物价格较高，应用受到限制。

(3) 扁丝有纺织物。由宽度大于厚度许多倍的纤维织造而成。常见的扁丝织物是聚丙烯薄膜织物，扁丝之间不经黏合易撕裂。但此织物具有较高强度和弹性模量，主要用作分隔材料。

2）无纺织物

将纤维沿一定方向或随机地以某种方法相互结合而制成的织物。无纺织物的原料几乎全是聚酯、聚丙烯或由聚丙烯与尼龙纤维混纺制成。其价格较低，具有中、低强度和中等至较大的破坏延伸率，已广泛用作反滤、隔离和加筋材料。

3）编织织物

由一股或多股纱线组成的线卷相互连锁而制成，又称针织物。使用单丝和复合长丝，能够织成各种管状织物。编织织物造价较低，但在工程领域中较少应用，近年美国已将其用于反滤与加筋材料。

4）复合织物

将编织织物、有纺织物和无纺织物等重叠在一起，用黏合或针刺等方法使其相互组合加工而成的织物。许多专门用于排水的复合织物由两层薄反滤层中间夹一厚透水层组成。反滤层一般是热黏合无纺织物，透水层是厚型针织物或特种织物。

2. 土工布在道路工程中的应用

合成织物用于土木工程始于20世纪50年代末，最早是美国人R. J. Barrett在佛罗里达州将透水性合成纤维有纺织物铺设在混凝土块下，作为防冲刷保护层。20世纪70年代以后，国外织物的应用从公路、铁路的路基工程逐步扩展到挡土墙、土坝等大型永久性工程。20世纪80年代初，我国铁道部门开始试用无纺织物。20世纪80年代中期，水利、港建、航道和公路部门开始推广使用。其作用如下。

1）排水作用

织物是多孔隙透水介质，埋在土中可以汇集水分，并将水排出土体。织物不仅可以沿垂直于其平面的方向排水，也可以沿其平面方向排水，即具有水平排水功能。

2）反滤作用

为防止土中细颗粒被渗流潜蚀(管涌现象)，传统上使用级配粒料滤层。而有纺和无纺织物都能取代常规的粒料，起反滤层作用。工程中往往同时利用织物的反滤和排水两种作用。

3）分隔作用

在岩土工程中，不同的粒料层之间经常发生相互混杂现象，使各层失去应有的性能。将织物铺设在不同粒料层之间，可以起分隔作用。例如，在软弱地基上铺设碎石粒料基层时，在层间铺设织物，可有效地防止层间土粒相互贯入和控制不均匀沉降。织物的分隔作用在公路软土路基处理中效果很好。

4）加筋作用

织物具有较高的抗拉强度和较大的破坏变形率，以适当方式将其埋在土中，作为加筋材料，可以控制土的变形，增加土体稳定性，可用于加筋土挡墙中。

在一项工程中，可要求织物发挥多种作用，见表7-4。

表 7-4 织物在工程中的各种作用

主要作用	工　程	次要作用	主要作用	工　程	次要作用
分隔	道路和铁路路基	反滤、排水、加筋	加筋	沥青混凝土路面	—
	填土、预压稳定	排水、加筋		路面底基层	反滤
	边坡防护、运动场、停车场	反滤、排水、加筋		挡土结构	排水
排水	挡土墙、垂直排水	分隔、反滤		软土地基	分隔、排水、反滤
	横向排水(铺在薄膜下)	加筋		填土地基	排水
	土坝	反滤	反滤	沟渠、基层、结构和坡脚排水	分隔、排水
	铺在水泥板下	—		堤岸防护	分隔

7.3.3 高分子聚合物改性沥青混合料

1. 高分子聚合物改性沥青的性能

目前，应用于改善沥青性能的高分子聚合物主要有树脂类、橡胶类和树脂-橡胶共聚物等三类，各类常用聚合物名称分别列于表 7-5。

表 7-5 改性沥青常用高聚物

树脂类高聚物	橡胶类高聚物	树脂-橡胶共聚物
聚乙烯(PE) 聚丙烯(PP) 聚乙烯-乙酸乙烯酯共聚物(EVA)	丁苯橡胶(SBR) 氯丁橡胶(CR) 丁腈橡胶(NBR) 苯乙烯-异戊二烯橡胶(SIR) 乙丙橡胶(EPDR)	苯乙烯-丁二烯嵌段共聚物(SBS) 苯乙烯-异戊二烯嵌段共聚物(SIS)

1) 热塑性树脂类改性沥青

用作沥青改性的树脂，主要是热塑性树脂，较常用的有聚乙烯(PE)和聚丙烯(PP)。它们所组成的改性沥青性能，主要是提高沥青的黏度，改善高温抗流动性，同时可增大沥青的韧性，所以它们对改善沥青高温性能是有效的，但是低温性能改善有时并不明显。

2) 橡胶类改性沥青

橡胶沥青的性能，不仅取决于橡胶的品种和掺量，而且取决于沥青的性质。当前合成橡胶类改性沥青中，通常认为改性效果较好的是丁苯橡胶(SBR)。丁苯橡胶改性沥青的性能主要表现：

(1) 在常规指标上，针入度值减小，软化点升高，常温(25℃)延度稍有增加，特别是低温(5℃)延度有较明显的增加。

(2) 不同温度下的黏度均有增加，随着温度降低，黏度差逐渐增大。

(3) 热流动性降低，热稳定性明显提高。

(4) 韧度明显提高，黏附性亦有所提高。

3) 热塑性弹性体改性沥青

热塑性弹性体改性沥青由于兼具树脂和橡胶的特性，所以对沥青性能的改善优于树脂和橡胶改性沥青。现以苯乙烯-丁二烯嵌段共聚物(SBS)为例，说明其改善沥青性能的优越性。以90号沥青为基料，掺入5%的SBS改性沥青的技术性能列于表7-6。

表7-6 SBS改性沥青的技术性质

沥青名称	高温指标		低温指标		耐久性指标
	绝对黏度 60℃/PA.S	软化点 TR&B/℃	低温延度 5℃/cm	脆点 FRAAβ/℃	TFOT前后黏度比 $A=\frac{\eta(60^{\circ}C)b}{\eta(60^{\circ}Ca)}$
原始沥青(针入度86(0.1mm))	115	48	3.8	−10.0	2.18
改性沥青(针入度90(0.1mm))	224	51	36.0	−23.0	1.08

注：改性沥青由原始沥青与5%SBS及助剂组成。

由表7-6中可知，改性沥青较原始沥青在使用性能上，主要有下列改善。

(1) 提高了低温变形能力。改性沥青5℃时的延度增加，脆点降低。

(2) 提高了高温使用的黏度。改性沥青60℃的黏度增加，软化点提高。

(3) 提高了温度感应性。改性沥青在低温时的黏度较原始沥青降低(具有较好的变形能力)，而高温(60℃)的黏度提高(具有较好的抗变形能力)。在更高温度(90℃以上)，黏度与原始沥青相近(具有较好的易施工性)。

(4) 提高了耐久性。掺加聚合物后沥青的耐久性指标A值变化小，表明其耐久性有了提高，这主要取决于聚合物中助剂(防老剂)的作用。

2. 改性沥青混合料的性能

采用不同高聚物的改性沥青，将其配制成沥青混合料，可以考察其使用于路面中的性能。现以SBS改性沥青为例，将该沥青配制沥青混合料，然后测定其技术性能，试验结果列于表7-7。

表7-7 SBS改性沥青混合料的技术性能

混合料名称	高温指标(T=60℃)		低温性能(T=−10℃)				
	稳定度 MS/kN	流值 FL /(1/10mm)	视劲度 T /(kN/mm)	劈裂抗拉强度 σ_t/MPa	竖向应变 ε_h/($\times10^{-2}$ mm/mm)	侧向应变 ε_L /($\times10^{-2}$ mm/mm)	断裂能 Eg /(N/mm)
原始沥青混合料	8.30	31	2.72	2.90	6.9	2.0	1.00
改性沥青混合料	8.45	29	2.87	2.75	16.0	9.0	2.19

注：改性沥青混合料为中粒式LH-10，I；改性沥青由原始沥青与5%SBS及助剂组成。

从表 7－7 中试验结果，可以看出 SBS 改性沥青混合料在技术性能上有如下几点改善。

(1) 提高了高温时的稳定性。表中 SBS 改性沥青混合料的马歇尔稳定度有所提高，流值有所减少，视劲度也有提高。

(2) 提高了低温时的变形能力。从表中看出 SBS 改性沥青混合料的抗拉强度稍有降低，变形量增大，断裂能增加，这就表明在低温下，它变得较原始沥青混合料更为柔韧，因此抵抗低温裂缝的能力也有所提高。

聚合物改性沥青可改善混合料性能，树脂类改性沥青对提高混合料的稳定性有明显的效果，橡胶类改性沥青对提高混合料的低温抗裂性都有一定的效果，树脂-橡胶高聚物能适当程度地兼顾高温稳定性和低温抗裂性两方面的性能。改性沥青制备的混合料应用于高等级路面，对防止高温车辙和低温裂缝有一定的效果。

7.3.4 胶黏剂

胶黏剂又称为黏合剂，是一类具有优良黏合性能的材料。使用胶黏剂可以将同质或不同质的材料黏结在一起。因此在土木工程中得到广泛应用。

胶黏剂具有足够的流动性，使用范围广泛，可不受材料种类、形状的限制，而且能保证黏结基面充分浸润，具有很好的密封作用，黏结牢固。

胶黏剂的品种很多，按其基料可分为无机胶和有机胶。在有机胶中，一部分为天然动植物胶，这类胶已逐渐被淘汰；另一部分为合成胶，包括树脂型、橡胶型和混合型三类。由于有机高分子材料的迅速发展，合成胶的发展很快，品种多，性能优良。其中树脂型胶黏剂的胶黏强度高，硬度、耐温、耐介质的性能都比较好，但较脆，起黏性、韧性较差；橡胶型柔韧性和起黏性好，抗震和抗弯性能好，但强度和耐热性较差；混合型是树脂与橡胶，或多种树脂、橡胶混合使用，可取长补短，发挥各自的优越性。

在土建工程中应用最多的是环氧树脂胶黏剂，它是由环氧树脂、固化剂、增韧剂、填料等组成，有时还包括稀释剂、促进剂、偶联剂等。环氧树脂的特点是黏结力强、收缩率小、稳定性高，而且与其他高分子化合物的混溶性好，可制成不同用途的改性品种，如环氧丁腈胶、环氧尼龙胶、环氧聚砜胶等。环氧树脂的缺点是耐热性不高，耐候性尤其是耐紫外线性能较差，部分添加剂有毒，而且在配制后应尽快使用，以免固化。它可用于金属与金属之间、金属与非金属之间材料的黏接，也可用作防水、防腐涂料。

聚醋酸乙烯酯胶黏剂是常用的热塑性树脂胶黏剂，是以聚醋酸为基料的胶黏剂。可以制备成乳液胶黏剂、溶液胶黏剂或热熔胶等，乳液胶黏剂使用最多。聚醋酸乙烯乳液胶黏剂的成膜是通过水分的蒸发或吸收和乳液互相融结这两个过程实现的。具有树脂分子量高、胶接强度好、黏度低、使用方便、无毒、不燃等优点。适用于黏结多孔性易吸水的材料，如木材、纤维制品等，也可用来黏结混凝土制品、水泥制品等，用途十分广泛。

一般的酚醛树脂固化后脆性大，抗冲击性差，很少应用。若加入橡胶或热塑性树脂，则可提高韧性，成为韧性好、耐热温度高、强度大、性能优良的结构黏结剂，广泛用于金属、非金属以及热固性塑料的黏接，其中以酚醛-缩醛胶和酚醛-丁腈胶应用较为广泛，这两类胶固化时需加热加压，而且胶的配方中含有溶剂，应注意通风防火。

橡胶胶黏剂是以氯丁、丁腈、丁苯、丁基等合成橡胶或天然橡胶为基料配成的一类胶黏剂，这类胶黏剂具有较强的黏附性、良好的弹性。但其拉伸强度和剪切强度较低，主要适用于柔软的或膨胀系数相差很大的材料的黏接。主要品种有氯丁橡胶胶黏剂、丁腈橡胶胶黏剂等。

7.3.5 裂缝修补与嵌缝材料

裂缝修补与嵌缝材料实际是一种胶黏剂，用于修补水泥混凝土路面的裂缝或嵌缝结构或构件的接缝。此类材料必须具备较好的黏接力、较高的拉伸率，并具有较好的低温塑性及耐久性。目前常用的有环氧树脂及改性环氧树脂类、聚氨酯及改性聚氨酯类、烯类修补材料，以及聚氯乙烯胶泥、橡胶沥青等嵌缝材料。

1）环氧树脂类

环氧树脂类修补材料的主要组分是环氧树脂。它是含有两个以上环氧化基高分子化合物，常见的环氧树脂可分为两类：一类是缩水甘油基型环氧树脂；一类是环氧化烯烃。水泥混凝土路面修补中使用的大多属于缩水甘油基型，常用的有由多元酚和多元醇制备的双酚A环氧树脂。双酚A环氧树脂本身很稳定，但活性较大，所以要在改性或碱性固化剂作用下固化。在双酚A环氧树脂分子结构中有羟基和醚键，固化过程中在固化剂的作用下还能进一步生成羟基和醚键，因而有较高的内聚力和较强的黏附力。同时其收缩率较低，因此可作为水泥混凝土路面的裂缝灌浆材料。但由于环氧树脂的延伸率低、脆性大、不耐疲劳，在使用中会造成一定的缺陷。因此，必须对环氧树脂进行改性，以提高延伸率，降低其脆性。改性的方法是加一些改性剂，可采用低分子液体改性剂、增柔剂、增韧剂等，如聚硫改性环氧灌浆材料及914双组分快速固化裂缝修补材料等。

2）聚氨酯类

聚氨酯胶液的主体材料是多异腈酸酯和聚氨基甲酸酯，制备成A、B两组分，固化所得到的弹性体具有极高的黏附性，耐候性高。它与混凝土的黏固很牢，且不需要打底，可用作房屋、桥梁的嵌缝密封材料。

3）烯烃类

烯烃类裂缝修补材料主要采用烯类聚合物配制而成，通常有两大类：一类是以烯类单体或预聚体作胶黏剂，另一类是以高分子聚合物本身作胶黏剂，如氰基丙烯酸胶黏剂，其最大的优点是室外固化时间快，几分钟之内就可以黏住，24～48 h可达到最高抗拉强度，且气密性能好，但价格较高，不宜大面积使用。

4）聚氯乙烯类

聚氯乙烯胶泥是以煤焦油为基料，加入聚氯乙烯树脂、增塑剂、填充料和稳定剂等配制而成的单组分材料，呈黑色固体状，施工时需要加热到130～140℃。采用填缝机进行灌注、冷却后成型，它具有良好的防水性、黏结性、柔韧性和抗渗性，且耐寒、耐热、抗老化，能很好地与混凝土黏结，适用于混凝土路面板的接缝及各种管道的接缝。

5）橡胶类

氯丁橡胶嵌缝材料是以氯丁橡胶和丙烯系塑料为主体材料，配以适量的增塑剂、硫化剂、增韧剂、防老剂及填充剂等配制而成的一种黏稠物。其特征：与砂浆、混凝土及金属等有良好的黏结性能，且易于施工。常用作混凝土路面的嵌缝材料。

硅橡胶是一种优质的嵌缝材料，具有低温（－60℃）柔韧性好，可耐150℃的高温，耐腐蚀等优点，但价格较高。

聚硫橡胶嵌缝材料兼具塑料和橡胶的性能，常温下不发生氧化、变形小、抗老化，适用于细小、多孔或暴露表面的接缝，但价格较高。

7.3.6 膨胀支座和弹性支座

桥梁和管线工程中的膨胀支座一般采用聚四氟乙烯（PTFE）树脂，可以保证梁的水平移动的要求。弹性支座可采用氯丁橡胶（CR）和聚异戊二烯橡胶（IR）等制作，以减少噪声和振动。

本章小结

聚合物又称为高分子化合物或高聚物，是由不饱和有机低分子化合物（单体）经聚合反应所得。聚合物是塑料、合成橡胶和合成纤维的基本原料，由于其原料来源广泛，而且随着有机化工工业的迅速发展，聚合物的品种不断增多，性能愈来愈优异。因此高分子材料是有很大潜力的材料。

聚合物材料在道路工程中得到越来越多的应用。聚合物混凝土、土工合成材料、聚合物改性沥青、胶黏剂、裂缝修补与嵌缝材料以及膨胀支座和弹性支座等的应用，使道路工程质量得到明显的提高。

复习题

1. 什么是高分子聚合物材料？简述其特征。

2. 聚合物浸渍混凝土、聚合物水泥混凝土和聚合物胶结混凝土在组成和工艺上有什么不同？简述它们在道路与桥梁工程中的用途。

3. 什么是土工布？简述土工布在道路工程中的作用。

4. 常用于改性沥青的聚合物有哪几类？分析它们在改善沥青性能方面各有什么优点和不足之处？

5. 举例说明道路工程中较多采用的聚合物品种。

第8章

道桥工程材料试验

教学目标

通过试验，要求学生掌握道桥工程材料的基本性能、操作技能，培养学生的团队精神、协作能力和认真严谨的科学态度。

教学要求

知识要点	能力要求	相关知识
砂石材料试验	掌握砂石材料的技术要求和质量标准，使学生能熟练操作砂石材料的各项试验	岩石毛体积密度试验、石料单轴抗压强度试验、细集料筛分试验、细集料表观密度试验、细集料堆积密度及紧装密度试验、粗集料及集料混合料的筛分试验、粗集料密度及吸水率试验、粗集料磨耗试验
水泥试验	掌握水泥的技术要求和质量标准，使学生能熟练操作水泥的各项试验	水泥细度试验、水泥标准稠度用水量、凝结时间和安定性检验方法、水泥胶砂强度试验
泥混凝土及砂浆试验	掌握水泥混凝土及砂浆的技术要求和质量标准，使学生能熟练操作水泥混凝土及砂浆的各项试验	水泥混凝土拌合物的拌和与现场取样方法、水泥混凝土拌合物稠度试验、水泥混凝土试件制作、水泥混凝土强度试验、砂浆试验
沥青及沥青混合料试验	掌握沥青及沥青混合料的技术要求和质量标准，使学生能熟练操作沥青及沥青混合料的各项试验	沥青针入度试验、延度试验、软化点试验、混合料密度试验、马歇尔稳定度试验、车辙试验
无机结合料稳定材料试验	掌握无机结合料稳定材料的技术要求和质量标准，使学生能熟练操作无机结合料稳定材料的各项试验	无机结合料稳定材料的击实试验、无侧限抗压强度试验

8.1 砂石材料试验

8.1.1 岩石毛体积密度试验

1. 目的和适用范围

岩石的毛体积密度(块体密度)是一个间接反映岩石致密程度、孔隙发育程度的参数，也是评价工程岩体稳定性及确定围岩压力等必需的计算参数。根据其含水率状态，毛体积密度可分为干密度、饱和密度和天然密度。

岩石毛体积密度的测定可用量积法、水中称量法和蜡封法。量积法适用于能制备成规则试件的各类岩石；水中称量适用于除遇水崩解、溶解和干缩湿胀外的其他各类岩石；蜡封法适用于不能用量积法或直接在水中称量进行试验的岩石。

2. 仪器设备

(1) 切石机、钻石机、磨石机等岩石试件加工设备。

(2) 天平：感量 0.01g，称量大于 500g。

(3) 烘箱，使温度控制在 105～110℃。

(4) 石蜡和熔蜡设备。

(5) 水中称量装置。

(6) 游标卡尺。

3. 试件制备

(1) 量积法的试件制备，试件采用圆柱体直径为 50mm±2mm、高径比为 2∶1 的标准试件，6 个为一组。

(2) 水中称量法试件制备，试件可采用规则或者不规则形状，试件尺寸应大于组成岩石最大颗粒粒径的 10 倍，每个试件质量不宜小于 150g。

(3) 蜡封法试件制备，可将岩样制成长 40～60mm 的立方体试件，并将尖锐棱角用砂轮打磨光滑；或采用直径为 48～52mm 的圆柱体试件。测定天然密度的试件，应在岩样拆封后，在设法保持天然湿度的条件下，迅速封样、称量和密封。

(4) 同一含水状态下，每组试件数量不得少于 3 个。

4. 试验方法及步骤

1) 试验准备条件

制备相应试件按不同试验方法要求制备其相应试件。

2) 量积法试验步骤

(1) 测量试件的直径或边长：用游标卡尺量测试件两端和中间三个断面上互相垂直的两个方向的直径或边长，按截面积计算平均值。

(2) 测量试件的高度：用游标卡尺量测试件断面周边对称的四个点(圆柱体为互相垂直的直径与圆周交点处，立方体试件为边长的中点)和中心点的五个高度，计算平均值。

(3) 测定天然密度：应在岩样开封后，在保持天然湿度的条件下，立即加工试件和称量。测定后的试件可作为天然状态单轴抗压强度试验用的试件。

(4) 测定饱和密度：试件的饱和过程和称量。测定后的试件，可作为饱和状态单轴抗压强度试验用的试件。

(5) 测定干密度：将试件放入烘箱内，在105～110℃温度下烘12～24h，取出放入干燥器中冷却至室温，称其质量。测定后的试件可作为干燥状态单轴抗压强度试验用的试件。

(6) 试验的称量精确至0.01g，量测精确至0.01mm。

3) 水中称量法试验步骤

(1) 按量积法的(3)和(5)测定试样的天然密度和干密度。

(2) 将干试样浸入水中进行饱和，饱和方法可采用煮沸法和真空抽气法，试件的饱和过程和称量应符合吸水率试验方法的相关条款规定。

(3) 将试样放在水中称量装置的丝网上，称取试样在水中的质量。在称量过程中，称量装置的液面应始终保持同一高度，并记下水温。

(4) 试验的称量精确至0.01g。

4) 蜡封法试验步骤

(1) 按量积法的(3)和(5)测定试样的天然密度和干密度。

(2) 称取干燥冷却后的试样质量。将石蜡装入干净铁盆中加热熔化至稍高于熔点(石蜡熔点为55～58℃)。通过滚涂和刷涂的方法将试样表面涂一层约1mm厚的石蜡层，冷却后称取蜡封试样的质量。

(3) 检测蜡封的密实性：将涂蜡试件浸水，称其水中的质量。擦干试件表面的水分，称取蜡封试件在空气中的质量。比较浸水前后蜡封试样的质量，如超过0.05g，说明蜡封不好，水浸入试件，应取样重做试验。

(4) 试验的称量精确至0.01g。

5. 结果整理

1) 按各自试验方法公式计算岩石毛体积密度、密度和空隙分数

(1) 量积法岩石毛体积密度可按下列公式计算。

$$\rho_0 = \frac{m_0}{V}$$

$$\rho_s = \frac{m_s}{V}$$

$$\rho_d = \frac{m_d}{V}$$

式中 ρ_0——天然密度，g/cm^3；

ρ_s——饱和密度，g/cm^3；

ρ_d——干密度，g/cm^3；

m_0——试件烘干前的质量，g；

m_s——试件强制饱和后的质量，g；

m_d——试件烘干后的质量，g；

V——试件的体积，cm^3。

(2) 水中称量法岩石毛体积密度按下列公式计算。

$$\rho_0 = \frac{m_0}{m_s - m_w} \times \rho_w$$

$$\rho_s = \frac{m_s}{m_s - m_w} \times \rho_w$$

$$\rho_d = \frac{m_d}{m_s - m_w} \times \rho_w$$

式中 ρ_w——洁净水的密度，g/cm^3；

m_w——试件强制饱和后在洁净水中的质量，g。

(3) 蜡封法岩石毛体积密度按下列公式计算。

$$\rho_0 = \frac{m_0}{\dfrac{m_1 - m_2}{\rho_w} - \dfrac{m_1 - m_d}{\rho_N}}$$

$$\rho_0 = \frac{m_d}{\dfrac{m_1 - m_2}{\rho_w} - \dfrac{m_1 - m_d}{\rho_N}}$$

式中 ρ_N——石蜡的密度，g/cm^3；

m_1——蜡封试件的质量，g；

m_2——蜡封试件在洁净水中的质量，g。

2) 注意事项

毛体积密度试验结果精确至 $0.01g/cm^3$，三个试件应平行试验。对于组织均匀的岩石，毛体积密度应为三个试件的平均值做测定值，对于组织非均匀的岩石，应列出每个试件的试验结果。

8.1.2 石料单轴抗压强度试验

1. 目的和适用范围

测定形状规则的岩石试件的单轴抗压强度，用于岩石的强度分级和岩性描述。采用饱和状态下的岩石立方体(或圆柱体)试件的抗压强度来评定岩石强度。

2. 试验仪器设备

切石机、钻石机、磨石机等岩石试件加工设备、压力试验机、烘箱、干燥器、游标卡尺、角尺等。

3. 试验准备

(1) 建筑地基用岩石试验，采用圆柱体直径为 50mm±2mm、高径比为 2∶1 的标准试件，六个为一组。

(2) 桥梁工程用岩石试验，采用边长为 70mm±2mm 的立方体试件，每组试件六个。

(3) 路面工程用岩石试验，采用圆柱体或立方体试件，其直径或边长和高均为 50mm±2mm，每组试件六个。

有显著层理的岩石，分别沿平行和垂直方向各取试件六个。试件上下端面应平行和磨平，端面的平面度公差应小于0.05mm，端面对试件轴线垂直度不超过0.25°。对于非标准圆柱体试件，抗压强度试验值要进行修正。

4. 试验步骤

(1) 用游标卡尺量取试件尺寸，计算其承压面积。对于立方体试件，在地面和顶面各量取其边长，以各个面上相互平行边的平均值计算承压面积；对于圆柱体试件，在底面和顶面分别测量两个相互正交的直径，并以其各自的算术平均值计算底面和顶面的面积，取地面和顶面面积的平均值作为承压面积。

(2) 试件的含水率状态应根据试验要求做相应选择。

(3) 在保证压力机量程的范围内，将试件置于承压板中央。开动压力机，以0.5～1.0MPa/s的速率进行加荷直至破坏，记录破坏荷载、加载过程中出现的现象及最大荷载值。

5. 结果计算及整理

(1) 岩石的抗压强度和软化系数按下列公式计算。

$$R=\frac{P}{A}$$

式中 R——岩石的抗压强度，MPa；

P——试件破坏时的荷载，N；

A——试件的截面积，mm^2。

$$K_P=\frac{R_W}{R_d}$$

式中 K_P——软化系数；

R_W——岩石饱和状态下的单轴抗压强度，MPa

R_d——岩石烘干状态下的单轴抗压强度，MPa。

(2) 单轴抗压强度试验结果应列出每个试件的试验值和同组试件的平均值；有显著层理的岩石，分别报告平行与垂直方向试件强度的平均值，计算精确至0.1MPa。

软化系数精确至0.01，取三个试件的平均值。若三个值中最大与最小之差不超过平均值的20%，否则，应取第四个试件，并在四个试件中取最接近的三个值的平均值做测定值，同时在报告中将四个值全部给出。

8.1.3 细集料筛分试验

1. 目的与适用范围

测定细集料(天然砂、人工砂、石屑)的颗粒级配及粗细程度。对水泥混凝土用细集料可采用干筛法，如果需要也可采用水洗法筛分；对沥青混合料及基层用细集料必须用水洗法筛分。

注：当细集料中含有粗集料时，可参照此方法用水洗法筛分，但需特别注意保护标准筛筛面。

2. 仪具与材料

(1) 标准筛。

(2) 天平：称量 1 000g，感量不大于 0.5g。

(3) 摇筛机。

(4) 烘箱：能控温在 105℃±5℃。

(5) 其他：浅盘和硬、软毛刷等。

3. 试验准备

根据样品中最大粒径的大小，选用适宜的标准筛。通常为 9.5mm 筛(水泥混凝土用天然砂)或 4.75mm 筛(沥青路面及基层用天然砂、石屑、机制砂等)，筛除其中的超粒径材料然后将样品在潮湿状态下充分拌匀，用分料器法或四分法缩分至每份少于 550g 的试样两份，在 105℃±5℃的烘箱中烘干至恒重，冷却至室温后备用。

注：恒重系指相邻两次称量间隔时间大于 3h(通常不少于 6h)的情况下，前后两次称量之差小于该项试验所要求的称量精密度。

4. 试验步骤

1) 干筛法试验步骤

(1) 准确称取烘干试样约 500g(m_1)，准确至 0.5g，置于套筛的最上面一只，即 4.75mm 筛上，将套筛装入摇筛机，摇筛约 10min，然后取出套筛，再按筛孔大小顺序，从最大的筛号开始，在清洁的浅盘上逐个进行手筛，直到每分钟的筛出量不超过筛上剩余量的 0.1%时为止，将筛出通过的颗粒并入下一号筛，和下一号筛中的试样一起过筛，以此顺序进行至各号筛全部筛完为止。

注：① 试样如为特细砂时，试样质量可减少到 100g；

② 如试样含泥量超过 5%，不宜采用干筛法；

③ 无摇筛机时，可直接用手筛。

(2) 称量各筛筛余试样的质量，精确至 0.5g。各筛的分计筛余量和底盘中剩余量的总量与筛分前的试样总量，相差不得超过后者的 1%。

2) 水洗法试验步骤

(1) 准确称取烘干试样约 500g(m_1)，准确至 0.5g。

(2) 将试样置一洁净容器中，加入足够数量的洁净水，将集料全部淹没。

(3) 用搅拌棒充分搅动集料，将集料表面洗涤干净，使细粉悬浮在水中，但不得有集料从水中溅出。

(4) 用 1.18mm 筛及 0.075mm 筛组成套筛，仔细将容器中混有细粉的悬浮液徐徐倒出，经过套筛流入另一容器中，但不得将集料倒出。

注：不可直接倒至 0.075mm 筛上，以免集料掉出损坏筛面。

(5) 重复步骤(2)～(4)，直至倒出的水洁净且将小于 0.075mm 的颗粒全部倒出。

(6) 将容器中的集料倒入浅盘中，用少量水冲洗，使容器上黏附的集料颗粒全部进入浅盘中，将筛子反扣过来，用少量的水将筛上集料冲入浇盘中。操作过程中不得有集料散失。

(7) 将浅盘连同集料一起置于105℃±5℃烘箱中烘干至恒重，称取干燥集料试样的总质量(m_2)。准确至0.1%，m_1与m_2之差即为通过0.075mm筛部分。

(8) 将全部要求筛孔组成套筛(但不需0.075mm筛)，将已经洗去小于0.075mm部分的干燥集料置于套筛上(通常为4.75mm筛)，将套筛装入摇筛机，摇筛约10min，然后取出套筛，再按筛孔大小顺序，从最大的筛号开始，在清洁的浅盘上逐个进行手筛，直至每分钟的筛出量不超过筛上剩余量的0.1%时为止。将筛出通过的颗粒并入下一号筛，和下一号筛中的试样一起过筛，这样顺序进行，直至各号筛全部筛完为止。

注：如为含有粗集料的集料混合料，套筛筛孔根据需要选择。

(9) 称量各筛筛余试样的质量，精确至0.5g。所有各筛的分计筛余量和底盘中剩余量的总质量与筛分前后试样总量m_2的差值不得超过后者的1%。

5. 计算

1) 计算分计筛余百分率

各号筛的分计筛余百分率为各号筛上的筛余量除以试样总量(m_1)的百分率，精确至0.1%。对沥青路面细集料而言，0.15mm筛下部分即为0.075mm的分计筛余，由步骤(7)测得的m_1与m_2之差即为小于0.075mm的筛底部分。

2) 计算累计筛余百分率

各号筛的累计筛余百分率为该号筛及大于该号筛的各号筛的分计筛余百分率之和，结果精确至0.1%。

3) 计算质量通过百分率

各号筛的质量通过百分率等于100减去该号筛的累计筛余百分率，精确至0.1%。

4) 绘制级

根据各筛的累计筛余百分率或通过百分率，绘制级配曲线。

5) 计算细度模数

天然砂的细度模数按下式计算，精确至0.01%。

$$M_X=\frac{(A_{0.15}+A_{0.3}+A_{0.6}+A_{1.18}+A_{2.36})-5A_{4.75}}{100-A_{4.75}}$$

式中 M_X——砂的细度模数；

$A_{0.15}$，$A_{0.03}$，…，$A_{4.75}$——分别为0.15mm、0.3mm、…、4.75mm各筛上的累计筛余百分率(%)。

6) 注意事项

应进行两次平行试验，以试验结果的算术平均值作为测定值。如两次试验所得的细度模数之差大于0.2，应重新进行试验。

8.1.4 细集料表观密度试验

1. 目的与适用范围

用容量瓶法测定细集料(天然砂、石屑、机制砂)在23℃时对水的表观相对密度和表观密度。本方法适用于含有少量大于2.36mm的细集料。

2. 仪具与材料

(1) 天平：称量 1kg，感量不大于 1g。

(2) 容量瓶：500mL。

(3) 烘箱：能控温在 105℃±5℃。

(4) 烧杯：500ml。

(5) 其他：干燥器、浅盘、铝制料勺、洁净水、温度计等。

3. 试验准备

将缩分至 650g 左右的试样在温度为 105±5℃的烘箱中烘干至恒重，并在干燥器内冷却至室温，分成两份备用。

4. 试验步骤

(1) 称取烘干的试样约 300g(m_0)，装入盛有半瓶洁净水的容量瓶中。

(2) 摇转容量瓶，使试样在已保温至 23℃±1.7℃的水中充分搅动以排除气泡，塞紧瓶塞，在恒温条件下静置 24h 左右，然后用滴管添水，使水面与瓶颈刻度线平齐，再塞紧瓶塞，擦干瓶外水分，称其总质量(m_2)。

(3) 倒出瓶中的水和试样，将瓶的内外表面洗净，再向瓶内注入同样温度的洁净水(温差不超过 2℃)至瓶颈刻度线，塞紧瓶塞，擦干瓶外水分，称其总质量(m_1)。

注：在砂的表观密度试验过程中应测量并控制水的温度，试验期间的温差不得超过 1℃。

5. 计算

(1) 细集料的表观相对密度按下式计算至小数点后三位。

$$\gamma_a=\frac{m_0}{m_0+m_1-m_2}$$

式中 γ_a——集料的表观相对密度，无量纲；

m_0——集料的烘干质量，g；

m_1——水及容量瓶的总质量，g；

m_2——试样、水、瓶及容量瓶的总质量，g。

(2) 表观密度计算，精确至小数点后三位。

$$\rho_a=\gamma_a\times\rho_T \text{ 或 } \rho_a=(\gamma_a-\alpha_T)\times\rho_w$$

式中 ρ_a——细集料的表观密度，g/cm^3；

ρ_w—— 水在 4℃时的密度，g/cm^3；

α_T—— 试验时的水温对水密度影响的修正系数；

ρ_T—— 试验温度 T 时水的密度，g/cm^3。

6. 注意事项

以两次平行试验结果的算术平均值作为测定值，如两次结果之差值大于 0.01g/cm^{3}时，应重新取样进行试验。

8.1.5 细集料堆积密度及紧装密度试验

1. 目的与适用范围

测定砂自然状态下堆积密度、紧装密度及空隙分数。

2. 仪具设备

(1) 台秤：称量5kg，感量5g。

(2) 容量筒：金属制，圆筒形，内径108mm，净高109mm，筒壁厚2mm，筒底厚5mm，容积约为1L。

(3) 标准漏斗，如图8.1所示。

(4) 烘箱：能控温在105℃±5℃。

(5) 其他：小勺、直尺、浅盘等。

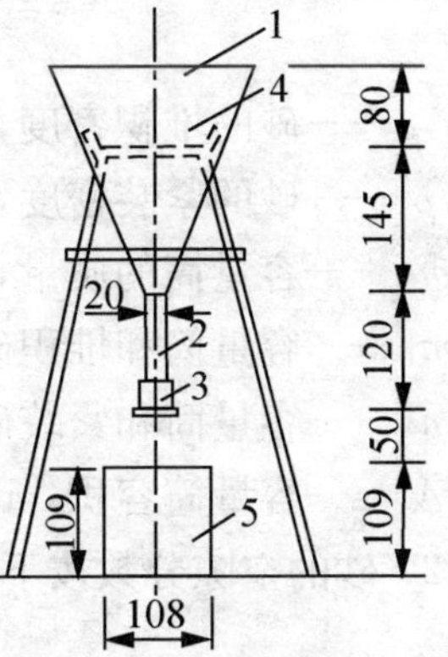

图8.1 标准漏斗(单位：mm)

1—漏斗；2—20mm管子；3—活动门；4—筛；5—金属量筒

3. 试验准备

(1) 试样制备：用浅盘装试样约5kg，在温度为105℃±5℃的烘箱中烘干至恒重，取出并冷却至室温，分成大致相等的两份备用。

注：试样烘干后如有结块，应在试验前先予捏碎。

(2) 容量筒容积的校正方法：以温度为20℃±5℃的洁净水装满容量筒，用玻璃板沿筒口滑移，使其紧贴水面，玻璃板与水面之间不得有空隙。擦干筒外壁水分，然后称量，用下式计算筒的容积V。

$$V = m'_2 - m'_1$$

式中 V——容量筒的容积，ml；

m'_1——容量筒和玻璃板总质量，g；

m'_2——容量筒、玻璃板和水总质量，g。

4. 试验步骤

1) 堆积密度

将试样装入漏斗中，打开底部的活动门，将砂流入容量筒中，也可直接用小勺向容量筒中装试样，但漏斗出料口或料勺距容量筒筒口均应为50mm左右，试样装满并超出容量筒筒口后，用直尺将多余的试样沿筒口中心线向两个相反方向刮平，称取质量(m_1)。

2) 紧装密度

取试样1份，分两层装入容量筒。装完一层后，在筒底垫放一根直径为10mm的钢筋，将筒按住，左右交替颠击地面各25下，然后再装入第二层。

第二层装满后用同样方法颠实(但筒底所垫钢筋的方向应与第一层放置方向垂直)。两层装完并颠实后，添加试样超出容量筒筒口，然后用直尺将多余的试样沿筒口中心线向两个相反方向刮平，称其质量(m_2)。

5. 计算

(1) 堆积密度及紧装密度分别按下式计算至小数点后三位。

$$\rho=\frac{m_1-m_0}{V}$$

$$\rho'=\frac{m_2-m_0}{V}$$

式中 ρ——砂的堆积密度，g/cm³；

ρ'——砂的紧装密度，g/cm³；

m_0——容量筒的质量，g；

m_1——容量筒和堆积砂的总质量，g；

m_2——容量筒和紧装砂的总质量，g；

V——容量筒容积，ml。

(2) 砂的空隙分数按下式计算，精确至0.1%。

$$n=(1-\frac{\rho}{\rho_a})\times 100$$

式中 n——砂的空隙分数，%；

ρ——砂的堆积或紧装密度，g/cn³；

ρ_a——砂的表观密度，g/cn³。

以两次试验结果的算术平均值作为测定值。

8.1.6 粗集料及集料混合料的筛分试验

1. 目的与适用范围

(1) 测定粗集料(碎石、砾石、矿渣等)的颗粒组成，对水泥混凝土用粗集料可采用干筛法筛分，对沥青混合料及基层用粗集料必须采用水洗法试验。

(2) 本方法也适用于同时含有粗集料、细集料、矿粉的集料混合料筛分试验，如未筛碎石、级配碎石、天然砂砾、级配砂砾、无机结合料稳定基层材料、沥青拌和楼的冷料混合料、热料仓材料、沥青混合料经溶剂抽提后的矿料等。

2. 仪器设备

(1) 试验筛：根据需要选用规定的标准筛。

(2) 摇筛机。

(3) 天平或台秤：感量不大于试样质量的0.1%。

(4) 其他：盘子、铲子、毛刷等。

3. 试验准备

按规定将来料用分料器或四分法缩分至表8-1所示的试样所需量，风干后备用。根据需要可按要求的集料最大粒径的筛孔尺寸过筛，除去超粒径部分颗粒后，再进行筛分。

表 8-1 筛分用的试样质量

公称最大粒径/mm	75	63	31.5	37.5	26.5	19	16	9.5	4.75
试样质量大小于/kg	10	8	5	4	2.5	2	1	1	0.5

4. 水泥混凝土用粗集料干筛法试验步骤

(1) 取试样一份置于105℃±5℃烘箱中烘干至恒重，称取干燥集料试样的总质量(m_0)，精确至0.1%。

(2) 用盘子作筛分容器，按筛孔大小排列顺序逐个将集料过筛。人工筛分时，需使集料在筛面上同时有水平方向及上下方向的不停顿的运动，使小于筛孔的集料通过筛孔，直至1min内通过筛孔的质量小于筛上残余量的0.1%为止；当采用摇筛机筛分时，应在摇筛机筛分后再逐个由人工补筛。将筛出通过的颗粒并入下一号筛，和下一号筛中的试样一起过筛，顺序进行，直至各号筛全部筛完为止。应确认1min内通过筛孔的质量确实小于筛上残余量的0.1%。

注：由于0.075mm筛干筛几乎能把沾在粗集料表面的小于0.075mm部分的石粉筛过去，而且对水泥混凝土用粗集料而言，0.075mm通过率的意义不大，所以也可以不筛，且把通过0.15mm筛的筛下部分全部作为0.075mm的分计筛余，将粗集料的0.075mm通过率假设为0。

(3) 如果某个筛上的集料过多，影响筛分作业，可以分两次筛分，当筛余颗粒的粒径大于19mm时，筛分过程中允许用手指轻轻拨动颗粒，但不得逐颗筛过筛孔。

(4) 称取每个筛上的筛余量，精确至总质量的0.1%。各筛分计筛余量及筛底存量的总和与筛分前试样的干燥总质量m_0相比，相差不得超过m_0的0.5%。

5. 沥青混合料及基层用粗集料水洗法试验步骤

(1) 取一份试样，将试样置于105℃±5℃烘箱中烘干至恒重，称取干燥集料试样的总质量(m_3)，精确至0.1%。

(2) 将试样置于一个洁净容器中，加入足够数量的洁净水，将集料全部淹没，但不得使用任何洗涤剂、分散剂或表面活性剂。

(3) 用搅拌棒充分搅动集料，使集料表面洗涤干净，细粉悬浮在水中，但不得破碎集料或有集料从水中溅出。

(4) 根据集料粒径大小选择组成一组套筛，其底部为0.075mm标准筛，上部为2.36mm或4.75mm筛。仔细将容器中混有细粉的悬浮液倒出，经过套筛流入另一容器中，尽量不将粗集料倒出，以免损坏标准筛筛面。

注：无须将容器中的全部集料都倒出，只倒出悬浮液。且不可直接倒至0.075mm筛上，以免集料掉出损坏筛面。

(5) 重复步骤(2)～(4)，直至倒出的水洁净为止，必要时可采用水流缓慢冲洗。

(6) 将套筛每个筛子上的集料及容器中的集料全部回收在一个盘子中，容器上不得有沾附的集料颗粒。

注：沾在 0.075mm 筛面上的细粉很难回收到盘子中，此时需将筛子倒扣在盘子上用少量的水并助以毛刷将细粉刷落入盘中，并注意不要散失。

(7) 在确保细粉不散失的前提下，小心泌去盘中的积水，将盘子连同集料一起置105℃±5℃烘箱中烘干至恒重，称取干燥集料试样的总质量(m_4)，粗确至 0.1%。以 m_3 与 m_4 之差作为 0.075mm 的筛下部分。

(8) 将回收的干燥集料按干筛方法筛分出 0.075mm 筛以上各筛的筛余量，此时 0.075mm 筛下部分应为 0。如果尚能筛出，则应将其并入水洗得到的 0.075mm 的筛下部分，且表示水洗不干净。

6. 结果整理

1) 干筛法筛分结果的计算

(1) 计算各筛分计筛余量及筛底存量的总和与筛分前试样的干燥总质量 m_0 之差，作为筛分时的损耗，并计算损耗率，若损耗率大于 0.3%，应重新进行试验。

$$m_5 = m_0 - (\sum m_i + m_{底})$$

式中 m_5——由于筛分造成的损耗，g。

m_0——用于干筛的干燥集料总质量，g。

m_i——各号筛上的分计筛余，g。

i——依次为 0.075mm、0.15mm…至集料最大粒径的排序；

$m_{底}$——筛底(0.075mm 以下部分)集料总质量，g。

(2) 干筛后各号筛上的分计筛余百分率按下式计算，精确至 0.1%。

$$p'_i = \frac{m_i}{m_0 - m_5} \times 100$$

式中 p'_i——各号筛上的分计筛余百分率，%；

m_5，m_0，m_i，i—— 意义同上。

(3) 各号筛的累计筛余百分率为该号筛以上各号筛的分计筛余百分率之和，精确至 0.1%。

(4) 各号筛的质量通过百分率 P_i 等于 100 减去该号筛累计筛余百分率，精确至 0.1%。

(5) 由筛底存量除以扣除损耗后的干燥集料总质量计算 0.075mm 筛的通过率。

(6) 试验结果以两次试验的平均值表示，精确至 0.1%。当两次试验结果 $P_{0.075}$ 的差值超过 1%时，试验应重新进行。

2) 水筛法筛分结果的计算

(1) 按下式计算粗集料中 0.075mm 筛下部分质量 $m_{0.075}$ 和含量 $P_{0.075}$，精确至 0.1%。当两次试验结果 $P_{0.075}$ 的差值超过 1%时，试验应重新进行。

$$m_{0.075} = m_3 - m_4$$

$$P_{0.075} = \frac{m_{0.075}}{m_3} = \frac{m_3 - m_4}{m_3} \times 100$$

式中 $P_{0.075}$——粗集料中小于 0.075mm 的含量(通过率)，%；

$m_{0.075}$——粗集料中水洗得到的小于 0.075mm 部分的质量，g；

m_3——用于水洗的干燥粗集料总质量，g；

m_4——水洗后的干燥粗集料总质量，g。

(2) 计算各筛分计筛余量及筛底存量的总和与筛分前试样的干燥总质量 m_4 之差，作为筛分时的损耗，若损耗率大于 0.3%，应重新进行试验。

$$m_5 = m_3 - (\sum m_i + m_{0.075})$$

式中 m_5——筛分造成的损耗，g；

m_3——用于水筛筛分的干燥集料总质量，g；

m_i——各号筛上的分计筛余，g；

i——依次为 0.075mm、0.15mm…至集料最大粒径的排序；

$m_{0.075}$——水洗后得到的 0.075mm 以下部分质量，g，即($m_3 - m_4$)。

(3) 计算其他各筛的分计筛余百分率、累计筛余百分率、质量通过百分率，计算方法与干筛法相同。当干筛时筛分有损耗时，应按干筛法的方法从总质量中扣除损耗部分。

(4) 试验结果以两次试验的平均值表示。

8.1.7 粗集料密度及吸水率试验

1. 目的与适用范围

本方法适用于测定各种粗集料的表观相对密度、表干相对密度、毛体积相对密度、表观密度、表干密度、毛体积密度，以及粗集料的吸水率。

2. 仪具与材料

(1) 天平或浸水天平：可悬挂吊篮测定集料的水中质量，称量应满足试样数量称量要求，感量不大于最大称量的 0.05%。

(2) 吊篮：耐锈蚀材料制成，直径和高度为 150mm 左右，四周及底部用 1～2mm 的筛网编制或具有密集的孔眼。

(3) 溢流水槽：在称量水中质量时能保持水面高度一定。

(4) 烘箱：能控温在 105℃±5℃。

(5) 毛巾：纯棉制，洁净，也可用纯棉的汗衫布代替。

(6) 温度计。

(7) 标准筛。

(8) 盛水容器(如搪瓷盘)。

(9) 其他：刷子等。

3. 试验准备

(1) 将试样用标准筛过筛除去其中的细集料，对较粗的粗集料可用 4.75mm 筛过筛对 2.36～4.75mm 集料，或者混在 4.75mm 以下石屑中的粗集料，则用 2.36mm 标准筛过筛，用四分法或分料器法缩分至要求的质量，分两份备用，对沥青路面用粗集料，应对不同规格的集料分别测定，不得混杂，所取的每一份集料试样应基本上保持原有的级配。在测定 2.36～4.75mm 的粗集料时，试验过程中应特别小心，不得丢失集料。

(2) 经缩分后供测定密度和吸水率的粗集料质量应符合表 8-2 所示规定。

表 8-2 测定密度所需要的试样最小质量

公称最大粒径/mm	4.75	9.5	16	19	26.5	31.5	37.5	63	75
每一份试样的最小质量/kg	0.8	1	1	1	1.5	1.5	2	3	3

(3) 将每一份集料试样浸泡在水中，并适当搅动，仔细洗去附在集料表面的尘土和石粉，经多次漂洗干净至水完全清澈为止。清洗过程中不得散失集料颗粒。

4. 试验步骤

(1) 取试样一份装入干净的盘子中，注入洁净的水，水面至少应高出试样 20mm，轻轻至搅动石料，使附着在石料上的气泡完全逸出。试样在室温下保持浸水 24h。

(2) 将吊篮挂在天平的吊钩上，浸入溢流水槽中，向溢流水槽中注水，水面高度至水槽的溢流孔，将天平调零，吊篮的筛网应保证集料不会通过筛孔流失，对 2.36～4.75mm 粗集料应更换小孔筛网，或在吊篮中加放入一个浅盘。

(3) 调节水温在 15～25℃。将试样移入吊篮中。溢流水槽中的水面高度由水槽的溢流孔控制，维持不变称取集料的水中质量(m_ω)。

(4) 提起吊篮，稍稍滴水后，较粗的粗集料可以直接倒在拧干的湿毛巾上。将较细的粗集料(2.36～4.75mm)连同浅盘一起取出，稍稍倾斜浅盘，仔细倒出余水，将粗集料倒在拧干的湿毛巾上，用毛巾吸走从集料中漏出的自由水。此步骤需特别注意不得有颗粒丢失，或有小颗粒附在吊篮上。再用拧干的湿毛巾轻轻擦干集料颗粒的表面水，至表面看不到发亮的水迹，即为饱和面干状态。当粗集料尺寸较大时，宜逐颗擦干，注意对较粗的粗集料，拧湿毛巾时不要太用劲，防止拧得太干，对较细的含水较多的粗集料，毛巾可拧得稍干些，擦颗粒的表面水时，既要将表面水擦掉，又千万不能将颗粒内部的水吸出，整个过程中不得有集料丢失，且已擦干的集料不得继续在空气中放置，以防止集料干燥。

注：对 2.36～4.75mm 的集料，用毛巾擦拭时容易沾附细颗粒集料从而造成集料损失，此时宜改用洁净的纯棉汗衫布擦拭至表干状态。

(5) 立即在保持表干状态下，称取集料的表干质量(m_f)。

(6) 将集料置于浅盘中，放入 105℃±5℃的烘箱中烘干至恒重。取出浅盘，放在带盖的容器中冷却至室温，称取集料的烘干质量(m_a)。

(7) 对同一规格的集料应平行试验两次，取平均值作为试验结果。

5. 结果整理

(1) 表观相对密度 γ_a、表干相对密度 γ_s、毛体积相对密度 γ_b 按下式计算至小数点后三位。

$$\gamma_a = \frac{m_a}{m_a - m_w}$$

$$\gamma_s = \frac{m_f}{m_f - m_w}$$

$$\gamma_b = \frac{m_a}{m_f - m_w}$$

式中 γ_a——集料的表观相对密度，无量纲；

γ_s——集料的表干相对密度，无量纲；

γ_b——集料的毛体积相对密度，无量纲；

m_a——集料的烘干质量，g；

m_f——集料的表干质量，g；

m_w——集料的水中质量，g。

(2) 集料的吸水率以烘干试样为基准，按下式计算，精确至0.01%。

$$W_x=\frac{m_f-m_a}{m_a}\times 100$$

式中 W_x——粗集料的吸水率，%。

(3) 粗集料的表观密度(视密度)ρ_a、表干密度 ρ_s、毛体积密度 ρ_b 按下式计算，准确至小数点后三位。不同水温条件下测量的粗集料表观密度需进行水温修正，不同试验温度下水的密度 ρ_T 及水的温度修正系数 α_T 查表选用。

$$\rho_a=\gamma_a\times\rho_T \text{或} \rho_a=(\gamma_a-\alpha_T)\times\rho_\Omega$$

$$\rho_s=\gamma_s\times\rho_T \text{或} \rho_s=(\gamma_s-\alpha_T)\times\rho_\Omega$$

$$\rho_b=\gamma_b\times\rho_T \text{或} \rho_b=(\gamma_b-\alpha_T)\times\rho_\Omega$$

式中 ρ_a——粗集料的表观密度，g/cm^3；

ρ_s——粗集料的表干密度，g/cm^3；

ρ_b——粗集料的毛体积密度，g/cm^3；

ρ_T——试验温度 T 时水的密度，g/cm^3；

α_T——试验温度 T 时的水温修正系数；

ρ_Ω——水在4℃时的密度，$1.000g/cm^3$。

6. 精密度或允许差

重复试验的精密度，对表观相对密度、表干相对密度、毛体积相对密度，两次结果相差不得超过0.02，对吸水率不得超过0.2%。

8.1.8 粗集料磨耗试验(洛杉矶法)

1. 目的与适用范围

(1) 测定标准条件下粗集料抵抗摩擦、撞击的能力，以磨耗损失(%)表示。

(2) 本方法适用于各种等级规格集料的磨耗试验。

2. 仪具与材料

(1) 洛杉矶磨耗试验机：圆筒内径710mm±5mm，内侧长510mm±5mm，两端封闭，投料口的钢盖通过紧固螺栓和橡胶垫与钢筒紧闭密封。钢筒的回转速率为30～33r/min。

(2) 钢球：直径约46.8mm，质量为390～445g，大小稍有不同，以便按要求组合成符合要求的总质量。

(3) 台秤：感量5g。

(4) 标准筛：符合要求的标准筛系列，以及筛孔为 1.7mm 的方孔筛一个。

(5) 烘箱：能使温度控制在 105℃±5℃范围内。

(6) 容器：搪瓷盘等。

3. 试验步骤

(1) 将不同规格的集料用水冲洗干净，置烘箱中烘干至恒重。

(2) 对所使用的集料，根据实际情况和表 8-3 选择最接近的粒级类别，确定相应的试验条件，按规定的粒级组成备料、筛分。其中水泥混凝土用集料宜采用 A 级粒度；沥青路面及各种基层、底基层的粗集料，表中的 16mm 筛孔也可用 13.2mm 筛孔代替。对非规格材料，应根据材料的实际粒度，从表 8-3 中选择最接近的粒级类别及试验条件。

表 8-3 粗集料洛杉矶试验条件

粒度类别	粒级组成/mm	试样质量/g	试样总质量/g	钢球数量/个	钢球总质量/g	转动次数/转	适用的粗集料	
							规格	公称粒径/mm
A	26.5～37.5 19.0～26.5 16.0～19.0 9.5～16.0	1 250±25 1 250±25 1 250±10 1 250±10	5 000±10	12	5 000±25	500		
B	19.0～26.5 16.0～19.0	2 500±10 2 500±10	5 000±10	11	4 850±25	500	S6 S7 S8	15～30 10～30 10～25
C	9.5～16.0 4.75～9.5	2 500±10 2 500±10	5 000±10	8	3 320±20	500	S9 S10 S11 S12	10～20 10～15 5～15 5～10
D	2.36～4.75	5 000±10	5 000±10	6	2 500±15	500	S13 S14	3～10 3～5
E	63～75 53～63 37.5～53	2 500±50 2 500±50 5 000±50	10 000±100	12	5 000±25	1 000	S1 S2	40～75 40～60
F	37.5～53 26.5～37.5	5 000±50 5 000±25	10 000±75	12	5 000±25	1 000	S3 S4	30～60 25～50
G	26.5～37.5 19～26.5	5 000±25 5 000±25	10 000±50	12	5 000±25	1 000	S5	20～40

注：(1) 表中 16mm 也可用 13.2mm 代替。

(2) A 级适用于未筛碎石混合料及水泥混凝土用集料。

(3) C 级中 S12 可全部采用 4.75～9.5mm 颗粒 5 000g；S9 及 S10 可全部采用 9.5～16mm 颗粒 5 000g。

(4) E 级中 S2 中缺少 63～75mm 颗粒，可用 53～63mm 颗粒代替。

(3) 分级称量(精确至 5g)，称取总质量(m_1)，装入磨耗机圆筒中。

(4) 选择钢球，使钢球的数量及总质量符合表 8-3 中规定，将钢球加入钢筒中，盖好筒盖，紧固密封。

(5) 将计数器调整到零位，设定要求的回转次数，对水泥混凝土集料，回转次数为 500 转，对沥青混合料集料，回转次数应符合表 8-3 的要求。开动磨耗机，以 30～33r/min 转速转动至要求的回转次数为止。

(6) 取出钢球，将经过磨耗后的试样从投料口倒入接受容器(搪瓷盘)中。

(7) 将试样用 1.7mm 的方孔筛过筛，筛去试样中被撞击磨碎的细屑。

(8) 用水冲干净留在筛上的碎石，置于 105℃±5℃烘箱中烘干至恒重(通常不少于 4h)，精确称量(m_2)。

4. 计算

按下式计算粗集料洛杉矶磨耗损失，精确至 0.1%。

$$Q=\frac{m_1-m_2}{m_1}\times 100$$

式中 Q——洛杉矶磨耗损失，%；

m_1——装入圆筒中试样质量，g；

m_2——试验后在 1.7mm 筛上洗净烘干的试样质量，g。

5. 报告

(1) 试验报告应记录所使用的粒级类别和试验条件。

(2) 粗集料的磨耗损失取两次平行试验结果的算术平均值为测定值，两次试验的差值应不大于 2%，否则须重做试验。

8.2 水泥试验

8.2.1 水泥细度试验

1. 目的与适用范围

本方法规定了用 80μm 筛检验水泥细度的测试方法，适用于硅酸盐水泥、普通水泥、矿渣水泥、火山灰水泥、粉煤灰水泥、复合硅酸盐水泥、道路硅酸盐水泥以及指定采用本标准的其他品种水泥。

2. 仪具设备

1) 水筛

水筛由圆形筛框和筛网组成，结构尺寸如图 8.2 所示。

2) 负压筛

负压筛由圆形框和筛网组成，附有透明筛盖，筛盖与筛上口应有良好的密封

3) 负压筛析仪

负压筛析仪由筛座、负压筛及收尘器组成。

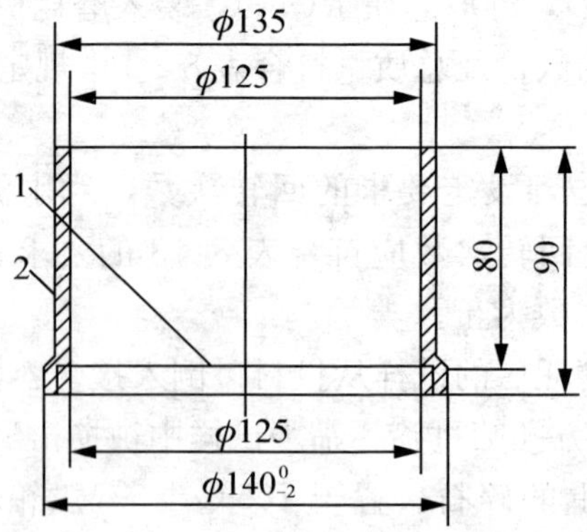

图 8.2 水筛网(单位：mm)

1—筛网；2—筛框

4) 水筛架

水筛架用于支撑筛子，并带动筛子转动，转速约 50r/min。

5) 喷头

喷头直径 55mm，面上均匀分布 90 个孔，孔径为 0.5～0.7mm。

6) 天平

天平最大称量为 100g，感量不大于 0.05g。

3. 试验步骤

1) 负压筛法

(1) 筛析试验前，应把负压筛放在筛座上，盖上筛盖，接通电源，检查控制系统，调节负压至 4 000～6 000Pa 范围内。

(2) 称取试样 25g，置于洁净的负压筛中，盖上筛盖，放在筛座上，开动筛析仪连续筛析 2min。

筛毕，用天平称取筛余物。

(3) 当工作负压小于 4 000Pa 时，应清理吸尘器内水泥，使负压恢复正常。

2) 水筛法

(1) 筛析试验前，应检查水中无泥、砂，调整好水压及水筛架的位置，使其能正常运转。

(2) 称取试样 25g，置于洁净的水筛中，立即用淡水冲洗至大部分细粉通过后，用水压为(0.05±0.02)MPa 的喷头连续冲洗 3min。筛毕，用少量水把筛余物冲至蒸发皿中，等水泥颗粒全部沉淀后，小心倒出清水，烘干并用天平称量筛余物。

3) 试验筛的清洗

试验筛必须保持洁净，筛孔通畅。如筛孔被水泥堵塞影响筛余量时，可用弱酸浸泡，用毛刷轻轻地刷洗，用淡水冲净，晾干。

4. 计算

水泥试样筛余百分数按下式计算(计算结果精确至 0.1%)。

$$F=\frac{R_S}{m}\times 100\%$$

式中 F——水泥试样的筛余百分数，g；

R_S——水泥筛余物的质量，g；

m——水泥试样的质量，g。

8.2.2 水泥标准稠度用水量、凝结时间和安定性检验方法

1. 目的与适用范围

（1）本方法规定了水泥标准稠度用水量、凝结时间和安定性的检验方法。

（2）本方法适用于硅酸盐水泥、普通硅酸盐水泥、矿渣硅酸盐水泥、粉煤灰硅酸盐水泥、火山灰、硅酸盐水泥、复合硅酸盐水泥、道路硅酸盐水泥及指定采用本方法的其他品种水泥。

2. 仪具设备

（1）水泥净浆搅拌机。

（2）标准法维卡仪，如图8.3所示，滑动部分的总质量为300g±1g、与试杆、试针联结的滑动杆表面应光滑，能靠重力自由下落，不得有紧涩和旷动现象。

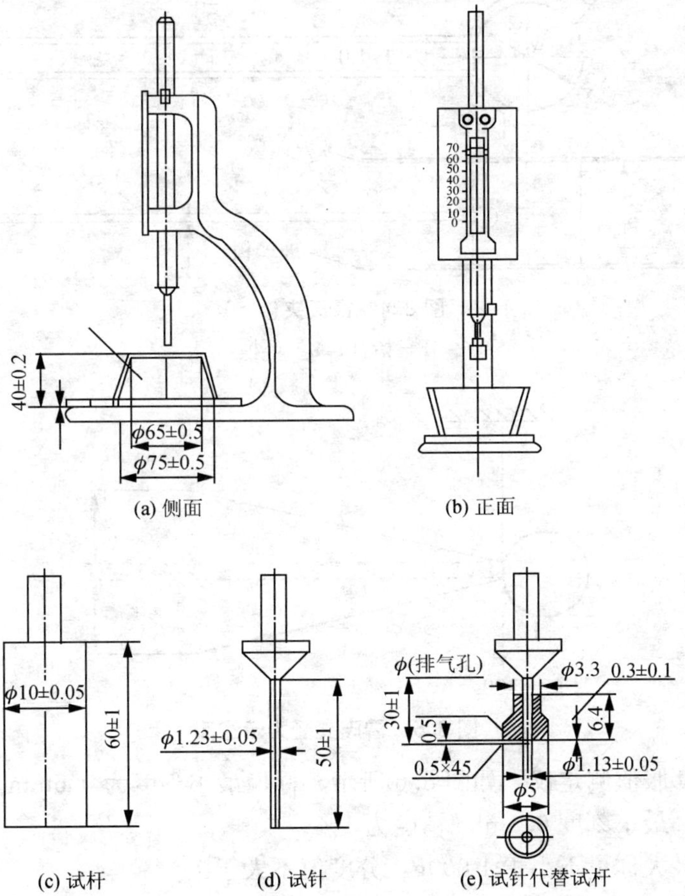

图8.3 测定水泥标准稠度和凝结时间用的维卡仪(单位：mm)

盛装水泥净浆的试模(图 8.3(a))为深 40mm±0.2mm、顶内径 65mm±5mm、底内径 75mm±0.5mm 的截顶圆锥体。每只试模应配备一个大于试模、厚度≥2.5mm 的平板玻璃底板。

标准稠度测定用试杆(图 8.3(c))有效长度为 50mm±1mm，由直径为 10mm±0.05mm 的圆柱形耐腐蚀金属制成。测定凝结时间时取下试杆，用试针(图 8.3(d)、(e))代替试杆。试针由钢制成，其为有效长度初凝针为 50mm±1mm、终凝针为 30mm±1mm，直径为 1.13mm±0.05mm 的圆柱体。

(3) 沸煮箱，有效容积约为 410mm×240mm×310mm，蓖板与加热器之间的距离大于 50mm。箱的内层由不易锈的金属材料制成，能在 30min±5min 内将箱内的试验用水由室温升至沸腾并可保持沸腾状态 3h 以上，整个过程中不需补充水量。

(4) 雷氏夹，由铜质材料制成，其结构如图 8.4 所示。当一根指针的根部先悬挂在一根金属丝或尼龙丝上，另一根指针的根部再挂上 300g 质量的砝码时，两根指针的针尖距离增加应为 17.5mm±2.5mm，即 $2x$=17.5mm±2.5mm (图 8.5)，去掉砝码后针尖的距离能恢复至挂砝码前的状态。

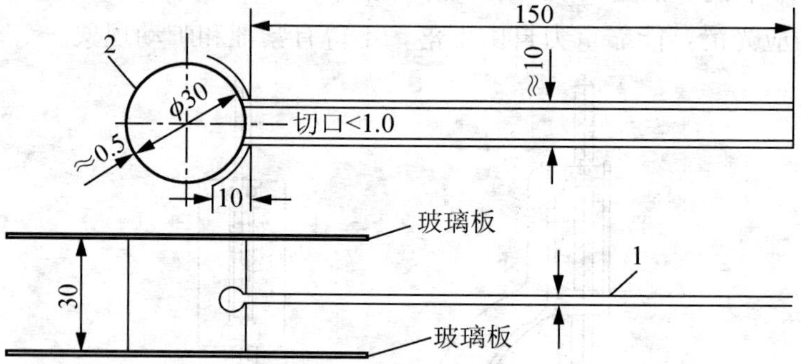

图 8.4 雷氏夹(mm)

1—指针；2—环模

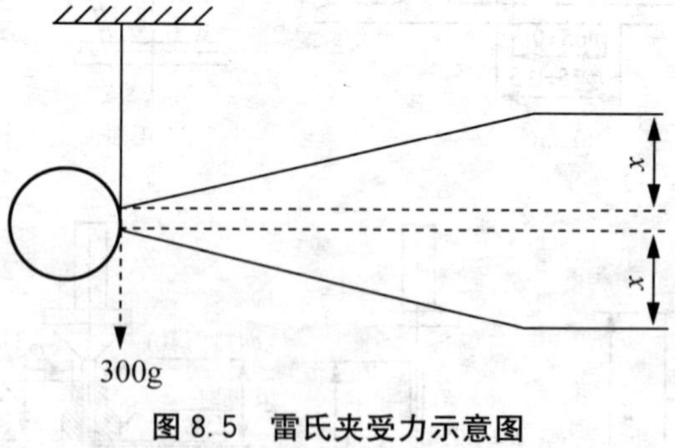

图 8.5 雷氏夹受力示意图

(5) 雷氏夹膨胀值测定仪，如图 8.6 所示，标尺最小刻度为 0.5mm。

(6) 量水器，最小刻度 0.1ml，精度为 1%。

(7) 天平，最大称量不小于 1 000g，分度值不大于 1g。

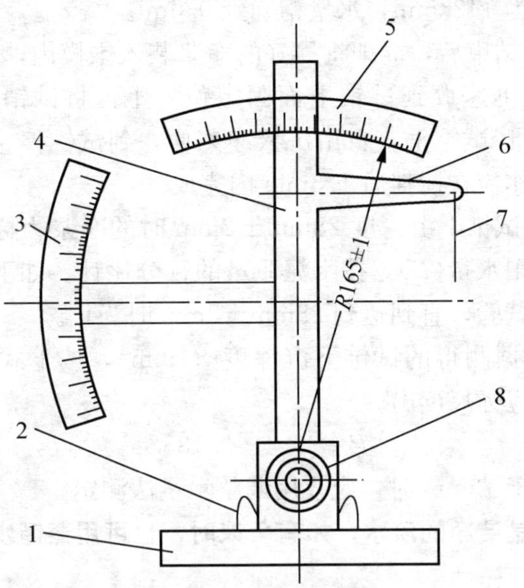

图 8.6 雷氏夹膨胀值测定仪

1—底座；2—模子座；3—测弹性标；4—立柱；5—测胀值标尺；6—悬臂；7—悬丝

3. 试验步骤

水泥试样应充分拌匀，通过 0.9mm 方孔筛并记录筛余物情况，但要防止过筛混进其他水泥。

试验室的温度为 20℃±2℃，相对湿度大于 50%。

1）标准稠度用水量试验

(1) 水泥净浆拌制。水泥净浆用水泥净浆搅拌机搅拌，搅拌锅和搅拌叶片先用湿棉布擦过，将拌和水倒入搅拌锅内，然后在 5～10s 内将称好的 500g 水泥加入水中；拌和时，先将锅放在搅拌机的锅座上，升至搅拌位置，启动搅拌机，低速搅拌 120s，停拌 15s，同时将叶片和锅壁上的水泥浆刮入锅中间，接着高速搅拌 120s 后停机。

(2) 标准稠度用水量的测定——标准法。拌和结束后，立即将拌好的水泥净浆装入已置于玻璃板上的试模内，用小刀插捣，振动数次，刮去多余净浆，抹平后迅速将试模和底板移到维卡仪上，将其中心定在试杆下，降低试杆直至与水泥净浆表面接触，拧紧螺钉 1～2s后突然放松，使试扦垂直自由地沉入水泥净浆中。在试杆停止沉入或释放试杆 30s 后，记录试杆与底板之间的距离。提起试杆后，立刻擦净；整个操作应在搅拌后 1.5min 内完成。以试杆沉入净桨并距底板 6mm±1mm 的水泥净浆为标准稠度净浆，其拌和水量为该水泥的标准稠度用水量(P)，按水泥质量的百分比计。

当试杆距玻璃板小于 5mm 时，应适当减水，重复水泥浆的拌制和上述过程；若距离大于 7mm，则应适当加水，并重复水泥浆的拌制和上述过程。

(3) 标准稠度用水量的测定——代用法。标准稠度用水量可用调整水量和不变水量两种方法中的任一种测定，有争议时以调整水量方法为准。

采用调整水量法测定标准稠度用水量时，拌和水量应按经验确定加水量；采用不变水量法测定时，拌和水量为 142.5ml，水量精确到 0.5ml。

① 水泥净浆，拌和结束后，立即将拌好的净浆装入锥模内，用小刀插捣，振动数次，刮去多余净浆，抹平后迅速放到试锥下面固定位置上，将试销降至净浆表面拧紧螺钉 1～2s，然后突然放松，让试锥垂直自由沉入净浆中，到试锥停止下沉或释放 30s 时记录试锥下沉深度。整个操作应在搅拌后 1.5min 内完成。

② 调整水量法，以试锥下沉深度 28mm±2mm 时的净浆为标准稠度净浆。其拌和水量为该水泥的标准稠度用水量(P)，按水泥质量的百分比计。如下沉深度超出范围需另称试样，调整水量，重新试验，直到达到 28mm±2mm 时为止。

③ 不变水量法，根据测得的试锥下沉深度 S(mm)，按下式计算标准稠度用水量 P(%)，也可从仪器上对应标尺读出。

$$P=33.4-0.185S$$

当试锥下沉深度小于 13mm 时，应改用调整水量法测定。

注：试验用水必须是洁净的淡水，如有争议时，也可用蒸馏水。

2) 凝结时间的测定

(1) 以标准稠度用水量制成标准稠度净浆一次装满试模，振动数次后刮平后，立即放入湿气养护箱内。记录水泥全部加入水中的时间作为凝结时间的起始时间。

(2) 初凝时间测定，试件在湿气养护箱中养护至加水后 30min 时，进行第一次测定。从湿气养护箱中取出试模放到试针下，降低试针与水泥净浆表面接触，拧紧螺钉，1～2s 后突然放松，试针垂直自由沉入水泥净浆，观察试针停止下沉或释放试针 30s 时指针读数。

临近初凝时，每隔 5mm 测定一次。当试针沉至距底板 4mm±1mm 时，水泥达到初凝状态；由水泥全部加入水中至初凝状态的时间为水泥的初凝时间，用 min 计量。

(3) 终凝时间测定，为了准确观测试针沉入的状况，终凝针上安装了一个环形附件(图 8.3(e))。在完成初凝时间测定后，立即将试模连同浆体以平移的方式从玻璃板取下，翻转 180°，直径大端向上，小端向下放在玻璃板上，再放入湿气养护箱中继续养护。

临近终凝时间每隔 15min 测定一次，当试针沉入试体 0.5mm 时，即环形附件开始不能在试体上留下痕迹时，为水泥达到终凝状态，由水泥全部加入水至终凝状态的时间为水泥的终凝时间，用 min 计量。

(4) 临近初凝时，每隔 5min 测定一次，临近终凝时每隔 15min 测定一次，到达初凝和终凝状态时应立即重复测一次，当两次结论相同时才能定为到达初凝和终凝状态。

注：可以使用能得出与标准中规定方法相同结果的凝结时间自动测定仪，使用时不必翻转试体。

3) 安定性的测定

(1) 标准法(雷氏法)。

① 雷氏夹试件的成型。将预先准备好的雷氏夹放在已擦油的玻璃上，并立即将已制好的标准稠度净浆一次装满雷氏夹，装浆时一只手轻轻扶持雷氏夹，另一只手用宽约 10mm 的小刀插捣 15 次左右，然后抹平，盖上稍涂油的玻璃板，接着立刻将试件移至湿气养护箱内养 24h±2h。

② 沸煮。调整好沸煮箱内的水位，使之在整个沸煮过程中都能没过试件，不需中途添补试验用水，同时保证水在 30min±5min 内能沸腾。

脱去玻璃板取下试件，先测量试件指针尖端间的距离(A)，精确到 0.5mm，接着将试件放入沸煮箱水中的试件架上，指针朝上，试件之间互不交叉，然后在 30min±5min 内加热水至沸腾，并恒沸 3h±5min。

③ 结果判别。沸煮结束后，取出试件进行判别。测量试件指针尖端间的距离(C)，精确至 0.5mm，当两个试件沸煮后增加距离($C-A$)的平均值不大于 5.0mm 时，即认为该水泥安定性合格；当两个试件的($C-A$)值相差超过 4.0mm 时，应用同一样品立即重做一次试验。

(2) 代用法(试饼法)。

① 试饼成型方法。将制好的净浆取出一部分，分成两等份，使之呈球形，放在预先准备好的玻璃板上，轻轻振动玻璃板并用湿布擦净的小刀由边缘向中央抹动，做成直径 70～80mm、中心厚约 10mm、边缘渐薄、表面光滑的试饼，接着将试饼放入湿气养护箱内养护 24h±2h。

② 沸煮。从玻璃板取下试饼，在试饼无缺陷的情况下，将试饼放在沸煮箱的水中蓖板上，然后在 30min±5min 内加热至水沸腾，并恒沸 3h±5min。

③ 结果评定。沸煮结束后，取出试件进行判别。目测试饼未发现裂缝，用钢直尺检查也没有弯曲(使钢直尺和试饼底部紧靠，以两者间不透光为不弯曲)的试饼为安定性合格；反之为不合格。当两个试饼判别结果有矛盾时，该水泥的安定性为不合格。

8.2.3 水泥胶砂强度试验

1. 目的与适用范围

本方法适用于硅酸盐水泥、普通硅酸盐水泥、矿渣硅酸盐水泥、火山灰硅酸盐水泥、粉煤灰硅酸盐水泥和复合硅酸盐水泥、道路硅酸盐水泥以及石灰石硅酸盐水泥的抗压强度和抗折强度的检验。

2. 仪具设备

1) 胶砂搅拌机(图 8.7)

胶砂搅拌机由胶砂搅拌锅和搅拌叶片及相应的机构组成，搅拌锅和搅拌叶片作相反运动。

2) 胶砂振实台(图 8.8)

胶砂振实台由可以跳动的台盘和凸轮等组成。台盘上有固定试模用的卡具，与模套连成一体。

3) 试模及下料漏斗

胶砂试模为同时可成型三条 40mm×40mm×160mm 棱柱体的可拆卸试模，由隔板、端板、底座、紧固装置及定位销组成。

下料漏斗由漏斗和模套两部分组成。

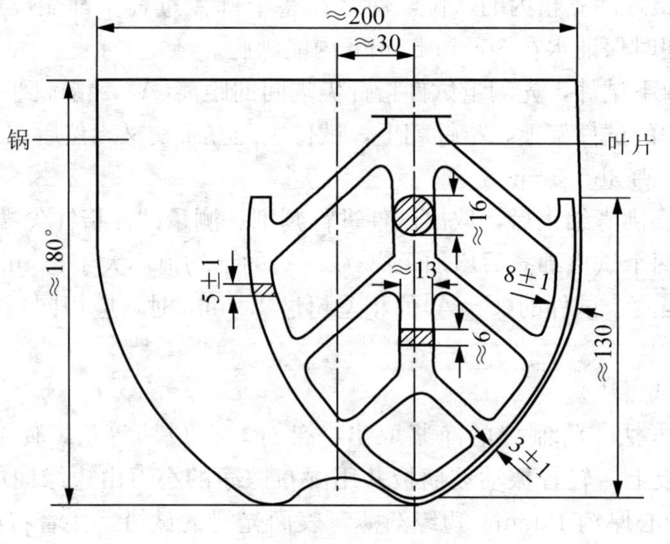

图 8.7 砂浆搅拌机(单位：mm)

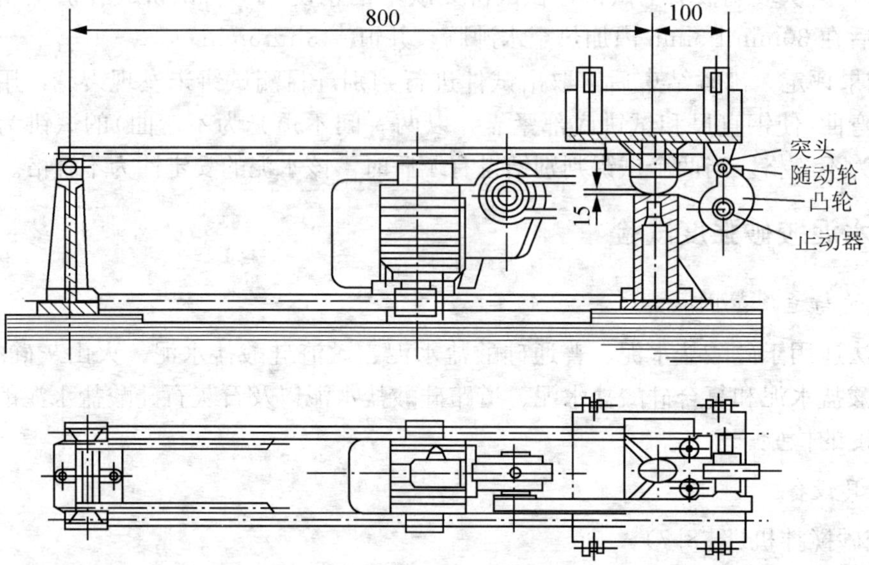

图 8.8 典型的振实台

4）抗折试验机和抗折夹具

抗折机一般采用双杠杆的，也可采用性能符合要求的其他试验机。

5）抗压试验机和抗压夹具

(1) 抗压试验机的吨位以 200～300kN 为宜，记录荷载应有±1.0%的精度，并具有按 2 400kN/s±200N/s 速率加荷的能力。

(2) 抗压夹具由硬质钢材制成，上下压板长度 40mm±0.1mm，面积为 40mm×40mm。

6）天平

天平感量为 1g。

3. 试验步骤

1）试件成型

(1) 成型前将试模擦净，四周的模板与底座的接触面上应涂黄油，紧密装配，防止漏浆，内壁均匀地刷一薄层机油。

(2) 水泥与ISO砂的质量比为1∶3，水灰比为0.5。每成型三条试件需称量的材料及用量：水泥450g±2g；ISO砂1 350g±5g；水225mL±1mL。

(3) 搅拌。把水加入锅里，再加入水泥，把锅放在固定架上，上升至固定位置，立即开动机器，低速搅拌30s后，在第二个30s开始的同时均匀地将砂加入。当砂是分级装时，从最粗粒级开始，依次加入，把机器转至高速再拌30s。停拌90s，在停拌中的第一个15s内用一胶皮刮具将叶片和锅壁上的胶砂刮入锅中间。再高速下继续搅拌60s。各个搅拌阶段时间偏差在1s以内。

(4) 用振实台成型。胶砂制备后立即进行成型，将空试模和模套固定在振实台上，用一个适当勺子直接从搅拌锅里将胶砂分两层装入试模，装第一层时，每个槽里约放300g胶砂，用大播料器垂直架在模套顶部沿每个模槽来回一次将料层播平，接着振实60次。再装入第二层胶砂，用小播料器播平，再振实60次，移走模套，从振实台上取下试模，用一金属直尺以近似90°角度架在试模顶的一端，然后沿试模长度方向以横向锯割动作慢慢向另一端移动，一次将超过试模部分的胶砂刮去，并用同一直尺以近乎水平的状态下将试体表面抹平。

在试模上作标记或加字条标明试件编号和试件相对于振实台的位置。

2）养护

(1) 脱模。编号后，应将试件放在养护箱内进行养护，养护箱内蓖板必须水平，水平放置时，刮平面必须向上。对于24h龄期的，应在破型试验前20min内脱模；对于24h以上龄期的，应在成型后20～24h脱模。

(2) 水中养护。试件脱模后即放入水槽中养护，水平放置时刮平面应朝上。试件放在不易腐烂的篦子上，并彼此间保持一定距离，让水与试件的六个面接触，养护期间试件之间间隔或试体上表面的水深不得小于5mm。

每个养护池只养护同类型的水泥试件。最初用自来水装满养护池，随后随时加水，保持适当的恒定水位，不允许在养护期间全部换水。

3）强度试验

试体龄期是从水泥加水搅拌开始试验时算起，不同龄期强度试验在表8-4所示的时间里进行。

表8-4 龄期与试验时间关系

龄期	时间
24h	24h±15min
48h	48h±30min

续表

龄　　期	时　　间
72h	72h±45min
7d	7d±2h
28d	28d±8h

试体从水中取出后，在强度试验前应用湿布覆盖。

(1) 抗折强度试验。

① 将试件成型侧面朝上放入抗折试验机内，试件放入后调整夹具，使杠杆在试件折断时尽可能地接近水平位置。

② 抗折试验加荷速度为 50N/s±10N/s 的速度均匀地将荷载垂直地加在棱柱体相对侧面上，直至折断，保持两个半截棱柱体处于潮湿状态直至抗压试验。

③ 抗折强度按下式计算

$$R_f = \frac{1.5F_fL}{b^3}$$

式中　R_f——抗折强度，MPa；

F_f——破坏荷载，N；

L——支撑圆柱之间的距离，mm；

b——棱柱体正方形截面的边长，mm。

④ 抗折强度的评定。以一组三个棱柱体抗折强度结果的平均值作为试验结果。当强度值中有超出均值±10%时，应剔除后再取平均值作为抗折强度试验结果。

(2) 抗压强度试验。

① 抗折试验后的两个断块应立即进行抗压试验，抗压试验必须用抗压夹具进行，试验体受压面为试件成型时的两个侧面，面积为 40mm×40mm。试验时以半截棱柱体的侧面作为受压面，试体的底面靠近夹具定位销，并使夹具对准压力机压板中心。

② 压力机加荷速度应控制在 2 400N/s±200 N/s 的速度均匀地加荷直至破坏。

③ 抗压强度按下式计算

$$R_C = \frac{F_C}{A}$$

式中　R_C——抗压强度，MPa；

F_C——破坏时的最大荷载，N；

A——受压部分面积，mm^2；

④ 抗压强度的评定：以一组三个棱柱体上得到的六个抗压强度测定值的算术平均值作为试验结果。

如六个测定值中有一个超出六个平均值的±10%，就应剔除这个结果，而以剩下五个的平均数为结果；如果五个测定值中还有超过它们平均数±10%的，则此值结果作废。

8.3 水泥混凝土及砂浆试验

8.3.1 水泥混凝土拌合物的拌和与现场取样方法

1. 目的与适用范围

本方法规定了在常温环境中室内水泥混凝土拌合物的拌和与现场取样方法。轻质水泥混凝土、防水水泥混凝土、碾压水泥混凝土等其他特种水泥混凝土的拌和与现场取样方法，可以参照本方法进行，但因其特殊性所引起的对试验设备及方法的特殊要求，均应遵照对这些水泥混凝土的有关技术规定进行。

2. 仪具设备

(1) 搅拌机：自由式或强制式。

(2) 振动台：标准振动台，符合《混凝土试验用振动台》的要求。

(3) 磅秤：感量满足称量总量1%的磅秤。

(4) 天平：感量满足称量总量0.5%的天平。

(5) 其他：铁板、铁铲等。

3. 试验准备

(1) 所有材料均应符合有关要求，拌和前材料应放置于温度20℃±5℃环境中。

(2) 为防止粗集料的离析，可将集料按不同粒径分开，使用时再按一定比例混合。试样从抽取至试验完毕过程中，不要风吹日晒，必要时应采取保护措施。

4. 试验步骤

1) 水泥混凝土拌合物的拌和

(1) 拌和时保持室温20℃±5℃。

(2) 拌合物的总量至少应比所需量高20%以上。拌制混凝土的材料用量应以质量计，称量的精确度：集料为±1%，水、水泥、掺合料和外加剂为±0.5%。

(3) 粗集料、细集料均以干燥状态为基准，计算用水量时应扣除粗集料、细集料的含水量 c。

注：干燥状态是指含水率小0.5%的细集料和含水率小于0.2%的粗集料。

(4) 外加剂的加入。

① 对于不溶于水或难溶于水且不含潮解型盐类，应先和一部分水泥拌和，以保证充分分散。

② 对于不溶于水或难溶于水但含潮解型盐类，应先和细集料拌和。

③ 对于水溶性或液体的外加剂，应先加水拌和。

④ 其他特殊外加剂，应遵守有关规定。

(5) 拌制混凝土所用各种用具，如铁板、铁铲、抹刀应预先用水润湿，使用完后必须清洗干净。

(6) 使用搅拌机前，应先用少量砂浆进行涮膛，再刮出涮膛砂浆，以避免正式拌和混凝土时水泥砂浆黏附筒壁的损失。涮膛砂浆的水灰比及砂灰比，应与正式的混凝土配合比相同。

(7) 用搅拌机拌和时，拌和量宜为搅拌机公称容量的1/4～3/4。

(8) 搅拌机搅拌。按规定称好原材料，往搅拌机内顺序加入粗集料、细集料、水泥。开动搅拌机，将材料拌和均匀，在拌和过程中徐徐加水，全部加料时间不宜超过 2min。水全部加入后，继续拌和约 2min，而后将拌合物倾出在铁板上，再经人工翻拌 1～2min，务必使拌合物均匀一致。

(9) 人工拌和

采用人工拌和时，先用湿布将铁板、铁铲润湿，再将称好的砂和水泥在铁板上拌匀，加入粗集料，再混合搅拌均匀。而后将此拌合物堆成长堆，中心扒成长槽，将称好的水倒入约一半，将其与拌合物仔细拌匀，再将材料堆成长堆，扒成长槽，倒入剩余的水，继续进行拌和，反复翻拌至少六遍。

(10) 从试样制备完毕到开始做各项性能试验不宜超过 5min(不包括成型试件)。

2) 现场取样

(1) 新混凝土现场取样。从搅拌机、料斗、运输小车以及浇制的构件中采取新拌混凝土代表性样品时，均须从三处以上的不同部位抽取大致相同分量的代表性样品(不要抽取已经离析的混凝土)，集中用铁铲翻拌均匀，而后立即进行拌合物的试验。拌合物取样量应多于试验所需数量的 1.5 倍，其体积不小于 20L。

(2) 为使取样具有代表性，宜采用多次采样的方法，最后集中用铁铲翻拌均匀。

(3) 第一次取样到最后一次取样的时间间隔不宜超过 15min。取回的混凝土拌合物应经过人工再次翻拌均匀，而后进行试验。

8.3.2 水泥混凝土拌合物稠度试验(坍落度法)

1. 目的与适用范围

坍落度是表示混凝土拌合物稠度的一种指标，本试验适用于坍落度大于 10mm、集料公称最大粒径不大于 31.5mm 的混凝土。

2. 仪具设备

1) 坍落筒

如图 8.9 所示，坍落筒为铁板制成的截头圆锥筒，厚度不小于 1.5mm，内侧平滑，没有铆钉之类的突出物，在筒上方约 2/3 高处有两个手把，近下端两侧焊有两个踏脚板，保证坍落筒可以稳定操作，坍落筒尺寸见表 8-5。

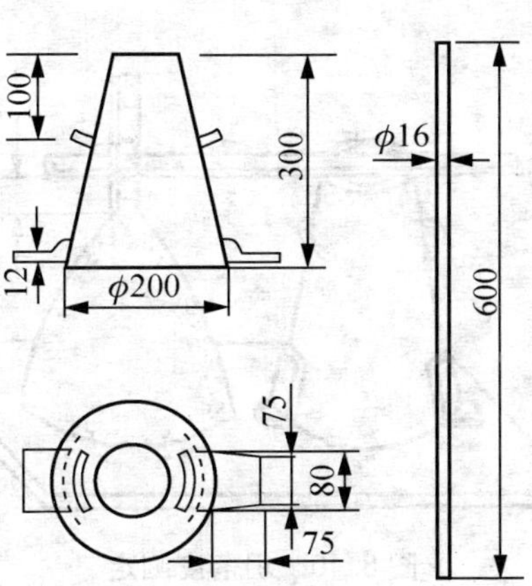

图 8.9 坍落筒及捣棒

表 8-5 坍落筒尺寸

集料公称最大粒径/mm	筒 的 名 称	筒的内部尺寸/mm		
		底面直径	顶面直径	高　度
<31.5	标准坍落度筒	200±2	100±2	300±2

2）捣棒

捣棒为直径 16mm，长约 650mm 并具有半球形端头的钢质圆棒。

3）其他

其他设备有小铲、木尺、小钢尺、镘刀和钢平板等。

3. 试验步骤

(1) 试验前将坍落筒内外洗净，放在经水润湿过的平板上(平板吸水时应垫以塑料布)，踏紧踏脚板。

(2) 将代表样分三层装入筒内，每层装入高度稍大于筒高的 1/3，用捣棒在每一层的横截面上均匀插捣 25 次，插捣在全部面积上进行，沿螺旋线边缘至中心，插捣底层时插至底部，插捣其他两层时，应插透本层并插入下层 20～30mm，插捣须垂直压下(边缘部分除外)，不得冲击。

在插捣顶层时，装入的混凝土应高出坍落筒，随插捣过程随时添加拌合物。当顶层插捣完毕后，将捣棒用锯和滚的动作，以清除掉多余的混凝土。用镘刀抹平筒口，刮净筒底周围的拌合物，而后立即垂直地提起坍落筒，提筒在 5～10s 内完成，并使混凝土不受横向及扭力作用。从开始装筒至提起坍落筒的全过程，应在 150s 内完成。

(3) 将坍落筒放在锥体混凝土试样一旁，筒顶平放木尺，用小钢尺量出木尺底面至试样顶面最高点的垂直距离，即为该混凝土拌合物的坍落度，精确至 1mm，如图 8.10 所示。

(4) 当混凝土试件的一侧发生崩坍或一边剪切破坏时，应重新取样另测。如果第二次仍发生上述情况，则表示该混凝土和易性不好，应记录。

(5) 当混凝土拌合物的坍落度大于 220mm 时，用钢尺测量混凝土扩展后最终的最大

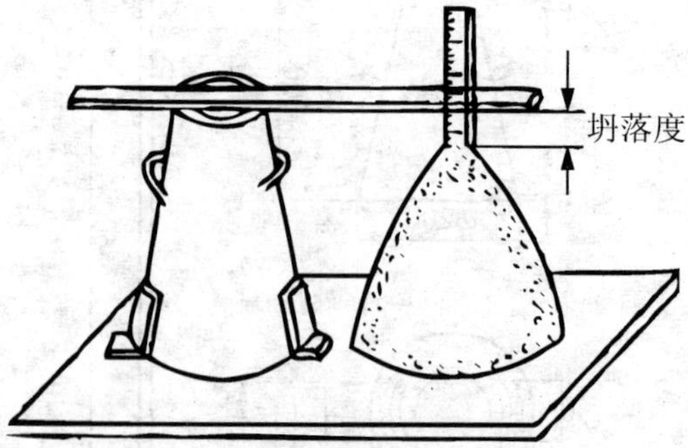

图 8.10 坍落度测定

直径和最小直径，在这两个直径之差小于 50mm 的条件下，用其算术平均值作为坍落扩展度值；否则此次试验无效。

(6) 坍落度试验同时，可用目测方法评定混凝土拌合物的下列性质，并记录。

① 棍度，按插捣混凝土拌合物时难易程度评定，分上、中、下三级。

a. 上：表示插捣容易。

b. 中：表示插捣时稍有石子阻滞的感觉。

b. 下：表示很难插捣。

② 含砂情况，按拌合物外观含砂多少而评定，分多、中、少三级。

a. 多：表示用镘刀抹拌合物表面时，一两次即可使拌合物表面平整无蜂窝。

b. 中：表示抹五、六次才可使表面平整无蜂窝。

c. 少：表示抹面困难，不易抹平，有空隙及石子外露等现象。

③ 黏聚性，观测拌合物各组成成分相互黏聚情况，评定方法用捣棒在已坍落的混凝土锥体一侧轻打，如锥体在轻打后渐渐下沉，表示黏聚性良好；如锥体突然倒坍，部分崩裂或发生石子离析现象，即表示黏聚性不好。

④ 保水性：指水分从拌合物中析出情况，分多量、少量、无三级评定。

a. 多量：表示提起坍落筒后，有较多水分从底部析出。

b. 少量：表示提起坍落筒后，有少量水分从底部析出。

c. 无：表示提起坍落筒后，没有水分从底部析出。

4. 试验结果

混凝土拌合物坍落度和坍落扩展度值以 mm 为单位，测量精确至 1mm，结果修约至最接近的 5mm。

8.3.3 水泥混凝土拌合物稠度试验(维勃稠度法)

1. 目的与适用范围

本试验用维勃时间来测定混凝土拌和物的稠度，适用于集料粒径不大于 31.5mm 的混凝土及维勃时间为 5～30s 的干硬性混凝土的稠度测定。

2. 仪具设备

(1) 稠度仪(维勃仪):由容器、坍落度筒、透明圆盘、振动台组成,如图8.11所示。

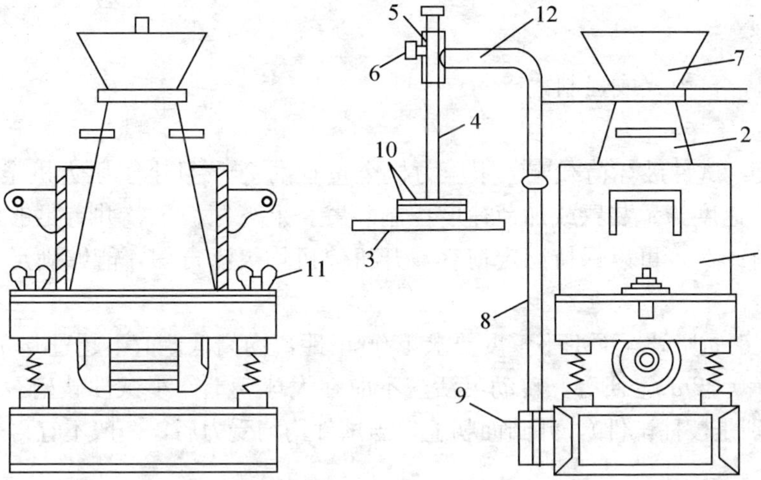

图8.11　稠度计(维勃仪)

1—容器;2—坍落度筒;3—圆盘;4—滑杆;5—套筒;6—螺钉;7—漏斗;
8—支柱;9—定位螺钉;10—荷重块;11—元宝螺母;12—旋转架

(2) 捣棒、秒表、镘刀等。

3. 试验步骤

(1) 将容器1用螺母固定在振动台上,放入坍落度筒2,把漏斗7转到坍落筒上口,拧紧螺钉9,使漏斗不偏离开坍落筒口。

(2) 按坍落度试验步骤分三层装拌合物,每层捣25次,捣毕第三层混凝土后,拧松螺钉6,把漏斗转回起始位置并将筒模上混凝土刮平轻轻提起筒模。

(3) 拧紧螺钉7,使圆盘可定向地向下滑动,开动振动台并按动秒表,通过观察透明圆盘混凝土的振实情况,当圆盘底面刚为水泥浆布满时,迅速按停秒表和关闭振动台,记下秒表所记时间。

(4) 仪器每测试一次后,必须将容器、筒模及透明圆盘洗净擦干,并在滑棒等处涂薄层黄油,以备下次使用。

4. 结果整理

秒表所表示时间即为混凝土拌合物稠度的维勃时间,精确到1s,两次试验结果平均值为结果。

8.3.4　水泥混凝土试件制作与硬化水泥混凝土现场取样方法

1. 目的与适用范围

(1) 本方法适用于常温环境室内试验时水泥混凝土试件制作方法与硬化水泥混凝土现场取样方法。

(2) 轻质水泥混凝土、防水水泥混凝土、碾压混凝土等其他特殊水泥混凝土的制作与硬化水泥混凝土现场取样方法，可参照本方法进行，但因其特殊性所引起的对试验设备及方法的特殊要求，均应遵照对这些水泥混凝土试件制作的有关技术规定执行。

2. 仪具设备

(1) 搅拌机：自由式或强制式。

(2) 振动台。

(3) 压力机：试件破坏荷载应大于压力机全量程的20%且小于压力机全量程的80%。同时应具有加荷速度指示装置或加荷速度控制装置。上下压板平整并有足够的刚度，可以均与地连续加荷卸荷，可以保持固定荷载，开机停机均灵活自如，能够满足试件破型吨位要求。

(4) 球座：钢质坚硬，面部平整度要求100mm距离内高低差值不超过0.05mm，球面及球窝粗糙度 $R_a=0.32\mu m$，研磨、转动灵活。不应在大球座上作小试件破型，球座最好放置在试件顶面(特别是棱柱试件)，并凸面朝上，当试件均匀受力后，一般不宜再敲动球座。

(5) 试模。

① 非圆柱试模：应符合《混凝土试模》(JG 237—2008)，内表面刨光磨光(粗糙度 $R_a=3.2\mu m$)。内部尺寸允许偏差为±0.2%；相邻面夹角为90°±0.3°；试件边长的尺寸公差为1mm。

② 圆柱试模：误差小于 $\frac{d}{200}$，高度误差应小于$\frac{h}{200}$。组装试模时，圆筒纵轴与底板应成直角。

为防止接缝处出现渗漏，要使用适合的密封剂，如黄油，并采用紧固方法使底板固定在模具上。

常用的几种试件尺寸(试件内部尺寸)规定见表8-6。所有试件承压面的平面度公差不超过0.000 5d(d为边长)。

表8-6 试件尺寸

试件名称	标准尺寸/mm	非标准尺寸/mm
立方体抗压强度试件	150×150×150(31.5)	100×100×100(26.5) 200×200×200(53)
圆柱抗压强度试件	ϕ150×300(31.5)	ϕ100×200(26.5) ϕ200×400(53)
芯样抗压强度试件	ϕ150×l_m(31.5)	ϕ100×l_m(26.5)
立方体劈裂抗拉强度试件	150×150×150(31.5)	100×100×100(26.5)
圆柱劈裂抗拉强度试件	ϕ150×300(31.5)	ϕ100×200(26.5) ϕ200×400(53)
芯样劈裂抗拉强度试件	ϕ150×l_m(31.5)	ϕ100×l_m(26.5)

续表

试 件 名 称	标准尺寸/mm	非标准尺寸/mm
轴心抗压强度试件	150×150×300(31.5)	200×200×400(53) 100×100×300(26.5)
抗压弹性模量试件	150×150×300(31.5)	200×200×400(53) 100×100×300(26.5)
圆柱抗压弹性模量试件	ϕ150×300(31.5)	ϕ100×200(26.5) ϕ200×400(53)
抗弯拉强度试件	150×150×600(31.5) 150×150×550(31.5)	100×100×400(26.5)
抗弯拉弹性模量试件	150×150×600(31.5) 150×150×550(31.5)	100×100×400(26.5)
水泥混凝土干缩试件	100×100×515(19)	150×150×515(31.5) 200×200×515(50)
抗渗试件	上口直径175下口直径185 高150的锥台	上下直径与高均为150 的圆柱体

注：括号中的数字为试件中集料公称最大粒径，单位mm。标准试件的最短尺寸大于公称最大粒径4倍。

(6) 捣棒：直径为16mm，长约60mm并具有半球形端头的钢质圆棒。

(7) 压板：用于圆柱试件的顶端处理，一般为厚度6mm以上的毛玻璃，压板直径应比试模直径大25mm以上。

(8) 橡皮锤：应带有质量余额250g的橡皮锤头。

(9) 取样机：一般用金刚石钻头，从结构表面垂直钻取，钻机应具有足够的刚度，保证钻取的芯样周面垂直且表面损伤最少。钻芯时，钻头应作无显著偏差的同心运动。

(10) 锯：用于切割适于抗弯拉试验试件。

(11) 游标卡尺。

3. 试验步骤

1) 试件成型(非圆柱体)

(1) 水泥混凝土的拌合物参照《水泥混凝土拌合物的拌和与现场取样方法》(T 0521—2005)。成型前试模内壁涂一薄层矿物油。

(2) 取拌合物的总量至少应比所需量高20%以上，并取出少量混凝土拌合物代表样，在5min内进行坍落度或维勃试验，认为品质合格后，应在15min内开始制作或其他试验。

(3) 坍落度小于25mm时，可采用φ25mm的插入式振动棒成型。将混凝土拌合物一次装入试模，装料时应用抹刀沿各试模壁插捣，并使混凝土拌合物高出试模口；振捣时振动棒距底板10～20mm，且不要接触底板，振捣直到表面出浆为止，且应避免过振，以防止混凝土离析，一般振捣时间为20s。振捣棒拔出时要缓慢，拔出后不得留有孔洞。用刮刀刮去多余的混凝土，在临近初凝时，用抹刀抹平。试件抹面与试模边缘高低差不得超过

0.5mm。然后在试件上用铁钉划写试件编号、制作日期、强度等级。

注：不适于用水量非常低的水泥混凝土；同时不适于直径或高不大于 100mm 的试件。

(4) 当坍落度大于 25mm 且小于 70mm 时，用标准振动台成型。将试模放在振动台上夹牢，防止试模自由跳动，将拌合物一次装满试模并稍有富余，开动振动台至混凝土表面出现乳状水泥浆时为止，振动过程中随时添加混凝土使试模常满，记录振动时间(约为维勃秒数的 2～3 倍，一般不超过 90s)。振动结束后，用金属直尺沿试模边缘刮去多余混凝土，用镘刀将试件仔细抹平，试件抹面与试模边缘高低差不得超过 0.5mm。然后在试件上用铁钉划写试件编号、制作日期、强度等级。

(5) 当坍落度大于 70mm 时，用人工成型。拌合物份厚度大致相等的两层装入试模。捣固时按螺旋方向从边缘到中心均匀进行。插捣底层混凝土时，捣棒应到达摸底；插捣上层时，捣棒应贯穿上层后插入下层 20～30mm 处。插捣是应将捣棒下压，保持捣棒垂直，不得冲击，捣完一层后，用橡皮锤轻轻击打试模外端面 10～15 下，以填平插捣过程中留下的孔洞。

每层插捣次数 $100cm^2$ 截面积内不得少于 12 次。试件抹面与试模边缘高低差不得超过 0.5mm。然后在试件上用铁钉划写试件编号、制作日期、强度等级。

2) 养护

(1) 试件成型后，用湿布覆盖表面(后其他保持湿度办法)，在室温 20℃±5℃、相对湿度大于 50%的环境下，静放一个到两个昼夜，然后拆模并作第一次外观检查，对有缺陷的试件应除去，或加工补平。

(2) 将完好试件放入标准养护室进行养护，标准养护室温度 20℃±2℃，相对湿度在 95%以上，试件放在铁架上，间距 10～20mm，试件表面应保持一层水膜，并避免用水直接冲淋。

(3) 标准养护凝期为 28d(以搅拌加水开始)，非标准凝期为 1d、3d、7d、60d、90d、180d。

3) 硬化水泥混凝土现场试样的钻取或切割取样

(1) 取样的钻取。

① 钻取位置：在钻取前应考虑由于钻芯可能导致的对结构的不利影响，尽可能避免在靠近混凝土构件的接缝或边缘处钻取，且基本上不应带有钢筋。

② 芯样尺寸：芯样直径应为混凝土所用集料公称最大粒径的 4 倍，一般为 150mm±10mm 或 100mm±10mm。

对于路面，芯样长径比宜为 1.9～2.1。对于长径比超过 2.1 的试件，可减少钻芯；也可先取芯样长度与路面厚度相等，再在室内加工成为长径比为 2 的试件；对于长径比不足 1.8 的试件，可按不同试验项目分别进行修正。

③ 标记：钻出后的每个芯样应立即清楚地编号，并记录所取芯样的混凝土结构中的位置。

(2) 切割。对于现场采取的不规则混凝土试件，可按表 8-6 所示试样尺寸进行切割，以满足不同试验的要求。

(3) 检查。

① 外观检查：每个芯样应详细描述有关裂缝、接缝、分层、麻面或离析等不均匀性，必要时应记录以下事项。

a. 集料情况：估计集料的最大粒径、形状及种类，粗细集料的比例与级配。

b. 密实性：检查并记录存在的气孔、气孔的位置、尺寸与分布情况，必要时应拍下照片。

② 测量以下数据。

a. 平均直径 d_m：在芯样高度的中间及两个 1/4 处按两个垂直方向测量三对数值确定芯样的平均直径 d_m，精确至 1.0mm。

b. 平均长度 L_m：取芯样直径两端侧面测定钻取后芯样的长度及加工后的长度，其尺寸差应在 0.25mm 之内，取平均值作为试件平均长度 L_m，精确至 1.0mm。

c. 平均长、高、宽：对于切割棱柱体，分别测量所有边长，精确至 1.0mm。

8.3.5 水泥混凝土立方体抗压强度试验

1. 目的与适用范围

本试验规定了测定混凝土抗压极限强度的方法，以确定混凝土的强度等级。本试验适于各类混凝土的立方体试件。

2. 仪具设备

(1) 拌和机：自由式或强制式。

(2) 振动器：标准振动台。

(3) 压力机或万能试验机：可以均匀地连续加荷卸荷，保持固定荷载，能够满足试件破型吨位要求。

(4) 球座：钢质坚硬，凸面朝上，当试件均匀受力后，一般不宜再敲动球座。

(5) 试模：由铸铁或钢制成，试件尺寸(试模内部尺寸)见表 8-7。

表 8-7 立方体抗压强度试件尺寸

集料公称量大粒径/mm	试件尺寸/(mm×mm×mm)	备 注
31.5	150×150×150	标准尺寸
26.5	100×100×100	标准尺寸
53	200×200×200	非标准尺寸

3. 试验准备

(1) 混凝土抗压强度试件以边长 150mm 的正立方体为标准试件，其集料公称最大粒径为 31.5mm。

(2) 混凝土抗压强度采用非标准试件时，其集料粒径应符合表 8-7 所示规定。

(3) 混凝土抗压强度试件同龄期者应为一组，每组为三个同条件制作和养护的混凝土试块。

4. 试验步骤

(1) 取出试件，先检查其尺寸及形状，相对两面应平行，表面倾斜偏差不得超过0.5mm。量出棱边长度，精确至1mm。试件受力截面积按其与压力机上下接触面的平均值计算。在破型前，保持试件原有湿度，在试验时擦干试件。

(2) 以成型时侧面为上下受压面，试件要放在球座上，球座置于压力机中心，几何对中(指试件或球座偏离机台中心在5mm以内，下同)。强度等级小于C30的混凝土取0.3～0.5MPa/s的加荷速度；强度等级大于C30且小于C60时则取0.5～0.8MPa/s的加荷速度；强度等级大于C60时则取0.8～1.0MPa/s的加荷速度。当试件接近破坏而开始迅速变形时，应停止调整试验机油门，直至试件破坏，记下破坏极限荷载F(N)。

5. 结果整理

(1) 混凝土立方体试件抗压强度按下式计算。

$$f_{cu}=\frac{F}{A} \tag{8-1}$$

式中 f_{cu}——混凝土抗压强度，MPa；

F——极限荷载，N；

A——受压面积，mm^2。

(2) 以三个试件测值的算术平均值为测定值。三个测值中的最大值和最小值中如有一个与中间值的差值超过中间值的15%时，则把最大值和最小值一并舍去，取中间值为结果；如最大值和最小值与中间值的差值均超过中间值的15%，则该组试验结果无效。

混凝土强度等级小于C60时，非标准试件的抗压强度应乘以尺寸换算系数(表8-8)，并应在报告中注明。当混凝土强度大于等于C60时，宜用标准试件，使用非标准试件，换算系数由试验确定。

表8-8 立方体抗压强度尺寸换算系数表

试件尺寸/(mm×mm×mm)	尺寸换算系数/mm	试件尺寸/(mm×mm×mm)	尺寸换算系数/mm
100×100×100	0.95	200×200×200	1.05

注：计算结果精确至0.1MPa。

8.3.6 水泥混凝土抗弯强度试验

1. 目的与适用范围

本方法规定了测定水泥混凝土抗弯拉极限强度的方法，以提供设计参数，检查水泥混凝土施工品质和确定抗弯拉弹性模量试验加荷标准。

本方法适用于各类水泥混凝土棱柱体试件。

2. 仪具设备

(1) 压力机或万能试验机：应符合相应的规定。

(2) 抗弯拉试验装置(即三分点处双点加荷和三点自由支承式混凝土抗弯拉强度与抗弯拉弹性模量试验装置)，如图 8.12 所示。

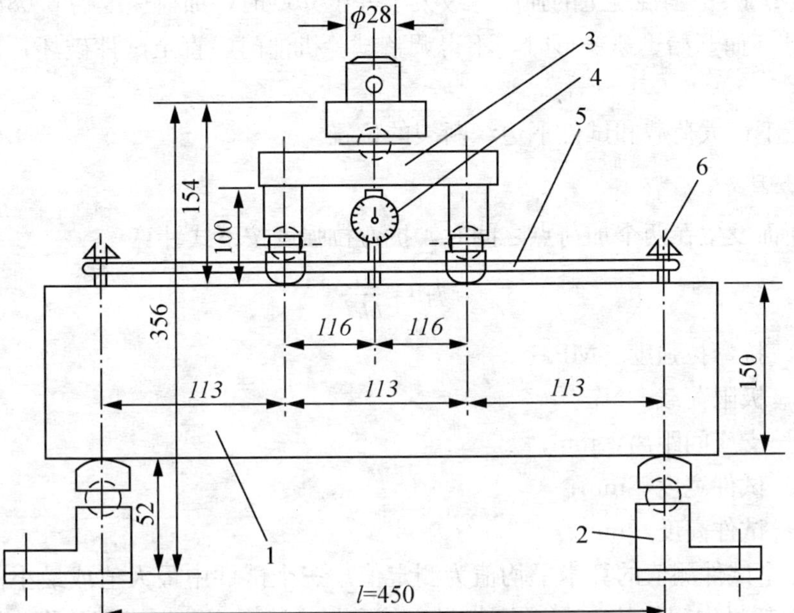

图 8.12 水泥混凝土抗弯拉强度和抗弯拉模量试验装置图(单位：mm)

1—试件；2—支座；3—加荷支座；4—千分表；5—千分表架；6—螺杆

3. 试验准备

(1) 试件尺寸应符合表 8-9 的规定，同时在试件长向中部 1/3 区段内，表面不得有直径超过 5mm、深度超过 2mm 的孔洞。

表 8-9 抗弯拉强度试件尺寸

集料公称最大粒径/mm	试件尺寸/(mm×mm×mm)	备　注
31.5	150×150×550	标准尺寸
	150×150×600	标准尺寸
26.5	100×100×400	非标准尺寸

(2) 混凝土抗弯拉强度试件应取同龄期者为一组，每组三根同条件制作和养护的试件。

4. 试验步骤

(1) 试件取出后，用湿毛巾覆盖并及时进行试验，保持试件干湿状态不变。在试件中部量出其宽度和高度，精确至 1mm。

(2) 调整两个可移动支座，将试件安放在支座上，试件成型时的侧面朝上，几何对中后，务必使支座及承压面与活动船形势块的接触面平稳、均匀，否则应垫平。

(3) 加荷时，应保持均匀、连续。当混凝土的强度等级小于 C30 时，加荷速度为 0.02～0.05MPa/s；当混凝土的强度等级大于等于 C30 且小于 C60 时，加荷速度为 0.05～0.08MPa/s。当混凝土的强度等级大于等于 C60 时，加荷速度为 0.08～0.10MPa/s。当试件接近破坏而开始迅速变形时，不得调整试验机油门，直至试件破坏，记下破坏极限荷载 F(N)。

(4) 记录下最大荷载和试件下边缘断裂的位置。

5. 结果整理

(1) 当断面发生在两个加荷点之间时，抗弯拉强度按下式计算

$$f_f = \frac{FL}{bh^2}$$

式中 f_f——抗弯拉强度，MPa；

F——极限荷载，N；

L——支应间距离，mm；

b——试件宽度，mm；

h——试件高度，mm。

(2) 以三个试件测值的算术平均值为测定值。三个试件中最大值或最小值中如有一个与中间值之差超过中间值的 15%，则把最大值和最小值舍去，以中间值作为试件的抗弯拉强度；如最大值和最小值与中间值之差值均超过中间值的 15%，则该组试验结果无效。

三个试件中如有一个断裂面位于加荷点外侧，则混凝土抗弯强度、拉强度按另外两个试件的试验结果计算。如果这两个测值的差值不大于这两个测值中较小值的 15%，则以两个测值的平均值为测试结果，否则结果无效。

如果有两根试件均出现断裂面位于加荷点外侧，则该组结果无效。

注：断面位置在试件断块短边一侧的底面中轴线上量得。

抗弯强度、拉强度的计算精确到 0.01MPa。

(3) 采用 100mm×100×mm400mm 非标准试件时，在三分点加荷的试验方法同前，但所得的抗弯拉强度值应乘以尺寸换算系数 0.85。当混凝土强度等级大于等于 C60 时，应采用标准试件。

8.3.7 砂浆稠度试验

1. 目的与适用范围

本方法适用于确定配合比或施工过程中控制砂浆的稠度，以达到控制用水量的目的。

2. 主要仪器设备

(1) 砂浆稠度仪：如图 8.13 所示，由试锥、容器和底座三部分组成。试锥由钢材或铜材制成，试锥高度为 145mm，锥底直径为 75mm，试锥连同滑杆的重量应为 300g±2g；盛载砂浆容器由钢板制成，筒高为 180mm，锥底内径为 150mm；支座分底座、支架及刻度显示三个部分，由铸铁、钢及其他金属制成。

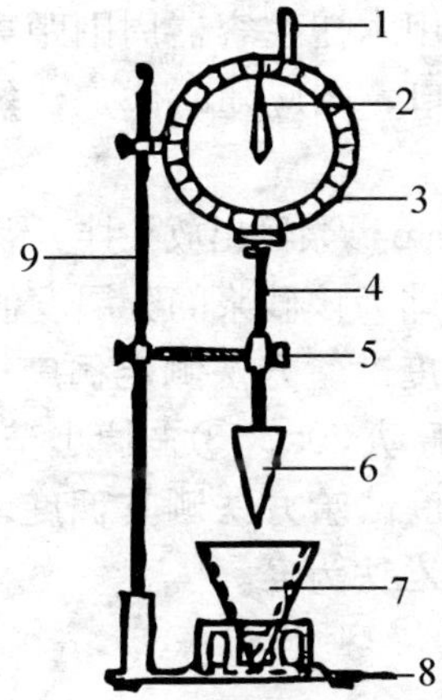

图 8.13 砂浆稠度测定仪

1—齿条测杆；2—摆针；3—刻度盘；4—滑杆；5—制动螺丝；6—试锥；7—盛装容器；8—底座；9—支架

(2) 钢制捣棒：直径 10mm、长 350mm，端部磨圆。

(3) 秒表等。

3. 试验步骤

(1) 用少量润滑油轻擦滑杆，再将滑杆上多余的油用吸油纸擦净，使滑杆能自由滑动。

(2) 用湿布擦净盛浆容器和试锥表面，将砂浆拌合物一次装入容器，使砂浆表面低于容器口约 10mm。用捣棒自容器中心向边缘均匀地插捣 25 次，然后轻轻地将容器摇动或敲击 5～6 下，使砂浆表面平整，然后将容器置于稠度测定仪的底座上。

(3) 拧松制动螺钉，向下移动滑杆，当试锥尖端与砂浆表面刚接触时，拧紧制动螺钉，使齿条侧杆下端刚接触滑杆上端，读出刻度盘上的读数(精确至 1mm)。

(4) 拧松制动螺钉，同时计时间，10s 时立即拧紧螺丝，将齿条测杆下端接触滑杆上端，从刻度盘上读出下沉深度(精确至 1mm)，两次读数的差值即为砂浆的稠度值。

(5) 盛装容器内的砂浆只允许测定一次稠度，重复测定时，应重新取样测定。

4. 试验结果

(1) 取两次试验结果的算术平均值，精确至 1mm。

(2) 如两次试验值之差大于 10mm，应重新取样测定。

8.3.8 砂浆分层度试验

1. 目的与适用范围

本方法适用于测定砂浆拌合物在运输及停放时内部组分的稳定性。

2. 仪具设备

(1) 砂浆分层度测定仪(图 8.14)内径为 150mm，上节高度为 200mm，下节带底净高为 100mm，用金属板制成，上、下层连接处需加宽 3～5mm，并设有橡胶热圈。

(2) 振动台：振幅 0.5mm±0.05mm，频率 50Hz±3Hz；

(3) 稠度仪、木锤等。

3. 试验步骤

(1) 首先将砂浆拌合物按第 4 章稠度试验方法测定稠度；

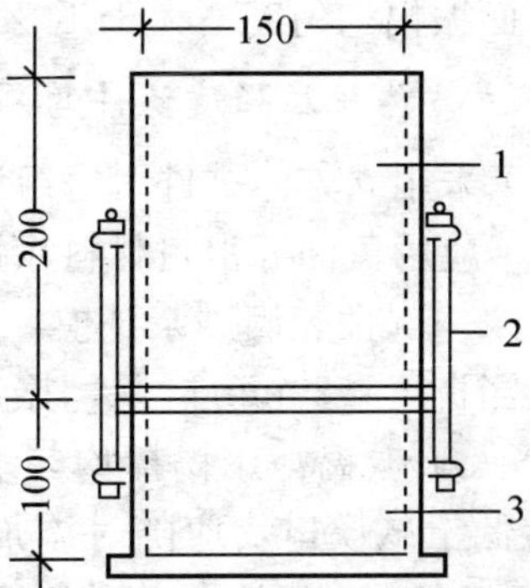

图 8.14 砂浆分层度测定仪

1—无底圆筒；2—连接螺栓；3—有底圆筒

(2) 将砂浆拌合物一次装入分层度筒内，待装满后，用木槌在容器周围距离大致相等的四个不同部位轻轻敲击1～2下，如砂浆沉落到低于筒口，则应随时添加，然后刮去多余的砂浆并用抹刀抹平。

(3) 静置30min后，去掉上节200mm砂浆，剩余的100mm砂浆倒出放在拌合锅内拌2min，再按第4章稠度试验方法测其稠度。前后测得的稠度之差即为该砂浆的分层度值(mm)。

注：也可采用快速法测定分层度，其步骤是：①按稠度试验方法测定稠度；②将分层度筒预先固定在振动台上，砂浆一次装入分层度筒内，振动20s；③去掉上节200mm砂浆，剩余100mm砂浆倒出放在拌合锅内拌2min，再按稠度试验方法测其稠度，前后测得的稠度之差即为是该砂浆的分层度值。但如有争议，以标准法为准。

4. 试验结果

(1) 取两次试验结果的算术平均值作为该砂浆的分层度值。

(2) 两次分层度试验值之差如大于10mm，应重新取样测定。

8.3.9 砂浆抗压强度试验

1. 目的与适用范围

本方法适用于测定砂浆立方体的抗压强度。

2. 仪具设备

(1) 试模：尺寸为70.7mm×70.7mm×70.7mm的带底试模，应具有足够的刚度并拆装方便。试模的内表面应机械加工，其不平度应为每100mm不超过0.05mm，组装后各相邻面的不垂直度不应超过±0.5°。

(2) 钢制捣棒：直径为10mm，长为350mm，端部应磨圆。

(3) 压力试验机：精度为1%，试件破坏荷载应不小于压力机量程的20%，且不大于全量程的80%。

(4) 垫板：试验机上、下压板及试件之间可垫以钢垫板，垫板的尺寸应大于试件的承压面，其不平度应为每100mm不超过0.02mm。

(5) 振动台：空载中台面的垂直振幅应为0.5mm±0.05mm，空载频率应为50Hz±3Hz，空载台面振幅均匀度不大于10%，一次试验至少能固定(或用磁力吸盘)三个试模。

3. 立方体抗压强度试件的制作及养护

(1) 采用立方体试件，每组试件三个。

(2) 应用黄油等密封材料涂抹试模的外接缝，试模内涂刷薄层机油或脱模剂，将拌制好的砂浆一次性装满砂浆试模，成型方法根据稠度而定。当稠度≥50mm时采用人工振捣成型，当稠度<50mm时采用振动台振实成型。

① 人工振捣：用捣棒均匀地由边缘向中心按螺旋方式插捣25次，插捣过程中如砂浆沉落低于试模口，应随时添加砂浆，可用油灰刀插捣数次，并用手将试模一边抬高5～10mm各振动五次，使砂浆高出试模顶面6～8mm。

② 机械振动：将砂浆一次装满试模，放置到振动台上，振动时试模不得跳动，振动5～10s或持续到表面出浆为止，不得过振。

(3) 待表面水分稍干后，将高出试模部分的砂浆沿试模顶面刮去并抹平。

(4) 试件制作后应在室温为20℃±5℃的环境下静置24h±2h，当气温较低时，可适当延长时间，但不应超过两昼夜，然后对试件进行编号、拆模。试件拆模后应立即放入温度为20℃±2℃，相对湿度为90%以上的标准养护室中养护。养护期间，试件彼此间隔不小于10mm，混合砂浆试件上面应覆盖以防有水滴在试件上。

4. 试验步骤

(1) 试件从养护地点取出后应及时进行试验。试验前将试件表面擦拭干净，测量尺寸，并检查其外观，并据此计算试件的承压面积，如实测尺寸与公称尺寸之差不超过1mm，可按公称尺寸进行计算。

(2) 将试件安放在试验机的下压板(或下垫板)上，试件的承压面应与成型时的顶面垂直，试件中心应与试验机下压板(或下垫板)中心对准。开动试验机，当上压板与试件(或上垫板)接近时，调整球座，使接触面均衡受压。承压试验应连续而均匀地加荷，加荷速度应为每秒0.25～1.5kN(砂浆强度不大于5MPa时，宜取下限；砂浆强度大于5MPa时，宜取上限)。当试件接近破坏而开始迅速变形时，停止调整试验机油门，直至试件破坏，然后记录破坏荷载。

5. 计算

砂浆立方体抗压强度应按下式计算。

$$f_{m,cu}=\frac{N_u}{A}$$

式中 $f_{m,cu}$——砂浆立方体试件抗压强度，MPa；

N_u—— 试件破坏荷载，N；

A—— 试件承压面积，mm^2。

以三个试件测值的算术平均值的1.3倍(f_2)作为该组试件的砂浆立方体试件抗压强度平均值(精确至0.1MPa)。

当三个测值的最大值或最小值中如有一个与中间值的差值超过中间值的15%时，则把最大值及最小值一并舍去，取中间值作为该组试件的抗压强度值；如最大值和最小值测值与中间值的差值均超过中间值的15%时，则该组试件的试验结果无效。

8.4 沥青材料与沥青混合料试验

8.4.1 沥青针入度试验

1. 目的与适用范围

本方法适用于测定道路石油沥青、改性沥青针入度以及液体石油沥青蒸馏或乳化沥青蒸发后残留物的针入度。其标准试验条件为温度25℃，荷重100g，贯入时间5s，以0.1mm记录。

针入度指数用以描述沥青的温度敏感性，宜在15℃、25℃、30℃等三个或三个以上温度条件下测定针入度后按规定的方法计算得到，若30℃时的针入度值过大，可采用5℃代替。

2. 仪器设备

(1) 针入度仪：针和针连杆组合件总质量为50g±0.05g，另附50g±0.05g砝码一只，试验时总质量为100g±0.05g。仪器设有放置平底玻璃保温皿的平台，并有调节水平的装置，针连杆应与平台相垂直。针连杆易于装拆，以便检查其质量。仪器悬臂的端部有一面小镜或聚光灯泡，借以观察针尖与试样表面接触情况。当为自动针入度仪时，要求基本相同，应对自动装置的准确性经常校验。

(2) 标准针：由硬化回火的不锈钢制成，洛氏硬度HRC54～60，表面粗糙度R_a0.2～0.3μm，针与针杆总质量2.5g±0.05g，针杆上应打印有号码标志，其尺寸及针头如图8.15所示。

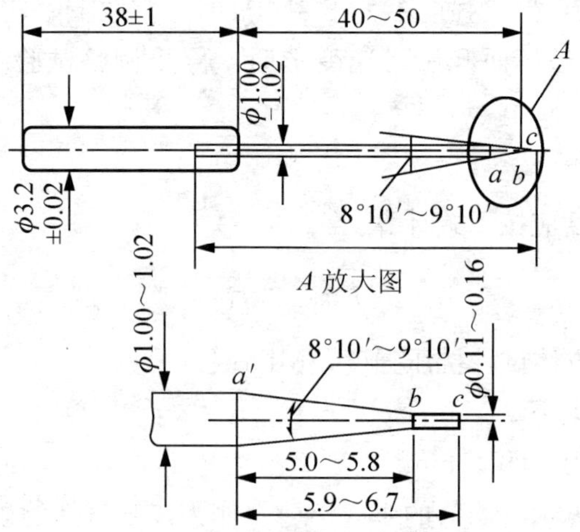

图8.15　针入度标准针(单位：mm)

(3) 盛样皿：金属制，圆柱形平底。小盛样皿的内径55mm，深35mm(适用于针入度小于200)；大盛样皿内径70mm、深45mm(适用于针入度200～350)；对针入度大于350的试样，需使用特殊盛样皿，其深度不小于60mm，试样体积不少于125mL。

(4) 恒温水槽：容量不少于10L，控温的准确度为0.1℃。水槽中应设有一带孔的搁架，位于水面下不得少于100mm，距水槽底不得少于50mm处。

(5) 平底玻璃皿：容量不少于1L，深度不少于80mm，内设有一不锈钢三脚支架，能使盛样皿稳定。

(6) 其他：温度计、秒表、盛样皿盖、三氯乙烯、电炉或砂浴、石棉网、金属锅或瓷把坩埚等。

3. 试验准备

(1) 按规定的方法准备试样。

(2) 按试验要求将恒温水槽调节到要求的试验温度25℃或15℃、30℃，保持稳定。

(3) 将试样注入盛样皿中，试样高度应超过预计针入度值10mm，并盖上盛样皿，以防落入灰尘。盛有试样的盛样皿在15～30℃室温中冷却1～1.5h(小盛样皿)、1.5～2h(大盛样皿)或2～2.5h(特殊盛样皿)后移入保持规定试验温度±0.1℃的恒温水槽中1～1.5h(小盛样皿)、1.5～2h(大盛样皿)或2～2.5h(特殊盛样皿)。

(4) 调平钉入度仪。检查针连杆和导轨，以确认无水和其他外来物，无明显摩擦。用三氯乙烯或其他溶剂清洗标准针，并拭干。将标准针插入针连杆，用螺钉固紧。按试验条件，加上附加砝码。

4. 试验步骤

(1) 取出达到恒温的盛样皿，并移入水温控制在试验温度±0.1℃(可用恒温水槽中的水)的平底玻璃皿中的三脚支架上，试样表面以上的水层深度不少于10mm。

(2) 将盛有试样的平底玻璃皿置于针入度仪的平台上。慢慢放下针连杆，使针尖恰好与试样表面接触。拉下刻度盘的拉杆，使与针连杆顶端轻轻接触，调节刻度盘或深度指示器的指针指示为零。

(3) 开动秒表，在指划正指5s的瞬间，用手紧压按钮，使标准针自动下落贯入试样，经规定时间，停压按钮使针停止移动。

注：当采用自动针入度仪时，计时与标准针落下贯入试样同时开始，至5s时自动停止。

(4) 拉下刻度盘拉杆与针连杆顶端接触，读取刻度盘指针或位移指示器的读数，准确至0.5℃(0.1mm)。

(5) 同一试样平行试验至少三次，各测试点之间及与盛样皿边缘的距离不应小于10mm。

每次试验后应将盛有盛样皿的平底玻璃皿放入恒温水槽，使水温保持试验湿度，每次试验应换一根干净标准针或将标准针取下用蘸有三氯乙烯溶剂的棉花或布揩净，再用干棉花或布擦干。

(6) 测定针入度大于200的沥青试样时，至少用三支标准针，每次试验后将针留在试样中。直到三次平行试验完成后，才能将标准针取出。

(7) 测定针入度指数PI时，按同样的方法在15℃、25℃、30℃三个或三个以上(必要时增加10℃、20℃等)温度条件下分别测定沥青的针入度。

5. 结果整理

同一试样三次平行试验结果的最大值和最小值之差在下列允许偏差范围内时，计算三次试验结果的平均值，取整数作为针入度试验结果，以0.1mm为单位，见表8-10。

表8-10 升入度与允许差值

针入度(0.1mm)	允许差值(0.1mm)
0～49	2
50～149	4
150～249	12
250～500	20

当试验值不符表 8-10 所示要求时，应重新进行。

(1) 当试验结果小于 50(0.1mm)时，重复性试验的允许差为 2(0.1mm)，复现性试验的允许差为 4(0.1mm)。

(2) 当试验结果等于或大于 50(0.1mm)时，重复性试验的允许差为平均值的 4%，复现性试验的允许差为平均值的 8%。

8.4.2 沥青延度试验

1. 目的与适用范围

(1) 本方法适用于测定道路石油沥青、液体沥青蒸馏残留物和乳化沥青蒸发残留物等材料的延度。

(2) 沥青延度通常采用的试验温度为 25℃、15℃、10℃或 5℃，拉伸速度为 5cm/min±0.25cm/min。当低温采用(1±0.05)cm/min 拉伸速度时，应在报告中注明。

2. 仪器设备

(1) 延度仪：将试件浸没于水中，能保持规定的试验温度及按照规定拉伸速度拉伸试件且试验时无明显振动的延度仪均可使用，其形状及组成如图 8.16 所示。

(2) 试模：黄铜制，由两个端模和两个侧模组成，试模内侧表面粗糙度 R_a0.2μm，其形状及尺寸如图 8.17所示。试模底板为玻璃板或磨光的铜板、不锈钢板(表面粗糙度 R_a0.2μm)。

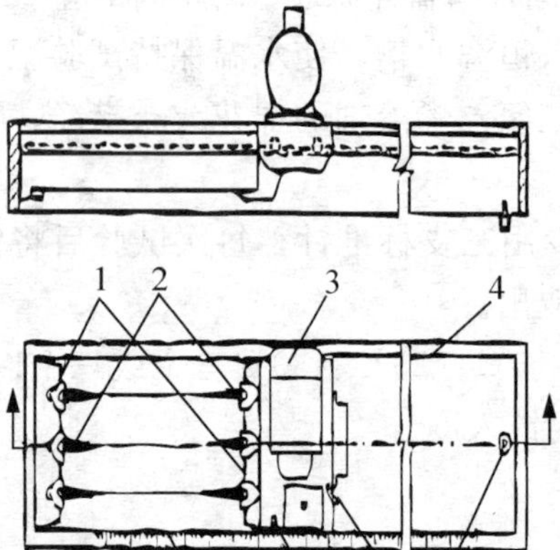

图 8.16 延度仪（单位：mm）

1—试模；2—试样；3—电机；4—水槽；
5—泄水孔；6—开关柄；7—指针；8—标尺

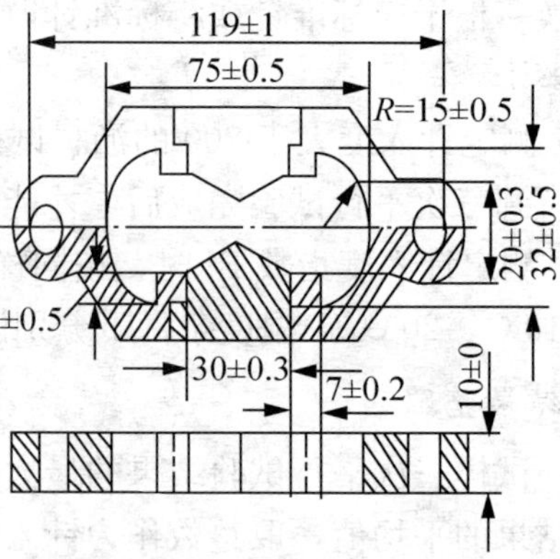

图 8.17 延度试模（单位：mm）

(3) 恒温水槽：容量不少 10L，控制温度的准确度为 0.1℃，水槽中应设有带孔搁架，搁架距水槽底不得少于 50mm。试件浸入水中深度不小于 100mm。

(4) 其他：温度计、砂浴或其他加热炉具、甘油滑石粉隔离剂(甘油与滑石粉的质量比 2∶1)、平刮刀、石棉网、酒精、食盐等。

3. 试验准备

(1) 将隔离剂拌和均匀，涂于清洁干燥的试模底板和两个侧模的内侧表面，并将试模在试模底板上装好。

(2) 按规定的方法准备试样，然后将试样仔细自试模的一端至另一端往返数次缓缓注入模中，最后略高出试模。灌模时应注意勿使气泡混入。

(3) 试件在室温中冷却30～40min，然后置于与规定试验温度误差为±0.1℃的恒温水槽中，保持30min后取出，用热刮刀刮除高出试模的沥青，使沥青面与试模面齐平。沥青的刮法应自试模的中间刮向两端且表面应刮得平滑。将试摸连同底板再浸入规定试验温度的水槽中1～1.5h。

(4) 检查延度仪延伸速度是否符合规定要求，然后移动滑板使其指针正对标尺的零点。将延度仪注水，并保温达试验温度±0.5℃。

4. 试验步骤

(1) 将保温后的试件连同底板移入延度仪的水槽中，然后将试模自试模底板上取下，将试模两端的孔分别套在滑板及槽端固定板的金属柱上，并取下侧模。水面距试件表面应不小于25mm。

(2) 开动延度仪，并注意观察试样的延伸情况。此时应注意，在试验过程中，水温应始终保持在试验温度规定范围内，在试验中，如发现沥青细丝浮于水面或沉入槽底时，则应在水中加入酒精或食盐，调整水的密度至与试样相近后，重新试验。

(3) 试件拉断时，读取指针所指标尺上的读数，以cm表示，在正常情况下，试件延伸时应成锥尖状，拉断时实际断面接近于零。如不能得到这种结果，则应在报告中注明。

5. 结果整理

(1) 同一试样，每次平行试验不少于三个，如三个测定结果均大于100cm，试验结果记作“＞100cm”；特殊需要也可分别记录实测值。如三个测定结果中有一个以上的测定值小于100cm，若最大值或最小值与平均值之差满足重复性试验精密度要求，则取三个测定结果的平均值的整数作为延度试验结果；若平均值大于100cm，记作“＞100cm”；若最大值或最小值与平均值之差不符合重复性试验精度要求，试验应重新进行。

(2) 当试验结果小于100cm，重复性试验的允许差为平均值的20％，复现性试验的允许差为平均值的30％。

8.4.3 沥青软化点试验

1. 目的与适用范围

本方法适用于测定道路石油沥青、煤沥青的软化点，也适用于测定液体石油沥青经蒸馏或乳化沥青破乳蒸发后残留物的软化点。

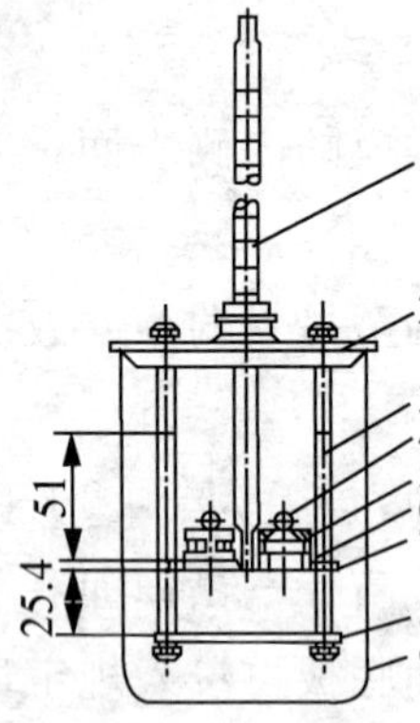

图 8.18 软化点试验仪(单位：mm)

1—温度计；2—土盖板；3—立杆；4—钢球；5—钢球定位环；6—金属球；7—中层板；8—下底板；9—烧杯

2. 仪器设备

1）软化点试验仪

如图 8.18 所示，软化点试验仪由下列部件组成。

(1) 钢球：直径 9.53mm，质量 3.5g±0.05g。

(2) 试样环：黄铜或不锈钢等制成，形状尺寸如图 8.19 所示。

(3) 钢球定位环：黄铜或不锈钢制成，形状尺寸如图 8.20 所示。

(4) 金属支架：由两个主杆和三层平行的金属板组成(如图 8.21 所示)。上层为一圆盘，中间有一圆孔，用以插放温度计；中层板上有两个孔，各放置金属环，中间有一小孔可支持温度计的测温端部；一侧立杆距环上面 51mm 处刻有水高标记。

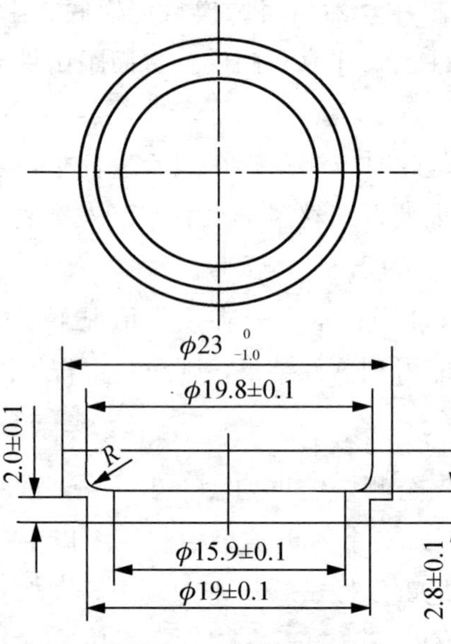

图 8.19 试样环(单位：mm)

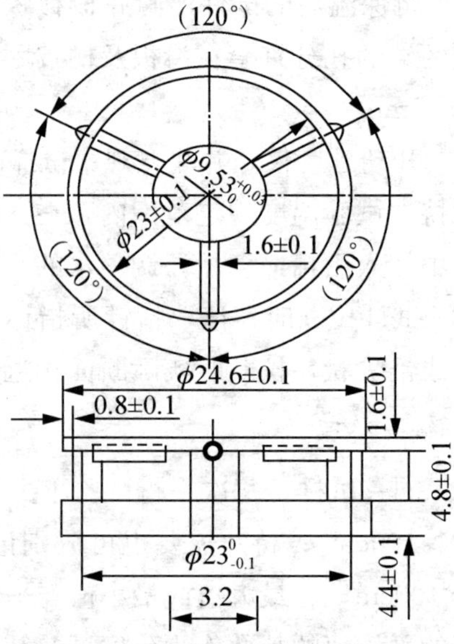

图 8.20 钢球定位环(单位：mm)

(5) 耐热玻璃烧环：容量 800～1 000mL，直径不小于 86mm，高不小于 120mm。

(6) 温度计：0～80℃，分度为 0.5℃。

2）其他

环夹(图 8.22)、加热炉具、试样底板、恒温水槽、平直刮刀、甘油滑石粉隔离剂、石棉网等。

3. 试验准备

(1) 将试样环置于涂有甘油滑石粉隔离剂的试样底板上。按规定方法将准备好的沥青试样徐徐注

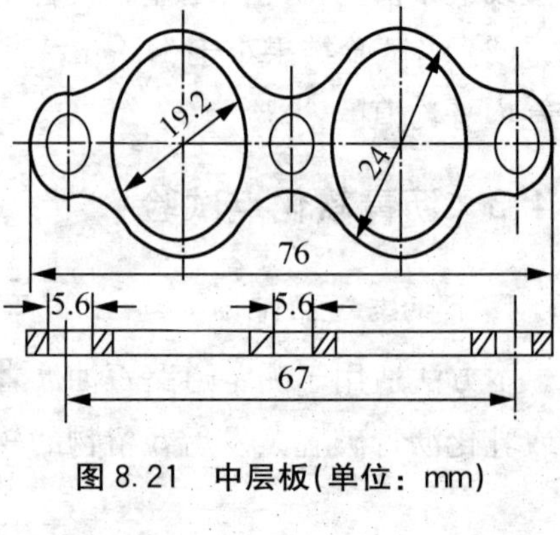

图 8.21 中层板(单位：mm)

入试样环内至略高出环面为止。

如估计试样软化点高于120℃，则试样环和试样底板(不用玻璃板)均应预热至80～100℃。

(2) 试样在室温冷却30min后，用环夹夹住试样环，并用热刮刀刮除环面上的试样，务必使其与环面齐平。

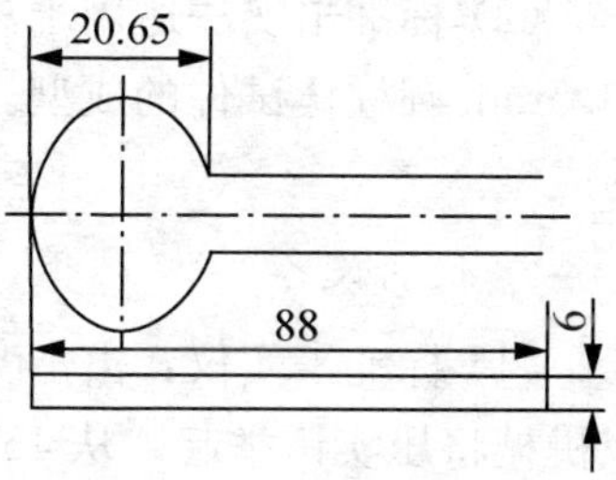

图8.22 环夹(单位：mm)

4. 试验步骤

1) 试样软化点在80℃以下

(1) 将装有试样的试样环连同试样底板置于5℃±0.5℃水的恒温水槽中至少15min；同时将金属支架、钢球、钢球定位环等置于相同水槽中。

(2) 烧杯内注入新煮沸并冷却至5℃的蒸馏水，水面略低于立杆上的深度标记。

(3) 从恒温水槽中取出盛有试样的试样环放置在支架中层板的圆孔中，套上定位环；然后将整个环架放入烧杯中，调整水面至深度标记，并保持水温为5℃±0.5℃。环架上任何部分不得附有气泡。将0～80℃的温度计由上层板中心孔垂直插入，使端部测温头底部与试样环下面齐平。

(4) 将盛有水和环架的烧杯移至放在石棉网的加热炉具上，然后将钢球放在定位环中间的试样中央，立即开动振荡搅拌器，使水微微振荡，并开始加热，使杯中水温在3min内调节至维持每分钟上升5℃±0.5℃。在加热过程中，应记录每分钟上升的温度值。如温度上升速度超出此范围，则试验应重做。

(5) 试样受热软化逐渐下坠，至与下层底板表面接触时，立即读取温度，准确至0.5℃。

2) 试样软化点在80℃以上

(1) 将装有试样的试样环连同试样底板置于装有32℃±1℃甘油的恒温槽中至少15min；同时将金属支架、钢球、钢球定位环等亦置于甘油中。

(2) 在烧杯内注入预先加热至32℃的甘油，其液面略低于立杆上的深度标记。

(3) 从恒温槽中取出装有试样的试样环，按上述的方法进行测定，准确至1℃。

5. 结果整理

同一试样平行试验两次，当两次测定值的差值符合重复性试验精密度要求时，取其平均值作为软化点试验结果，准确至0.5℃。

(1) 当试样软化点小于80℃时，重复性试验的允许差为1℃，复现性试验的允许差为4℃。

(2) 当试样软化点等于或大于80℃时，重复性试验的允许差为2℃，复现性试验的允许差为8℃。

8.4.4 沥青混合料试件制作方法(击实法)

1. 目的与适用范围

(1) 本方法适用于标准击实法或大型击实法制作沥青混合料试件，以供试验室进行沥青混合料物理力学性质试验用。

(2) 标准击实法适用于马歇尔试验、间接抗拉试验(劈裂法)等所使用的 ϕ101.6mm×63.5mm 圆柱体试件的成型。大型击实法适用于 ϕ152.4mm×95.3mm 的大型圆柱体试件的成型。

2. 仪器设备

(1) 标准击实仪：由击实锤、ϕ98.5mm 平圆形压实头及带手柄的导向棒组成。用人工或机械将压实锤举起，从 457.2mm±1.5mm 高度沿导向棒自由落下击实，标准击实锤质量 4 536g±9g。

(2) 大型击实仪：由击实锤、ϕ149.5mm 平圆形压实头及带手柄的导向棒(直径 15.9mm)组成。用机械将压实锤举起，从 457.2mm± 2.5mm 高度沿导向棒自由落下击实，大型击实锤质量为 10 210g±210g。

自动击实仪是将标准击实锤及标准击实台安装于一体并用电力驱动使击实锤连续击实试件且可自动记数的设备，击实速度为(60±5)次/min。

(3) 试验室用沥青混合料拌和机：能保证拌和温度并充分拌和均匀，可控制拌和时间，容量不小于 10L，如图 8.23 所示。搅拌叶自转速度 70～80r/min，公转速度 40～50r/min。

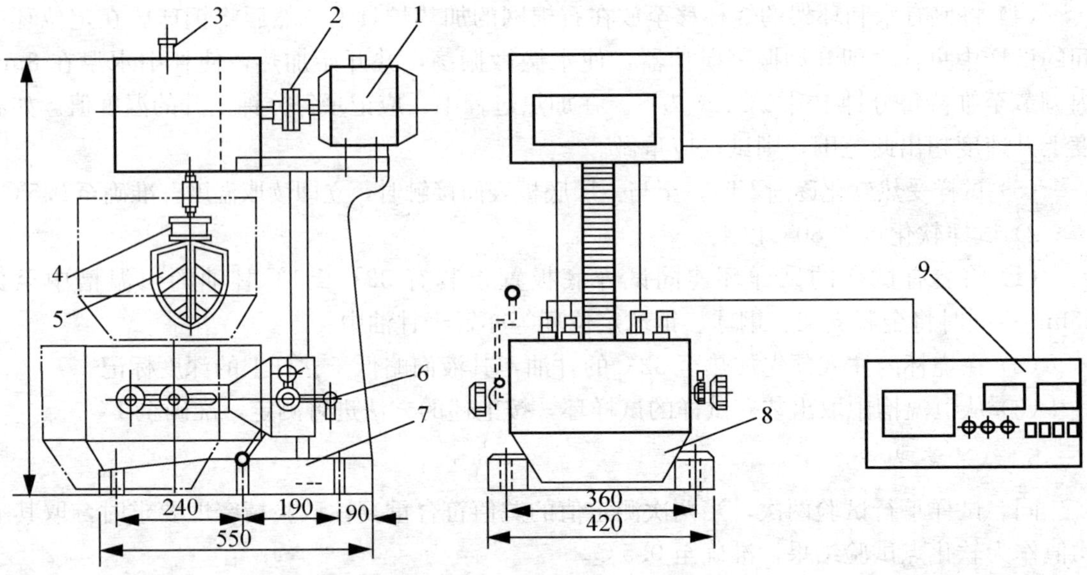

图 8.23 试验室用沥青混合料拌和机(单位：mm)

1—电机；2—联轴器；3—变速箱；4—弹簧；

5—拌合叶片；6—升降手柄；7—底座；8—加热拌合锅；9—温度时间控制仪

(4) 脱模器：电动或手动，可无破损地推出圆柱体试件，备有标准圆柱体试件及大型圆柱体试件尺寸的推出环。

(5) 试模：试模由高碳钢或工具钢制成，每组包括内径 101.6mm±0.2mm、高 87mm 的圆柱形金属筒，底座(直径约 120.6mm)和套筒(内径 101.6mm、高 70mm)各 1 个。

大型圆柱体试件的试模套筒外径 165.1mm，内径 155.6mm±0.3mm，总高 83mm。

试模内径 152.4mm±0.2mm，总高 115mm，底座板厚 12.7mm，直径 172mm。

(6) 烘箱：大、中型各一台，装有温度调节器。

(7) 天平或电子秤：用于称量矿料的天平，感量不大于 0.5g；用于称量沥青的天平，感量不大于 0.1g。

(8) 沥青运动黏度测定设备：毛细管粘度计、赛波特重油粘度或布洛克菲尔德黏度计。

(9) 温度计：分度为 1℃，宜采用有金属插杆的热电偶沥青温度计，金属插杆的长度不小于 300mm；量程 0～300℃，数字显示或度盘指针的分度 0.1℃，且有留置读数功能。

(10) 其他：插刀或大螺丝刀电炉或煤气炉、沥青熔化锅、拌和铲、标准筛、滤纸(或普通纸)、胶布、卡尺、秒表、粉笔、棉纱等。

3. 试验准备

1) 确定制作沥青混合料试件的拌和与压实温度

当缺乏沥青黏度测定条件时，试件的拌和与压实温度可按表 8－11 选用，并根据沥青品种和标号作适当调整。针入度小、稠度大的沥青取高限，针入度大、稠度小的沥青取低限，一般取中值。对改性沥青，应根据改性剂的品种和用量，适当提高混合料的拌和和压实温度，对大部分聚合物改性沥青，需要在基质沥青的基础上提高 15～30℃，掺加纤维时，尚需再提高 10℃左右。

表 8－11　沥青混合料拌和及压实温度参考表

沥青结合料种类	拌和温度(℃)	压实温度(℃)
石油沥青	130～160	120～150
煤沥青	90～120	80～110
改性沥青	160～175	140～170

常温沥青混合料的拌和及压实在常温下进行。

2) 人工配制沥青混合料的材料准备

(1) 将各种规格的矿料置于 105℃±5℃的烘箱中烘干至恒重(一般不少于 4)。根据需要，粗集料可先用水冲洗干净后烘干，也可将粗细集料过筛后用水冲洗再烘干备用。

(2) 按规定试验方法分别测定不同粒径规格粗、细集料及填料(矿粉)的各种密度，按规定方法测定沥青的密度。

(3) 将烘干分级的粗、细集料，按每个试件设计级配要求称其质量，在一金属盘中混均匀，矿粉单独加热，置烘箱中预热至沥青拌和温度以上约 15℃(采用石油沥青时通常为 163℃；采用改性沥青时通常需 180℃)备用。

(4) 将规定方法采集的沥青试样，加热至规定的沥青混合料拌和温度备用，但不得超过 175℃。

3) 仪器准备

用沾有少许黄油的棉纱擦净试模、套筒及击实座等置 100℃左右烘箱中加热 1h 备用。常温沥青混合料用试模不加热。

4. 试验步骤

1）拌制黏稠石油沥青或煤沥青混合料

（1）将沥青混合料拌和机预热至拌和温度以上10℃左右备用（对试验室试验研究、配合比设计及采用机械拌和施工的工程，严禁用人工炒拌法热拌沥青混合料）。

（2）将每个试件预热的粗细集料置于拌和机中，用铲子适当混合，然后再加入需要数量的已加热至拌和温度的沥青（如沥青已称量在一专用容器内时，可在倒掉沥青后用一部分热矿粉将沾在容器壁上的沥青擦拭一起倒入拌和锅中），开动拌和机一边搅拌一边将拌和叶片插入混合料中拌和1～1.5min，然后暂停拌和，加入单独加热的矿粉，继续拌和至均匀为止，并使沥青混合料保持在要求的拌和温度范围内。标准的总拌和时间为3min。

2）马歇尔标准击实法的成型步骤

（1）将拌好的沥青混合料，均匀称取一个试件所需的用量（标准马歇尔试件约1 200g，大型马歇尔试件约4 050g）。当已知沥青混合料的密度时，可根据试件的标准尺寸计算并乘以1.03得到要求的混合料数量。当一次拌和几个试件时，宜将其倒入经预热的金属盘中，用小铲适当拌和均匀分成几份，分别取用。在试件制作过程中，为防止混合料温度下降，应连盘放在烘箱中保温。

（2）从烘箱中取出预热的试模及套筒，用沾有少许黄油的棉纱擦拭套筒、底座及击实锤底面。将试模装在底座上，垫一张圆形的吸油性小的纸，按四分法从四个方向用小铲将混合料铲入试模中，用插刀或大螺丝刀沿周边插捣15次，中间10次。插捣后将沥青混合料表面整平成凸圆弧面。对大型马歇尔试件，混合料分两次加入，每次插捣次数同上。

（3）插入温度计，至混合料中心附近，检查混合料温度。

（4）待混合料温度符合要求的压实温度后，将试模连同底座一起放在击实台上固定，在装好的混合料上面垫一张吸油性小的纸，再将装有击实锤及导向棒的压实头插入试模中，然后开启电动机或人工将击实锤从457mm的高度自由落下击实规定的次数（75、50或35次）。对大型马歇尔试件，击实次数为75次（相应于标准击实50次的情况）或112次（相应于标准击实75次的情况）。

（5）试件击实一面后，取下套筒，将试模掉头，装上套筒，然后以同样的方法和次数击实另一面。

（6）试件击实结束后，立即用镊子取掉上下面的纸，用卡尺量取试件离试模上口的高度并由此计算试件高度，如高度不符合要求时，试件应作废，并按下式调整试件的混合料质量，以保证高度符合63.5mm±1.3mm（标准试件）或95.3mm±2.5mm（大型试件）的要求。

$$\text{调整后混合料质量} = \frac{\text{要求试件高度} \times \text{原用混合料质量}}{\text{所得试件的高度}}$$

3）整理试验装置

卸去套筒和底座，将装有试件的试模横向放置冷却至室温后（不少于12h），置脱模机上脱出试件。将试件仔细置于干燥洁净的平面上，供以后试验用。

8.4.5 压实沥青混合料密度试验(表干法)

1. 目的与适用范围

(1) 表干法适用于测定吸水率不大于2%的各种沥青混合料试件的毛体积相对密度或毛体积密度。

(2) 本方法测定的毛体积密度适用于计算沥青混合料试件的空隙分数、矿料间隙率等各项体积指标。

2. 仪器设备

(1) 浸水天平或电子秤：当最大称量在3kg以下时，感量不大于0.1g；最大称量3kg以上时，感量不大于0.5g；最大称量10kg以上时，感量5g，应有测量水中重的挂钩。

(2) 水中重称重装置：网篮、溢流水箱(图8.24)和试件悬吊装置。

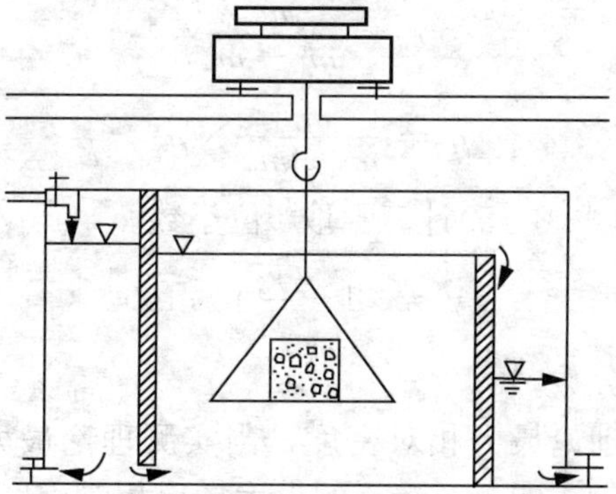

图8.24 溢流水箱及下挂法水中重称量方法示意图

(3) 其他：秒表、毛巾、电风扇或烘箱等。

3. 试验步骤

(1) 选择适宜的浸水天平或电子秤，最大称量应不小于试件质量的1.25倍，且不大于试件质量的5倍。

(2) 除去试件表面的浮粒，称取干燥的空中质量(m_a)，根据选择的天平的感量读数，准确至0.1g、0.5g或5g。

(3) 挂上网篮，浸入溢流水箱中，调节水位，将天平调平或复零，把试件置于网篮中(注意不要晃动水)浸水中约3～5min，称取水中质量(m_w)。若天平读数持续变化，不能很快达到稳定，说明试件吸水较严重，不适用于此法测定，应改用蜡封法测定。

(4) 从水中取出试件，用洁净柔软的拧干湿毛巾轻轻擦去试件的表面水(不得吸走空隙内的水)，称取试件的表干质量(m_f)。

(5) 对从路上钻取的非干燥试件可先称取水中质量(m_w)，然后用电风扇将试件吹干至恒重(一般不少于12h，当不需进行其他试验时．也可用60℃±5℃烘箱烘干至恒重)，再称取空气中的质量(m_a)。

4. 结果整理

(1) 计算试件的吸水率，取1位小数。试件的吸水率即试件吸水体积占沥青混合料毛体积的百分率，按式(8-2)计算

$$S_a=\frac{m_f-m_a}{m_f-m_w}\times 100 \tag{8-2}$$

式中 S_a——试件的吸水率,%

m_a——干燥试件的空中质量，g;

m_w——试件的水中质量，g;

m_f——试件的表干质量，g。

(2) 计算试件的毛体积相对密度和毛体积密度，取3位小数。当试件的吸水率符合 $S_a>2\%$要求别，试件的毛体积相对密度和毛体积密度按式(8-3)及式(8-4)计算，当吸水率 $S_a>2\%$要求时，应改用蜡封法测定。

$$r_f=\frac{m_a}{m_f-m_w} \tag{8-3}$$

$$\rho_f=\frac{m_a}{m_f-m_w}\times\rho_w \tag{8-4}$$

(3) 试件的空隙分数按式(8-5)计算，取l位小数。

$$VV=(1-\frac{r_f}{r_t})\times 100 \tag{8-5}$$

式中 VV——试件的空隙分数,%;

r_t——沥青混合料理论最大相对密度，当实测理论最大相对密度有困难时，也可采用式(8-7)或(8—8)计算的最大理论相对密度;

r_f——试件的毛体积相对密度，用表干法测定，当试件吸水率 $S_a>2\%$时，由蜡封法或体积法测定；当按规定容许采用水中重法测定时，也可用表观相对密度代替。

(4) 确定矿料的有效相对密度 r_{se}，按式(8-6)计算

$$r_{se}=\frac{100-P_b}{\dfrac{100}{r_t}-\dfrac{P_b}{r_b}} \tag{8-6}$$

式中 r_{se}——合成矿料有效相对密度，无量纲;

P_b——试验采用的沥青用量(占混合料总量的百分数),%;

r_t——试验沥青用量条件下实测得到的最大相对密度，无量纲;

r_b——沥青的相对密度(25℃/150℃)，无量纲。

(5) 确定沥青混合料的最大理论相对密度，按式(8-7)、(8—8)计算

$$r_{ti}=\frac{100-P_{ai}}{\dfrac{100}{r_{se}}+\dfrac{P_{ai}}{r_b}} \tag{8-7}$$

$$r_{ti}=\frac{100}{\dfrac{P_{si}}{r_{se}}+\dfrac{P_{bi}}{r_b}} \tag{8-8}$$

式中 r_{ti}——相对于计算沥青用量 P_{bi} 时沥青混合料的最大理论相对密度，无量纲；

P_{ai}——所计算的沥青混合料中的油石比，%；

P_{bi}——所计算的沥青混合料的沥青用量，$P_{bi}=\frac{P_{ai}}{(HP_{ai})}$，%；

P_{si}——所计算的沥青混合料的矿料含量，P_{si} $100-P_{bi}$，%；

r_{se}——矿料的有效相对密度；

r_b——沥青的相对密度(25℃/15℃)，无量纲。

(6) 矿料的合成毛体积相对密度 r_{sb} 按式(8-9)计算。

$$r_{sb}=\frac{100}{\frac{P_1}{r_1}+\frac{P_2}{r_2}+\cdots+\frac{P_n}{r_n}} \tag{8-9}$$

式中 r_{sb}——矿料的合成毛体积相对密度；

r_1，r_2，…，r_n——各种矿料相应的毛体积相对密度，粗集料按(JTG E 42—2005)测定，机制砂及石屑按(JTG E 42—2005)方法测定，也可以用筛出的2.36～4.75mm部分的毛体积相对密度代替，矿粉(含消石灰、水泥)以表观相对密度代替。

(7) 试件中的矿料间隙率可按式(8-10)计算

$$VMA=(1-\frac{r_f}{r_{sb}}\times P_s)\times 100 \tag{8-10}$$

式中 VMA——沥青混合料试件的矿料间隙率，%；

P_s——沥青混合料中各种矿料占沥青混合料总质量的百分率之和，即$\sum P_i$，%；

r_{sb}——意义同前。

(8) 试件的有效沥青饱和度按式(8-11)计算。

$$VMA=\frac{VMA-VV}{VMA}\times 100 \tag{8-11}$$

式中 VFA——沥青混合料试件的有效沥青饱和度，%；

VMA、VV——意义同前。

(9) 试件中的粗集料骨架间隙率可按式(8-12)计算，取1位小数。

$$VCA_{mix}=(1-\frac{r_f}{r_{ca}}\times P_{ca})\times 100 \tag{8-12}$$

式中 VCA_{mix}——沥青混合料中粗集料骨架之外的体积(通常指小于4.75mm的粗细集料、矿粉、沥青及空隙)占总体积的比例，%；

P_{ca}——沥青混合料中粗集料的比例(由计算，为矿料级配中4.75mm筛余量，即100减去4.75mm通过率之差)，%；

r_{ca}——矿料中所有粗集料颗粒部分对水的合成毛体积相对密度，按式(8-13)计算。

$$r_{ca}=\frac{P_{1c}+P_{2c}+\cdots+P_{nc}}{\frac{P_{1c}}{r_{1c}}+\frac{P_{2c}}{r_{2c}}+\cdots+\frac{P_{nc}}{r_{nc}}} \tag{8-13}$$

式中 P_{1c}，…，P_{nc}——各种粗集料在矿料配合比中的比例，%；

r_{1c}，…，r_{nc}——相应的各种粗集料对水的毛体积相对密度。应在试验报告中注明沥青混合料的类型及采用的测定密度的方法。

8.4.6 沥青混合料马歇尔稳定度试验

1. 目的与适用范围

（1）本方法适用于马歇尔稳定度试验和浸水马歇尔稳定度试验、以进行沥青混合料的配合比设计或沥青路面施工质量检验。

（2）本方法适用于标准马歇尔试件圆柱体和大型马歇尔试件圆柱体。

2. 仪器设备

（1）沥青混合料马歇尔试验仪：符合国家标准《沥青混合料马歇尔试验仪》（JT/T 119—2006）技术要求的产品，对用于高速公路和一级公路的沥青混合料宜采用自动马歇尔试验仪(图 8.25)，用计算机或 X－Y 记录仪记录荷载-位移曲线，并具有自动测定荷载与试件垂直变形的传感器、位移计，能自动显示或打印试验结果。对 ϕ63.5mm 的标准马歇尔试件，试验仪最大荷载不小于 25kN，测定精度为 100N，加载速率应能保持 50mm/min ±5mm/min。钢球直径 16mm，上下压头曲率半径为 50.8mm。当采用 ϕ152.4mm 大型马歇尔试件时，试验仪最大荷载不得小于 50kN，读数准确度为 100N。上下头的曲率内径为 152.4mm±0.2mm，上下压头间距 19.05mm±0.1mm。

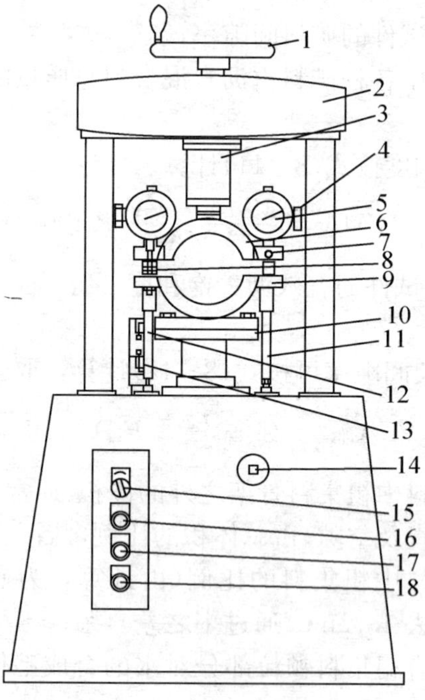

图 8.25 马歇尔稳定度仪

1—手摇装置；2—上载荷架；3—载荷控制传感器；4—千分表固定螺钉；5—千分表；6—上压头；7—固定螺钉；8—夹架；9—下压头；10—承压板；11—支柱；12—上微动螺钉；13—下微动螺钉；14—手轮轴；15—电源开关；16—上升开关；17—下降开关；18—停止开关

(2) 恒温水槽：控温准确度为1℃，深度不小于150mm。

(3) 真空饱水容器：包括真空泵及真空干燥器。

(4) 其他：烘箱、天平、温度计、卡尺、棉纱、黄油等。

3. 试验准备和试验步骤

1) 标准马歇尔试验方法

(1) 试验准备。

① 按标准击实法成型马歇尔试件，标准马歇尔试件尺寸应符合要求。

② 测量试件的直径及高度：用卡尺测量试件中部的直径，用马歇尔试件高度测定器或用卡尺在十字对称的四个方向量测离试件边缘10mm处的高度，准确至0.1mm，并以其平均值作为试件的高度。如试件高度不符合63.5mm±1.3mm或95.3mm±2.5mm要求或两侧高度差大于2mm时，此试件应作废。

③ 按本规程规定的方法测定试件的密度、空隙分数、沥青体积百分分数、沥青饱和度、矿料间隙率等物理指标。

④ 将恒温水槽调节至要求的试验温度，对黏稠石油沥青或烘箱养生过的乳化沥青混合料为60℃±1℃，对煤沥青混合料为33.8℃±1℃。

(2) 试验步骤。

① 将试件置于已达规定温度的恒温水槽中保温，保温时间对标准马歇尔试件需30～40min，对大型马歇尔试件需45～60min。试件之间应有间隔，底下应垫起，离容器底部不小于5cm。

② 将马歇尔试验仪的上下压头放入水槽或烘箱中达到同样温度。将上下压头从水槽或烘箱中取出擦拭干净内面。为使上下压头滑动自如，可在下压头的导棒上涂少量黄油。再将试件取出置于下压头上，盖上上压头，然后装在加载设备上。

③ 在上压头的球座上放置好钢球，并对准荷载测定装置的压头。

④ 当采用自动马歇尔试验仪时，将计算机采集的数据绘制成压力和试件变形曲线，或由X-Y记录仪自动记录的荷载-变形曲线，按图8.26所示的方法在切线方向延长曲线与横坐标相交于O_1，将O_1作为修正原点，从O_1起量取相应于荷载最大值时的变形作为流值(FL)，以mm计，准确至0.1mm。最大荷裁即为稳定度(MS)，以kN计，准确到0.01kN。

⑤ 当采用压力环和流值计时，将流值计安装在导棒上，使导向套管轻轻地压住上压头，同时将流值计读数调零。调整压力环中百分表，对零。

⑥ 启动加载设备，使试件承受荷载，加载速度为50mm/min±5mm/min。计算机或X-Y记录仪自动记录传感器压力和试件变形曲线并将数据自动存入计算机。

⑦ 当试验荷载达到最大值的瞬间，取下流值计，同时读取压力环中百分表读数及流值计的流值读数。

⑧ 从恒温水槽中取出试件至测出最大荷载值的时间，不得超过30s。

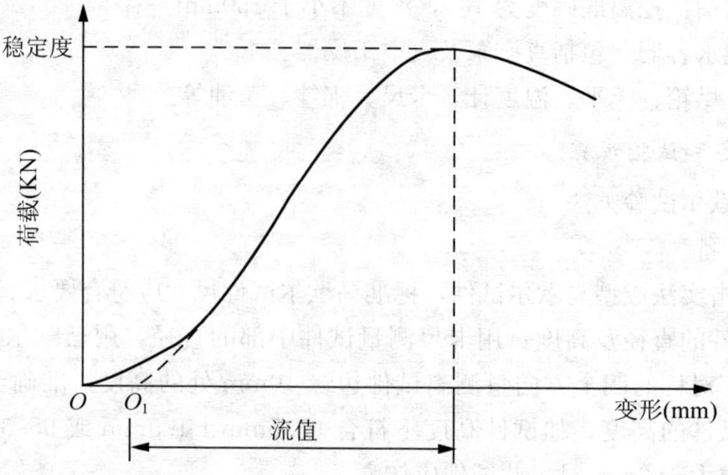

图 8.26　马歇尔试验结果的修正方法

2）浸水马歇尔试验方法

浸水马歇尔试验方法与标准马歇尔试验方法的不同之处在于试件在已达规定温度恒温水槽中的保温时间为 48h，其余均与标准马歇尔试验方法相同。

4. 结果整理

1）计算

(1）试件的稳定度及流值。

① 当采用自动马歇尔试验仪时，将计算机采集的数据绘制成压力和试件变形曲线。求由 X-Y 记录仪自动记录的荷载-变形曲线。曲线上最大荷载为稳定度(*MS*)，以 kN 计，准确到 0.01kN；曲线上相应于荷载最大值时的变形作为流值(*FL*)，以 mm 计，准确到 0.1mm。

② 采用压力环和流值计测定时，根据压力环标定曲线，将压力环中百分表的读数换算为荷载值，或者由荷载测定装置读取的最大值即为试样的稳定度(*MS*)，以 kN 计，准确至 0.01kN。由流值计及位称传感器测定装置读取的试件垂直变形，即为试件的流值(*FL*)，以 mm 计，准确至 0.1mm。

(2）试件的浸水残留稳定度按式(8-14)计算。

$$MS_0 = \frac{MS_1}{MS} \times 100 \tag{8-14}$$

式中　MS_0——试件的浸水残留稳定度，%；

MS_1——试件浸水 48h 后的稳定度，kN。

2）报告

(1）当一组测定值中某个测定值与平均值之差大于标准差的 k 倍时，该测定值应予舍弃，并以其余测定值的平均值作为试验结果。当试件数目 n 为 3、4、5、6 时，k 值分别为 1.15、1.46、1.67、1.82。

(2）采用自动马歇尔试验时，试验结果应附上荷载-变形曲线原件或自动打印结果，并报告马歇尔稳定度、流值、马歇尔模数，以及试件尺寸、试件密度、空隙分数、沥青用量、沥青体积百分率、沥青饱和度、矿料间隙率等各项物理指标。

8.4.7 沥青混合料车辙试验

1. 目的与适用范围

(1) 本方法适用于测定沥青混合料的高温抗车辙能力，供沥青混合料配合比设计的高温稳定性检验使用。

(2) 本方法适用于用轮碾成型机碾压成型的长 300mm、宽 300mm、厚 50mm 的板块状试件也适用于现场切割制作长 300mm、宽 150mm、厚 50mm 板块状试件。

2. 仪器设备

1) 车辙试验机

车辙试验机结构如图 8.27 所示，主要由下列部分组成。

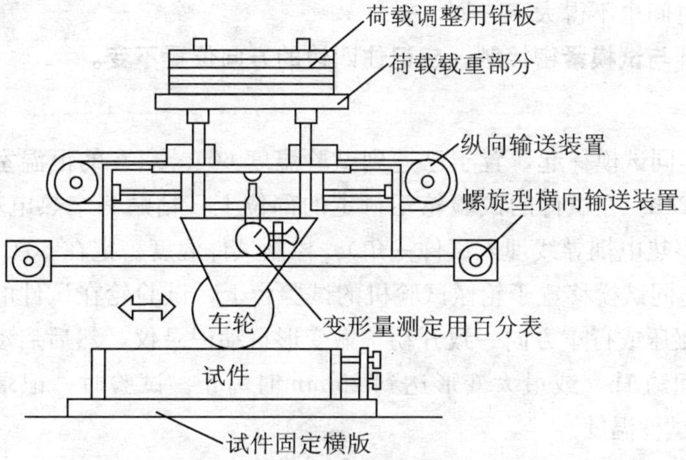

图 8.27 车辙试验机结构示意图

(1) 试件台：可牢固地安装两种宽度(300mm 及 150mm)的规定尺寸试件的试模。

(2) 试验轮：橡胶制的实心轮胎，外径 ϕ200mm，轮宽 50mm，橡胶层厚 15mm。橡胶硬度(国际标准硬度)20℃时为 84±460℃时为 78± 2。试验轮行走距离为 230mm±10mm，往返碾压速度为 42 次/min±1 次/min。允许采用曲柄连杆驱动试验台运动(试验轮不移动)或链驱动试验轮运动(试验台不动)的任一种方式。

注：轮胎橡胶硬度应注意检验，不符合要求者应及时更换。

(3) 加数装置：使试验轮与试件接触压强在 60℃时为 0.7MPa±0.05MPa，施加的总荷重为 78kg 左右，根据需要可以调整。

(4) 变形测量装置：自动检测车辙变形并记录曲线的装置．通常用 LVDT、电测百分表或非接触位移计。

(5) 温度检测装置：自动检测并记录试件表面及恒温室内温度的温度传感器、温度计，精确至 0.5℃。

2) 恒温室

车辙试验机必须整机安放在恒温室内，装有加热器、气流循环装置及装有自动温度控制设备，能保持恒温室温度 60℃±1℃（试件内部温度 60℃±5℃），根据需要亦可为其他需要的温度。

3. 试验准备

(1) 试验轮接地压强测定。测定在 60℃时进行，在试验台上放置一块 50mm 厚的钢板，其上铺一张毫米方格纸，上铺一张新的复写纸，以规定的 700N 荷载后试验轮静压复写纸，即可在方格纸上得出轮压面积，并由此求得接地压强。

(2) 用轮碾成型法制作车辙试验试块。在试验室或工地制备成型的车辙试件，其标准尺寸为 300mm × 300mm× 50mm，也可从路面切割得到 300mm × 150mm× 50mm 的试件。

(3) 试件成型后，连同试模一起在常温条件下放置的时间不得少于 12h。对聚合物改性沥青混合料，放置的时间以 48h 为宜，使聚合物改性沥青充分固化后方可进行车辙试验，但室温放置时间也不得大于一周。

注：为使试件与试模紧密接触，应记住四边的方向位置不变。

4. 试验步骤

(1) 将试件连同试模一起，置于已达到试验温度 60℃±1℃的恒温室中，保温不少于 5h，也不得多于 24h。在试件的试验轮不行走的部位上，粘贴一个热电耦温度计(也可在试件制作时预先将热电耦导线埋入试件一角)，控制试件温度稳定在 60℃±0.5℃内。

(2) 将试件连同试模移置于轮辙试验机的试验台上，试验轮在试件的中央部位，其行走方向须与试件碾压或行车方向一致开动车辙变形自动记录仪，然后启动试验机，使试验轮往返行走，时间约 1h，或最大变形达到 25mm 时为止。试验时，记录仪自动记录变形曲线(图 8.28)及试件温度。

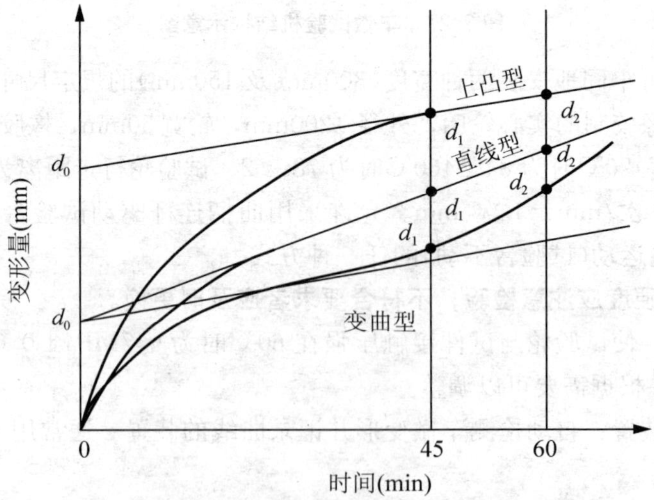

图 8.28 车辙试验自动记录的变形曲线

注：对 300mm 宽且试验时变形较小的试件，也可对一块试件在两侧 1/3 位置上进行两次试验取平均值。

5. 结果整理

1) 计算

(1) 从图 8.28 上读取 45min(t_1)及 60min(t_2)时的车辙变形 d_1 及 d_2，准确至 0.01mm。

当变形过大，在未到 60min 变形已达 25mm 时，则以达到 25mm(d_2)时的时间为 t_2，将其前 15min 为 t_1，此时的变形量为 d_1。

(2) 沥青混合料试件的动稳定度按式(8-15)计算。

$$DS=\frac{(t_2-t_1)\times N}{d_2-d_1}\times C_1\times C_2 \tag{8-15}$$

式中 DS——沥青混合料的动稳定度，次/mm；

d_1——对应于时间 t_1 的变形量，mm；

d_2——对应于时间 t_2 的变形量，mm；

C_1——试验机类型修正系数，曲柄连杆驱动试件的变速行走方式为 1.0，链驱动试验轮的等速方式为 1.5；

C_2——试件系数，试验室制备的宽 300mm 的试件为 1.0，从路面切割的宽 150mm 的试件为 0.8；

N——试验轮往返碾压速度，通常为 42 次/min。

2) 报告

(1) 同一沥青混合料或同一路段的路面，至少平行试验三个试件，当三个试件动稳定度变异系数小于 20%时，取其平均值作为试验结果。变异系数大于 20%时应分析原因，并追加试验。如计算动稳定度值大于 6 000 次/mm 时，记作>6 000 次/mm。

(2) 试验报告应注明试验温度、试验轮接地压强、试件密度、空隙分数及试件制作方法等。

(3) 重复性试验动稳定度变异系数的允许差为 20%。

8.5 无机结合料稳定材料试验

8.5.1 无机结合料稳定材料的击实试验

1. 目的与适用范围

(1) 本方法适用于在规定的试筒内，对水泥稳定材料(在水泥水化前)、石灰稳定材料及石(或水泥)粉煤灰稳定材料进行击实试验，以绘制稳定材料的含水率-干密度关系曲线，从而确定其最佳含水率和最大干密度。

(2) 试验集料的公称最大粒径宜控制在 37.5mm 以内(方孔筛)。

本试验方法分三类，各类击实方法主要参数见表 8-12。

表 8-12 试验方法类别表

类别	锤的质量/kg	锤击面直径/cm	落高/cm	试筒尺寸			锤击层数	每层锤击次数	平均单位击实功/J	容许最大公称粒径/mm
				内径/cm	高/cm	容积/cm^3				
甲	4.5	5.0	45	10.0	12.7	997	5	27	2.687	19.0
乙	4.5	5.0	45	15.2	12.0	2 177	5	59	2.687	19.0
丙	4.5	5.0	45	15.2	12.0	2 177	3	98	2.677	37.5

2. 仪器设备

(1) 击实筒。①小型：内径 100mm、高 127mm 的金属圆筒，套环高 50mm，座底。②大型：内径 152mm、高 170mm 的金属圆筒，套环高 50mm，直径 151mm 和高 50mm 的筒内垫块，座底。

(2) 多功能自控电动击实仪：击锤的底面直径 50mm，总质量 4.5kg。击锤在导管内的总行程为 450mm，可设置击实次数，并保证击锤自由垂直落下，落高应为 450mm，锤迹分布于试样面。

(3) 电子天平 1：量程 4 000g，感量 0.01g。

(4) 电子天平 2：量程 15kg，感量 0.1g。

(5) 方孔筛：孔径 53mm、37.5mm、26.5mm、19mm、4.75mm、2.36mm 的筛各 1 个。

(6) 量筒：50mL、100mL 和 500mL 的量筒各 1 个。

(7) 直刮刀：长 200～250mm、宽约 30mm、厚 3mm，一侧开口的直刮刀，用以刮平和修饰小试件的表面。

(8) 刮土刀：长 150～200mm、宽约 20mm，用以刮平和修饰和修饰小试件的表面。

(9) 工字形刮平尺：30mm×50mm×310mm，上下两面和侧面均刨平。

(10) 拌和工具：约 400mm×600mm×70mm 的长方形金属盘、拌和用平头小铲等。

(11) 脱模器。

(12) 测定含水量用的铝盒、烘箱等其他用具。

(13) 游标卡尺。

3. 试验准备

(1) 将具有代表性的风干试料(必要时，也可以在 50℃烘箱内烘干)用木锤捣碎或用木碾碾碎。试料均应破碎到能通过 4.75mm 的筛孔。但应注意不使粒料的单个颗粒破碎或不使用其破碎程度超过施工中拌和机械的破碎率。

(2) 如试料是细粒土，将已破碎的具有代表性的土过 4.75mm 筛备用(用甲法或乙法做试验)。

(3) 如试料中含有粒径大于 4.75mm 的颗粒，则先将试料过 19mm 筛；如存留在 19mm 筛上的颗粒的含量不超过 10%，则过 26.5mm 筛，留作备用(用甲法或乙法做试验)。

(4) 如试料中粒径大于 19mm 的颗粒含量超过 10%，则将试料过 37.5mm 筛；如果存留在 37.5mm 筛上的颗粒的含量不超过 10%，则过 53mm 的筛备用(用丙法试验)。

(5) 每次筛分后，均应记录超尺寸颗粒的百分率 P。

(6) 在预定做击实试验的前一天，取有代表性的试料测定其风干含水量。对于细粒土，试样应不少于 100g；对于中粒土，试样应补少于 1 000g；对于粗粒土的各种集料，试样应不少于 2 000g。

(7) 在试验前应用游标卡尺准确测量试模的内径、高和垫块的厚度，以计算试筒的容积。

4. 试验步骤

1) 准备工作

在试验前应将试验所需要的各种仪器设备准备齐全，测量设备应满足精度要求；调试击实仪器，检查其运转时否正常。

2) 甲法

(1) 将已筛分的试样用四分法逐次分小，至最后取出约 10～15kg 试料。再用四分法将已取出的试料分成 5～6 份，每份试料的干质量为 2.0g(对于细粒土)或 2.5kg(对于各种中粒土)。

(2) 预定 5～6 个不同含水量，依次相差 0.5%～1.5%，且其中至少有两个大于和两个小于最佳含水量。

注：对于中、粗粒土，在最佳含水量附近取 0.5%，其余取 1%。对于细粒土，取 1%，但对于黏土，特别是重黏土，可能需要取 2%。

(3) 按预定含水量制备试样。将 1 份试料平铺于金属盘内，将事先计算得得该份试料中应加的水量均匀地喷洒在试料上，用小铲将试料充分拌和到均匀状态(如为石灰稳定材料、石灰粉煤灰综合稳定材料、水泥粉煤灰综合稳定材料和水泥、石灰综合稳定材料，可将石灰、粉煤灰和试料一起拌匀)，然后装入密闭容器或塑料口袋内浸润备用。

浸润时间要求：黏质土 12～24h，粉质土 6～8h，砂类土、砂砾土、红土砂砾、级配砂砾等可以缩短到 4h 左右，含土很少的未筛分碎石、砂砾和砂可缩短到 2h。浸润时间一般不超过 24h。

应加水量可按式(8-16)计算。

$$m_w=\left(\frac{m_n}{1+0.01w_n}+\frac{m_c}{1+0.01w_c}\right)\times 0.01w-\frac{m_n}{1+0.01w_n}\times 0.01w_n-\frac{m_c}{1+0.01w_c}\times 0.01w_c \tag{8-16}$$

式中 m_w——混合料中应加的水量，g；

m_n——混合料中素土(或集料)的质量，g，其原始含水量为 w_n，即风干含水量，%；

m_c——混合料中砂水泥或石灰的质量，g，其原始含水量为 w_c，%；

w——要求达到的混合料的含水量，%。

(4) 将所需要的稳定剂水泥加到浸润后的试样中，并用小铲、泥刀或其他工具充分拌和到均匀状态。水泥应在土样击实前逐个加入。加有水泥的试样拌和后，应在1h内完成下述击实试验。拌和后超过1h的试样，应予作废(石灰稳定材料和石灰粉煤灰稳定材料除外)。

(5) 试筒套环与击实底板应紧密联结。将击实筒放在坚硬的地面上，用四分法取制备好的试样400～500g(其量应使击实后的试样等于或略高于筒高的1/5)倒入筒内，整平其表面并稍加压紧，然后将其安装到多功能自控电动击实仪上，设定所需锤击次数，进行第1层试样的击实。第1层击实完后，检查该层高度是否合适，以便调整以后几层的试样用量。用刮土刀或螺丝刀将已击实层的表面“拉毛”，然后重复上述做法，进行其余四层试样的击实。最后一层试样击实后，试样超出筒顶的高度不得大于6mm，超出高度过大的试样应该作废。

(6) 用刮土刀沿套环内壁削挖(使试样与套环脱离)后，扭动并取下套环。齐筒顶细心刮平试样，并拆除底板。如试样底面略突出筒外或有孔洞，则应细心刮平或修补。最后用工字形刮平尺齐筒顶和筒底将试样刮平。擦净试筒的外壁，称其质量m_1。

(7) 用脱模器推出筒内试样。从试样内部从上至下取两个有代表性的样品(可将脱出试件用锤打碎后，用四分法采取)，测定其含水量，计算至0.1%。两个试样的含水量的差值不得大于1%。所取样品的数量见表8-13(如只取一个样品测定含水量，则样品的质量应为表列数值的两倍)。擦净试筒，称其质量m_2。

表8-13 稳定材料含水量的样品质量

公称最大粒径	样品质量/g
2.36	约50
19	约300
37.5	约1 000

烘箱的温度应事先调整到110℃左右，以使放入的试样能立即在105～110℃的温度下烘干。

(8) 按本方法的步骤进行其余含水量下稳定材料的击实和测定工作。凡已用过的试样，一律不再重复使用。

3) 乙法

在缺乏内径10cm的试筒时，以及在需要与承载比等试验结合起来进行时，采用乙法进行击实试验。本法更适宜于公称最大粒径达19mm的集料。

(1) 将已过筛的试料用四分法逐次分小，至最后取出约30kg试料。再用四分法将所取的试料分成5～6份，每份试料的质量约为4.4kg(细粒土)或5.5kg(中粒土)。

(2) 以下各步的做法与用法相同，但应该先将垫块放入筒内底板上，然后加料并击实。所不同的是，每层需取制备好的试样约900g(对于水泥或石灰稳定细粒土)或1100g(对于稳定中粒土)，每层的锤击次数为59次。

4) 丙法

(1) 将已过筛的试料用四分法逐次分小，至最后取约33kg试料。再用四分法将所取的试料分成六份(至少要五份)，每份质量约5.5kg(风干质量)。

(2) 预定 5 ～6 个不同含水量，依次相差 0.5%～1.5%。在估计最佳含水量左右可只差 0.5%～1%。

注：对于水泥稳定类材料，在最佳含水量附近取 0.5%；对于石灰、二灰稳定类材料，根据具体情况在最佳含水量附近取 1%。

(3) 同甲法(3)。

(4) 同甲法(4)。

(5) 将试筒、套环与夯击底板紧密地连接在一起，并将垫块放在筒内底板上。击实筒应放在坚实地面上，取制备好的试样 1.8kg 左右(其量应使击实后的试样略高于筒高的 1/3)倒入筒内，整平其表面，并稍加压紧。然后将其安装到多功能自控电动击实仪上，设定所需锤击次数，进行第 1 层试样的击实。第 1 层击实完后检查该层的高度是否合适，以便调整以后两层的试样用量。用刮土刀或螺丝刀将已击实得表面“拉毛”，然后重复上述做法，进行其余两试样的击实。最后一层试样击实后，试样超出试筒顶的高度不得大于 6mm。超出高度过大的试件应该作废。

(6) 用刮土刀沿套环内壁削挖(使试样与套环脱离)，扭动并取下套环。齐筒顶细心刮平试样，并拆除底板，取走垫块。擦净试筒的外壁，称其质量 m_1。

(7) 用脱模器推出筒内试样。从试样内部由上至下取两个有代表性的样品(可将脱出试件用锤打碎后，用四分法采取)，测定其含水量，计算至 0.1%。两个试样的含水量的差值不得大于 1%。所取样品的数量应不少于 700g，如只取一个样品测定含水量，则样品的数量应补少于 1 400g。烘箱的温度应事先调整到 110℃左右，以使放入的试样能立即在 105～110℃的温度下烘干。擦净试筒，称其质量 m_2。

(8) 按本方法(3)～(7)进行其余含水量下稳定材料的击实和测定。凡已用过的试料，一律不再重复使用。

5. 计算

1) 稳定材料湿密度计算

按下式计算每次击实后稳定材料的湿密度。

$$p_w = \frac{m_1 - m_2}{V}$$

式中 p_w——稳定材料的湿密度，g/cm^3；

m_1——试筒与湿质量的总质量，g；

m_2——试筒的质量，g；

V——试筒的容积，cm^3。

2) 稳定材料干密度计算

按下式计算每次击实后稳定材料的干密度。

$$\rho_d = \frac{\rho_w}{1 + 0.01w}$$

式中 ρ_d——试样的干密度，g/cm^3；

w——试样的含水量，%。

3）制图

（1）以干密度为纵坐标、含水量为横坐标，绘制含水量-干密度曲线。曲线必须为凸形的，如试验点不足以连成完整的凸形曲线，则应该进行补充试验。

（2）将试验各点采用二次曲线方法拟合曲线，曲线的峰值点对应的含水量及干密度即为最佳含水量和最大干密度。

4）超尺寸颗粒的校正

当试样中大于规定最大粒径的超尺寸颗粒的含量为5%～30%时，按下列各式对试验所得最大干密度和最佳含水量进行校正(超尺寸颗粒的含量小于5%，可以不进行校正)。

（1）最大干密度按下式校正。

$$\rho'_{dm}=\rho_{dm}(1-0.01\rho)+0.9\times0.01\rho G'a$$

式中 ρ'_{dm}——校正后的最大干密度，g/cm^3；

ρ_{dm}——试验所得的最大干密度，g/cm^3；

ρ——试样中超尺寸颗粒的百分率，%；

$G'a$——超尺寸颗粒的毛体积相对密度。

（2）最佳含水量按下式进行校正。

$$w'_0=w_0(1-0.01\rho)+0.01\rho wa$$

式中 w'_0——校正后的最佳含水量，%；

w_0——试验所得得最佳含水量，%；

ρ——试样中超尺寸颗粒的百分率，%；

wa——超尺寸颗粒的吸水量，%。

注：超尺寸颗粒的含量少于5%时，它对最大干密度的影响位于平行试验的误差范围内。

6. 结果整理

（1）应做两次平行试验，取两次试验的平均值作为最大干密度和最佳含水量。两次重复性试验最大干密度的差不应超过0.05 g/cm^3(稳定细粒土)和0.08 g/cm^3(稳定中粒土和粗粒土)，最佳含水量的差不应超过0.5%(最佳含水量小于10%)和1.0%(最佳含水量大于10%)。超过上述规值，应重做试验，直到满足精度要求。

（2）混合料密度计算应保留小数点后3位有效数字，含水量应保留小数点后1位有效数字。

8.5.2 无机结合料稳定土的无侧限抗压强度试验

1. 目的与适用范围

为路面施工中无机结合料细粒土、中粒土和粗粒土配合比设计提供数据，同时也可用此方法检验路面结构强度是否满足要求。

2. 仪器设备

（1）圆孔筛：孔径40mm、25mm(或20mm)及5mm的筛各一个。

(2) 试模：适用于下列不同土的试模尺寸如下。

① 细粒土(最大粒径不超过 10mm)：试模的直径×高＝50mm × 50mm。

② 中粒土(最大粒径不超过 25mm)：试模的直径×高＝100mm ×100mm。

③ 粗粒土(最大粒径不超过 40mm)：试模的直径×高＝150mm ×150mm。

(3) 脱模器。

(4) 反力框架：规格为 400kN 以上。

(5) 液压千斤顶：200～1 000kN。

(6) 水槽：深度应大于试件高度 50mm。

(7) 材料强度试验仪或其他合适的压力机(不大于 200kN)。

(8) 天平：感量 0.01g。

(9) 量筒、拌和工具、漏斗、大小铝盒、烘箱等。

3. 试验准备

将有代表性的风干试样过筛并进行分类。如试样为粗粒土，则除去大于 40mm 的颗粒备用；如试样为中粒土，则除去大于 25mm 或 20mm 的颗粒备用；如试样为细粒土，则除去大于 10mm 的颗粒备用。

在预定做试验的前一天，取有代表性的试样测定其风干含水量．击实试验法确定无机结合料混合料的最佳含水率和最大干密度。

4. 试验步骤

1) 试件制作

(1) 称取一定数量的风干土并计算土的干质量，按试件尺寸的大小称取不同的数量；细粒土一次可称取六个试件的土，中粒土一次可称取三个试件的土，粗粒土一次只称取一个试件的土。

(2) 将称好的土放在长方盘内，向土中加水。对于细粒土特别是黏土使其含水量较最佳含水量小 3%，对于中粒土和粗粒土可按最佳含水量加水。将土和水拌和均匀后放在密闭容器内浸润备用。如为石灰稳定土和水泥、石灰综合稳定土，可将石灰与土一起拌匀后进行浸润。

浸润时间：黏土 12h～24h，黏土 6～8h，砂性土、砂砾土、红土砂砾、级配砂砾等可缩短到 4h，含土很少的未筛分碎石、砂砾及砂可以缩短到 2h。

(3) 在浸润过的试样中，加入预定数量的水泥或石灰并拌和均匀。拌和过程中，应预留 3%的水(对于细粒土)加入土中，使混合料的含水量达到最佳含水量。拌和均匀的加水泥的混合料应在 1h 内按下述方法制成试件，超过 lh 的混合料应该作废。其他结合料稳定土、混合料虽不受限制，但也应尽快制成试件。

(4) 按预定的干密度制件。制备一个预定干密度的试件，需要的稳定土混合料数量 m_1 (g)随试模的尺寸而变。

$$m_1=\rho_d V(1+w)$$

式中 V——试模的体积；

w——稳定土混合料的含水量，%；

ρ_d——稳定土试件的干密度，g/cm³。

将试模的下压柱放入试模的下部，外露 2cm 左右。将称量的规定数量 m_1(g)的稳定土混合料分 2～3 次灌入试模中(利用漏斗)，每次灌入后用夯棒轻轻均匀插实。如制作的是 50mm×50mm 小试件，则可将混合料一次倒入试模中。然后将上压柱放入试模内，应使其也外露 2cm 左右(即上下压柱露出试模外的部分应该相等)。

将整个试模(连同上下压柱)放到反力框架内的液压千斤顶上(液压千斤顶下应放一扁球座)，加压直到上下压柱都压入试模为止。维持压力 1min。解除压力后，拿去上压住，并放到脱模器上将试件顶出(利用千斤顶和下压柱)。称出试件的质量 m_2，小试件准确到 1g；中试件准确到 2g；大试件准确到 5g。然后用游标卡尺量出试件的高度，准确到 0.1mm。

(5) 养生。试件从试模内脱出并称量后，应立即放到密封湿气箱和恒温室内进行保温保湿养生。但中试件和大试件应先用塑料薄膜包裹。有条件时，可采用蜡封保湿养生。养生时间根据需要而定，作为工地控制，通常只取 7d。整个养生期间的温度，在北方地区应保持 20℃±2℃，在南方地区应保持 25℃±2℃。

养生期的最后一天，应将试件浸泡在水中，水深应使水面在试件顶上约 2.5cm。在浸泡水中之前，应再次称试件的质量 m_3。在养生期间，试件的质量损失应该符合下列规定：小试件不超过 1g；中试件不超过 4g；大试件不超过 10g。质量损失超过此规定的试件，应该作废。

2) 无侧限抗压强度试验

(1) 将已浸水一昼夜的试件从水中取出，用软的旧布吸去试件表面的可见自由水，并称试件的质量 m_4。

(2) 用游标卡尺量试件的高度，准确到 0.1mm。

(3) 将试件放在路面材料强度试验仪的升降台上(台上先放一扁球座)，进行抗压试验。试验过程中，应使试件的形变等速增加，并保持形变速率约为 1mm/min。记录试件破坏时的最大压力 P_1(N)。

(4) 从试件内部取有代表性的样品(经过打破)，测定其含水量 w_1。

(5) 试件的无侧限抗压强度 R_c，用下列的相应公式计算。

对于小试件，$R_c = P/A = 0.000\,51P$(MPa)

对于中试件，$R_c = P/A = 0.000\,127P$(MPa)

对于大试件，$R_c = P/A = 0.000\,57P$(MPa)

式中　P——试件破坏时的最大压力，N；

A——试件的截面积，$A = \pi \times D^2/4$，D 试件直径，mm。

(6) 精密度或允许差：若干次平行试验的偏差系数 C_v(%)应符合规定：小试件，≤10%；中试件，≤15%；大试件，≤20%。

5. 结果整理

试验报告应包括以下内容。

(1) 材料的颗粒组成。

(2) 水泥的种类和强度等级或石灰的等级。

(3) 确定最佳含水量时的结合料用量以及最佳含水量(%)和最大干密度(g/cm^3)。

(4) 石灰或水泥剂量(%)或石灰(或水泥)、粉煤灰和集料的比例。

(5) 试件的干密度(准确到 $0.01g/cm^3$)或压实度。

(6) 吸水量以及测抗压强度时的含水量(%)。

(7) 抗压强度:小于 2.0MPa 时,采用两位小数,并用偶数表示;大于 2.0MPa 时,采用一位小数。

(8) 若干个试验结果的最大值和最小值、平均值 R_c、标准差 S、偏差系数 C_v 和 95% 的概率值

$$R_{c0.95}=R_c-1.645S$$

本章小结

根据前面七章的理论知识,本章主要练习砂石材料、水泥、水泥混凝土及砂浆、沥青材料与沥青混合料、无机结合料稳定材料的试验。要掌握道桥工程材料的基本性能,学会基本操作,具备团结协作的团队精神和认真严谨的科学态度。

参考文献

[1] 中国建筑科学院研究院．普通混凝土用砂、石质量及检验方法标准(附条文说明)(JGJ 52—2006)[S]．北京：中国建筑工业出版社，2007.

[2] 交通部公路科学研究所．公路工程集料试验规程(JTG E 42—2005)[S]．北京：人民交通出版社，2005.

[3] 中交第二公路勘察设计研究院．公路工程岩石试验规程(JTG E 41—2005)[S]．北京：人民交通出版社，2005.

[4] 中国建筑材料科学研究院．水泥胶砂强度检验规程(ISO法)(GB/T 17671—1999)[S]．北京：中国标准出版社，1998.

[5] 中国建筑材料科学院研究总院．《通用硅酸盐水泥》国家标准第1号修改单(GB 175—2007/XG1—2009)[S]．北京：中国标准出版社，2008.

[6] 交通部公路科学研究所．公路工程水泥及混凝土试验规程(JTG E30—2005)[S]．北京：人民交通出版社，2005.

[7] 中国建筑科学院研究院．混凝土用水标准(JGJ 63—2006)[S]．北京：中国建筑工业出版社，2006.

[8] 中国建筑材料科学研究院．混凝土外加剂定义、分类、命名与术语(GB/T 8075—2005)[S]．北京：中国标准出版社，2005.

[9] 中国建筑科学院研究总院，等．混凝土外加剂(GB 8076—2008)[S]．北京：中国标准出版社，2009.

[10] 陕西省建筑科学研究设计院．砌筑砂浆配合比设计规程(JGJ/T 98—2010)[S]．北京：中国建筑工业出版社，2011.

[11] 首钢总公司，等．金属材料 弯曲试验方法 (GB/T 232—2010)[S]．北京：中国标准出版社，2011.

[12] 钢铁研究总院，等．金属材料 拉伸试验 第1部分：室温试验方法 (GB/T 228.1—2010)[S]．北京：中国标准出版社，2011.

[13] 交通部公路科学研究所．公路工程沥青及沥青混合料试验规程(JTG E20—2011)[S]．北京：人民交通出版社，2011.

[14] 交通部公路科学研究所．公路沥青路面施工技术规范(JTG F 40—2004)[S]．北京：人民交通出版社，2005.

[15] 蒋玲．道路建筑材料[M]．2版．北京：机械工业出版社，2012.

[16] 李立寒，张南鹭．道路建筑材料[M]．北京：人民交通出版社，2008.

[17] 钱进．土质与筑路材料[M]．北京：人民交通出版社，2006.

[18] 侯子义．道路建筑材料[M]．天津：天津大学出版社，2004.

[19] 姜志青．道路建筑材料[M]．3版．北京：人民交通出版社，2009.

[20] 廖正环．公路工程新材料及其应用指南[M]．北京：人民交通出版社，2004.

北京大学出版社高职高专土建系列规划教材

序号	书名	书号	编著者	定价	出版时间	印次	配套情况	
		基础课程						
1	工程建设法律与制度	978-7-301-14158-8	唐茂华	26.00	2012.7	6	ppt/pdf	
2	建设工程法规	978-7-301-16731-1	高玉兰	30.00	2012.8	10	ppt/pdf/答案	★
3	建筑工程法规实务	978-7-301-19321-1	杨陈慧等	43.00	2012.1	2	ppt/pdf	★
4	建筑法规	978-7-301-19371-6	董伟等	39.00	2012.4	2	ppt/pdf	★
5	AutoCAD 建筑制图教程(第 2 版)	978-7-301-21095-6	郭　慧	35.00	2013.1	1	ppt/pdf/素材	★
6	AutoCAD 建筑绘图教程	978-7-301-19234-4	唐英敏等	41.00	2011.7	2	ppt/pdf	★
7	建筑 CAD 项目教程(2010 版)	978-7-301-20979-0	郭　慧	37.00	2012.8	1	pdf/素材	
8	建筑工程专业英语	978-7-301-15376-5	吴承霞	20.00	2012.4	6	ppt/pdf	★
9	建筑工程制图与识图	978-7-301-15443-4	白丽红	25.00	2012.8	8	ppt/pdf/答案	★
10	建筑制图习题集	978-7-301-15404-5	白丽红	25.00	2012.4	6	pdf	
11	建筑制图(第 2 版)	978-7-301-21146-5	高丽荣	29.00	2012.9	1	ppt/pdf	★
12	建筑制图习题集	978-7-301-15586-8	高丽荣	21.00	2012.4	5	pdf	
13	建筑工程制图(第 2 版)(含习题集)	978-7-301-21120-5	肖明和	48.00	2012.8	1	ppt/pdf	
14	建筑制图与识图	978-7-301-18806-4	曹雪梅等	24.00	2012.2	4	ppt/pdf	★
15	建筑制图与识图习题册	978-7-301-18652-7	曹雪梅等	30.00	2012.4	3	pdf	★
16	建筑构造与识图	978-7-301-14465-7	郑贵超等	45.00	2012.9	11	ppt/pdf	★
17	建筑制图与识图	978-7-301-20070-4	李元玲	28.00	2012.8	2	ppt/pdf	★
18	建筑制图与识图习题集	978-7-301-20425-2	李元玲	24.00	2012.3	2	ppt/pdf	★
19	建筑工程应用文写作	978-7-301-18962-7	赵立等	40.00	2012.6	2	ppt/pdf	★
20	建筑工程专业英语	978-7-301-20003-2	韩薇等	24.00	2012.1	1	ppt/ pdf	★
21	建设工程法规	978-7-301-20912-7	王先恕	32.00	2012.7	1	ppt/ pdf	
22	新编建筑工程制图	978-7-301-21140-3	方筱松	30.00	2012.8	1	ppt/ pdf	★
23	新编建筑工程制图习题集	978-7-301-16834-9	方筱松	22.00	2012.9	1	pdf	
		施工类						
24	建筑工程测量	978-7-301-16727-4	赵景利	30.00	2012.8	7	ppt/pdf /答案	★
25	建筑工程测量	978-7-301-15542-4	张敬伟	30.00	2012.4	8	ppt/pdf /答案	★
26	建筑工程测量	978-7-301-19992-3	潘益民	38.00	2012.2	1	ppt/ pdf	★
27	建筑工程测量实验与实习指导	978-7-301-15548-6	张敬伟	20.00	2012.4	7	pdf/答案	
28	建筑工程测量	978-7-301-13578-5	王金玲等	26.00	2011.8	3	pdf	
29	建筑工程测量实训	978-7-301-19329-7	杨凤华	27.00	2012.4	2	pdf	★
30	建筑工程测量(含实验指导手册)	978-7-301-19364-8	石　东等	43.00	2012.6	2	ppt/pdf	★
31	建筑施工技术	978-7-301-12336-2	朱永祥等	38.00	2012.4	7	ppt/pdf	
32	建筑施工技术	978-7-301-16726-7	叶　雯等	44.00	2012.7	4	ppt/pdf /素材	★
33	建筑施工技术	978-7-301-19499-7	董伟等	42.00	2011.9	2	ppt/pdf	★
34	建筑施工技术	978-7-301-19997-8	苏小梅	38.00	2012.1	1	ppt/pdf	★
35	建筑工程施工技术(第 2 版)	978-7-301-21093-2	钟汉华等	48.00	2013.1	7	ppt/pdf	★
36	基础工程施工	978-7-301-20917-2	董伟等	35.00	2012.7	1	ppt/pdf	★
37	建筑施工技术实训	978-7-301-14477-0	周晓龙	21.00	2012.4	5	pdf	★
38	房屋建筑构造	978-7-301-19883-4	李少红	26.00	2012.1	1	ppt/pdf	★
39	建筑力学	978-7-301-13584-6	石立安	35.00	2012.2	6	ppt/pdf	★
40	土木工程实用力学	978-7-301-15598-1	马景善	30.00	2012.1	3	pdf/ppt	★
41	土木工程力学	978-7-301-16864-6	吴明军	38.00	2011.11	2	ppt/pdf	★
42	PKPM 软件的应用	978-7-301-15215-7	王　娜	27.00	2012.4	4	pdf	★
43	工程地质与土力学	978-7-301-20723-9	杨仲元	40.00	2012.6	1	ppt/pdf	★
44	建筑结构	978-7-301-17086-1	徐锡权	62.00	2011.8	2	ppt/pdf /答案	★
45	建筑结构	978-7-301-19171-2	唐春平等	41.00	2012.6	2	ppt/pdf	
46	建筑力学与结构	978-7-301-15658-2	吴承霞	40.00	2012.4	9	ppt/pdf	★
47	建筑力学与结构	978-7-301-20988-2	陈水广	32.00	2012.8	1	pdf/ppt	
48	建筑材料	978-7-301-13576-1	林祖宏	35.00	2012.6	9	ppt/pdf	★
49	建筑结构基础	978-7-301-21125-0	王中发	36.00	2012.8	1	ppt/pdf	★
50	建筑结构原理及应用	978-7-301-12732-6	史美东	45.00	2012.8	1	ppt/pdf	★
51	建筑材料与检测	978-7-301-16728-1	梅　杨等	26.00	2012.4	7	ppt/pdf	★
52	建筑材料检测试验指导	978-7-301-16729-8	王美芬等	18.00	2012.4	4	pdf	
53	建筑材料与检测	978-7-301-19261-0	王　辉	35.00	2012.6	2	ppt/pdf	★
54	建筑材料与检测试验指导	978-7-301-20045-8	王　辉	20.00	2012.1	1	ppt/pdf	★
55	建设工程监理概论(第 2 版)	978-7-301-20854-0	徐锡权等	43.00	2012.7	1	ppt/pdf /答案	

序号	书名	书号	编著者	定价	出版时间	印次	配套情况	
56	建设工程监理	978-7-301-15017-7	斯　庆	26.00	2012.7	5	ppt/pdf /答案	★
57	建设工程监理概论	978-7-301-15518-9	曾庆军等	24.00	2012.1	4	ppt/pdf	
58	工程建设监理案例分析教程	978-7-301-18984-9	刘志麟等	38.00	2011.7	1	ppt/pdf	★
59	地基与基础	978-7-301-14471-8	肖明和	39.00	2012.4	7	ppt/pdf	★
60	地基与基础	978-7-301-16130-2	孙平平等	26.00	2012.1	2	ppt/pdf	
61	建筑工程质量事故分析	978-7-301-16905-6	郑文新	25.00	2012.1	3	ppt/pdf	★
62	建筑工程施工组织设计	978-7-301-18512-4	李源清	26.00	2012.9	4	ppt/pdf	★
63	建筑工程施工组织实训	978-7-301-18961-0	李源清	40.00	2012.1	2	pdf	★
64	建筑施工组织项目式教程	978-7-301-19901-5	杨红玉	44.00	2012.1	1	ppt/pdf	
65	生态建筑材料	978-7-301-19588-2	陈剑峰等	38.00	2011.10	1	ppt/pdf	
66	钢筋混凝土工程施工与组织	978-7-301-19587-1	高　雁	32.00	2012.5	1	ppt/pdf	
67	数字测图技术应用教程	978-7-301-20334-7	刘宗波	36.00	2012.8	1	ppt	
68	钢筋混凝土工程施工与组织实训指导（学生工作页）	978-7-301-21208-0	高　雁	20.00	2012.9	1	ppt	
			工 程 管 理 类					
69	建筑工程经济	978-7-301-15449-6	杨庆丰等	24.00	2012.7	10	ppt/pdf	★
70	建筑工程经济	978-7-301-20855-7	赵小娥等	32.00	2012.8	1	ppt/pdf	
71	施工企业会计	978-7-301-15614-8	辛艳红等	26.00	2012.2	4	ppt/pdf	★
72	建筑工程项目管理	978-7-301-12335-5	范红岩等	30.00	2012. 4	9	ppt/pdf	★
73	建设工程项目管理	978-7-301-16730-4	王　辉	32.00	2012.4	3	ppt/pdf	★
74	建设工程项目管理	978-7-301-19335-8	冯松山等	38.00	2012.8	2	pdf/ppt	
75	建设工程招投标与合同管理(第 2 版)	978-7-301-21002-4	宋春岩	38.00	2012.8	1	ppt/pdf/ 答 案 /试题/教案	★
76	工程项目招投标与合同管理	978-7-301-15549-3	李洪军等	30.00	2012.2	5	ppt	★
77	建筑工程招投标与合同管理	978-7-301-16802-8	程超胜	30.00	2012.9	1	pdf/ppt	★
78	工程项目招投标与合同管理	978-7-301-16732-8	杨庆丰	28.00	2012.4	5	ppt	★
79	建筑工程商务标编制实训	978-7-301-20804-5	钟振宇	35.00	2012.7	1	ppt	★
80	工程招投标与合同管理实务	978-7-301-19035-7	杨甲奇等	48.00	2011.8	2	pdf	★
81	工程招投标与合同管理实务	978-7-301-19290-0	郑文新等	43.00	2012.4	2	pdf	★
82	建设工程招投标与合同管理实务	978-7-301-20404-7	杨云会等	42.00	2012.4	1	ppt/pdf	
83	工程招投标与合同管理	978-7-301-17455-5	文新平	37.00	2012.9	1	ppt/pdf	★
84	建筑施工组织与管理	978-7-301-15359-8	翟丽旻等	32.00	2012.7	8	ppt/pdf	★
85	建筑工程安全管理	978-7-301-19455-3	宋　健等	36.00	2011.9	1	ppt/pdf	
86	建筑工程质量与安全管理	978-7-301-16070-1	周连起	35.00	2012.1	3	pdf	
87	工程造价控制	978-7-301-14466-4	斯　庆	26.00	2012.4	7	ppt/pdf	★
88	工程造价管理	978-7-301-20655-3	徐锡权等	33.00	2012.7	1	ppt/pdf	
89	工程造价控制与管理	978-7-301-19366-2	胡新萍等	30.00	2012.1	1	ppt/pdf	★
90	建筑工程造价管理	978-7-301-20360-6	柴　琦等	27.00	2012.3	1	ppt/pdf	
91	建筑工程造价管理	978-7-301-15517-2	李茂英等	24.00	2012.1	4	pdf	
92	建筑工程计量与计价	978-7-301-15406-9	肖明和等	39.00	2012.8	10	ppt/pdf	★
93	建筑工程计量与计价实训	978-7-301-15516-5	肖明和等	20.00	2012.2	5	pdf	
94	建筑工程计量与计价——透过案例学造价	978-7-301-16071-8	张　强	50.00	2012.7	4	ppt/pdf	★
95	安装工程计量与计价	978-7-301-15652-0	冯　钢等	38.00	2012.9	8	ppt/pdf	★
96	安装工程计量与计价实训	978-7-301-19336-5	景巧玲等	36.00	2012.7	2	pdf/素材	★
97	建筑与装饰装修工程工程量清单	978-7-301-17331-2	翟丽旻等	25.00	2012.8	3	pdf/ppt	
98	建筑工程清单编制	978-7-301-19387-7	叶晓容	24.00	2011.8	1	ppt/pdf	★
99	建设项目评估	978-7-301-20068-1	高志云等	32.00	2012.1	1	ppt/pdf	★
100	钢筋工程清单编制	978-7-301-20114-5	贾莲英	36.00	2012.2	1	ppt / pdf	
101	混凝土工程清单编制	978-7-301-20384-2	顾　娟	28.00	2012.5	1	ppt / pdf	
102	建筑装饰工程预算	978-7-301-20567-9	范菊雨	38.00	2012.5	1	pdf/ppt	★
103	建设工程安全监理	978-7-301-20802-1	沈万岳	28.00	2012.7	1	pdf/ppt	★
104	建筑工程安全技术与管理实务	978-7-301-21187-8	沈万岳	48.00	2012.9	1	pdf/ppt	★
105	建筑工程资料管理	978-7-301-17456-2	孙　刚等	36.00	2012.9	1	pdf/ppt	
			建 筑 装 饰 类					
106	中外建筑史	978-7-301-15606-3	袁新华	30.00	2012.2	6	ppt/pdf	★

序号	书名	书号	编著者	定价	出版时间	印次	配套情况	
107	建筑室内空间历程	978-7-301-19338-9	张伟孝	53.00	2011.8	1	pdf	★
108	室内设计基础	978-7-301-15613-1	李书青	32.00	2011.1	2	pdf	
109	建筑装饰构造	978-7-301-15687-2	赵志文等	27.00	2012.4	4	ppt/pdf	★
110	建筑装饰材料	978-7-301-15136-5	高军林	25.00	2012.4	3	ppt/pdf	
111	建筑装饰施工技术	978-7-301-15439-7	王　军等	30.00	2012.1	4	ppt/pdf	★
112	装饰材料与施工	978-7-301-15677-3	宋志春等	30.00	2010.8	2	ppt/pdf	★
113	设计构成	978-7-301-15504-2	戴碧锋	30.00	2009.7	1	pdf	
114	基础色彩	978-7-301-16072-5	张　军	42.00	2011.9	2	pdf	★
115	建筑素描表现与创意	978-7-301-15541-7	于修国	25.00	2011.1	2	pdf	★
116	3ds Max 室内设计表现方法	978-7-301-17762-4	徐海军	32.00	2010.9	1	pdf	
117	3ds Max2011 室内设计案例教程(第 2 版)	978-7-301-15693-3	伍福军等	39.00	2011.9	1	ppt/pdf	
118	Photoshop 效果图后期制作	978-7-301-16073-2	脱忠伟等	52.00	2011.1	1	素材/pdf	★
119	建筑表现技法	978-7-301-19216-0	张　峰	32.00	2011.7	1	ppt/pdf	
120	建筑速写	978-7-301-20441-2	张　峰	30.00	2012.4	1	pdf	★
121	建筑装饰设计	978-7-301-20022-3	杨丽君	36.00	2012.2	1	ppt	
122	装饰施工读图与识图	978-7-301-19991-6	杨丽君	33.00	2012.5	1	ppt	
123	建筑装饰 CAD 项目教程	978-7-301-20950-9	郭　慧	32.00	2012.8	1	ppt/素材	
124	居住区景观设计	978-7-301-20587-7	张群成	47.00	2012.5	1	ppt	★
125	居住区规划设计	978-7-301-21013-4	张　燕	48.00	2012.8	1	ppt	★
	房地产与物业类							
126	房地产开发与经营	978-7-301-14467-1	张建中等	30.00	2012.7	5	ppt/pdf	★
127	房地产估价	978-7-301-15817-3	黄　晔等	30.00	2011.8	3	ppt/pdf	★
128	房地产估价理论与实务	978-7-301-19327-3	褚菁晶	35.00	2011.8	1	ppt/pdf	★
129	物业管理理论与实务	978-7-301-19354-9	裴艳慧	52.00	2011.9	1	pdf	★
130	房地产营销与策划	978-7-301-18731-9	应佐萍	42.00	2012.8	1	ppt/pdf	★
	市政路桥类							
131	市政工程计量与计价(第 2 版)	978-7-301-20564-8	郭良娟等	42.00	2012.7	1	pdf/ppt	
132	市政桥梁工程	978-7-301-16688-8	刘　江等	42.00	2010.7	1	ppt/pdf	
133	路基路面工程	978-7-301-19299-3	偶昌宝等	34.00	2011.8	1	ppt/pdf/素材	
134	道路工程技术	978-7-301-19363-1	刘　雨等	33.00	2011.12	1	ppt/pdf	
135	建筑给水排水工程	978-7-301-20047-6	叶巧云	38.00	2012.2	1	ppt/pdf	
136	市政工程测量(含技能训练手册)	978-7-301-20474-0	刘宗波等	41.00	2012.5	1	ppt/pdf	
137	公路工程任务承揽与合同管理	978-7-301-21133-5	邱　兰等	30.00	2012.9	1	ppt/pdf	
138	道桥工程材料	978-7-301-21170-0	刘水林等	43.00	2012.9	1	ppt/pdf	
	建筑设备类							
139	建筑设备基础知识与识图	978-7-301-16716-8	靳慧征	34.00	2012.4	7	ppt/pdf	★
140	建筑设备识图与施工工艺	978-7-301-19377-8	周业梅	38.00	2011.8	2	ppt/pdf	★
141	建筑施工机械	978-7-301-19365-5	吴志强	30.00	2011.10	1	pdf/ppt	★
142	智能建筑环境设备自动化	978-7-301-21090-1	余志强	40.00	2012.8	1	pdf/ppt	★